ईश्वरीय मनुष्य

ISBN 979-8-88959-621-9

ईश्वरीय मनुष्य

"धर्मो रक्षति रक्षितः"

केतु मिस्त्री

''जय श्री राम।''

''ओम असतो मा सद्गमय।। तमसो मा ज्योतिर्गमय।। मृत्योर्माअमृतंगमय।। ओम शांतिः शांतिः शांतिः।।''

''माँ आध्याशक्ति की जय।''

''परमपिता श्री ब्रह्मदेव की जय। माता सरस्वती की जय।''

''श्री हरि विष्णु की जय। माता लक्ष्मी की जय।''

''श्री शंकर देव की जय। माता पार्वती की जय।''

''श्री विश्वकर्मा देव की जय।''

''इस सृष्टि के प्रत्येक देवी, देवता और प्रत्येक जीव की जय।''

''ओम श्री गणेशाय नमः।''

इस पूर्ण रूप से काल्पनिक कहानी का उद्देश्य मात्र परोपकार और विश्वकल्याण है। कहानी में वर्णित स्थान, दृश्य, घटनाएँ इत्यादि पूरी तरह से काल्पनिक हैं। किसी भी पात्र का जीवित या मृत व्यक्ति से संबंध होना मात्र एक संयोग कहा जायेगा। इसकी कहानी, दृश्य, संवाद या संदर्भ का उद्देश्य किसी भी व्यक्ति, वर्ग, जाति, समुदाय, विचारधारा अथवा नैतिक भावनाओं को ठेस पहुँचाना नहीं है।

प्रस्तावना

समूचे विश्व का महाकल्याण करने वाली ये धार्मिक एवं उपदेशात्मक कहानी परमपिता भगवान श्री ब्रह्मदेव, श्री हरि विष्णु और श्री महादेव के सर्वश्रेष्ठ भक्तों की है, जो प्रतिक्षण इस पृथ्वी के भिन्न स्थानों पर भिन्न रूपों में भिन्न परिस्थितियों में पृथ्वीलोक के प्रत्येक जीव के कल्याण हेतु पुण्य कर्मों के साथ जुड़े हुए हैं। ये श्रेष्ठ कहानी इस पृथ्वी के विशिष्ट और सर्वोत्तम चरित्रवान मनुष्यों की है। इस कहानी का प्रत्येक परिदृश्य एवं पात्र एक श्रेष्ठ पवित्र कार्य के साथ जुड़ा हुआ है जो किसी न किसी रूप से इस संसार के असंख्य मनुष्यों और प्राणियों की सहायता करके उन्हें श्रेष्ठ, स्वस्थ, सुखमय, आनंदपूर्ण, अर्थपूर्ण एवं शांतिपूर्ण जीवन प्रदान करता है।

कहानी का आरंभ प्रभु श्री रामचंद्र जी की पवित्र जन्मभूमि अयोध्या में स्थित उन्हीं के नाम पर आधारित एक प्राचीन मंदिर से होता है। जहाँ भगवान श्री विष्णु के एक अनन्य भक्त रहते हैं, जिनका नाम है–'जलवाय्वग्नि'। जलवाय्वग्नि के जीवन का एक मात्र उद्देश्य है कि वो प्रभु श्री राम और भगवान श्री कृष्ण के पृथ्वीलोक पर व्यतीत किये गये जीवन काल की उस प्रत्येक भूमि पर जाकर वहाँ की पवित्र मिट्टी और पवित्र जल का संग्रह करें और यात्रा के पूर्ण होने के पश्चात् इन्हें साक्षी मानकर अयोध्या में सरयू नदी के किनारे प्रभु का नाम रटारण करते हुए सदैव के लिए तपस्या में लीन हो जायें।

इस श्रेष्ठ उद्देश्य का आरंभ तो अच्छा ही होता है। पर धीरे–धीरे इस मंगलकारी यात्रा में परमात्मा रूपी नये एवं विशिष्ट पात्र जुड़ते चले जाते हैं जो श्री ब्रह्मदेव, श्री विष्णु देव और श्री महादेव के अनन्य भक्त हैं। इस कहानी के प्रत्येक पात्र के साथ नियति की शुभेच्छा के अनुसार नित नयी घटनायें घटती जाती हैं।

इस कहानी के प्रत्येक पात्र के कर्म और विचार अतिशुद्ध, विशिष्ट, परोपकारी और सर्वोपरि हैं जिनकी बहुमूल्यता का ज्ञान और पवित्रता की अनुभूति इस कहानी को पूर्ण रूप से पढ़ने और समझने के पश्चात् ही प्राप्त होगी। देवात्माओं के संकल्प अनुसार निर्धारित शुभकाल में, देवभूमि भारत के राजस्थान राज्य के सोम गाँव में

ईश्वरीय मनुष्यों का कल्याणकारी अस्तित्व स्थापित होता है। सोमवासियों का विशिष्ट जीवन हमें ऐसा प्रतीत होगा कि जीवन की प्रत्येक घटना ईश्वर द्वारा निर्धारित है जिसमें बहुत सारी विशिष्ट, रसप्रद, चमत्कारी, उपदेशात्मक और सर्वलोकप्रिय परिस्थितियाँ उत्पन्न होती रहती हैं, जो संसार के असंख्य मनुष्यों एवं पशु–पक्षियों के जीवन सुधार और उनके आत्मोद्धार के लिये ही घटती हैं।

इस महान कथा का प्रत्येक सतपात्र विश्वकल्याण के शिखरस्थ संकल्पों से जुड़ा हुआ है। इसका आरंभ तो उसी दिवस हो गया था जब जलवाय्वग्नि ने अपनी भक्तियोग पूर्ण यात्रा के लिये अयोध्या से प्रस्थान किया था। इसलिये कदाचित ये संपूर्ण माया ब्रह्माण्ड की सर्वोपरि आत्मा की है जिनकी लीला कब, कहाँ, कैसे, किसके साथ, किस रूप में आरंभ और पूर्ण होती है, वह उनके अतिरिक्त और कोई नहीं जानता और न ही जान सकता है।

ये सर्वोत्कृष्ट, अद्वितीय और ब्रह्माण्डश्रेष्ठ कहानी परमश्रेष्ठ व्यक्तियों का, श्रेष्ठ परिस्थितियों में, श्रेष्ठ रूपों में, श्रेष्ठ कार्यों के साथ, विश्वश्रेष्ठ उदाहरण प्रस्तुत करती है। इस कहानी में धर्मरामो, सुखराज, धर्मराज एवं प्रत्येक यात्री का विशिष्ट, प्रतापी, परोपकारी, त्यागपूर्ण, विवेकपूर्ण, संयमी, परिशुद्ध, सात्विक और प्रभावशाली जीवन प्रत्येक पाठक एवं पृथ्वीवासी का निश्चित रूप से मनोरंजन एवं कल्याण करेगा।

इस महान गाथा का पहला भाग 'ईश्वरीय मनुष्य', ऋषि धर्मरामो की इच्छानुसार ब्रह्माण्डश्रेष्ठ मनुष्यों का, श्रेष्ठ स्थानों पर, श्रेष्ठ रूपों में, श्रेष्ठ कार्यों के साथ विश्वश्रेष्ठ जीवन प्रस्तुत करता है। इस कल्याणकारी कहानी के प्रत्येक उत्तम चरित्रवान मनुष्य संपूर्ण पृथ्वीलोक के कोने–कोने में बसे हुए हैं। यह कहानी विशेष तौर पर सोम गाँववासियों और उनके श्रेष्ठ मित्रों की अत्यंत प्रभावशाली एवं ऐसी रोमांचक जीवन यात्रा को प्रस्तुत करती है जिनके साथ सब शुभ ही घटता है।

इस कहानी का दूसरा भाग है, ''स्वर्ग? या नरक? कर्म का अंतिम मार्ग।'' इस कहानी में धर्मराज, सोम के गाँववासी एवं उनके मायावी पशु–पक्षी, ऋषि धर्मरामो के दूसरे उद्देश्य को पूर्ण करते हैं। लोगों को स्वर्ग–नरक के दर्शन माध्यम से, सत्य–असत्य, सुख–दुःख, धर्म–अधर्म, पाप–पुण्य के यथार्थ अर्थ और भेद से अवगत कराते हैं। ये विशिष्ट कहानी इस ब्रह्माण्ड को, इस ब्रह्माण्ड की प्रत्येक वस्तु एवं प्रत्येक प्राणी को हमारी ओर से अमूल्य भेंट है, जिसमें इस ब्रह्माण्ड के

निम्न जीवाणुओं से लेकर निराकार परमात्मा विराजमान हैं और ये कहानी उनके आशीर्वाद से ही हम लिख पाये हैं।

लेखक केतु मिस्त्री की ओर से इस विश्वोत्तम कहानी की रचना के रहस्य का खुलासा :

कहानी की प्रत्येक घटना काल्पनिक है। आज से कुछ वर्ष पूर्व जब हम एक रिश्तेदार के घर हरिद्वार गये थे, तब पास के गाँव छीदरवाला के एक प्राचीन मंदिर में हमें एक वृद्ध ऋषि मिले थे। उन्होंने हमें आशीर्वाद देकर हमारे मस्तक पर तिलक किया था, हमें एक रुद्राक्ष की मणि भेंट की थी और कहा था–'आपकी कल्पनाशक्ति अतुलनीय है। उस कल्पनाशक्ति के सर्वोचित उपयोग से आप द्वारा असंख्य पृथ्वीवासियों का कल्याण होगा। आपका सदैव कल्याण हो। जय श्री राम।'

कुछ क्षण पश्चात् वे ऋषि कहीं अदृश्य हो गये। उस दिवस की रात्रि से लेकर अगले नौ दिवस तक, हमें निद्रावस्था में विशिष्ट प्रकार के विभिन्न स्वप्न आये जो इस कहानी से जुड़े थे। वो स्वप्न हमने एक साधारण पुस्तक में लिखे थे और कुछ वर्ष पश्चात् हमने कल्पनाशक्ति के प्रचंड और शिखरस्थ उपयोग से विश्वकल्याणकारी कहानी बनाना आरंभ किया।

धर्मरामोः पंचतत्व की सत्ता

आठ जून, सन् अठारह सौ बाँसठ।

रामनवमी का पवित्र दिवस।

प्रभु श्री रामचंद्र जी की पवित्र जन्मभूमि अयोध्या में स्थित एक प्राचीन मंदिर में सुबह छह बजे यह पवित्र दिवस मनाया जा रहा है जहाँ प्रभु श्री राम के अनेक अनन्य भक्त पूजा कर रहे हैं। इस मंदिर में एक पुजारी रहते हैं। उनके साथ एक और रामभक्त भी हैं जो बाल्यावस्था से इनके साथ रहते आये हैं। उनका नाम है–जलवाय्वग्नि। जलवाय्वग्नि के परिवार के विषय में आज तक किसी को कुछ भी पता नहीं। पूजा के समाप्त होने के पश्चात् प्रत्येक भक्त प्रभु के दर्शन और प्रणाम कर, प्रभु का नाम जपते हुए अपने–अपने गंतव्य की ओर प्रस्थान कर रहे हैं।

परंतु जलवाय्वग्नि की आँखें अभी भी बंद हैं और वो श्री राम और माता सीता का नाम स्मरण करते हुए कहते हैं– ''हे प्रभु! हम बहुत भाग्यशाली हैं कि हमने आपकी इस पवित्र जन्मभूमि अयोध्या में जन्म लिया और आपकी छत्रछाया में अपना आध्यात्मिक जीवन व्यतीत किया। हे प्रभु! हम आपके और इस मंदिर के पुजारी के सदैव ऋणी रहेंगे। आज का दिवस हमारे जीवन का अत्यंत शुभ दिवस है क्योंकि आज आपके और हमारे जन्मदिवस पर हम अपने जीवन की पहली और एक मात्र यात्रा के लिये प्रस्थान कर रहे हैं, जो संपूर्णतः आपको ही समर्पित है। बस आप सदैव हम पर अपनी कृपादृष्टि बनाये रखियेगा। यह यात्रा पूर्ण करके हम सदैव के लिये आपका नाम स्मरण करते हुए घोर तपस्या का आरंभ करेंगे। तत्पश्चात् हम आपके परमधाम में स्थायी रूप से स्थान पाकर सदैव के लिये आपकी सेवा करते रहेंगे।''

''तथास्तु पुत्र।''

जलवाय्वग्नि को मन में एक आवाज़ सुनाई देती है।

जलवाय्वग्नि ने प्रसन्न होकर प्रभु श्री राम और माता सीता के चरण स्पर्श किये। तत्पश्चात पुजारी जी यानि गुरुदेव के चरण स्पर्श करते हुए कहा– ''जय

श्री राम गुरुदेव।''

"जय श्री राम पुत्र।''

"गुरुदेव, आपने हम जैसे एक अज्ञात बालक को अपनी शरण में रखा, उच्च शिक्षा प्राप्त करवाई और ईश्वर के प्रति सच्ची भक्ति से हमें अवगत कराया, इसके लिये हम सदैव आपके कृतज्ञ रहेंगे।''

"यह तो हमारा कर्तव्य था पुत्र।''

"गुरुदेव, अब समय आ गया है। आज के शुभ दिवस पर हम अपने जीवन के एक मात्र उद्देश्य को पूर्ण करने के लिये अयोध्या से अपने गंतव्य की ओर प्रस्थान कर रहे हैं।''

"तो क्या आप पृथ्वीलोक के उन सभी स्थानों के दर्शन के लिए जा रहे हैं पुत्र, जहाँ प्रभु ने अपना प्रभावशाली जीवन व्यतीत किया था?''

"जी गुरुदेव। हम पृथ्वीलोक के उस प्रत्येक स्थान के दर्शन करेंगे जहाँ प्रभु श्री हरि विष्णु ने दो महान अवतारों– श्री राम और श्री कृष्ण के रूप में इस पृथ्वीलोक पर जन्म लिया था। सर्वप्रथम हम उत्तर भारत में हस्तिनापुर, कुरुक्षेत्र, मथुरा और नाथद्वारा की पवित्र भूमि के दर्शन करेंगे। तत्पश्चात् गुजरात में स्थित द्वारका के दर्शन करेंगे और अंत में प्रभु श्री राम के इस जन्म स्थान अयोध्या के दर्शन करेंगे और यहाँ से पदयात्रा करते हुए उस प्रत्येक स्थान पर जायेंगे जहाँ प्रभु श्री राम और माता सीता ने अपना वनवास व्यतीत किया था।''

गुरुदेव बोले– "कठिन संकल्प है, पर अत्यंत शुभ विचार है।''

"धन्यवाद गुरुदेव। इस संपूर्ण यात्रा के दौरान हम प्रत्येक स्थान की पवित्र मिट्टी और जल का संग्रह करेंगे और यात्रा पूर्ण करने के पश्चात् सरयू नदी के तट पर उस पवित्र मिट्टी और जल को अपने समक्ष एक शिला पर रख कर, प्रभु का नाम जपते हुए अपना शेष जीवन सरयू नदी के तट पर व्यतीत करेंगे। हे गुरुदेव, अब हमें आशीर्वाद दें ताकि हम अपनी इस यात्रा को सफलतापूर्वक पूर्ण कर सकें।''

गुरुदेव ने जलवाय्वग्नि को उत्तर दिया– "तथास्तु। आपका कल्याण हो पुत्र। आपने जिस कठिन यात्रा का मार्ग पसंद किया है, वह विशिष्ट, मंगलकारी और सर्वश्रेष्ठ है। इस पृथ्वीलोक पर किसी भी जीव की इतनी क्षमता नहीं होगी

कि वह आपकी इस शुभ यात्रा में विघ्न बन सके। आपकी यात्रा विशिष्ट, फलदायी और अतिशुभ होगी। यह हमारा आशीर्वाद है। ओम नमो भगवते वासुदेवाय।''

जलवाय्वग्नि ने अपने गुरुदेव के चरण स्पर्श किये। तत्पश्चात् गुरुदेव ने उनके मस्तक पर शुभ तिलक किया और कुछ मंत्र जपते हुए हाथ में एक बंधन बाँधते हुए उनसे कहा— ''पुत्र जलवाय्वग्नि! ये पवित्र बंधन है जिसमें अयोध्या की पवित्र मिट्टी समाविष्ट है। यह बंधन आपकी यात्रा को अतिशुभ और सर्वतोभद्र बनायेगा। इस यात्रा के दौरान जो भी घटेगा वह अत्यंत शुभ और असंख्य जीवों के लिये कल्याणकारी होगा।''

जलवाय्वग्नि ने पुनः अपने गुरुदेव के चरण स्पर्श किये और कहा— ''आपका बहुत–बहुत धन्यवाद गुरुदेव।''

''आयुष्मान भव पुत्र। आपका सदैव कल्याण हो और आपके संपर्क में जो भी प्राणी आयें उनका भी नित्य कल्याण हो'', गुरुदेव ने कहा।

तत्पश्चात् जलवाय्वग्नि प्रभु को और अपने गुरुदेव को प्रणाम करके अपनी यात्रा पर निकल पड़ते हैं।

●●●

सन् अठारह सौ बाँसठ का जून माह। अयोध्या से अपनी यात्रा का प्रारम्भ करके वन, नदियों के तट और छोटे−छोटे गाँवों जैसे शांत और नयनाभिराम स्थानों से गुज़रते हुए, फल और सब्ज़ियों का सात्त्विक भोजन करते हुए, वन में उपयुक्त स्थान और समय पर विश्राम करते हुए व प्रभु का नाम जपते हुए, हस्तिनापुर और कुरुक्षेत्र की रणभूमि के दर्शन लेकर, प्रत्येक पवित्र भूमि की मिट्टी तथा जल का संग्रह करके तीन माह पश्चात् जलवाय्वग्नि मथुरा पहुँचते हैं।

मथुरा में भगवान श्री कृष्ण के मंदिर पर 'हरे कृष्ण हरे कृष्ण, कृष्ण कृष्ण हरे हरे। हरे राम हरे राम, राम राम हरे हरे' महामंत्र का स्मरण करते हुए वे एक दिवस पूर्णतया वहीं व्यतीत करते हैं।

मथुरा के आश्रम में रात्रि विश्राम के पश्चात् अगले दिवस प्रातःकाल जलवाय्वग्नि वृंदावन के दर्शन करने जा रहे हैं। 'ओम विष्णवे नमः' का जाप करते हुए वे दोपहर के समय वृंदावन पहुँचते हैं। वृंदावन के तपोवन विस्तार से गुज़रते समय यमुना नदी के तट से थोड़ी ही दूर उन्हें इन्द्रिय मोहक देहयष्टि की एक सुंदर नारी के दर्शन होते हैं जो पीपल के वृक्ष के नीचे ध्यानस्थ मुद्रा में अकेले बैठी हुई है और तपस्या कर रही है। उसके समीप एक कुटीर भी है। उस नारी के निकट जाने पर उन्हें ज्ञात होता है कि वह भगवान श्री कृष्ण का नाम जपते हुए तपस्या में लीन है।

जलवाय्वग्नि उस सुंदर नारी के अत्यंत निकट पहुँचते हैं और प्रथम दृष्टि में ही उस प्रमदा नारी की सुंदरता पर मोहित हो जाते हैं। वह सन्यासिनी भगवा वस्त्रों में इतनी सुंदर दिखती है कि ऋषि जलवाय्वग्नि उन्हें एकनिष्ठ होकर देखते ही रह जाते हैं।

जलवाय्वग्नि को अपने निकट देखकर नारी ने अपनी योग शक्ति के माध्यम से अपने मानसपट में उन्हें देखा और सोचा कि यह मनुष्य 'ओम विष्णवे नमः' का जाप कर रहें हैं तो अवश्य ही यह कोई साधु या ऋषिवर होगें जो श्री हरि के भक्त हैं। परंतु दूसरे ही क्षण उसे विचार आया कि ये साधु हमें कैसे देख सकते हैं? साधना के दौरान तो हम अपनी योग शक्ति द्वारा अदृश्य रहते हैं। हमें पृथ्वीलोक का कोई भी प्राणी नहीं देख सकता। फ़िर ये ऋषिवर हमारी ओर क्यों देख रहे हैं?

अपने बंद नेत्रों के साथ ही वह ऋषि जलवाय्वग्नि से कहती है− ''प्रणाम ऋषिवर। क्या आपको किसी वस्तु की आवश्यकता है अथवा क्या आप अपना मार्ग भूल गये हैं?''

"राम–राम सा परम देवी। यदि हमसे आपकी साधना भंग हुई हो तो क्षमा करें। हम आपकी तपस्या में विघ्न नहीं डालना चाहते थे। हम तो केवल आपकी असीम सुंदरता, आपकी भगवान श्री कृष्ण के प्रति सतपूर्ण भक्ति, वृंदावन का ये सुंदर स्थान और यहाँ की स्वच्छता को देख रहे थे। इस तपोवन के अलौकिक दृश्य को देख कर हम अति प्रसन्न एवं प्रभावित हो गये हैं।"

नारी ने अपने नेत्र खोलकर अत्यंत कोमल शब्दों में जलवाय्वग्नि से कहा– "धन्यवाद ऋषिवर, पर आप हैं कौन? और हमसे क्या चाहते हैं?"

"देवी, हमारा नाम जलवाय्वग्नि है। हम अयोध्या से आये हैं। हमें किसी भी वस्तु की आवश्यकता नहीं है। हम तो श्री हरि नारायण के परम भक्त हैं और एक विशिष्ट यात्रा पर निकले हैं।"

"कैसी यात्रा ऋषिवर?"

"देवी, अपनी यात्रा के दौरान हम उस प्रत्येक स्थान के दर्शन करेंगे, जहाँ प्रभु श्री राम, माता सीता और भगवान श्री कृष्ण ने इस पृथ्वीलोक पर सर्वार्थ हेतु अपना सर्वश्रेष्ठ जीवन व्यतीत किया था। हम उस प्रत्येक पवित्र स्थान की पवित्र वायु को साँस द्वारा अपने शरीर के कण–कण में समाहित करेंगे एवं वहाँ के पवित्र जल और मिट्टी का थोड़ा संग्रह करेंगे तथा यात्रा की समाप्ति के पश्चात् अयोध्या की सरयू नदी के तट पर जाकर, श्री हरि विष्णु का नाम जपते हुए अपने शेष जीवन में प्रभु की साधना करेंगे क्योंकि अंत में प्रभु के परमधाम जाकर जीवन पर्यंत उनकी सेवा करनी है।"

"ऋषिवर, आपकी यात्रा एकदम विशिष्ट है, और आपकी परिशुद्ध प्रभुभक्ति से हम अति प्रसन्न हुए हैं। हमें विश्वास है कि आपको भगवान श्री विष्णु की सेवा करने का परम सौभाग्य अवश्य प्राप्त होगा।"

"धन्यवाद।"

नारी ने जलवाय्वग्नि से कहा– "आप भगवान श्री विष्णु के अनन्य भक्त हैं कदाचित् इसीलिये हमें देख पाये। अन्यथा हमारी ध्यानावस्था के दौरान हमें कोई नहीं देख सकता क्योंकि हम अपनी योगशक्ति द्वारा अदृश्य रहते हैं।"

जलवाय्वग्नि ने कहा– "संभव है। और वैसे भी प्रत्येक घटना नियति की इच्छा के अनुसार ही घटती है। नियति ही एक मनुष्य को श्रेष्ठ समय पर, श्रेष्ठ

स्थान पर, श्रेष्ठ मनुष्य से, श्रेष्ठ कारण से मिलाती है। कोई भी जीव नियति के इच्छित क्षणों को बदल नहीं सकता।''

''ऋषिवर, सत्य वचन। सत्कर्मी मनुष्य के साथ सब शुभ ही घटता है।''

''जी देवी।''

''ऋषिवर, कई वर्षों पश्चात् आप जैसे किसी ऋषिवर का यहाँ आगमन हुआ है। हम आप जैसे अनन्य श्री विष्णु भक्त को सात्विक भोजन कराकर धन्य होना चाहते हैं।''

''देवी, भोजन तो... ठीक है। परंतु हम अकेले भोजन नहीं कर सकते। यदि आप भी हमारे साथ फलाहार करें तो हमें विशेष आनंद होगा। उस दौरान हम आपके जीवन का उद्देश्य और प्रभु के प्रति आपकी उत्तम भक्ति के विषय में भी कुछ जान लेंगे और तत्पश्चात् यहाँ आस—पास कुछ क्षण विश्राम कर अपने गंतव्य की ओर प्रस्थान करेंगे।''

''ठीक है ऋषिवर।''

और दोनों दिव्य आत्माएँ फलाहार आरंभ करते हैं। फलाहार करते समय जलवाय्वग्नि ने कहा— ''देवी, आपको देखकर हम अत्यंत प्रभावित हुए हैं क्योंकि आप जैसी शुभ चरित्रवान, सौंदर्यवान, विवेकशील, संयमशील, शांतिप्रिय, आध्यात्मिक एवं साक्षात् माता लक्ष्मी जी के समान सद्गुणी नारी इस स्वर्गीय स्थल वृंदावन में संसार के सारे लौकिक सुखों का परित्याग कर के अकेले ही तपस्या कर रही हैं, अद्भुत।''

''धन्यवाद ऋषिवर। हम इस नैसर्गिक जीवन से संतुष्ट एवं अतिप्रसन्न हैं और मिथ्या भौतिक आकर्षणों के स्थान पर हमें अपरिवर्तनशील आध्यात्मिक आकर्षण अधिक प्रिय है।''

''परंतु देवी, इतने बड़े वन में अकेले रहने से भय नहीं लगता?''

''ऋषिवर, इस संसार में भगवान श्री कृष्ण से बड़ा रक्षक भला और कौन हो सकता है। वे सदैव अपने भक्तों के हृदय में निवास करते हैं।''

''देवी, सत्य कहा आपने। एक सच्चा पवित्र भक्त सदैव सुखमय, स्वस्थ, सुरक्षित और शांतिपूर्ण जीवन व्यतीत करता है।''

फिर जलवाय्वग्नि ने नारी से पूछा– ''और आपके माता–पिता कहाँ हैं?''

''ऋषिवर, हमारी बाल्यावस्था में ही उन्होंने अपना देह त्याग दिया था। तत्पश्चात् हमारी गुरुमाता और यहाँ के वृंदावनवासियों ने हमारा लालन–पालन किया।''

''परंतु यहाँ तो कोई भी दृश्यमान नहीं हो रहा है?''

''गाँववासी अब उन डूँगरों के पीछे रहते हैं और हमारी देवी रूपी गुरुमाता अब जीवित नहीं हैं। आज से नौ दिवस पूर्व गुरुमाता त्रिक्षी ने अपना देह त्याग कर दिया था। उन्हें ज्ञात था कि उनके जीवन का अंत निकट है इसलिये देह त्याग से पूर्व उन्होंने अपनी आत्मसंचित ब्रह्माण्ड की अलौकिक और दैवीय शक्तियाँ हमें शिष्या दक्षिणा के रूप में भेंट दे दीं और कहा कि पुत्री हम तो प्रभु के धाम जा रहे हैं परंतु आपका अमूल्य जीवन शेष है। आपका भाग्य परमश्रेष्ठ है और शीघ्र ही एक उत्तम चरित्रवान आध्यात्मिक यात्री से आपका मिलन होगा। उनके साथ आप अपना शेष जीवन व्यतीत करेंगी। विशिष्ट, विविधतापूर्ण और विश्वश्रेष्ठ आध्यात्मिक यात्री का जीवन। जिसकी परिणति विश्वकल्याण है। तत्पश्चात् उन्होंने अपनी देह का त्याग कर दिया था।''

नारी ने यह कहते हुए गहरी साँस ली और आगे कहा– ''बस, उस दिवस से हम अकेले ही इस सुंदर प्राकृतिक स्थान पर प्रभु की तपस्या कर रहे हैं। इस कार्य से हम अतिप्रसन्न हैं क्योंकि इस क्रिया के माध्यम से हम सदैव श्री कृष्ण के साथ जुड़े रहते हैं और हमारी आत्मा तृप्त रहती है।''

''देवी, आपका इतिहास इतना करुण होते हुए भी प्रभु में आपका विश्वास पूर्ण है। धन्य हैं आप देवी।''

''धन्यवाद ऋषिवर।''

जलवाय्वग्नि ने आगे उत्सुकतापूर्वक पूछा– ''देवी, यदि आप सदैव ध्यानावस्था में रहती हैं तो इस वन को इतना स्वच्छ कौन रखता है?''

''स्वच्छता हमें अतिप्रिय है ऋषिवर। जहाँ स्वच्छता होती है वहाँ प्रभु सदैव विराजमान रहते हैं। इसलिये यहाँ का कण–कण इस सत्य का सम्मान करता है।''

''प्रशंसनीय। आप वास्तव में अतिसुंदर, अतिज्ञानी, अतिगुणवान, प्रकृतिरक्षक और स्वास्थ्यकर स्त्री हैं। यदि आप जैसी सर्वगुण संपन्न नारी का साथ हमें प्राप्त

हो जाये तो हमारी एकांत जीवनयात्रा सर्वश्रेष्ठ, अतिसुखमयी, सफल और अर्थपूर्ण बन जाये। हम धन्य हो जायेंगे देवी।''

नारी जलवाय्वग्नि की ओर हल्की सी मुस्कान के साथ देखती है और कहती है– ''क्षमा करें ऋषिवर, पर हम सन्यासी जीवन जी रहे हैं। हम ने सब कुछ त्याग दिया है।''

''हमने भी सब कुछ त्याग दिया है देवी। और हम ये भी जानते है कि 'अति लोभस्य पापस्य'। परंतु सौभाग्यवश इस समय ईश्वर ने हमें आपसे मिलाया है। आपके तेजोमय व्यक्तित्व ने हमारी आत्मा को मोहित एवं तृप्त कर दिया है। आपको अपनी गुरुमाता के कहे शब्दों पर पुनः सोचना चाहिये क्योंकि नियति ने ही हम दोनों को इस पवित्र स्थान पर मिलाया है। अन्यथा आप और हम संपूर्ण संसार में एक–दूसरे को खोजने जाते, तो भी ना मिलते।''

''जी ऋषिवर, हम इस विषय पर अवश्य सोचते हैं।''

''निश्चित रूप से। और नियति की शुभेच्छा का सम्मान करते हुए आप निर्णय लें। वैसे भी हम दोनों के जीवन का उद्देश्य भी एक ही है। प्रभु की साधना और प्रभु के धाम जाकर उनकी सेवा करना। प्रभु की सेवा के दौरान उनके आशीर्वाद और आदेशानुसार इस ब्रह्माण्ड के असंख्य प्राणियों को धर्म की शरण में एक अर्थपूर्ण जीवन प्रदान करना।''

''सत्य ऋषिवर।''

''देवी, हम कुछ क्षणों के लिये विश्राम करके यहाँ वापस लौटते हैं। फ़िर हम आपकी इच्छा जानकर अपने गंतव्य की ओर प्रस्थान करेंगे।''

''जी ऋषिवर।''

ऋषि जलवाय्वग्नि यमुना नदी के तट पर विश्राम करने जाते हैं।

दूसरी ओर नारी यह सोच रही है कि गुरुमाता के कहे अनुसार तो हमें ऋषिवर की इच्छा को स्वीकार लेना चाहिये परंतु इस पवित्र स्वर्गभूमि को छोड़कर जाने का मन नहीं करता।

कुछ क्षण विचार करने के पश्चात् उसने पुनः सोचा– ''नहीं। इस संसार में कुछ भी स्थायी नहीं है। सब नश्वर है। किसी भी वस्तु या स्थान का मोह रखना

अनुचित और अर्थहीन है। और कदाचित् ये हमारे प्रभु की ही इच्छा हो। वे हमें ऐसे अनेक वृंदावन के दर्शन करवाना चाहते हों। वैसे भी हमारा और ऋषिवर का गंतव्य भी एक है। ठीक ही है, हम भी ऋषिवर के साथ उनकी महान यात्रा का अमूल्य हिस्सा बनते हैं। जय श्री कृष्ण।''

वह प्रभु का नाम जपते हुए यमुना नदी के तट पर बैठे ऋषि जलवाय्वग्नि के निकट जाती है और उनसे कहती है– ''ऋषिवर, हम नियति की शुभेच्छा का सम्मान करते हुए आपकी इच्छा को स्वीकार करते हैं। हम आपसे विवाह करके आपकी इस महान यात्रा का हिस्सा बनकर ऐसे अनेक वृंदावन के दर्शन करना चाहते हैं।''

ये सुनकर ऋषि जलवाय्वग्नि अति प्रसन्न हो गये और उन्होंने खड़े होकर देवी के चरण स्पर्श करते हुए कहा– ''आप धन्य हैं देवी। आपने सर्वथा उचित निर्णय लिया है। हम आपको वचन देते हैं कि हम इस संसार के सर्वश्रेष्ठ पति और विश्वश्रेष्ठ मार्गदर्शक बनकर आपके साथ अर्थपूर्ण जीवन व्यतीत करेंगे। हम सदैव आपसे स्नेह करेंगे। आपकी रक्षा करेंगे। आपका बहुत धन्यवाद देवी।''

''परंतु ऋषिवर, आप हमारे चरण क्यों स्पर्श कर रहे हैं, ये कार्य तो हमारा है।''

उसके बाद वह जलवाय्वग्नि के चरण स्पर्श करती है।

तब जलवाय्वग्नि ने देवी से कहा– ''यत्र नार्यस्तु पूज्यन्ते, रमन्ते तत्र देवता। जहाँ नारी का सम्मान, वहाँ देवता विराजमान। देवी, इस संसार में नारी से परे कोई नहीं हो सकता। किसी भी मनुष्य और जीव का जीवन, नारी जाति के कारण ही संभव है। इसलिये नारी शक्ति का नित्य सम्मान अति आवश्यक है।''

''ऋषिवर, आपको और आपकी शिखरस्थ आध्यात्मिक विचारधारा को शत–शत नमन।''

''धन्यवाद देवी। हम जलवाय्वग्नि ऋषि, श्री नारायण के भक्त, अभी इसी क्षण दसों दिशाओं को, हमारे पूर्वजों को और इस संसार के समस्त देवी देवताओं को साक्षी मानकर उनके आशीर्वाद सहित आपको अपनी अर्धांगिनी के रूप में स्वीकार करते हैं।''

इतना कहने के पश्चात् वे वृंदावन की मिट्टी को देवी की माँग में भरते हैं।

तब देवी, जलवाय्वग्नि से कहती है– ''ऋषिवर! मैं अक्षधरा, विश्वगुरु श्री कृष्ण की भक्त, इसी क्षण दसों दिशाओं को, हमारे पूर्वजों को और इस संसार के समस्त देवी देवताओं को साक्षी मानकर आपको अपने पति परमेश्वर के रूप में स्वीकार करती हूँ।''

इतना कहकर वह जलवाय्वग्नि ऋषि के चरण स्पर्श करती हैं।

तत्पश्चात् जलवाय्वग्नि अक्षधरा के दोनों हाथ पकड़कर कोमलता से उन्हें गले लगाते हैं और कहते हैं– ''देवी, हम नियति और प्रभु के आभारी हैं क्योंकि अब आपकी नित्य संगत से हमारी अयोध्या से रामेश्वरम् तक की पदयात्रा भी संपूर्ण और सार्थक हो जायेगी। अब हम हमारे उद्देश्य के अंतर्गत प्रभु श्री राम और माता सीता के समान वनवासी जीवन व्यतीत करके ये जीवन उन्हें समर्पित करेंगे।''

अक्षधरा ने कहा– ''ये हमारा परम सौभाग्य होगा ऋषिवर।''

और इसके बाद वे दोनों अपनी कुटीर की ओर जाते हैं। कदाचित् ये विशेष मिलन, श्री कृष्ण की अक्षधरा को और देवी राधा की जलवाय्वग्नि को बहुमूल्य भेंट है।

•••

   ईश्वरीय मनुष्य

ऋषि जलवाय्वग्नि और अक्षधरा अपने स्थायी मिलन के दिवस कुटीर पर विश्राम करते हैं। और अगले दिवस प्रभात के समय ऋषि जलवाय्वग्नि और देवी अक्षधरा यमुना नदी और नदी के तट के उस पवित्र स्थान को नमन करके, नदी के पवित्र जल और वृंदावन की पवित्र मिट्टी को अपने घड़ों में भरकर नाथद्वारा की ओर प्रस्थान करते हैं।

दिसंबर अठारह सौ बाँसठ में अर्थात् छः माह पश्चात् नाथद्वारा में ठाकुर जी के दर्शन करके वह दोनों द्वारिका की ओर जाते हुए, राजस्थान और गुजरात की सीमा पर स्थित एक मनोरम सुंदर वन में पहुँचते हैं। यहाँ देवी अक्षधरा को थकान का अनुभव होता है। देवी अक्षधरा का मुख सदैव की तरह ज्योतिर्मय, प्रसन्न और मोहक लग रहा है किंतु ऋषि जलवाय्वग्नि को यह भान हो जाता है कि अब देवी अक्षधरा को लंबे विश्राम की आवश्यकता है।

राजस्थान राज्य के इस सोम नामक गाँव से गुज़रते समय, जलवाय्वग्नि अक्षधरा से कहते हैं– ''देवी, आप इस पेड़ के नीचे बैठ जायें ओर ये जल ग्रहण करें।''

अक्षधरा वृक्ष के नीचे बैठ कर जल ग्रहण करती हैं।

जलवाय्वग्नि पुनः कहते हैं– ''देवी, नाथद्वारा के उस वैद्यराज ने हमें उचित ही कहा था कि आपकी गर्भावस्था के कारण पाँच या छः माह के पश्चात् आपको पूर्णतः विश्राम करना होगा। इसलिये हम ये निर्णय लेते हैं कि अब हम कुछ वर्षों के लिये इसी स्थान पर अपना जीवन व्यतीत करेंगे। शिशु के जन्म के पश्चात् उसके परिपक्व हो जाने तक।''

''ठीक है, ऋषिवर। वैसे भी यह स्थान नयनाभिराम और हरा–भरा है। ऐसा लगता है कि हम दूसरे वृंदावन में आ गये हैं।''

''हाँ देवी। यहाँ नदी और पहाड़ियाँ भी हैं और सुंदर, शांत, स्वच्छ एवं आत्मा को आह्लादित करने वाला प्रिय वातावरण भी।''

तभी आसपास देखते हुए जलवाय्वग्नि की दृष्टि उनके निकट दिखाई दे रही एक पहाड़ी पर पड़ती है। उस विशेष आकार की पहाड़ी के ऊपर एक भव्य वृक्ष की ओर देखते हुए उन्होंने अक्षधरा से कहा– ''देवी, उस छोटी सी पहाड़ी के ऊपर देखिये। वहाँ पीपल का एक सुंदर और भव्य वृक्ष है।''

अक्षधरा ने उस पहाड़ी को ध्यान से देखते हुए कहा– ''हाँ ऋषिवर, अन्य कई सारे वृक्ष भी हैं। लगता है कि वहाँ एक छोटी सी कुटीर भी है।''

''यह तो बहुत ही अच्छी बात है। वहाँ अवश्य ही कोई आध्यात्मिक यात्री तपस्या करने हेतु आये होंगे या फिर कोई वन संवर्धक या पशु रक्षक होंगे जो इस वन के विस्तार से परिचित होंगे।''

''ऋषिवर, चलिये वहाँ चलते हैं। कदाचित् हमें शुभ संगति का सौभाग्य प्राप्त हो सकता है। संभवतः आज से हम भी उसी स्थान पर अपना जीवन व्यतीत करेंगे।''

''अवश्य देवी। चलिये।''

और वे दोनों अपनी–अपनी गठरियों के साथ धीरे–धीरे उस छोटी सी पहाड़ी की ओर जाते हैं। वहाँ पर पहुँचने के पश्चात् उन्हें पहाड़ी पर स्थित कुटीर के आसपास कोई दिखाई नहीं देता। कुटीर को अनुपयोगी अवस्था में देखकर जलवाय्वग्नि और अक्षधरा उस कुटीर में विश्राम करने का निर्णय लेते हैं।

•••

अगले दिवस प्रातःकाल।

जलवाय्वग्नि अक्षधरा से कहते हैं– ''देवी, हम वन में जाकर फल और अन्य वनस्पतियों का प्रबंध करके शीघ्र ही लौटते हैं।''

''जी ऋषिवर, परंतु शीघ्र नहीं अपितु शांति से।''

''अवश्य देवी।''

यह कहकर जलवाय्वग्नि वन में फल और अन्य वनस्पतियों की ख़ोज में जाते हैं। कुछ समय पश्चात् वन की उत्तर दिशा से फल खोज कर आते हुए ऋषि जलवाय्वग्नि वन के मध्य भाग में पहुँचते हैं। वहाँ उन्हें पीपल का एक सुंदर और भव्य वृक्ष दिखता है। उसके नीचे नौ साधु और नौ साध्वी विशिष्ट मुद्राओं में तपस्या कर रहे हैं।

प्रत्येक साधु ने अपने गले में अपने–अपने नव ग्रहों के नाम अनुसार, भिन्न ग्रहों के भिन्न रत्न वाली दिव्यमालायें पहनी हुई हैं। उनकी दिव्यमालाओं के अमूल्य रत्नों में से सूर्यदेव के समान निरंतर दिव्यतेज प्रकाशित हो रहा है। साथ ही उन्होंने रुद्राक्ष की विशिष्ट मालायें भी पहनी हुई हैं और उनकी साध्वी पत्नियों ने भी समान मालायें पहनी हैं। इन आध्यात्मिक यात्रियों के आसपास ऐसी अद्भुत चेतना शक्ति की अनुभूति होती है जो चेतना समस्त विश्व को चलायमान रखने के लिये पर्याप्त है।

उन्हें देखकर जलवाय्वग्नि उनके निकट जाते हैं और मन में सोचते हैं, ''आज तो हम धन्य हो गये। नौ साधु और नौ साध्वी, एक ही स्थान पर, वो भी पवित्र पीपल के वृक्ष के नीचे। इनके मुख का दिव्य तेज देखकर लगता है कि ये लोग अवश्य ही देवतारूपी मनुष्य हैं। और साक्षात् सूर्यदेव इनमें निवास करते हैं। इन अप्रतिम मायावी शक्तियों को देखकर नेत्रों को पारलौकिक, दैवीय एवं आध्यात्मिक सत्ता प्राप्त हो रही है। अद्भुत काल दर्शन।''

और जलवाय्वग्नि कुछ क्षणों के लिये प्रतीक्षा करते हैं, परंतु नौ साधु और नौ साध्वी तपस्या में लीन रहते हैं।

''तपस्या की अवधि कुछ भी हो सकती है। अधिक विलंब हो उसके पूर्व ही हम देवी अक्षधरा के पास जाते हैं और उनके साथ फलाहार करते हैं। इन देवसत्ताओं से बाद में मिलते हैं'', यह सोचकर वे अपनी कुटीर की ओर चल पड़ते हैं।

•••

ऋषि जलवाय्वग्नि अगले आठ दिवस तक निरंतर उन नौ साधुओं के ध्यान स्थल पर जाते हैं और उनकी तपस्या की पूर्णाहुति की प्रतीक्षा करते हैं। परंतु वे अपनी तपस्या में ही लीन रहते हैं। नौवें दिन प्रातःकाल, जब जलवाय्वग्नि ध्यान स्थल पर पहुँचते हैं तब वे देखते हैं कि नौ साधु और नौ साध्वी पीपल के वृक्ष के नीचे महायज्ञ पूजा की तैयारी कर रहे हैं। यह देखकर जलवाय्वग्नि एक क्षण की प्रतीक्षा किये बिना शीघ्र ही उनके निकट जाते हैं और उनके चरण स्पर्श करते हुए कहते हैं– "राम–राम सा। देवरूपी महान ऋषियों और साध्वियों को अयोध्यावासी जलवाय्वग्नि का शत–शत प्रणाम।"

उन सभी ने जलवाय्वग्नि को आशीर्वाद देते हुए एक स्वर में कहा– "ओम नमो भगवते वासुदेवाय। कल्याण हो पुत्र।"

जलवाय्वग्नि ने प्रणाम करते हुए नौ साधु और साध्वियों से कहा– "ओम नमो भगवते वासुदेवाय। ऋषियों और देवियों, मन के विकारों को कालाग्नि में ध्वस्त करने वाले, इन्द्रियों पर अखंड विजय प्रदान करने वाले और इस शरीर को पारलौकिक सत्ता प्रदान करने वाले इस वन में पीपल के पवित्र देव वृक्ष के सानिध्य में आप जैसे अनन्य भक्तों को श्री हरि और माता लक्ष्मी की उपासना एवं पूजा करते हुए देख हमें भगवद्सुख प्राप्त हुआ।"

नौ साधुओं ने जलवाय्वग्नि से कहा– "धन्यवाद ऋषिवर।"

तभी उनमें से एक वृद्ध साधु ने जलवाय्वग्नि से पूछा– "महात्मन, आप किस हेतु इस पवित्र स्थान पर आये हैं।"

जलवाय्वग्नि ने उत्तर दिया– "ऋषिवर! हम और हमारी पत्नी देवी अक्षधरा भी श्री हरि विष्णु और माता लक्ष्मी के परम भक्त हैं। हम एक विशेष यात्रा पर निकले हैं। हमारी यात्रा के दौरान हमारी धर्मपत्नी की गर्भावस्था के कारण हमने इस ईश्वरीय स्थान पर कुछ समय के लिये जीवनयापन करने का निर्णय लिया है।"

एक अन्य वृद्ध साधु ने जलवाय्वग्नि से कहा– "आपने यहाँ रुकने का सर्वोचित निर्णय लिया है। यहाँ आपको किसी भी प्रकार की सहायता की आवश्यकता हो तो हमें निस्संकोच कहियेगा।"

जलवाय्वग्नि ने वृद्ध साधु से कहा– "जी, धन्यवाद ऋषिवर।"

एक साधु ने जलवाय्वग्नि से पूछा– "ऋषिवर! आपके सुंदर एवं ओजस्वी

मुख का दिव्य तेज देखकर और आपकी सुखवर्धक उपस्थिति की विशेष अनुभूति से हमें ऐसा प्रतीत होता है कि आप कोई साधारण व्यक्ति नहीं हैं। आप अवश्य ही कोई विशेष पुण्यात्मा हैं, जो अनगिनत श्रेष्ठ कार्य करने पृथ्वीलोक पर अवतरित हुए हैं।''

जलवाय्वग्नि ने साधुओं से कहा– ''हम तो साधारण मनुष्य हैं ऋषिवर, परंतु हमारा उद्देश्य असाधारण है। हमारे जीवन का एक ही उद्देश्य है, श्री हरि विष्णु और माता लक्ष्मी से स्थायी मिलन। हम अपनी यात्रा के दौरान इस पृथ्वीलोक के उस प्रत्येक स्थान के दर्शन करेंगे जिस पवित्र स्थान पर प्रभु श्री राम, माता सीता और श्री कृष्ण ने अपना श्रेष्ठ, विशेष एवं उपदेशात्मक जीवन व्यतीत किया था। हम उस प्रत्येक स्थान के पवित्र जल और मिट्टी का संग्रह करेंगे और अंत में उस पवित्र जल और मिट्टी के साथ अयोध्या की सरयू नदी के तट पर जाकर पवित्र जल और मिट्टी को साक्षी मानकर, श्री हरि और माता लक्ष्मी का नाम जपते हुए प्रभु की साधना में लीन हो जायेंगे। उचित समय आने पर श्री हरि विष्णु और माता लक्ष्मी के बैकुंठधाम जाकर उनकी अनंतकाल तक सेवा करेंगे।''

उस वृद्ध साधु ने जलवाय्वग्नि से कहा– ''अद्भुत, ऋषिवर। शुभ विचारों में शिखरत्व प्राप्त है आपको। अद्भुत। समस्त विश्व का उत्कृष्ट कार्य कर रहे हैं आप। आपको आपका गंतव्य अवश्य प्राप्त होगा क्योंकि ऐसी विशेष यात्रा में इस संसार की कोई वस्तु विघ्न नहीं बन सकती।''

एक अन्य साधु ने जलवाय्वग्नि से कहा– ''ऋषिवर, आपका ये भगवद्प्राप्ति संकल्प पृथ्वीलोक से ब्रह्माण्ड के ग्रहों को स्पर्श करने के समान कठिन है। परंतु आप अपने गंतव्य तक अवश्य पहुँचेंगे। अपने तपोबल की राहायता से यदि अनुमान लगायें तो आप दोनों, देवी देवता का साक्षात् धर्मअंश हैं। इस ब्रह्माण्ड के शीर्षस्थ स्थल पर स्थित अमृतसागर लोक से आप दोनों का इस धर्मधरा पर कल्याणकारी आगमन हुआ है। आप दोनों का विश्वउद्धारक मिलन इस ब्रह्माण्ड के शीर्षस्थ स्थल से लेकर पाताल गर्भ तक के कण–कण को अपार सुख देने में पूर्णतः सक्षम हैं। आपकी आध्यात्मिकता, वैचारिक क्षमता, चरित्रशुद्धि, मनोबल, आत्मबल और संकल्प शक्ति इतनी प्रचंड, शुद्ध और शिखरस्थ है कि यदि इस विश्व की सारी आसुरी शक्तियाँ एकत्रित होकर आपका अहित करने का प्रयास करें तो वो क्षण भर में पराजय को समर्पित हो जायें। और अनंत प्रसन्नता की बात ये है कि आप अपने समस्त पवित्र जीवनकाल के दौरान विश्वोत्तम संकल्प के आश्रय में अनगिनत देवचरित्रों के द्वारा विश्वश्रेष्ठ जीवनशैली की भेंट देंगे।''

जलवाय्वग्नि ने साधु से कहा– ''अनंत धन्यवाद ऋषिवर। वैसे आप लोग भी निश्चित रूप से देवरूपी मनुष्य लग रहे हैं। हमारे अंतर्ज्ञान के अनुसार आप परमशुद्ध, महाशक्तिशाली, अतिपवित्र और देवसत्ता प्राप्त आत्मायें हैं। आप लोगों की तपस्या के पीछे अवश्य ही कोई सर्वश्रेष्ठ उद्देश्य स्थित है। यदि आपकी इच्छा हो तो हम उससे अवगत होकर धन्य होना चाहते हैं।''

वृद्ध साधु ने जलवाय्वग्नि से कहा– ''अवश्य ऋषिवर। हम नौ भाई हैं। हरिद्वार निवासी। हमारे पिताश्री ने हमारे नाम नौ ग्रहों से प्रेरित होकर रखे थे। सूर्येश्वर, चंद्रेश्वर, मंगलेश्वर, बुधेश्वर, गुरवेश्वर, शुक्रेश्वर, शनैश्वर, राहवेश्वर और केतवेश्वर। ये नौ देवियाँ हम नौ भाइयों की पत्नियाँ हैं। हम पृथ्वीलोक के भिन्न स्थानों पर पिछले दो सौ सत्तर वर्षों से तपस्या करते आये हैं और इस स्थान पर पिछले निन्यानवे वर्षों से। हमारी तपस्या संपूर्ण ब्रह्माण्ड को समर्पित है। विशेष रूप से पृथ्वीलोक को, जहाँ अद्भुत प्राणीजीवन संभव है। हम चाहते हैं कि हमारी तपस्या के फलस्वरूप हमारी पृथ्वी माता को कोई पीड़ा न हो और वे सुरक्षित अवस्था में अपना स्थायी संतुलन बनाये रखें।''

एक वृद्ध साध्वी ने जलवाय्वग्नि से कहा– ''जी। और हम नौ साध्वियों की तपस्या विशेष रूप से इस ब्रह्माण्ड के नौ महाकाय ग्रहों को समर्पित है। हम उनसे प्रार्थना करते हैं कि हे महाकाय ग्रहों! आपके अपने विराट एवं रोचक अस्तित्व के कारण ही नौ मुख्य ग्रहों एवं अन्य असंख्य उपग्रहों, नक्षत्रों व तारागणों का स्थायी संतुलन और सुरक्षित अस्तित्व संभव है। आप सदैव अन्य ग्रहों के प्रति अपनी कृपा बनाये रखें और एक दूसरे की रक्षा करें। प्रत्येक जीव को ब्रह्मानुभूति का अलौकिक अवसर प्रदान करने वाले इस विश्व के सबसे सुंदर ग्रह 'पृथ्वीलोक' को कुदृष्टि और महाप्रलयों से वंचित रखें। इस ब्रह्माण्ड में यही एक विशेष ग्रह है, जहाँ पर चौरासी लाख प्रकार के विभिन्न जीव प्रायः जन्म लेते हैं और इस सुंदर पृथ्वीलोक की अद्भुत प्रकृति, रसास्वाद और सौंदर्य का आनंद लेते हुए अपना विविधतापूर्ण जीवन व्यतीत करते रहते हैं। हम इन विभिन्न रूप एवं नाम धारी अमूल्य जीवों को सदैव के लिये सुरक्षित, अहिंसक, स्वस्थ, सुखी, धर्मनिष्ठ, शांतिपूर्ण और आनंदमयी जीवन व्यतीत करते हुए देखना चाहते हैं। कृपया हमारी तपस्या और अलौकिक शक्तियों का लाभ इस पृथ्वीलोक और पृथ्वीवासियों को अवश्य दें। ओम विष्णवे नमः।''

वृद्ध साधु ने जलवाय्वग्नि से कहा– ''हमारी तपस्या फलदायी हो इसलिये हम प्रत्येक पूनम और अमावस के दिन महायज्ञ करते हैं जो कि श्री हरि और माता

लक्ष्मी को समर्पित होता है। उचित समय आने पर इस पवित्र स्थान पर श्री हरि और माता लक्ष्मी का मंदिर बनाकर हम अपने गंतव्य की ओर प्रस्थान करेंगे।''

जलवाय्वग्नि ने नौ साधु और साध्वियों से कहा— ''धन्य हैं आप लोग। आप जैसी पवित्र आत्मायें ही विश्वहित का श्रेष्ठ विचार कर सकती हैं। विचारसागर में आप सबको शिखरत्व प्राप्त है। आप लोगों के इस विश्वव्यापी महान कार्य और विशेष जीवन के लिये संपूर्ण ब्रह्माण्ड की ओर से हम आपका धन्यवाद करते हैं।''

वृद्ध साधु ने जलवाय्वग्नि से कहा— ''ऋषिवर, ये तो हम ऋषियों का प्रथम कर्तव्य है।''

तत्पश्चात् जलवाय्वग्नि वृद्ध साधु और उनकी वृद्ध साध्वी पत्नी के चरण स्पर्श करते हैं। वृद्ध साधु आशीर्वाद देते हुए कहते हैं— ''आयुष्मान भव ऋषिवर। आपके समस्त परिवार का सदैव कल्याण हो।''

उसके पश्चात् ऋषि जलवाय्वग्नि अन्य साधु और साध्वियों के चरण स्पर्श करने बढ़ते हैं। तब वृद्ध साधु शुक्रेश्वर ने उनसे कहा— ''ऋषिवर, आपको प्रत्येक साधु और साध्वी के चरण स्पर्श करने की आवश्यकता नहीं है। हम सब तो पीपल के एक ही वृक्ष की पवित्र डालियाँ हैं। एक डाली को स्पर्श करना संपूर्ण वृक्ष को स्पर्श करने के समान है।''

जलवाय्वग्नि ने साधुओं से कहा— ''आप सबका जीवन, आपकी जीवनशैली और लोककल्याण की विचारधारा अति प्रशंसनीय है। जैसा सोचा था उससे बहुत परे हैं आप लोग और आपके सत्कर्म। सत्कर्मों का समुद्र विद्यमान है आप सब में। आज आप सब से मिलकर हमें ऐसा प्रतीत होता है कि ईश्वर ने हमें जान बूझकर इस स्थान पर बुलाया जिस कारण हम इस ब्रह्माण्ड के सर्वश्रेष्ठ मनुष्यों के दर्शन कर सकें। इस सुख से हम अपनी पत्नी देवी अक्षधरा को भी वंचित नहीं रखेंगे। हम उन्हें शीघ्र ही आपके दर्शन करवायेंगे।''

शनैश्वर साधु ने जलवाय्वग्नि से कहा— ''जलवाय्वग्नि और अक्षधरा। अर्थात् जल, वायु, अग्नि, आकाश और धरा, पंचमहाभूत तत्व। यह तो विशेष नाम हैं। इस संसार में हमने आज तक ऐसे नाम नहीं सुने।''

सूर्येश्वर साधु ने जलवाय्वग्नि से कहा— ''ऋषिवर, आपका जीवन कोई साधारण जीवन नहीं है। आप दोनों का मिलन किसी विशेष संकल्प की सिद्धि के लिये हुआ है जो पूर्वनिर्धारित था।''

जलवाय्वग्नि ने प्रसन्न होकर कहा– ''आपनो घणो आभार।''

एक साध्वी ने जलवाय्वग्नि से कहा– ''ऋषिवर। आप देवी अक्षधरा को इस अवस्था में यहाँ लाने का कष्ट न दें। हम स्वयं कल प्रातःकाल आपकी कुटीर पर आकर उनसे मिलने का सौभाग्य प्राप्त करेंगे।''

जलवाय्वग्नि ने साध्वी से कहा– ''धन्यवाद साध्वी जी। ये हमारा परम सौभाग्य होगा। हम नदी तट से निकट की एक पहाड़ी पर रहते हैं जिसके ऊपर पीपल का वृक्ष है और पास में एक छोटी सी कुटीर। हम आप लोगों की व्यग्रता से प्रतीक्षा करेंगे।''

वृद्ध साधु ने जलवाय्वग्नि से कहा– ''जी ऋषिवर, कल प्रातःकाल मिलते हैं। ओम विष्णवे नमः।''

''ओम विष्णवे नमः। आपका यज्ञ पूर्ववत निर्विघ्न संपन्न हो।''

यह कहकर जलवाय्वग्नि अपनी कुटीर की ओर निकल जाते हैं और साधु तथा साध्वी यज्ञ कार्य में लग जाते हैं।

•••

अगले दिवस प्रातःकाल नौ साधु अपनी साध्वियों के साथ जलवाय्वग्नि और अक्षधरा के निवास स्थान पर पहुँचते हैं। साधुओं को अपनी ओर आते हुए देखकर जलवाय्वग्नि और देवी अक्षधरा अतिप्रसन्न एवं भावुक हो जाते हैं। उनके पहुँचते ही वे दोनों उनके चरण स्पर्श करते हैं। उनका आशीर्वाद प्राप्त करने के बाद जलवाय्वग्नि ने साधुओं से कहा– ''धन्यवाद प्रभु। आइये, कृपया अपना स्थान ग्रहण करें।''

वृद्ध साधु केतवेश्वर ने जलवाय्वग्नि से कहा– ''धन्यवाद, परंतु हम यहाँ केवल देवी अक्षधरा को विशेष आशीर्वाद देने आये हैं।''

जलवाय्वग्नि ने केतवेश्वर साधु से कहा– ''ठीक है ऋषिवर। मैं आपके लिये अल्पाहार का प्रयोजन करता हूँ।''

मंगलेश्वर साधु ने कहा– ''एक गुप्त कार्य को पूर्ण करने हेतु निर्धारित अवधि के लिये हम सबने अन्न एवं जल का परित्याग किया हुआ है।''

''ठीक है प्रभु।''

तत्पश्चात् वृद्ध साध्वी ने अक्षधरा से कहा– ''देवी अक्षधरा! ऋषि जलवाय्वग्नि से मिलने के पश्चात् अपनी दिव्य योगशक्ति द्वारा हम आप दोनों के संपूर्ण जीवनकाल से अवगत हुए हैं। आप दोनों अत्यंत सौभाग्यशाली पुण्यात्मायें हैं। आप लोगों की श्री हरि विष्णु और माता लक्ष्मी के प्रति अटूट श्रद्धा से हम सब अतिप्रसन्न व प्रभावित हैं।''

जलवाय्वग्नि और अक्षधरा ने उन साध्वी से कहा– ''धन्यवाद माते। हमारा संपूर्ण जीवन उन्हीं को समर्पित है।''

इसके बाद साधु गुरवेश्वर ने अक्षधरा से कहा– ''देवी, आप दोनों की शीर्षस्थ शुद्धता, आध्यात्मिकता, देवश्रद्धा और पवित्रता के फलस्वरूप आप एक अतिपवित्र, अतिज्ञानी, अतिगुणवान, सौंदर्यवान, शक्तिशाली, पशुप्रेमी, शाकाहार प्रचारक, बुद्धिमान, प्रकृतिप्रेमी, पर्यावरण संरक्षक, प्रबुद्ध, प्रशंसनीय, धर्मज्ञ, धर्मोपदेशक, अमर्त्य, प्रवर सेवा प्रदायक, आयुर्वेद एवं योग विशेषज्ञ, कालजयी, मनोजयी, जितेन्द्रिय, अलौकिक शक्तियों से परिपूर्ण, सर्वश्रेष्ठ प्रशासक पुत्र को जन्म देंगी। वो पुत्र इस पवित्र स्थान पर स्थायी रूप से रहकर एक विशेष पवित्र धाम की स्थापना करेगा। वो अपने जीवन के दौरान असीमित पुण्य कार्य करेगा और अन्य जीवों से भी असीमित पुण्य कार्य करवायेगा। काल पर प्रभुत्व प्राप्त होगा उस देवात्मा को। और पुत्री, यह सब श्री हरि विष्णु और माता लक्ष्मी की आपके परिवार के प्रति कृपा और आशीर्वाद कारण संभव होगा।''

अक्षधरा और जलवाय्वग्नि ने एक दूसरे की ओर प्रसन्न होकर देखा। अक्षधरा ने वृद्ध साधु गुरवेश्वर से कहा– "इन अमूल्य शब्दों के लिये धन्यवाद ऋषिवर। हम आपके कृतज्ञ रहेंगे। आप जैसी दिव्यात्माओं के विशेष आशीर्वाद से ऐसे गुणवान पुत्र को पाकर हम सदैव के लिये धन्य हो जायेंगे।"

जलवाय्वग्नि ने कहा– "समस्त धर्मधरा धन्य हो जायेगी।"

बुद्धेश्वर साधु ने जलवाय्वग्नि से कहा– "और हाँ, फलाहार और अन्न के लिये आपको यहाँ–वहाँ घूमने की आवश्यकता नहीं है। हमारे ध्यानस्थल के निकट ही दो विशाल कुँए हैं। उसके निकट एक संपूर्ण फलोद्यान और एक खेत है। वहाँ से आप फल, अनाज और अन्य वनस्पतियाँ प्राप्त कर सकते हैं। हमने उन्हें मनुष्य, पशु–पंछी और अन्य जीवों की भूख–प्यास मिटाने के लिये ही उनका सर्जन एवं प्रबंधन इस गाँव की उर्वर भूमि का सर्वोचित उपयोग करके किया है। क्योंकि जीव रक्षा परमो धर्म। अहिंसा परमो धर्म। शाकाहार परमो धर्म।"

एक वृद्ध साध्वी ने अक्षधरा से कहा– "देवी अक्षधरा, गर्भावस्था के दौरान आपको किसी भी वस्तु की आवश्यकता हो तो हमें निस्संकोच बुला लेना। आपकी सहायता करके हम धन्य होना चाहेंगे देवी।"

"धन्य तो हम हो गये हैं माते, आपके दर्शन करके। हम आप सबके आभारी हैं कि आप लोग स्वयं हमसे मिलने और आशीर्वाद देने के लिये हमारे कुटीर पर आये।"

"पुत्री! आप दोनों के विशेष नाम, आपकी सर्वश्रेष्ठ जीवनयात्रा, शिखरस्थ संकल्प और उपदेशात्मक जीवन से हम अतिप्रभावित हुए हैं। इसलिये हम स्वयं यहाँ आये। हम सदैव प्रभु के आदेशानुसार शुभ घटनाओं को जन्म देते रहते हैं।"

शनैश्वर साधु ने जलवाय्वग्नि और अक्षधरा से कहा– "तो ऋषिवर अब हम प्रस्थान करते हैं क्योंकि मध्यरात्रि से हमें पुनः ध्यान में बैठना है। किसी आपात स्थिति या शुभ स्थिति में हमें स्मरण करना, हम अवश्य उपस्थित होंगे।"

जलवाय्वग्नि ने शनैश्वर साधु से कहा– "ठीक है ऋषिवर।"

सभी लोग यथोचित अभिवादन करते हैं और साधुगण वहाँ से अपने ध्यानस्थल की ओर जाते हैं।

•••

तीन माह पश्चात्। रामनवमी के शुभ दिवस एवं ऋषि जलवाय्वग्नि के जन्म दिवस पर नौ साध्वियों की उपस्थिति में देवी अक्षधरा एक सुंदर, शांतिप्रद और तेजस्वी बालक को जन्म देती हैं। अपने तेजस्वी बालक को देखकर देवी अक्षधरा और ऋषि जलवाय्वग्नि अतिप्रसन्न होते हैं। इस भाग्यवान बालक को नौ साधु और नौ साध्वियाँ विश्वकल्याण के लिये अतिशुभ आशीर्वाद देते हैं। वृद्ध ऋषि बुद्धेश्वर इस बालक का नाम रखते हैं–'धर्मरामो'। इस विशेष नाम को प्रत्येक पृथ्वीवासी जीव पसंद करेगा क्योंकि इस नाम में बसे हैं दो अतिपवित्र शब्द– धर्म और राम, जिनके मिलन से इस संसार का सदैव ही कल्याण होता आया है और आगे भी होता रहेगा।

•••

अठारह वर्ष पश्चात्।

अठारह वर्षों के अंतराल में धर्मरामो को अपने पिता से प्रभु श्री राम और माता सीता के सर्वश्रेष्ठ उपदेशात्मक जीवन की महागाथा का सर्वोत्तम ज्ञान प्राप्त हुआ है। अपनी माता से धर्मरामो को श्रीमद्भगवद्गीता सर्जक भगवान श्री कृष्ण के धर्म संस्थापना संबंधी अद्भुत जीवन की संपूर्ण लीला का विश्वप्रिय ज्ञान प्राप्त हुआ। अपने माता–पिता के द्वारा इन महान कल्याणकारी गाथाओं के प्रायः कहे जाने के कारण धर्मरामो 'रामायण कथा और कृष्ण लीला' को अत्यंत पसंद करने लगे और उन्होंने इन महान गाथाओं के प्रत्येक पात्र के श्रेष्ठ विचार, उच्च आदर्श और विशेष गुणों को सदैव के लिये अपने भीतर समाविष्ट कर लिया। इनका प्रत्येक शब्द उनके शरीर के कण–कण में स्थायी रूप से बस गया है जिस कारण आज धर्मरामो को ऐसा लगता है कि अब वे स्वयं इन दो महान गाथाओं के जीवित और स्थायी पात्र बन गये हैं।

अपने माता–पिता के अतिरिक्त धर्मरामो को नौ साधु एवं नौ साध्वियों द्वारा ध्यानविद्या का संपूर्ण ज्ञान प्राप्त हुआ। ध्यानविद्या की कला से संपूर्ण रूप से अभिज्ञ होने के पश्चात् उन्हें ये ज्ञात हुआ कि एक वास्तविक तपस्वी कैसा होता है। एक यथार्थ तपस्वी की योग शक्ति की उच्चतम क्षमता क्या है। उसके जीवन का मुख्य उद्देश्य क्या होता है। उसका गंतव्य क्या होता है। वो इस विश्व को अपार सुख देने के लिये क्या कर सकता है। वो इस ब्रह्माण्ड से क्या प्राप्त कर सकता है। और इस संसार को क्या दे सकता है।

और इतना सारा ज्ञान प्राप्त करने के पश्चात् आज वे सर्वगुण संपन्न एवं प्रबुद्ध पुण्यात्मा बन गये हैं। आज धर्मरामो अठारह वर्ष के होते हुए भी अतिअनुभवी, बलिष्ठ, श्रेष्ठ विचारक, आध्यात्म ज्ञानी, उद्यमी, उच्च संस्कारी और तेजोवान मनुष्य लगते हैं।

•••

सोम गाँव के मध्य भाग पर स्थित पीपल के वृक्ष के नीचे नौ साधु और साध्वियों ने भगवान श्री हरि विष्णु और माता लक्ष्मी का छोटा मंदिर बनाया है। धर्मरामो के अठारहवें जन्म दिवस और रामनवमी के शुभ अवसर पर नौ साधु व नौ साध्वियाँ, जलवाय्यग्नि, अक्षधरा और धर्मरामो उस मंदिर के आँगन में बैठकर धर्मशक्ति महायज्ञ कर रहे हैं। यज्ञ की पूर्णाहुति के पश्चात् ऋषि बुद्धेश्वर ने कहा– ''बोलो प्रभु श्री राम जी की जय। माता सीता की जय।''

उनके साथ उपस्थित समस्त व्यक्ति भी यही शब्द बोलते हैं।

तत्पश्चात् ऋषि बुद्धेश्वर ने सबसे कहा– ''साक्षात् धर्मक्षेत्र प्रभु श्री राम और उनके संपूर्ण परिवार को समर्पित हमारा ये धर्मशक्ति महायज्ञ यहाँ संपन्न हुआ। यह यज्ञ विश्व के महान चरित्र, भारत की श्रेष्ठ आत्मा प्रभु श्री राम के अजर, अमर तत्व को मानव मन और चरित्र में प्रत्येक युग में जीवित रखने का प्रयास है।''

ऋषि गुरवेश्वर ने सबसे कहा– ''समस्त विश्व के सर्व विकासशील तत्वों में धर्म और रामचरित्र का अमृत बीज प्रकाशित करने वाले इस सुखवर्धक यज्ञ का अखंड प्रकाश नित्य रूप में काल का गुरु बना रहे।''

इस दौरान सब लोग यज्ञ एवं श्री हरि विष्णु तथा माँ लक्ष्मी को प्रणाम करते हैं। इसके पश्चात् भी धर्मरामो अपनी आँखे बंद रखते हुए स्थिर मुद्रा में बैठे हैं। जब अक्षधरा की दृष्टि धर्मरामो पर पड़ती है तो वह धर्मरामो को स्पर्श करके कहती हैं– ''पुत्र, यज्ञ संपन्न हो चुका है। अपनी आँखे खोलो।''

धर्मरामो अपने शरीर में एक झटके का अनुभव करते हैं और अपनी आँखे खोलकर यज्ञ, श्री हरि और माँ लक्ष्मी की प्रतिमा को प्रणाम करते हैं। उसके पश्चात् धर्मरामो जलवाय्यग्नि से कहते है– ''पिताश्री, समस्त विश्व में धर्मसुख बाँटने वाले इस विशेष यज्ञ के दौरान हमें अपने मानसपट पर कुछ भयानक दृश्य दिखे।''

अक्षधरा और जलवाय्यग्नि ने आश्चर्यचकित होकर धर्मरामो से कहा– ''दृश्य? हमें तो कोई दृश्य नहीं दिखा पुत्र।''

धर्मरामो के मानसपट पर दिखाई दिये दृश्यों से अभिज्ञ होते हुए भी अपरिचित बनकर साधु बुद्धेश्वर ने धर्मरामो से कहा– ''हाँ पुत्र, हम सबको भी कुछ नहीं दिखा।''

धर्मरामो ने कहा– "गुरुदेव, हमने अपने मानसपट पर इस पृथ्वीलोक के भविष्य की ऐसी विकट परिस्थितियाँ और दुःखद घटनायें देखीं जिनकी कल्पना हमने कदापि नहीं की थी। ये घटनायें हमारे ही मानसपट पर क्यों दिखीं वह तो ज्ञात नहीं परंतु इन घटनाओं की अनुभूति करके, उनका मर्म समझने के पश्चात् मन कहता है कि हम इन घटनाओं के संबंध में शीघ्र ही कोई उचित निर्णय लें।"

अक्षधरा ने धर्मरामो से कहा– "पर पुत्र, ऐसा क्या देखा आपने अपने मानसपट पर?"

धर्मरामो ने अक्षधरा से कहा– "माते! हमने देखा कि भविष्यकाल में धर्मधरा भारत भूमि के अधिकतर स्थानों पर कई मनुष्य ईर्ष्या, कपट, हिंसा, क्रोध, स्वार्थ, काम वासना, निर्दयता, छल, व्यभिचार, मांसाहार और कुदृष्टि जैसे दुर्गुण भावों के दास बनकर अर्थहीन जीवन व्यतीत कर रहे हैं। कलयुग के समय में अधिकतम मनुष्य मानव नहीं, दानव बन गये हैं। जिनके पापों का बोझ अनेक शुद्ध और पवित्र मनुष्य उठा रहे हैं। सच्चे धार्मिक मनुष्य असहाय हो गये हैं और कलयुग के दुष्ट एवं वर्णसंकर मानवों के द्वारा शारीरिक, आर्थिक एवं मानसिक पीड़ा भोगते आये हैं और भोग रहे हैं। यत्र–तत्र सर्वत्र, लोग नर्क के जीवन का अनुभव कर रहे हैं। तामसी प्रवृत्ति वाले असंख्य दुर्बुद्धि मनुष्य एवं इन्द्रियों के सेवक अपनी अर्थहीन इच्छाओं की पूर्ति के लिये निर्दोष पशु–पक्षियों की हत्या कर रहे हैं। पृथ्वीलोक के अधिकतम देशों में आयुर्विज्ञान संबंधी विभिन्न प्रकार के संशोधन कार्य हेतु एवं मानव स्वास्थ्य के लिये उत्पादित की जा रही दवाइयों और सौंदर्य प्रसाधन की असंख्य वस्तुओं का निर्दोष पशु–पक्षियों पर घातक परीक्षण कर उन्हें भयानक पीड़ायें दी जा रही हैं। मानव शरीर को अनावश्यक वस्तुओं से सुसज्जित करने हेतु कई प्रकार के पशुचर्म की विभिन्न वस्तुओं का उत्पादन करने हेतु एवं अत्यंत धनी मनुष्य बनने की लालसा में कई सारे वर्णसंकर मनुष्य, अनगिनत निर्दोष पशु–पक्षियों की हत्या करवा रहे हैं। अनगिनत अवैध पशु कत्लखानों और कारखानों के अनुचित अस्तित्व से पर्यावरण अत्यंत दूषित हो गया है। कई मूर्ख, संस्कारहीन एवं लालची मनुष्य सामाजिक प्रतिष्ठा, विश्व प्रसिद्धि एवं धन भंडारण की लालसा से वनक्षेत्रों में आलीशान मांसाहारी होटलें बना रहे हैं और अंततः पशु–पक्षियों के अभ्यारण्यों को नष्ट किये जा रहे हैं। मांसाहारी होटलों में शराब, शबाब और कबाब की कुसंगति से मनुष्य का विनाश हो रहा है। अधिकतर नेता और प्रजा भ्रष्ट हो गये हैं। कई देशों की सरकारें देश को धर्मपथ पर लाने में नपुंसक सिद्ध हो रही हैं। नदी और समुद्र का जल दूषित हो रहा है। विकास के

नाम पर असंख्य वृक्षों की कटाई हो रही है और मनुष्य की अंतहीन इच्छाओं की पूर्ति हेतु वह अपने संपूर्ण जीवन के दौरान अनावश्यक वस्तुओं का उपभोग करके इस पृथ्वीलोक पर अनगिनत मात्रा में कचरा छोड़कर मृत्यु को समर्पित होता है। मात्र एक मानव शरीर अनगिनत मात्रा में कचरे का उत्पादन करता है। अतः प्रकृति एवं पर्यावरण संरक्षण के विषय में मनुष्य की तुलना में पशु-पक्षी, अतिज्ञानी एवं विजयी सिद्ध होते हैं। इसके अतिरिक्त समस्त विश्व में दुग्ध एवं दुग्ध संबंधी अन्य तरल एवं खाद्य पदार्थों की प्रचंड मांग के अनुसार उत्पादन करने के लिये गाय, बछड़े, भैंस, बकरी जैसे निर्दोष प्राणियों को अज्ञानी, निर्दयी, कायर एवं संस्कारहीन मानवीय झुंडों द्वारा शारीरिक कष्ट पहुँचाया जा रहा है। इन निर्दोष पशुओं को ईश्वरीय संविधान के अनुसार स्वस्थ, सुरक्षित, स्वतंत्र भ्रमण, पारिवारिक सुख, सात्विक आहार प्राप्ति के अधिकारों से वंचित रखकर, इनका शारीरिक शोषण करने वाले वर्णसंकर मनुष्य मानवीय मूर्खता और निर्दयता का तुच्छ उदाहरण प्रस्तुत कर रहे हैं। वह निर्दयी मानवीय झुंड इस विश्व के कठोर से कठोर दंड भोगने के लायक हैं। इसके अलावा संपूर्ण पृथ्वीलोक पर असंख्य वाहनों के तेज़ गति भ्रमण से मार्ग पर प्रतिक्षण असंख्य निर्दोष पशु-पक्षियों की अत्यंत दयनीय परिस्थितियों में आकस्मिक मृत्यु हो रही है। इस विश्व के अधिकतम मनुष्य परिशुद्ध प्राकृतिक खाद्यपदार्थों का न्यूनतम उपयोग करके, इनके स्थान पर ज़हरीले रसायनयुक्त मानवनिर्मित खाद्यपदार्थों का निरंतर सेवन करके संपूर्ण शरीर को रोगी, अपवित्र एवं दुर्बल बना रहे हैं। भोगविलास युक्त जीवनशैली, शरीर में प्रमाद एवं उत्तेजना पैदा करने वाले विभिन्न नशीले पदार्थों के अतिरिक्त सेवन से और तकनीकी युग में यंत्र साधनों के अतिरिक्त उपभोग से मानव शरीर और मानव जीवन खोखला एवं निरुद्योगी बन रहा है। अंततः पृथ्वीलोक पर पाप सर्वोच्च सीमा पर पहुँच चुका है। प्रकृति भोगविलास की आग में झुलस रही है और इस दुर्दशा का मुख्य कारण है- मानव मन में श्रेष्ठ विचारों एवं एकाग्रता की अनुपस्थिति तथा अविवेक की प्रचंड उपस्थिति।''

बिना एक क्षण रुके धर्मरामो कहते जाते हैं- ''कलयुग के मनुष्य की विचित्र एवं अभद्र जीवन रीति देखकर हमें ज्ञात हो गया है कि सतयुग और कलयुग के मनुष्य में क्या विशेष अंतर है। कहाँ वो सतयुग के बुद्धिजीवी मनुष्य और पवित्र कालखंड, जब सृष्टि का प्रत्येक प्राणी स्नेहभाव, दयालुता, ध्यान, सम्मान, स्वच्छता, पूर्णतः शाकाहार, आदर, पशुप्रेम, नैतिकता और पवित्र संबंध जैसे दिव्य गुणों के साथ सुखमय, स्वस्थ, सुरक्षित और शांतिपूर्वक अर्थपूर्ण जीवन व्यतीत करते थे। और कहाँ ये कलयुग का मलीन समय और तामसी गुणों में प्रवृत्त जड़ मनुष्य।

जहाँ भक्तों का भगवान के साथ, गुरु का शिष्य के साथ, राजनेता का प्रजा के साथ, पिता का पुत्र के साथ, नाथ का सेवक के साथ, पत्नी का अपने पति के साथ, ग्वालों का गौ माता के साथ, धर्मगुरु का धर्म के साथ संबंध तो है पर केवल स्वार्थ से बने आकाश के दो अस्थायी बादलों की तरह, जो वास्तव में पूर्ण रूप से अस्थायी है। वे बादल कुछ समय के लिये एक साथ दिखते हैं पर किस क्षण, किस दिशा में चले जायें और अदृश्य हो जायें, इसकी कोई प्रत्याभूति नहीं। कलयुग में अधिकांश संबंध स्वार्थ वश ही हैं।''

वृद्ध साधु बुद्धेश्वर ने प्रभावित होकर धर्मरामो से कहा– ''वाह पुत्र, क्या उदाहरण प्रस्तुत किया है। अद्भुत, अतिसुंदर, परमसत्य।''

धर्मरामो ने बुद्धेश्वर साधु से कहा– ''धन्यवाद गुरुदेव। इसलिये ऐसे दुष्ट मनुष्यों को दंड मिलना ही चाहिये।''

अक्षधरा ने धर्मरामो से कहा– ''पुत्र, आपके विचार शुद्ध हैं पर इस संसार में सब कुछ अपने आप ही होता है। नियति प्रत्येक जीव को अपने कर्मों के अनुसार ही जीवन देती है। प्रकृति द्वारा स्वयं संचालित न्याय प्रक्रिया के अंतर्गत सुनिश्चित समय पर प्रत्येक प्राणी को अपने दुष्कर्मों का दंड भुगतना ही पड़ता है। नियति की रहस्यपूर्ण माया को समझना असंभव है क्योंकि वह किस जीव को, किस स्थान पर, किस परिस्थिति में कैसा जीवन देती है। यह नियति के अतिरिक्त और कोई नहीं जान सकता।''

''आप सत्य कह रही हैं माता। परंतु इस ब्रह्माण्ड में ऐसा कोई भी जीव शेष नहीं है जिसने अपने संपूर्ण जीवनकाल के दौरान कोई त्रुटि न की हो। गलती तो देवताओं से भी हुई है और दानवों से भी। कभी–कभार, नियति भी अपनी नियति के सामने विवश हो जाती है जिस कारण कई सारी अनुचित परिस्थितियाँ उत्पन्न होती हैं। जिनको सुधारने का सौभाग्य, कदाचित हमें प्राप्त हो।''

जलवाय्वग्नि विचारपूर्वक धर्मरामो से कहते हैं– ''पुत्र! हमारे विचार से नियति की माया पर संदेह करना अनुचित है।''

धर्मरामो ने पिता को उत्तर दिया– ''पिताश्री! हम तो केवल यही जानते हैं कि जो अशुभ घटनायें घट रही हैं और जो अशुभ घटने वाला है, वह हमारे विचार से अनुचित और अमान्य है। ये प्रक्रिया संदेहपूर्ण है क्योंकि यदि कोई मनुष्य या अन्य प्राणी सत्कर्मों का आरंभ नहीं करेगा तो वह सदैव अपने कर्मों के बंधन में ही

जीवन जीता रहेगा। यदि इस संदेहपूर्ण परिस्थिति को सुधारना है तो प्रत्येक जीव को कर्मयोग, भक्तियोग, ध्यानयोग के माध्यम से अपने कर्मों पर ध्यान देना होगा। सत्कर्मों का आरंभ करना होगा। ताकि एक दिन प्रत्येक जीव अपने दुष्कर्मों की पीड़ा और बंधन से मुक्त हो जाये और सदा के लिये पवित्र जीवन व्यतीत करे।''

मंगलेश्वर साधु ने धर्मरामो से कहा– ''वाह पुत्र। आपके विचार दुर्लभ, शुभकर, विशिष्ट और उच्च कोटि के हैं। आप सर्वथा उचित कह रहे हैं। हमारे विचार से इस विषय पर अवश्य कुछ करना चाहिये।''

धर्मरामो ने मंगलेश्वर साधु से कहा– ''गुरुदेव! हमारी दिव्यात्मा ने हमें मार्गदर्शन दे दिया है कि हमें क्या करना है। इसलिये हम श्री हरि विष्णु भक्त धर्मरामो, इस सृष्टि की प्रत्येक वस्तु और प्रत्येक दिशा को साक्षी मानकर आज के शुभ दिवस पर ये प्रतिज्ञा लेते हैं कि आज से अगले निन्यानवे वर्ष तक, हम अपने जन्म के पवित्र स्थान पर घोर तपस्या करेंगे और परमात्मा की कृपा से स्वयं को सर्वशक्तिशाली और महातपस्वी सत्पुरुष बनायेंगे। हमारी तपस्या की इस अवधि के दौरान हम इस सृष्टि की दिव्यात्माओं से जुड़कर भारत भूमि के अतिशुभ भविष्य और पृथ्वीवासियों के महाकल्याण के लिये लाभदायक योजनायें बनायेंगे। हम समस्त विश्व में सकारात्मक ऊर्जा का अत्यधिक उत्पादन करेंगे जो मानव चेतना को उत्कृष्ट विचारों की संगत से धर्मपथ पर निरंतर प्रवृत्त रखेगी। पृथ्वीलोक के प्रत्येक गाँव और शहर में आध्यात्मिक यात्रियों का समूह बनायेंगे क्योंकि धर्म है तो समूचे प्राणीजगत के जीवन का अर्थ है अन्यथा अधर्म की शरण में सब अनर्थ है। हमारे उद्देश्य का आरंभ होगा इस पवित्र सोम गाँव की मरुधरा से, जहाँ हमारा जन्म हुआ है। हम अपनी तपस्या के दौरान अपनी अतुल्य योगशक्ति द्वारा इस भूमि को इतना पवित्र और शक्तिशाली बना देंगे कि तपस्या के दौरान इस संसार के सर्वश्रेष्ठ एवं प्रबुद्ध मनुष्य यहाँ अपना जीवन व्यतीत करने आयेंगे। वो मनुष्य देवभूमि भारत के असंख्य जीवों के कल्याण के लिये धर्म और अर्थ की शरण में रहकर विश्वश्रेष्ठ पुण्य कार्य करेंगे।''

धर्मरामो की इस बात को सुनकर वहाँ उपस्थित सभी लोग अतिप्रभावित हो जाते हैं।

फिर धर्मरामो ने सभी की ओर देखते हुए कहा– ''उन दिव्य मनुष्यों से जो भी अन्य प्राणी जुड़े होंगे वो भी इस संसार के देवसत्ता प्राप्त सर्वश्रेष्ठ प्राणी होंगे। ये सारे दिव्य मनुष्य, विशिष्ट गुणकारी, विवेकशील, विचारशील, परिश्रमी, श्रद्धावान,

औढरदानी, सुजान, संयमी, धर्मनिष्ठ, सत्यनिष्ठ, जितेन्द्रिय एवं बुद्धिमान मनुष्य होंगे जिनके शिखरस्थ चरित्रबल और आत्मबल का तेज सहस्त्र सूर्यों से भी अधिक होगा। विवेकशक्ति और उत्तम विचारों का समुद्र उनमें नित्य रूप में विद्यमान होगा। ऐसे ईश्वरीय मनुष्य आज तक संपूर्ण ब्रह्माण्ड में न कभी किसी ने देखे होंगे और ना कभी देखेंगे। हम उन दिव्य मनुष्यों, उनके संबंधी और मित्रों के द्वारा इस संसार के समक्ष श्रेष्ठ मनुष्यों का, श्रेष्ठ परिस्थितियों में, श्रेष्ठ कार्यों के साथ, श्रेष्ठ जीवन का अद्भुत एवं कल्याणकारी उदाहरण प्रस्तुत करेंगे जिनके जीवन से प्रेरणा लेकर, उनकी दिव्यता का लाभ लेकर कलयुग के अधिकतम दुष्ट मनुष्य अवश्य सुधर जायेंगे और धर्म, अहिंसा एवं शाकाहारत्व की संगत से देवभूमि भारत के भविष्य को शुभ बनायेंगे।''

धर्मरामो आगे कहते हैं– ''और जो दानवरूपी वर्णसंकर मनुष्य नहीं सुधरते हैं उन्हें हम अपने दूसरे उद्देश्य में भिन्न माध्यम से, सच्ची मानवता, धर्मयुक्त वास्तविक जीवनकला और श्रेष्ठ मानव जीवन का यथार्थ अर्थ समझायेंगे। उन्हें स्वर्ग और नर्क, सुख और दुःख, पाप और पुण्य, धर्म और अधर्म, सत्य और असत्य का सर्वोचित अर्थ समझायेंगे जिससे वो दुष्ट मनुष्य निश्चित रूप से सुधर जायेंगे और धर्म की स्थापना पुनः होगी।''

शनैश्वर साधु ने धर्मरामो से कहा– ''पुत्र, आपके अतुल्य विचारों ने हमें धन्य कर दिया है। आपके इस संकल्प से इस भूमि पर की गई हमारी कई वर्षों की तपस्या आज फलीभूत हुई।''

धर्मरामो ने साधु बुद्धेश्वर और उनकी वृद्ध पत्नी के चरण स्पर्श किये और कहा– ''गुरुदेव, गुरुमाता, आप हमें उत्तम आशीर्वाद दें ताकि हम अपने उद्देश्य का आज ही शुभारंभ करें और अपने संकल्प को सफलतापूर्वक गंतव्य तक पहुँचायें।''

बुद्धेश्वर ने धर्मरामो से कहा– ''पुत्र, आपकी पुण्यात्मा, श्री विष्णु परंपरा की कर्तव्यपूर्ण देन है। उस परमसत्ता का असीम तेज और उच्च संस्कार आपको सहज प्राप्त है। अतः आप स्वयं सामर्थ्यवान हैं कि आप जिस कार्य के संपर्क में आयेंगे या जिस कल्याणकारी कार्य की इच्छा रखेंगे वो कार्य आपकी इच्छानुसार पूर्ण होने के लिये विवश हो जायेंगे क्योंकि शुद्धता और पवित्रता से परे इस संसार में और कुछ नहीं है, जो कि आपके कण–कण में अखंड रूप में विद्यमान है। इसलिये आपका उद्देश्य निर्विघ्न संपन्न होगा।''

ईश्वरीय मनुष्य

गुरुमाता ने धर्मरामो से कहा– ''आपका सदैव कल्याण होगा पुत्र और आप सदैव समूचे विश्व का कल्याण करेंगे।''

तत्पश्चात् धर्मरामो ने माता–पिता के चरण स्पर्श किये। अक्षधरा ने धर्मरामो से कहा– ''आयुष्मान भव पुत्र। आपके इस विश्व उद्धारक संकल्प ने ये सिद्ध कर दिया कि आप एक अतिगुणवान, अतिज्ञानी, सर्वशक्तिशाली, अतिदयालु, देवगुणयुक्त, सर्वगुणसंपन्न पुण्यात्मा हो। आप स्वयं अपनी क्षमता से अपने उद्देश्य अवश्य पूर्ण करेंगे।''

''धन्यवाद माते। पर ये सब तो आप लोगों के असीमित पुण्य कर्म, विश्वोत्तम संस्कार, ईश्वर के प्रति आपकी अटूट श्रद्धा और आपसे प्राप्त अलौकिक शक्तियों का बहुमूल्य परिणाम है। विशेष रूप से समस्त विश्व को असीम सुख प्रदान करने वाली इस परिस्थिति का शुभारंभ इन गुरुजनों द्वारा देव मंत्रों पर प्राप्त की गयी महासिद्धि का शुभ परिणाम है क्योंकि मंत्रों के निरंतर जाप और उन पर किये अध्ययन के फलस्वरूप देवताओं की परमकृपा और सहायता से ही हम पवित्र एवं सुखी विश्व का निर्माण करेंगे।''

गुरुमाता ने धर्मरामो से कहा– ''निश्चित रूप से।''

चंद्रेश्वर साधु ने धर्मरामो से कहा– ''आज का ये संयोग अतिशुभ है पुत्र। आज आपके इस उद्देश्य से हमारी वर्षों की तपस्या फलित हुई है। जिस कार्य हेतु हम यहाँ आये थे वह सफलतापूर्वक पूर्ण होने जा रहा है। आज के शुभ दिवस ही हम इस सुंदर वन से अपने गंतव्य की ओर प्रस्थान करेंगे।''

जलवाय्वग्नि ने बुद्धेश्वर साधु से कहा– ''गुरुदेव! आज पुत्र धर्मरामो अपनी घोर तपस्या का शुभारंभ कर रहे हैं। आज आप लोग भी अपने गंतव्य की ओर प्रस्थान कर रहे हैं, तो आज के शुभ दिवस पर हम और देवी अक्षधरा भी अपनी अपूर्ण यात्रा को पूर्ण करने के लिये कृष्ण नगरी द्वारका की ओर प्रस्थान करते हैं। तत्पश्चात् अयोध्या की रामदिशा की ओर प्रस्थान करेंगे।''

वृद्ध साधु बुद्धेश्वर ने जलवाय्वग्नि से कहा– ''उचित है ऋषिवर। ये जो भी घटनायें घट रही हैं, सर्वार्थ के लिये हो रही हैं। सब पूर्व निर्धारित माया है।''

जलवाय्वग्नि ने बुद्धेश्वर से कहा– ''ठीक है गुरुदेव। यहाँ से जाने से पूर्व आपका पुनः धन्यवाद करते हैं। आपके साथ व्यतीत किये गये अमूल्य क्षण जीवनपर्यंत स्मरणीय रहेंगे। आप सबके बीच साक्षात् देवी देवताओं की सुखदायी

संगत प्राप्त हुई है हमें। परमात्मा आप सबको स्वस्थ जीवन और दीर्घायु प्रदान करें।"

साधु सोमेश्वर ने जलवाय्वग्नि से कहा– "ऋषिवर! धन्य तो वो प्रत्येक व्यक्ति हो जायेगा जो आपके और हमारे संपर्क में आयेगा क्योंकि वास्तव में हम नौ साधु, हमारी नौ साध्वी पत्नियाँ और आप तीनों एक ही पीपल के वृक्ष की धर्म शाखायें हैं। हमारी आत्मायें अतिशुद्ध, अतिपवित्र, परहित विचारक, कल्याणकारक, धर्मनिष्ठ और शांति प्रदायक हैं जिस कारण हमारे प्रत्येक जन्म में हमारा संबंध स्थायी रहेगा। और हम सब प्रत्येक जन्म में, भिन्न रूपों में एक दूसरे के साथ जुड़े रहकर इस पृथ्वीलोक पर सदैव असीमित पुण्य कर्म करते रहेंगे और करवाते रहेंगे। इस प्रकार समस्त विश्व का कल्याण होता रहेगा।"

बुद्धेश्वर साधु ने धर्मरामो से कहा– "पुत्र, आप तीनों की पवित्रता और आध्यात्मिक शिखरता से हम अतिप्रसन्न हैं। इसलिये यहाँ से जाने से पूर्व हम आप तीनों को प्रभु की ओर से पवित्र भेंट देते हैं जो हम सबको सदैव एक दूसरे के साथ संपर्क में रखेगी।"

तत्पश्चात् बुद्धेश्वर साधु, धर्मरामो, जलवाय्वग्नि और अक्षधरा को नौ ग्रहों की मंत्रसिद्ध मालायें देते हैं और वृद्ध साध्वी उन्हें मंत्रसिद्ध रुद्राक्ष की मालायें देती हैं। मालायें देते हुए बुद्धेश्वर साधु ने जलवाय्वग्नि, धर्मरामो और अक्षधरा से कहा– "आप लोग इन पवित्र मालाओं को सदैव पहने रखना। इससे ब्रह्माण्ड के नौ ग्रहों की महाकृपा और महादेव जी के पवित्रमणि रुद्राक्ष की दिव्यशक्ति आपका सदैव कल्याण करेंगी, आपकी रक्षा करेंगी और आप से असीमित शुभ कार्य करवायेंगी।"

धर्मरामो ने ऋषि बुद्धेश्वर से कहा– "धन्यवाद गुरुदेव।"

वृद्ध साध्वी ने अक्षधरा से कहा– "जीवन में किसी भी क्षण यदि आपको कोई आवश्यकता हो तो आप इन मालाओं को अपने मस्तक पर स्पर्श करते हुए हमारा नाम और हमारा मुख स्मरण कीजियेगा। दूसरी ही क्षण आप अपने मानसपट पर हमारे तत्काल दर्शन कर पायेंगे और इसी तरह हम भी आपसे शुभ संपर्क करेंगे।"

ऋषि जलवाय्वग्नि, अक्षधरा और धर्मरामो ने वृद्ध साधु और वृद्ध साध्वी को नमन किया।

जलवाय्वग्नि ने साधु परिवार से कहा– "ऋषिवर और गुरुमाता, इन विशिष्ट मालाओं के लिये आप लोगों का बहुत–बहुत धन्यवाद।"

साधु गुरवेश्वर ने जलवाय्वग्नि से कहा— ''ये तो केवल शुभ आरंभ है। अब देवभूमि भारत और हमारे पिताश्री के नाम से प्रसिद्ध होने वाले इस सोम गाँव में ऐसी अभूतपूर्व एवं विश्वकल्याणकारी घटनायें घटेंगी जिसकी कल्पना संपूर्ण पृथ्वीलोक के किसी भी जीव ने कदापि नहीं की होगी।''

तत्पश्चात् केतवेश्वर साधु ने धर्मरामो से कहा— ''प्रभु श्री हरि, माता लक्ष्मी की कृपा और आपके माध्यम से ये संसार अतिविशिष्ट, विशेष नीतिशास्त्र युक्त, सैद्धांतिक और सर्वश्रेष्ठ अतुलनीय मानव जीवन के दर्शन करेगा।''

धर्मरामो, बुद्धेश्वर साधु और गुरुमाता के चरण स्पर्श करते हैं और कहते हैं— ''अवश्य गुरुदेव, आपके मुख से निकले प्रत्येक शब्द हमारे लिये रामवाणी हैं। आपने जो भी कहा है वो अवश्य कार्यान्वित होगा। ये वचन है हमारा।''

बुद्धेश्वर साधु ने धर्मरामो से कहा— ''तथास्तु पुत्र।''

धर्मरामो ने बुद्धेश्वर साधु को नमन किया। वृद्ध साध्वी ने धर्मरामो से कहा— ''पुत्र, अब श्री हरि और माँ लक्ष्मी का नाम स्मरण करते हुए अपने शिखरस्थ उद्देश्य का प्रारंभ करें। हम अपने गंतव्य की ओर प्रस्थान करते हैं।''

''जी। और श्री विष्णु के आशीर्वाद से आपके विशिष्ट जीवन की विशिष्ट यात्रा इस संसार की सर्वश्रेष्ठ यात्रा होगी।''

नौ साधु और साध्वियों ने कहा— ''धन्यवाद पुत्र।''

तत्पश्चात् नौ साधुओं और नौ साध्वियों ने अपनी आँखे बंद करके कहा— ''ओम नमो भगवते वासुदेवाय। ओम नमो भगवते वासुदेवाय।''

जलवाय्वग्नि, अक्षधरा और धर्मरामो भी अपनी आँखे बंद करके ये श्लोक बोलते हैं।

और श्री हरि का श्लोक जपने के पश्चात् सब लोग अपनी आँखें खोलते हैं और एक दूसरे को प्रणाम करके प्रभु का नाम जपते हुए अपने अपने गंतव्य की ओर प्रस्थान करते हैं।

•••

सौ फुट ऊँची पहाड़ी पर धर्मरामो पीपल के वृक्ष के नीचे जड़ों पर बैठे हुए तपस्या कर रहे हैं और उनकी दायीं कुहनी पीपल के वृक्ष के तने से स्थायी रूप से स्पर्श में रहती है। समय का चक्र चलता रहता है। अपनी तपस्या के दौरान वे इस संसार की कई पवित्र दिव्यात्माओं से जुड़कर अपने उद्देश्य को पूर्ण करने की त्रुटिहीन योजना बनाते हैं।

अपनी तपस्या के दौरान धर्मरामो ने योग, अतुल्य कल्पना, आध्यात्म बल और असीमित मायावी शक्तियों से अपने संपूर्ण ध्यानस्थल को प्राकृतिक सौंदर्य से परिपूर्ण, स्वर्ग समान, अकल्पनीय परिस्थिति में परिवर्तित कर दिया है। अपने पवित्र जन्म स्थान पर हवन, पीपल, अशोक, चंदन, कल्पवृक्ष, तुलसी के पवित्र वृक्ष अत्यधिक मात्रा में उगाये हैं। यहाँ के प्रत्येक वृक्ष के तने के मध्यभाग में दीप निरंतर प्रज्वलित रहते हैं जो किसी तेल से नहीं अपितु वृक्ष के अंतरंग रस से प्रज्वलित रहते हैं। इसके अतिरिक्त पारिजात, मोगरा, गुलमोहर, गुलाब, केवड़ा, नीम, नाग केसर जैसे अनगिनत वृक्षों के अस्तित्व से इस स्थान के कण–कण में सर्वप्रिय सुवास निरंतर फैली रहती है।

जिस पीपल के नीचे ऋषि धर्मरामो ध्यान में बैठे हैं, वह भी अतिसुंदर और महाकाय वृक्ष बन गया है और उस पर इस सृष्टि के अधिकतम फल, सब्ज़ियाँ, सूखे मेवें के फल और विशेष जड़ी–बूटियाँ उगी हुई हैं। जिससे स्वास्थ्य लाभ, निवास एवं भोजन का लाभ विश्व की प्रत्येक प्रजाति के असंख्य पंछी लेते हैं। ऋषि धर्मरामो की इच्छा अनुसार केवल पंछी ही यहाँ के वृक्षों पर विश्राम करने और भोजन ग्रहण करने आते हैं। परंतु केवल पंछी ही क्यों?

•••

  ईश्वरीय मनुष्य

धर्मरामो की तपस्या के आरंभ के नौ दशक पश्चात्।

जैसे–जैसे ध्यान की निर्धारित अवधि पूर्ण होने का समय निकट आ रहा है, वैसे–वैसे उनके शरीर का तेज बढ़ता जा रहा है। ऐसा लगता है कि सहस्त्र सूर्यदेव उनमें स्वयं विद्यमान हैं और वह दिव्य स्वरूप दिव्यात्मा बन गये हैं। प्रवेश द्वार के आस–पास बहुत सारे तुलसी के पौधे और उसके बाहर एक विशाल जलकुंड भी है। उन्होंने अपने प्रचंड प्रकाशमय दिव्य स्वरूप को निर्धारित समय तक अदृश्य रखने का निर्णय लिया है। अब उनके दिव्य स्वरूप के स्थान पर उनकी चंदन की लकड़ी की सुंदर प्रतिमा दिखाई देती है।

वह अपनी बाल्यावस्था से ही अपनी विशिष्ट जीवन रीति, शिखरस्थ विचारधारा, उच्च आदर्श और विश्व कल्याण हेतु बनाये अपने विशेष व त्रुटिहीन नीति–नियमों को अत्यंत प्रेम करते हैं। इसलिये उन्होंने अपनी मनेच्छाओं एवं नियमों को अलौकिक शक्तियों द्वारा अपने ध्यानस्थल के प्रत्येक वृक्ष के तनों पर लिख दिया है क्योंकि यदि कोई मनुष्य भविष्य में इस स्थान पर प्रवेश करने की इच्छा रखता है तो उसे इन नियमों का अनुसरण करना अनिवार्य होगा।

इसी तरह धर्मरामो ने अपनी योगशक्ति द्वारा अपने धर्माधीन जीवन की विशिष्ट कहानी भी एक भिन्न पीपल के वृक्ष के तने पर लिख दी है ताकि उनके आत्मप्रिय वनवासी उनकी जीवनलीला से परिचित हो सकें।

धर्मरामो की अनन्य शक्तियों के सदुपयोग से पिछले कुछ वर्षों के दौरान इस वन में बहुत सारे धर्मनिष्ठ, शुद्ध शाकाहारी एवं उच्च आदर्शयुक्त वनवासी भी रहने आये हैं। और ऋषि बुद्धेश्वर की मनेच्छा अनुसार आज ये पवित्र वन, सोम के नाम से ही जाना जाता है।

•••

मध्यरात्रि का समय है और रामनवमी के शुभ दिवस का आरंभ हो गया है। धर्मरामो को तपस्या आरंभ किये हुए अठानवे वर्ष पूर्ण हो गये हैं। वह अपनी घोर तपस्या में लीन हैं। इसी समय उनके मन में एक आवाज़ सुनाई देती है– "ओम नमो भगवते वासुदेवाय। कल्याण हो परम पुत्र धर्मरामो।"

धर्मरामो ने तुरंत अपने मन में कहा– "ओम नमो भगवते वासुदेवाय। मैं धर्मरामो, ऋषि जलवाय्वग्नि और देवी अक्षधरा का पुत्र, इस संपूर्ण ब्रह्माण्ड की ओर से आपको कोटि–कोटि प्रणाम करता हूँ प्रभु।"

"आपका और इस समस्त ब्रह्माण्ड का सदैव कल्याण हो पुत्र। हमारे प्रति आपका अपार स्नेह, आपकी घोर तपस्या और संपूर्ण भारत भूमि, संपूर्ण पृथ्वीलोक एवं समस्त विश्व के सर्वार्थ कल्याण हेतु आपके विश्वश्रेष्ठ और अतिकठिन उद्देश्य से हम अतिप्रसन्न हैं। एक विशिष्ट उद्देश्य के साथ ऐसा योजनाबद्ध, शील संयम युक्त विशिष्ट जीवन व्यतीत करना किसी साधारण मनुष्य की क्षमता में नहीं है। ये केवल सर्वश्रेष्ठ, प्रबुद्ध और मोहत्यागी मनुष्य ही कर सकता है। आपके मन, वचन और कर्म की परिशुद्धता और उच्चता ने समस्त देव साम्राज्य को आकर्षित एवं प्रभावित किया है।"

"धन्यवाद प्रभु।"

"और हमें इस बात की प्रसन्नता है कि आपने समय के पूर्व ही अपने उद्देश्य को पूर्ण करने के संबंध में वो प्रत्येक कार्य पूर्ण कर लिया है जिसकी अर्थपूर्ण आवश्यकता आपको भविष्य में होने वाली है। आपने ब्रह्मदेव की अलौकिक शक्तियों को भी प्राप्त कर लिया है जिनकी अद्वितीय सहायता से आपके उद्देश्य सुव्यवस्थित रूप में पूर्ण होंगे।"

"धन्यवाद प्रभु। ये सब आपकी अदृश्य माया का उत्कृष्ट परिणाम है।"

"पुत्र, आज हम आपको भारत एवं विश्व के कष्टप्रद भविष्य की कुछ महत्त्वपूर्ण घटनाओं से अवगत कराने जा रहे हैं जिनको ध्यान में रखते हुए आप अपने उद्देश्य को उचित दिशा प्रदान करेंगे।"

"अवश्य प्रभु।"

परमात्मा ने धर्मरामो से मन ही मन चल रहे इस वार्तालाप में आगे कहा– "पुत्र, आपकी घोर तपस्या के दौरान भारत भूमि पर कई दिव्यात्माओं ने जन्म

लिया जिनके अथक एवं परहित परिश्रम, श्रेष्ठ ज्ञान, प्रबल एवं प्रचंड स्वरूप, श्रेष्ठ संचालन, साहस और अभूतपूर्व बलिदान के कारण देवभूमि भारत को दुष्ट, अभद्र, व्यभिचारी व हिंसक विदेशियों से स्वतंत्रता प्राप्त हुई। पर उस स्वतंत्रता का उचित लाभ आज तक देवभूमिवासियों को प्राप्त नहीं हुआ है क्योंकि वर्तमान समय के कुछ दुष्ट, भ्रष्ट और लोभी राजनेता, देवभूमि भारत और देवभूमिवासियों का विकास और कल्याण करने के स्थान पर विनाश करने बैठे हैं। आज का मनुष्य अज्ञानता के सागर में भटक गया है। ये तो केवल मानव निर्मित विनाश का आरंभ है। आज से कुछ दशक या सदी पश्चात् मानवता और धर्म लगभग मिट ही जायेंगे। अधिकतम लोग स्वार्थी, लालची, ईर्ष्यालु, अतिकामुक, क्रूर, भ्रष्ट, निर्दयी, भ्रमित और कपटी होंगे। अच्छे मनुष्य के पास अच्छा जीवन जीने का कोई श्रेष्ठ विकल्प ही नहीं होगा। वे तालाब से बाहर निकाली गई मछली के समान पीड़ायुक्त जीवन जियेंगे। परंतु वास्तव में पृथ्वीलोक पर मानव एवं पशु जीवन बहुत समय के लिये शेष है। इसलिये इन अनुचित परिस्थितियों को सही दिशा देना, सुगम और अनुकूल बनाना अत्यंत आवश्यक है।''

धर्मरामो ने मन में कहा– ''उन प्रतिकूल परिस्थितियों को हम पूर्ण रूप से अनुकूल बनाने का प्रयास करेंगे प्रभु।''

''अवश्य पुत्र। आज अधिकतम स्थानों पर पशुसंहार और माँसाहार बहुत बढ़ गया है, जो महापाप है। इस संसार के किसी भी मनुष्य के पास नया जीवन देने की क्षमता नहीं है। तब क्या समझकर ये मूर्ख मनुष्य अन्य जीवों का जीवन निर्दयता से नष्ट कर रहे हैं। जीवन लेने का अधिकार केवल उसी का है जो जीवन दे सकता है। ये बात समझना आवश्यक है और उस से भी बड़ा दुःख यह है पुत्र कि जो लोग मेरी पूजा करते हैं, वो भी इस महापाप से जुड़े हुए हैं।''

''प्रभु, हम आपकी भावनाओं से पूर्ण रूप से परिचित हैं। इस कूटनीति और पशु हत्या के महापाप का आरंभ तो असंख्य वर्ष पूर्व हो गया था। परंतु आज ये क्रिया संपूर्ण पृथ्वीलोक पर चरम सीमा पर पहुँच गई है, जिसका अंत करना अत्यंत आवश्यक है। विशिष्ट रूप से भारत की पवित्र देवभूमि पर ऐसा पाप करना वर्जित है।''

''सत्य वचन पुत्र।''

''प्रभु, इस करुण परिस्थिति को देखकर हमें ऐसा लगता है कि इन पापियों का भार उठाते हुए पृथ्वी माँ को अत्यंत दुःख हो रहा होगा। मनुष्य भले ही सत्कर्म

करना भूल जाये, परंतु इस ब्रह्माण्ड की विकट से विकट परिस्थिति में भी पृथ्वी माँ अपना संतुलन बनाये रखती हैं। सनातन ईश्वरीय सत्ता ने ब्रह्माण्ड के अतिसुंदर, विविधतापूर्ण, चमत्कारी, रसात्मक और उत्तम चरित्र सर्जक पृथ्वीलोक पर मनुष्य एवं सर्वजीवों को कर्म – वैचारिक और भ्रमण स्वतंत्रता की संगत में यशपूर्ण जीवन प्रदान किया है, परंतु कलयुग के मूर्ख मनुष्य ज्ञान और अज्ञानता वश पृथ्वी माँ को बहुत कष्ट पहुँचा रहे हैं। धन के लालच में पृथ्वी माँ के गर्भ से भिन्न प्रकार की धातुयें निरंतर निकालते ही रहते हैं। कोई अंत ही नहीं इस लालच का। उन्हें ज्ञात ही नहीं कि उनके अर्थहीन कर्म प्रदर्शन की परिणति महाप्रलय है।''

परमात्मा और धर्मरामो का दिव्य संवाद और गहन होता जा रहा था। परमात्मा ने धर्मरामो से कहा– ''हाँ पुत्र, यही परम सत्य है। दुर्बुद्धि वाले मनुष्यों के कारण ही आज सुंदर पृथ्वीलोक का चित्र बदल रहा है। सतयुग के समय में पृथ्वीलोक पर सर्वत्र शुद्ध जल था। हरे रंग के अधिकतम वृक्ष, घास और वनस्पति थे। और श्वेत रंग का अधिकतम बर्फ था, परंतु आज वो शुद्ध जल सूख रहा है। नदियाँ और समुद्र दूषित एवं अपवित्र हो रहे हैं। वृक्ष एवं पहाड़ कट रहे हैं और बर्फ पिघल रहा है। परंतु वे मूर्ख यह नहीं जानते हैं कि विनाश के बीज रोपने वाले विनाशक वे स्वयं ही हैं। यदि इस विकट परिस्थिति पर नियंत्रण नहीं किया गया तो पृथ्वीलोक शीघ्र ही शुष्क बन जायेगा। और...''

धर्मरामो ने परमात्मा से कहा– ''प्रभु, इतनी सारी विषम परिस्थितियों को देखकर हमारी अंतरात्मा कहती है कि यदि संभव हो तो आप इस पृथ्वीलोक से कलयुग, द्वापरयुग और त्रेतायुग के युगचक्र को सदा के लिये ही नष्ट कर दें। केवल सतयुग का स्थायी अस्तित्व रखें जहाँ प्रत्येक जीव सरल, सुंदर, संयमी, सुखमयी, स्वस्थ, आध्यात्मिक, परोपकारी और शांतिपूर्ण जीवन व्यतीत करें।''

''पुत्र, यदि ऐसा संभव होता तो हमने ऐसा ही किया होता। परंतु हम देवताओं ने जो नियम बनाये हैं वो स्थायी और अमर हैं। उनका बदलना असंभव है। परिवर्तन ही संसार का नियम है। लेकिन परिवर्तन उचित पद्धति, धर्मयुक्त वैचारिकता, अनुशासन और उचित सिद्धांतों से होना चाहिये।''

''आज तक जब–जब इस पृथ्वीलोक पर अधर्म अपनी चरम सीमा पर पहुँचा है, तब–तब हम किसी न किसी अवतार के रूप में पृथ्वीलोक पर जन्म लेते आये हैं और साधु–संत, पशु–पक्षी एवं धर्मनिष्ठ मनुष्यों की सहायता करते आये हैं। बुराई का विनाश किया है और धर्म की पुनःस्थापना की है। परंतु अब हम ऐसा

कार्य करना चाहते हैं कि धर्म और मानवता सदैव सर्वोपरि और सर्वत्र सुरक्षित रहें। सद्गुणी मनुष्य को इस पृथ्वीलोक पर कदापि पीड़ा न हो। वे सदैव सरल, श्रेष्ठ, सुखमयी, स्वस्थ, आध्यात्मिक, परोपकारी और शांतिपूर्वक जीवन व्यतीत करें।''

''अवश्य ऐसा ही होगा प्रभु।''

परमात्मा ने धर्मरामो से कहा– ''पुत्र, इसीलिये आपके इस शीर्षस्थ उद्देश्य के लिये हम आपकी तपस्या की पूर्णाहुति के दिन, एक सर्वगुण संपन्न धर्मपुरुष के पुत्र के रूप में एक दिव्यात्मा का जन्म करवायेंगे। वो बालक, आपको एवं संपूर्ण सृष्टि को हमारी ओर से विशेष भेंट होगी। जो आपके दोनों उद्देश्यों की पूर्ति में अतिमहत्वपूर्ण योगदान देंगे। वह आपकी और सोमवासियों की सहायता से इस पृथ्वीलोक सहित समस्त विश्व का कल्याण करेंगे। जय माँ भारती की।''

धर्मरामो ने परमात्मा से कहा– ''धन्यवाद प्रभु। आपकी धर्म कृपा अतुलनीय है। आपका ये भक्त आपको कदापि निराश नहीं होने देगा। आपके आशीर्वाद से हम एक श्रेष्ठ मार्गदर्शक बन कर इस संसार के समक्ष सर्वश्रेष्ठ जीवन के ऐसे दैवीय उदाहरण प्रस्तुत करेंगे जिसके दर्शन मात्र से संपूर्ण प्राणीजगत धन्य हो जायेगा और श्री विष्णु धरा भारत भूमि एवं पृथ्वीलोक का भविष्य शुभ एवं अलौकिक हो जायेगा। जय माँ भारती की।''

•••

आज का 'सोम' गाँव। आबादी लगभग नौ हज़ार। अतिसुंदर, मनोहर एवं निर्माण कार्य के विश्वोत्तम प्रस्तुतीकरण से संपन्न गुजरात और राजस्थान की सीमा पर बसा हुआ। ये गाँव सभी दिशाओं से असंख्य वृक्षों से हरा–भरा है। पास में पवित्र एवं सुंदर साबरमती नदी। धर्मरामो की देवदर्शी परिकल्पना, अद्वितीय रचनाधर्मिता एवं उनके उत्कृष्ट प्रयोजन से सोम गाँव का प्रत्येक घर स्वस्तिक के आकार में निर्मित हुआ है। 'स्वस्तिक' जो समस्त विश्व में बहुत ही शुभ प्रतीक माना जाता है।

इस गाँव का प्रत्येक प्राणी अत्यंत दयालु, स्नेही, विश्वसनीय, परोपकारी, परिश्रमी, प्रबुद्ध, परमज्ञानी, धर्मज्ञ, सैद्धांतिक, शुद्ध शाकाहारी, पशुप्रेमी जैसे विशेष सद्गुणों से संपन्न आध्यात्मिक यात्री हैं। प्रत्येक सोमवासी, हिन्दी और संस्कृत भाषा का विशेष जानकार है। यहाँ नारी का स्थान सर्वोपरि माना जाता है। सोमगाँव के किसी भी जीव का ईर्ष्या, क्रोध, चिंता, हठ, व्यभिचार, हिंसा, कपट, आलस, रोग, राग, द्वेष, भ्रष्टाचार, पाप जैसे दुर्गुणों से निश्चित रूप से कोई संबंध नहीं। सर्वगुण संपन्न धर्माधीन चरित्र ही इनकी वास्तविक पहचान है।

यहाँ के गाँववासी अपने रोजमर्रा के जीवन में अन्य गाँववासियों और व्यापारियों से अपनी–अपनी आवश्यकता के अनुसार जीवन निर्वाह संबंधी विभिन्न वस्तुयें लेते रहते हैं। इनकी दैनिक जीवनचर्या में ज़रूरी वस्तुओं की प्राप्ति के लिये, धन का और वस्तु–विनिमय पद्धति का उपयोग नहीं होता है। यहाँ केवल इन ईश्वरीय मनुष्यों के बनाये विशिष्ट नीति–नियमों के अनुसार ही सुखद जीवन व्यतीत होता है।

इसी गाँव में है उत्कृष्ट निर्माण कार्य, स्थापत्यकला, हस्तकला और शिल्पकला का विश्वश्रेष्ठ नमूना। इश्वेद मेवार का 'मेवार राजमहल', जिसे देखकर नेत्र प्रदेश को धर्मनगरी दर्शन का अलौकिक सुख प्राप्त होता है। इस गाँव में सब से पहले उनका परिवार स्थापित हुआ था। मेवार राजमहल और इसके भीतर के खेत का विस्तार लगभग पांच हज़ार एकड़ की विशाल भूमि पर है जिसका निर्माण श्री इश्वेद मेवार के चचेरे भाई श्री हम्माल मेवार ने किया था, जो गुजरात राज्य के अंबाजी शहर में रहते हैं। इस महल की अनूठी पहचान है इसके आस–पास का हरित क्षेत्र, पेड़–पौधों का विशेष आकार में रोपण और इसकी असीम रमणीयता। इस महल की सभी दिशाओं में अधिक से अधिक सुंदर वृक्षों का रोपण किया गया है जिस कारण शुद्ध हवा स्थायी रूप में यहाँ व्याप्त है।

इस महल में गाय भैंसों के भव्य बाड़े हैं, जहाँ शुद्ध दूध, दही, घृत, मक्खन, दूध की स्वास्थ्यवर्धक खाद्य वस्तुओं एवं गाय और भैंस के गोबर से उच्च गुणवत्ता वाले जैविक उर्वरक इत्यादि का उत्पादन होता है। यहाँ अन्न, फल, सब्ज़ी और अन्य दुर्लभ वनस्पतियों के खेत भी हैं जहाँ हर प्रकार के फल और सब्ज़ियाँ उगाई जाती हैं। इस महल पर नब्बे गाय, नब्बे भैंस, नब्बे अश्व, नब्बे ऊँट, नब्बे हाथी, दो श्वान केरो और शेरी तथा अन्य पशु भी निवास करते हैं।

इश्वेद मेवार ने अपने सुंदर महल के साथ-साथ सोम गाँव में सर्वप्राणी कल्याण हेतु कई महत्वपूर्ण योजनाओं का नियोजन और निर्माण भी किया था जैसे-जैविक खेती के माध्यम से कृषि कार्य, पशुओं के गोबर से प्राकृतिक गैस का उत्पादन यंत्र, पानी की विशाल नहरें, सौर ऊर्जा यंत्र, पशु-पक्षियों के लिये जलकुंड, निःशुल्क लंगर, शुद्ध जल के तालाब, धर्म विद्यालय, वेद शालायें, आयुर्वेदिक औषधि अनुसंधान संस्था, योगाभ्यास केंद्र, पशु चिकित्सालय और अन्य सर्वप्राणी कल्याणकारी सुख सुविधायें। इश्वेद मेवार की इच्छा अनुसार रात्रि के समय में रोशनी के लिये सोम गाँव में केवल फ़ानूश और मशाल का उपयोग किया जाता है। सोम गाँव में छोटी या लंबी यात्रा के लिये मात्र बैल गाड़ी, अश्वरथ, ऊँटगाड़ी, साधारण साइकिल और बैटरी संचालित गाड़ी का उपयोग किया जाता है। वायु प्रदूषण फैलाते वाहनों का उपयोग पूर्ण रूप से निषेध है।

आज इश्वेद मेवार और उनकी पत्नी नुमिथरा तो जीवित नहीं हैं परंतु उनके सत्कर्म, उच्च सिद्धांत एवं आदर्श, पवित्र विचार और श्रेष्ठ नीति-नियम, सोम के कण-कण में जीवित हैं। साबरमती नदी की पश्चिम दिशा में इश्वेद मेवार ने पशु पक्षियों के लिये प्राणी घाट का निर्माण किया था जिस पर तेंदुआ, लोमड़ी, भालू मगरमच्छ जैसे जंगली पशुओं से लेकर गाय, भैंस, बकरी, अश्व, ऊँट एवं श्वान जैसे शांत स्वभाव के प्राणी एक ही घाट पर स्नान करते हैं, खेलते हैं, जल ग्रहण करते हैं एवं एक साथ भोजन करते हैं। सर्वप्राणी एक दूसरे के घनिष्ठ मित्र हैं। पशु-मैत्री संस्कार का उत्कृष्ट नमूना।

इश्वेद मेवार और नुमिथरा के देह त्याग के पश्चात् आज उनके इकलौते पुत्र सुखराज भी अपने पिताश्री के बनाये श्रेष्ठ नीति-नियम, उच्च आदर्श, सामाजिक उत्कर्ष संबंधी कार्य और सत्कर्मों का अनुसरण करते हुए पूर्णतः धर्मयुक्त जीवन व्यतीत कर रहे हैं। सुखराज मेवार का जन्म तीन जुलाई सन् उन्नीस सौ तैंतालीस को हुआ था। वे अत्यंत प्रभावशाली, गुणवान, बुद्धिशाली, धर्मज्ञ, तेजवान, बलिष्ठ, आध्यात्मिक एवं अतिरूपवान

पुरुष हैं। उनकी जीवनशैली अत्यंत सादगीपूर्ण है। उनका स्वभाव और गुण, गुलाब की कोमल पत्तियों के समान कोमल और सुगंधित है। वे सदैव असहाय प्राणियों की सहायता के लिए तत्पर रहते हैं चाहे वो सोमवासी हो या अन्य गाँव, शहर या देश का कोई भी प्राणी। आज तक जो भी प्राणी उनके महल पर सहायता की अपेक्षा से गया, वो सदैव प्रसन्न और संतुष्ट होकर ही अपने घर लौटा है। सुखराज संपूर्ण सृष्टि को अपना परिवार समझते हैं। वे और संपूर्ण सोम गाँव 'वसुधैव कुटुम्बकम' के सुविचार पर विश्वास करते हैं।

सुखराज मेवार अपने निजी जीवन में किसी भी प्रकार का विशेष बदलाव देखना नहीं चाहते। इस कारण वे अपने वैवाहिक जीवन में भी कोई विशेष रुचि नहीं रखते। उनके जीवन का मुख्य उद्देश्य है– इस सृष्टि की प्रत्येक वस्तु और जीव के प्रति स्नेह, दया, सदाचार, परोपकार और सम्मान का भाव रखना। यही उनकी श्रेष्ठ पहचान है।

इस महल का संचालन करने वाले दो वृद्ध पुरुष भी महल में उनके साथ निवास करते हैं। गोवाल दादा और बाली दादा। उनके अतिरिक्त कई कृषक परिवार भी इस महल में रहते हैं। प्रत्येक सोम गाँववासी मेवार परिवार के सदस्यों को ईश्वर समान मानता है। सुखराज मेवार अपने मेवार राजमहल के भव्य खेतों और बाड़े में उत्पादित सभी खाद्य वस्तुओं का प्रत्येक सोमवासी और पशु–पक्षियों को निःशुल्क वितरण करते हैं।

सुखराज मेवार का व्यापार भारत देश के कई शहरों और गाँवों तक फैला हुआ है, जैसे–गुजरात, राजस्थान, मध्यप्रदेश, उत्तर प्रदेश, पंजाब, महाराष्ट्र, बंगाल, हिमाचल प्रदेश, उत्तरांचल, आंध्रप्रदेश, असम, कश्मीर और कई सारे छोटे–मोटे गाँव।

•••

 ईश्वरीय मनुष्य

मेवार राजमहल। प्रातःकाल पाँच बजे।

सुखराज स्नान करके अपने महल से बाहर आते हैं। दैनिक क्रियाओं का अनुसरण करते हुए वे गोवाल दादा और बाली दादा को उठाकर अपने आत्मप्रिय श्वान केरो और शेरी को टहलाने जाने वाले हैं। बाली दादा और गोवाल दादा महल के आँगन में पलंग पर सुप्तावस्था में हैं। उनको उठाने से पूर्व सुखराज ने देखा कि केरो और शेरी चुपचाप महल के बाहर एकनिष्ठ होकर ध्यानपूर्वक कुछ देख रहे हैं।

सुखराज आश्चर्यचकित हुए और मन में कहा– "केरो और शेरी मुझे देखने के बजाय बाहर क्यूँ और किसे देख रहे हैं। कुछ तो असामान्य है।" उसके तुरंत बाद सुखराज को उस दिशा में कुछ चमकता हुआ दिखा। शीघ्र ही सुखराज ने गोवाल दादा और बाली दादा को जगाया और कहा– "सुप्रभात दादा।"

बाली दादा और गोवाल दादा ने सुखराज से कहा– "सुप्रभात।"

सुखराज ने दोनों से कहा– "दादा, महल के बाहर कुछ विशेष चमक रहा है। कोई वस्तु अत्यंत प्रकाशमान है। प्रबल को ईश्वरीय सामर्थ्य प्रदान करने वाला यह मायावी प्रकाश किसी स्वर्गीय काल का प्रमाण दे रहा है। आप केरो और शेरी को टहलाने ले जायें। हम वहाँ देखकर आते हैं कि इतनी प्रकाशित वह मायावी वस्तु क्या है?"

गोवाल दादा ने सुखराज से कहा– "पुत्र सुखराज, हम भी आपके साथ आते हैं।"

सुखराज ने उन्हें कहा– "नहीं दादा, आप लोग केरो और शेरी को टहलाकर, स्नान कर लें। हम शीघ्र ही वापस लौटते हैं।"

बाली दादा ने सुखराज से कहा– "आपको जैसा उचित लगे पुत्र।"

और फिर सुखराज तुरंत ही अपने महल की दीवार पर लगी मशाल लेते हैं और उस प्रकाशित वस्तु के निकट जाते हैं। जैसे ही सुखराज उस चमकती हुई वस्तु के निकट पहुँचे तो देखा कि वहाँ एक महाकाय कामधेनु गाय खड़ी है। उसने गले में एक विशेष माला धारण की हुई है जिसमें लगी एक मणि अत्यंत चमक रही है।

इस सुंदर, मनमोहक, महाकाय कामधेनु गाय को सोम गाँव में पहली बार देखकर सुखराज आश्चर्यचकित हो जाते हैं और तुरंत ही उसके चरण स्पर्श करते हैं। तभी वो गाय साबरमती नदी की दिशा में चलना आरंभ कर देती है। सुखराज मन में सोचते हैं कि ये परमात्मारूपी सुंदर महाकाय गाय कहाँ से आई है और किसकी है। वे पीछा करते हैं। कुछ क्षण पश्चात् गाय, ऋषि धर्मरामो के ध्यानस्थल के प्रवेश द्वार पर पहुँचती है। प्रवेश द्वार के पास पीपल के एक भव्य वृक्ष के तने में जल रहे एक दीप में वह गाय अदृश्य हो जाती है। इस मायावी घटना को देखकर सुखराज एक बार पुनः आश्चर्यचकित हो जाते हैं।

दियों को वृक्ष के तनों में प्रज्वलित देखकर सुखराज ने कहा– ''ये सुंदर मायावी स्थान तो हम पहली बार देख रहे हैं। ये कैसे हो सकता है? वृक्ष के तनों में दीप तेल से नहीं अपितु वृक्ष के निजी प्राकृतिक रस से जल रहे हैं। ये आज हमारे साथ हो क्या रहा है?''

वे पीपल के वृक्ष के निकट जाकर उस सुंदर दीप को ध्यान से देखते हैं जहाँ कामधेनु गाय अदृश्य हो गयी थी। सुखराज को पीपल के तने पर कुछ लिखा हुआ दिखाई देता है।

''ओम विष्णवे नमः। ओम विष्णवे नमः। ओम विष्णवे नमः। ओम विष्णवे नमः। ओम विष्णवे नमः। ओम विष्णवे नमः। ओम विष्णवे नमः। ओम विष्णवे नमः। ओम विष्णवे नमः।''

सुखराज इस श्लोक का नौ बार मंत्रोच्चार रूपी स्मरण करते हैं।

आगे लिखा था– ''सोम के ईश्वरीय मनुष्यों को ऋषि धर्मरामो का सादर प्रणाम। हम श्री हरि विष्णु और माता लक्ष्मी के परम भक्त हैं। ये स्थान हमारा स्थायी जीवन स्थल, कर्मभूमि, धर्मभूमि, तपःस्थली एवं संपूर्ण संसार है। हम इस देवप्रिय स्थान पर सामाजिक उत्कर्ष एवं विश्व कल्याण कार्य हेतु विगत नौ दशक और नौ वर्षों से घोर तपस्या में लीन हैं। ये स्थान अतिपवित्र, मायावी, रसात्मक, शांतिप्रिय और महाशक्तिशाली है। यदि कोई मनुष्य हमारी भूमि पर प्रवेश करने की इच्छा रखता है तो उस मनुष्य को सर्वप्रथम स्नान करके स्वच्छ कपड़े पहनना अनिवार्य है। तत्पश्चात् यहाँ प्रवेश करने के पूर्व प्रत्येक व्यक्ति को हमारे अमर नियमों से परिचित होकर उनका अनुसरण करते हुए हमारी धर्मभूमि पर प्रवेश करना होगा क्योंकि इस स्थान के कण–कण में सत्यता, शुद्धता, सुंदरता, अहिंसा, आध्यात्मिकता और पवित्रता स्थायी रूप में बसती है। हमारे अमर नियम हमारे

जीवन के अतिरिक्त प्रत्येक सोमवासी की शिखरस्थ जीवन रीति और नीति के अनुसार ही बनाये गये हैं जो हमारे अतिरिक्त सोमवासियों के उत्कृष्ट जीवन का ब्रह्माण्डश्रेष्ठ चरित्र प्रदर्शित करते हैं।"

"हमारे अमर नियम" सुखराज आगे पढ़ते जा रहे थे। लिखा था –

• इस जीवन उद्धारक स्थान पर केवल शुद्ध शाकाहारी, दयालु, सत्यशरणी, पशुप्रेमी और निःस्वार्थ मनुष्यों का ही प्रवेश स्वीकार्य है।

• स्नान करके स्वच्छ कपड़े पहनकर ही यहाँ प्रवेश संभव है।

• इस स्थान पर दान देना वर्जित है। कपड़े, स्वर्ण, धन, अन्न आदि कुछ भी नहीं।

• इस स्थान पर किसी भी प्रकार के भजन गान निषेध हैं। केवल शांत अवस्था में आवागमन करना है।

• कृपया हमारी चंदन की प्रतिमा और हमारे मायावी वृक्ष को स्पर्श न करें। हमारी प्रतिमा के पास की गोल परिधि से थोड़ा दूर खड़े रहें। स्पर्श से अधिक, अटूट विश्वास और शुद्धता महत्वपूर्ण है।

• हमारी पवित्र भूमि पर घंटा नहीं है। इसलिए घंटा कभी न लगायें और न ही बजायें क्योंकि हमें शांति अतिप्रिय है।

• इस स्थान पर अश्रु बहाना निषेध है। केवल आनंदमय अवस्था में रहना है। सच्चिदानंद स्वरूप में।

• इस स्थान की पवित्रता, शुद्धता और सामर्थ्य का अनुभव करने के पश्चात् हमें ईश्वरीय रूप समझकर किसी भी प्रकार का भोग चढ़ाना वर्जित है। हमें स्नेह, श्रद्धा और शुद्धता के अतिरिक्त किसी भी वस्तु की आवश्यकता नहीं है। हमें सामर्थ्य अनुसार देवसत्ता द्वारा सब कुछ प्राप्त है एवं हमें ईश्वरीय रूप समझकर हमारे पवित्र स्थान के लिए किसी पंडित को नियुक्त न करें क्योंकि हम ईश्वर नहीं है।

• हमारे रूप की समान मूर्ति बनाकर अन्य स्थान पर स्थापित करना वर्जित है। हमारा केवल यही अलौकिक अस्तित्व हमें स्वीकार्य है।

• इस सृष्टि के किसी भी जीव के शरीर के किसी भी अंग–उपांग से बनी

वस्तु पहनकर या अपने साथ रखकर हमारी पवित्र भूमि पर प्रवेश करना पूर्णतः निषेध है। खाली हाथ आना और खाली हाथ जाना है।

• इस स्थान पर बोलना वर्जित है। हमारी अलौकिक शक्तियों से परिचित होने के पश्चात् हमें नमन करते समय यदि आप अपनी भावना, इच्छा और अपने उत्कृष्ट विचार हमारे समक्ष प्रकट करना चाहते हैं तो आँखे बंद करके जो भी कहना है, वो अपने मन में कहें। आपको उचित उत्तर मिल जायेगा।

• इस स्थान पर मध्यरात्रि के बारह बजे से सुबह के छह बजे तक ही प्रवेश संभव है। रात्रि का समय हमें अतिप्रिय है। क्योंकि सूर्योदय से लेकर सूर्यास्त के समय तक हम उपासना और घोर तपस्या में लीन रहते हैं। सूर्यदेव से प्राप्त हुई प्रचंड ऊर्जा का संग्रह हम भविष्य के लिए करते हैं क्योंकि भविष्य में हमें इसकी सर्वाधिक आवश्यकता पड़ने वाली है।

''हमारे नीति–नियमों से परिचित होने के पश्चात् यहाँ प्रवेश की इच्छा रखने वाले मनुष्य को इस पीपल के वृक्ष के पास के जल कुंड में अपना मुख, हाथ और पैर धोने होंगे। उसके बाद तुलसी के पत्ते खायें। उसके बाद पीपल के वृक्ष का एक पत्ता अपनी दायीं हथेली में रखें और श्री हरि का नाम जपते हुए हमारे पवित्र स्थान में प्रवेश करें।''

सुखराज हतप्रभ थे पर उन्होंने आगे पढ़ने का क्रम नहीं छोड़ा। आगे लिखा था– ''हमारा ये विशेष नीतिशास्त्र किसी भी धर्म, जाति, भावना, धार्मिक विश्वास, समाज, संगठन, संस्था, राजनीतिक दल, किसी की व्यक्तिगत मान्यताओं या भावनाओं को ठेस पहुँचाने के लिए नहीं बनाया है क्योंकि ये हमारे विशेष जीवन के उत्कृष्ट अमर्त्य नियम हैं। हमारे नीति–नियमों का अस्तित्व स्थायी था, है और रहेगा। जय हो सोम की। जय माँ भारती की।''

देश, काल और वस्तु से परे इन अकल्पनीय नीति–नियमों को पढ़कर सुखराज अत्यंत प्रभावित हो गये और इस पवित्र स्थान पर प्रवेश करने के लिए अतिउत्साहित हो गये। वे सर्वप्रथम जलकुंड में हाथ, पैर और मुख धोते हैं। उसके बाद तुलसी के पत्ते खाकर, पीपल के वृक्ष का पत्ता अपनी दायीं हथेली में रखते हुए ऋषि धर्मरामो की पवित्र ध्यान भूमि में प्रवेश करते हैं। वहाँ प्रथम कदम रखते ही सुखराज को अपने शरीर में किसी अदृश्य शक्ति की प्राप्ति का अनुभव होता है। अंदर जाते ही पवित्र, अतिसुंदर और हरे–भरे अलौकिक स्थान को देखकर सुखराज अत्यंत हर्षित हो जाते हैं और मन ही कहते हैं– ''इस स्थान

को देखकर ऐसा लगता है कि ये निश्चित रूप से स्वर्ग है। कितना सुंदर, स्वच्छ और अलौकिक है ये। फूलों की ये सुंदर सुवास, तन–मन को मोहित करने में पूर्णतः सक्षम है। विकारों पर विजय और आध्यात्मिकता को शिखरत्व प्रदान करने वाला ये देवस्थल अद्भुत है।"

थोड़ा और अंदर जाते ही सुखराज हवन, पीपल, चंदन और केवड़े के अनेक वृक्ष देखते हैं जिनके तनों के मध्य भाग में दीप प्रज्वलित हैं। इस चमत्कारिक दृश्य को देखकर सुखराज को सहज ही विश्वास नहीं हो रहा। इसलिए सुखराज कई वृक्षों के तनों में प्रज्वलित दीपों की ज्योति को स्पर्श करते हैं। स्पर्श करने पर उन्हें ज्ञात हो जाता है कि ये केवल माया नहीं अपितु सत्य है। इस मायावी स्थान के वास्तविक अस्तित्व की सत्यता की अनुभूति होते ही सुखराज ने मन में कहा, "नहीं, ये स्वप्न नहीं, सत्य ही है। इस सुंदर और पवित्र स्थान को देखकर शरीर का एक–एक कण ये कह रहा है कि अब तो इसी स्थान पर रहना है।"

यही सोचते हुए वे पवित्र पहाड़ी क्षेत्र की चरम सीमा पर पहुँचते हैं जहाँ पीपल का एक भव्य वृक्ष है। उसके तने में एक बड़ा सा दीप प्रज्वलित है जिसे देखने सुखराज उस वृक्ष के निकट जाते हैं। निकट जाते ही उन्हें उस वृक्ष के तने पर बहुत सारी लिखावट दिखाई देती है।

वहाँ सुखराज, धर्मरामो ऋषि की रहस्यपूर्ण जीवन कहानी को पढ़ते हैं और अत्यंत प्रभावित होकर मन में कहते हैं– "विश्वकल्याण के लिये उत्कृष्ट विचार और सर्वोपरि सत्कर्मों से परिपूर्ण ऐसा विशेष धर्माधीन जीवन कोई साधारण मनुष्य कदापि नहीं जी सकता। वे अवश्य ही सर्वश्रेष्ठ देव अंशी पुण्यात्मा हैं जो अनगिनत पुण्यकर्म करने और कराने इस पृथ्वीलोक पर अवतरित हुए हैं। हम बहुत भाग्यशाली हैं कि हमने ऐसी पवित्र भूमि पर जन्म लिया जहाँ अनेक श्रेष्ठ मनुष्यों ने अहिंसा परमो धर्म की नित्य संगत से विश्वकल्याण हेतु अपना उत्कृष्ट एवं अकल्पनीय जीवन व्यतीत किया है।"

इसके पश्चात् थोड़ा और आगे जाते ही सुखराज को एक भव्य मायावी वृक्ष के सानिध्य में ऋषि धर्मरामो की चंदन के लकड़ी से बनी प्रतिमा दिखाई देती है। ये वृक्ष अत्यंत सुंदर, विराट एवं विशिष्ट है। उसके तने से ऋषि धर्मरामो की कुहनी निरंतर स्पर्शित रहती है। वृक्ष के पत्ते भिन्न रंग के हैं और इस वृक्ष पर संपूर्ण पृथ्वीलोक के प्रत्येक जाति के पंछी निवास एवं आवागमन करते हैं। वृक्ष पर इस सृष्टि के अधिकतम फल, सब्ज़ियाँ, सूखे मेवों के फल और विशेष जड़ी–बूटियाँ भी

उगी हुई हैं जिससे स्वास्थ्य, निवास एवं भोजन का लाभ विश्व की प्रत्येक प्रजाति के असंख्य पंछी लेते हैं।

ऋषि धर्मरामो की प्रतिमा को देखते ही सुखराज ऋषि की प्रतिमा से थोड़ा अंतर रखते हुए उन्हें नमन करते हैं और आँखे बंद करके मन में कहते हैं– ''जय श्री राम। इस पृथ्वीलोक पर विश्वकल्याण एवं अहिंसा परमो धर्म का प्रचंड प्रचार करने हेतु ऐसा सर्वश्रेष्ठ जीवन व्यतीत करने वाले महर्षि धर्मरामो को मेरा शत–शत प्रणाम। हम आपके अकल्पनीय व मायापूर्ण जीवन काल से एवं आपकी इस अद्भुत, अलौकिक और सुंदर पवित्र भूमि से अत्यंत प्रभावित हुए हैं ऋषिवर।''

सुखराज को अपने मानसपट पर एक पीपल का पत्ता दिखाई देता है जिस पर लिखा है– ''जय श्री राम, पुत्र सुखराज। इन श्रेष्ठ शब्दों के लिए आपका बहुत धन्यवाद।''

सुखराज ने मन में कहा– ''धन्यवाद तो हम आपका और प्रभु का करते हैं कि हमें आपकी इस सुंदर और पवित्र भूमि के दर्शन करने का सहजता से परम सौभाग्य प्राप्त हुआ क्योंकि इस अलौकिक स्थान से कोई भी सोमवासी परिचित नहीं है। आज की इस घटना से हम पूर्ण रूप से आश्चर्यचकित हो गये हैं ऋषिवर।''

सुखराज ने अपने मानसपट पर दृश्यमान पीपल के पत्ते पर देखा– ''पुत्र सुखराज, इस संसार में सब कुछ नियति की इच्छा अनुसार ही घटता है। जो भी घटता है, परिवर्तन के लिये घटता है। इसलिए एक अच्छे दर्शक बनकर नियति की इच्छा के अनुसार श्रेष्ठ जीवन जीते जाओ। वैसे भी आप सभी सोमवासी लोग तो देवता रूपी पवित्र मनुष्य हैं। श्री हरि कृपा से आपके साथ सब अतिशुभ ही घटेगा।''

और पीपल का पत्ता अदृश्य हो जाता है।

•••

पंद्रह दिवस पश्चात्। अप्रैल, सन् उन्नीस सौ उन्यासी। सुबह के ग्यारह बजे के आस–पास सुखराज अपने खेत में अन्न उत्पादन कार्य के संदर्भ में निरीक्षण कर रहे हैं, उसी समय बिजोला गाँव के राजा वनमान सिंह के सेनापति लीलाराज मेवार राजमहल में प्रवेश करते हैं। सेनापति लीलाराज के आने का संदेश प्राप्त होते ही सुखराज बिना समय गँवाए तुरंत उनसे मिलने चले जाते हैं। लीलाराज को देखकर सुखराज बहुत ही आनंदित हो जाते हैं और तुरंत उनका आलिंगन करते हुए कहते हैं– "खम्माघणी। जय श्री राम जी की।"

"खम्माघणी। जय श्री राम जी की।"

"कैसे हैं आप लीलाराज जी।"

"वनमान सिंह जी की युगविजयी नेतृत्व कला, सर्वजीव कल्याणकारी कृपा दृष्टि और उनकी देवत्वयुक्त प्रभावशाली उपस्थिति से समस्त बिजोला गाँव परमसुख, आत्मीय शांति, उत्कृष्ट विचारधाराओं और उच्च जीवन सिद्धांतों से संपन्न अर्थपूर्ण जीवन की शरण में है। आप कैसे हैं मेवार साहब?"

सुखराज ने लीलाराज से कहा– "वह जो परमात्मा रूपी ब्रह्म है उसके आदेश अनुसार उसकी ही दिव्य चेतना शक्ति का सर्वोत्तम उपयोग करते हुए हमारे सोमगाँव का प्रत्येक प्राणी धर्माधीन रहकर हमेशा के लिए आनंदमग्न रहता है, ठीक वैसे ही जैसे आपके प्रकृति महल पर होता है।"

सुखराज ने हँसते हुए लीलाराज से कहा– "आइये भीतर बैठते हैं।"

तुरंत ही गोवाल दादा ने दोनों को जल अर्पण किया।

जल ग्रहण करने के बाद लीलाराज ने सुखराज से कहा– "मेवार साहब, आपके घनिष्ठ मित्र वनमान सिंह जी ने आपके लिए संदेश भेजा है कि आप और आपके चचेरे भाई नेनाल जी आज से ठीक छह दिवस बाद अगले मंगलवार को हमारे 'प्रकृति महल' पर पधारें और हमें आपकी देव सेवा करने का पुण्य प्रदान करें।"

सुखराज ने कहा– "हमें पूर्ण विश्वास है कि प्रकृति महल पर सब कुशल मंगल है।"

"आप चिंतित न हों मेवार साहब। सब कुशल मंगल है। वनमान सिंह जी आपको क्या ऐसे ही कभी निमंत्रण नहीं दे सकते?"

''नहीं–नहीं। ऐसी बात नहीं है, बस मन में औचक विचार आया तो पूछ लिया। प्रकृति महल पर आना, ये तो हमारे लिए बहुत ही प्रसन्नता की बात है क्योंकि कई महीनों बाद हमें एक दूसरे से मिलने का अमूल्य अवसर मिल रहा है इसलिए हम और नेनाल भ्राता अगले मंगलवार को अवश्य आयेंगे।''

लीलाराज ने सुखराज से कहा– ''जी धन्यवाद।''

सुखराज ने कहा– ''अब आप ये बताइये कि कैसा है आपका प्रकृति महल, प्रकृति महलवासी और आपका पेड़, पौधों और वनस्पतियों का रोप कार्य?''

''अतिसुंदर, अतिमोहक, महाआकर्षक और हरा–भरा बन गया है अपना प्रकृति महल। संभवतः देवताओं के समुदाय भी वहाँ की प्राकृतिक सुंदरता और सत्कर्मों के भंडारण से प्रभावित होकर वहाँ निवास करने आ गये हैं। देवसत्ता की पवित्र संगत से प्रकृति महलवासी भी स्वस्थ एवं सुखमय जीवन जी रहे हैं। हमारा पेड़, पौधों और दुर्लभ वनस्पतियों का रोप कार्य, सफलतापूर्वक देश के कोने–कोने में प्रचंडता से प्रवृत्त है। और भारतवासियों को उनका सर्वोचित लाभ मिल रहा है। बस यही हमारे जीवन का एक मात्र उद्देश्य था, है और रहेगा।''

''हमें वनमान सिंह जी, उनके राज परिवार और बिजोलावासियों पर बहुत गर्व है कि वे ऐसे नेक कार्य के साथ जुड़े हुए हैं। ये कार्य हमारी पृथ्वी माँ और धर्मत्व की सुंदरता को और निखार देगा।''

'जी, धन्यवाद।'' लीलाराज ने कहा।

तभी गोवाल दादा ने लीलाराज से कहा– ''लीलाराज जी, मध्याह्न भोजन बस थोड़ी देर में ही तैयार हो रहा है। इसलिये आप बल–बुद्धि–विद्यावर्धक सात्विक भोजन लेकर ही जाइएगा।''

लीलाराज ने गोवाल दादा से कहा– ''जी गोवाल दादा, आपने कहा और हमने किया। हम मेवाड़ी मध्याह्न भोजन लेकर थोड़ा विश्राम करके बिजोला की ओर प्रस्थान करेंगे।''

सुखराज ने लीलाराज से कहा– ''ये हुई न बात। बहुत अच्छा लगा आपके इस खुलेपन को देखकर।''

''मेवार साहब, कई माह से आपके मेवार राजमहल के संपूर्ण रूप से दर्शन नहीं किये। आज हम आपका मेवार राजमहल और हरे–भरे खेत खलिहान देखने

            ईश्वरीय मनुष्य

के लिए अतिउत्सुक हैं।''

''ये पूरा मेवार राजमहल और सोम गाँव आपका ही है। आप किसी भी आत्मप्रिय एवं नेत्रप्रिय वस्तु को स्वेच्छा से देख सकते हैं और निस्संकोच उसका उपयोग कर सकते हैं।''

''धन्यवाद।''

''चलिए, खेत में चलते हैं'' सुखराज ने लीलाराज से कहा।

•••

'प्रकृति महल' राजस्थान राज्य के कोटा शहर के निकट स्थित बिजोला गाँव के पास से बहती चम्बल नदी के तट पर बना है। ये महल प्राकृतिक सुंदरता, सत्कर्मों के निरंतर प्रस्तुतीकरण, अद्वितीय चित्रकला, सनातन संस्कृति प्रदर्शन और अकल्पनीय शिल्पकला के लिए अतिप्रसिद्ध है और इस गाँव तथा समूचे राजस्थान की अमूल्य धरोहर है। इसी कारण ये गाँव राजस्थान का आदर्श गाँव माना जाता है।

राजा वनमान सिंह, इस भव्य महल के महाराजा। उच्च संस्कारी, आकर्षक व्यक्तित्व, नैतिक, पशुप्रेमी, शुद्ध शाकाहारी, नित्य सत्कर्मी, आध्यात्मिक, मधुर वचनी और सर्व प्राणी को प्रभावित एवं मोहित करने वाले धर्मपुरुष। बिजोला गाँव के एक प्रसिद्ध राज परिवार के अमूल्य वारिस, उनकी धर्मपत्नी वायुमी सिंह और उनकी पुत्री ईश्वती सिंह। वनमान सिंह, जलमान सिंह के पुत्र हैं। जलमान सिंह, भूमान सिंह के पुत्र थे। आज भूमान सिंह और जलमान सिंह जीवित नहीं हैं। वर्तमान समय में वनमान सिंह, उनकी पत्नी और उनकी इकलौती पुत्री ईश्वती इस महल में निवास करते हैं।

ये राजा परिवार पिछले तीन सौ छह वर्षों से इस प्रकृति महल में निवास करता है। इस महल का निर्माण, सुखराज के चचेरे भ्राता नेनाल के दादा के दादा रामा मेवार ने किया था। तब से इन दो धर्मनिष्ठ परिवारों के बीच घनिष्ठ एवं अखंड मित्रता है। आज से पैंतालीस वर्ष पूर्व, रामा मेवार के पौत्र के पुत्र हम्माल द्वारा इश्वेद मेवार और वनमान सिंह की मित्रता निर्मित हुई थी।

जबसे इस महल का निर्माण हुआ है तबसे ये राजस्थानी परिवार प्रकृति और पर्यावरण की विभिन्न माध्यमों से रक्षा करता आया है। इस परिवार का प्रत्येक सदस्य प्रकृति रक्षक एवं प्रेमी है। इस परिवार का प्रत्येक सदस्य एवं बिजोला का प्रत्येक गाँववासी, प्रभु श्री राम और माँ सीता का अनन्य भक्त है।

प्रकृति महल के निवासियों के जीवन का एक मात्र शीर्षस्थ उद्देश्य भारत की पवित्र धर्मधरा पर अधिक से अधिक मात्रा में पेड़–पौधों, भिन्न प्रकार की दुर्लभ वनस्पतियों एवं जड़ी–बूटियों के वृक्षों को निरंतर रोपना और देवभूमि भारत को पृथ्वी का सबसे हरियालीपूर्ण, अहिंसक एवं स्वस्थ देश बनाना। इसके अतिरिक्त देवभूमि भारत में जिस किसी स्थान पर अधिक मात्रा में वृक्ष कट रहे हैं वहाँ पर ये राज परिवार और गाँववासी प्रायः वृक्षारोपण करते रहते हैं। वे सोचते हैं कि एक दिन वृक्ष काटने वाले अज्ञानी, निर्दयी, दंभी, लालची, मूर्ख मनुष्य थक जायेंगे पर

हम वृक्षारोपण करने से कभी नहीं थकेंगे।

प्रकृति महल एक हज़ार एकड़ की विशाल भूमि पर स्थापित है। इसका महत्तम भाग पेड़, पौधे और स्वास्थ्य में लाभदायी विशेष वनस्पतियों के निरीक्षण कार्य और उनके रोपण कार्य के लिए रखा गया है। अपने परिवार के मुख्य उद्देश्य को निरंतर प्रवृत्त रखने के लिए राजा वनमान सिंह ने गाँववासियों के भिन्न समूह बना दिये हैं। कुछ समूह राजस्थान एवं भारत भूमि के भिन्न स्थानों पर खुले वन, बंजर भूमि, पर्वतीय स्थल और रेगिस्तान की प्रत्यक्ष मुलाकात लेते हैं और वहाँ पर उपलब्ध भिन्न वनस्पतियों, पेड़–पौधों, फल, सब्ज़ियों और विशिष्ट एवं दुर्लभ औषधियों का सूक्ष्मता से निरीक्षण करके उनके अमूल्य बीजों का संग्रह करते हैं। जिन्हें प्रकृति महल पर लाकर उनका रोपण करके उनका अधिक से अधिक मात्रा में उत्पादन किया जाता है। इनमें कुछ कीटनाशक विषैली वनस्पतियाँ ऐसी भी हैं जिनको गौमूत्र के साथ मिश्रित करके खेत में छिड़कने से किसी भी प्रकार के जीवाणु या कीटाणु उत्पन्न नहीं होते हैं। ये बिजोलावासियों की एक अनूठी खोज है। बिजोलावासी इन वनस्पतियों का निःशुल्क वितरण समूचे भारत देश के अधिक से अधिक कृषकों को करते हैं ताकि उनके खेत विकारमुक्त, परिशुद्ध एवं श्रेष्ठ गुणवत्ता के अनाज का असीम उत्पादन कर सकें। पर इस वितरण का आरंभ होता है सोम गाँव के मेवार राजमहल से। और यही रहस्य है मेवार राजमहल की श्रेष्ठ जैविक खेती का।

कुछ चमत्कारी औषधियाँ ऐसी विशिष्ट हैं जिसका सेवन बिजोला का प्रत्येक गाँववासी और पशु प्रतिदिवस करते हैं क्योंकि उनके नित्य सेवन से सदैव स्वस्थ, एकाग्रतापूर्ण, विवेकी, कर्मनिष्ठ, सत्यनिष्ठ, तृप्त, सृजनात्मक एवं बलवान रहते हैं। ये दुर्लभ औषधियाँ उनके लिए जड़ी–बूटी के समान हैं।

जब प्रकृति महल पर साधारण एवं विशिष्ट प्रकार के पेड़–पौधों, वनस्पतियों और औषधियों का अत्यधिक मात्रा में उत्पादन हो जाता है, तब गाँव के भिन्न समूहों के लोग उन्हें वापस बंजर भूमि, पर्वतीय स्थलों और रेगिस्तानों में जाकर उनका बहुमात्रा में रोपण करते हैं, जहाँ ये वनस्पतियाँ और पेड़ सरलता से उगते हैं। इस कार्य का मुख्य उद्देश्य है– लुप्त हो रहे पेड़–पौधों, औषधियों और दुर्लभ वनस्पतियों की असीम वृद्धि करना। जो इस संसार के किसी भी जीवित प्राणी को, किसी भी समय, किसी भी स्थान पर, किसी भी विषम परिस्थिति में प्रसाद रूप में प्राप्त होकर शरीर की स्वाभाविक मांग पूर्ण करने के काम आ सकें। इसके अतिरिक्त बिजोलावासी देशाटन करते हुए इन्हें भिन्न गाँव और शहरों में जाकर

उनका रोपण करते हैं और अधिकतम लोगों को उनका निःशुल्क वितरण करते हैं।

जब नर्सरी वाले और गाँव या शहर के कुछ लाभार्थी लोग, बिजोलावासियों से उनका पता या उनकी पहचान के विषय में पूछते हैं तो यह लोग अपनी पहचान छुपाकर उन्हें यह बताते हैं कि हम पास के गाँव से ही आये हैं। हम कर्म प्रधान जैविक कृषक हैं और हमें पेड़–पौधों, औषधियों और वनस्पतियों का रोपकाम एवं वितरण कार्य अतिप्रिय है। इस विश्व की अखंड परमसत्ता के विशेष आशीष की सुसंगत से हम ये ईश्वरीय कार्य कई वर्षों से करते आये हैं और अनंतकाल तक करते रहेंगे।

ऐसे सर्वश्रेष्ठ देवसत्ता प्राप्त मनुष्य हैं बिजोला गाँववासी।

•••

रात्रि का समय है। वनमान सिंह और उनकी पत्नी वायुमी प्रकृति महल के आँगन में बैठे रात्रि की सुंदरता का आनंद उठा रहे हैं।

तभी वायुमी ने वनमान सिंह से कहा— ''महाराज, इस पृथ्वीलोक की अमूल्य प्राकृतिक संपदा के विशेष आशीर्वाद से हम लोग अपने जीवन का प्रमुख उद्देश्य तो बहुत ही अच्छी तरह से पूर्ण करते आये हैं और करते रहेंगे। परंतु इसके अतिरिक्त हमारा एक महत्वपूर्ण कर्तव्य शेष है— हमारी सौंदर्यवान, ओजस्वी और गुणवान पुत्री ईश्वती का विवाह। आप तो जानते हैं महाराज कि आज से ठीक नौवें दिवस पर वह इक्कीस वर्ष की हो जायेंगी।''

''महारानी, हमें सब ज्ञात है। और वो पिता ही क्या जो अपनी इकलौती पुत्री का जन्म दिवस याद न रख सके एवं उसका विवाह एक सुंदर, सुशील, बलवान, चतुर, सैद्धांतिक, प्रबुद्ध और गुणवान युवक के साथ न करा सके। इस विषय पर हम कई दिनों से सोच रहे थे। अपनी पुत्री के लिए अगले मंगलवार को एक मई के दिन हमनें उन युवान को यहाँ आमंत्रित किया है, जो सर्वगुण संपन्न आत्मा हैं। कदाचित् उससे भी परे। परमात्मा के साक्षात् अंश।''

वायुमी ने वनमान सिंह से पूछा— ''वो कौन से महान युवान हैं महाराज।''

वनमान सिंह ने उत्तर दिया— ''आज से तीन सौ छह वर्ष पूर्व, स्थापत्यकला क्षेत्र के सुमेरु पर्वत नाम से प्रसिद्ध श्री रामाजी मेवार ने इस सुंदर महल का निर्माण किया था। वह उसी धार्मिक और सेवाभावी परिवार का अमूल्य हिस्सा और वंशज हैं।''

''कहीं आप, नेनाल जी की बात तो नहीं कर रहे हैं?''

''आपने बिलकुल सही दिशा में अनुमान का तीर चलाया है महारानी जी। वो सर्वगुण संपन्न दिव्यात्मा हैं और उन युवान को पसंद करने के पीछे हमारा और उनके परिवार का रोचक इतिहास भी जुड़ा हुआ है।''

वायुमी ने वनमान सिंह से पूछा— ''महाराज, नेनाल जी अवश्य ही सर्वगुण संपन्न दिव्यात्मा हैं पर वो रोचक इतिहास क्या है जो आज तक हमें अज्ञात है।''

वनमान सिंह ने वायुमी से कहा— ''यदि हम इतिहास के पन्ने खोलें तो जिस दिवस रामाजी मेवार अर्थात् नेनाल के पिताजी के परदादा ने हमारे इस महल का निर्माण पूरा किया था। उस दिवस हमारे परदादा सत्योमान सिंह अत्यधिक प्रसन्न थे।''

अपने सुंदर प्रकृति महल को एकटक देखने के पश्चात् उन्होंने रामा मेवार से कहा— "हे विश्वकर्मा प्रभु के साक्षात् दिव्य स्वरूप, आप और आपके कुशल कार्यकर्ता निश्चित रूप से विश्वकर्मा प्रभु के समान सर्वश्रेष्ठ निर्माता हैं। आपकी सृजनात्मकता और कार्यशैली अद्भुत, अनुपम एवं अतुलनीय है। आप सबकी शीर्षस्थ कार्यकुशलता को कोटि—कोटि नमन।"

रामा जी ने सत्योमान जी से कहा— "इन अमूल्य शब्दों के लिये आपका बहुत—बहुत धन्यवाद महाराज। इन अमूल्य शब्दों से इस शरीर को परमसुख का शिखरत्व प्राप्त हुआ।"

सत्योमान सिंह ने रामा मेवार से कहा— "हे महान कलाकार, आपने और आपके इन कुशल कार्यकर्ताओं ने शुद्ध भाव से विवेक शक्ति, बुद्धि और एकाग्र शक्ति का उत्तम उपयोग कर इस प्रकृति महल का अतिसुंदर रूप से भव्य निर्माण किया है। विशेष रूप से मेरे प्रभु श्री राम और माता सीता का ये मंदिर, जो अतिसुंदर एवं स्वर्गीय अनुभूति प्रदायक है। उनकी मूर्तियों को देखकर हमें ऐसा प्रतीत होता है कि जैसे स्वयं ईश्वर यहाँ साक्षात् विराजमान हुए हैं। हम आज अतिप्रसन्न हैं रामा जी। आपके इस कला प्रदर्शन ने यह सिद्ध कर दिया कि वह जो परब्रह्म है, वह हम सब में स्थित चेतना शक्ति के माध्यम से कैसे उत्कृष्ट कर्म करवाता है। अद्भुत। दक्षिणा के रूप में आज यदि आप हमसे ये महल भी मांगेंगे तो हम क्षण भर की देरी किये बिना आपको ये प्रकृति महल निस्संकोच भेंट स्वरूप दे देंगे। यदि आप अकूत धन चाहें तो वो भी मांग सकते हैं क्योंकि आपको और आपके निपुण कार्यकर्ताओं को इस अद्भुत कला का सर्वोचित पुरस्कार मिलना ही चाहिए।"

रामा जी ने सत्योमान जी से कहा— "महाराज, हम बहुत भाग्यशाली हैं कि इस महान और पवित्र भूमि पर हमने उस महान व्यक्ति के लिये महल बनाया है जो निकट काल में एक महान कार्य के साथ जुड़ने वाले हैं। ये धर्मभूमि आपको आपके सौभाग्य ने दी है जिसका आप परहित के लिये सर्वश्रेष्ठ उपयोग करेंगे। हम तो केवल एक गृह निर्माणकार हैं और आप तो भलीभांति जानते हैं कि हमें तो ईश्वर ने बहुत कुछ दिया है, बड़ी सी चार खानें हैं, दो सफेद पत्थर की, एक चूने की और एक सख्त लाल पत्थर की। इसलिए हमें कुछ नहीं चाहिये। हमारे कार्यकर्ताओं को उनके परिश्रम के अनुसार धन मिल जाये यही बहुत है। और धन की बात करें तो हम माँ धनलक्ष्मी का बहुत सम्मान करते हैं। हम पर उनकी कृपादृष्टि भी बहुत है। पर हम अपने काम केवल धन प्राप्ति के लिए नहीं करते। हम केवल उस

उद्देश्य से कार्य करते हैं कि हमारी उत्कृष्ट कला को देखकर लोगों के मुख पर सदा के लिए स्मित बना रहे, उन्हें पूर्णतः संतोष प्राप्त हो और वे हमें युगों–युगों तक स्मरण करें।''

तब सत्योमान सिंह ने रामा मेवार से कहा– ''रामा जी, अंत में आपने अपनी महानता के दर्शन हमें करवा ही दिये। अब हमें ज्ञात हुआ कि राजस्थान के अधिकतम महलों की सुंदरता, भव्यता, मज़बूती और आपकी अमर्त्य प्रतिष्ठा का सत्य कारण क्या है। आज हम आपके प्रत्येक सहकार्यकर्ताओं को उनके साधारण वेतन के बदले दस गुना वेतन देते हैं और रामा जी आपके लिए हम सत्योमान सिंह, इस ब्रह्माण्ड को साक्षी मानते हुए ये प्रतिज्ञा लेते हैं कि आपके इस अतिसुंदर निर्माण कार्य के बदले में दक्षिणा के रूप में हम हमारे क्षत्रिय कुल की एक लक्ष्मी का विवाह आपके क्षत्रिय परिवार में करायेंगे जिससे आप जैसे महान व्यक्ति के परिवार के साथ हमारे कुल का नाम सदैव के लिए जुड़ा रहे। ये सत्यवादी सत्योमान का सत्य वचन है।''

इस तरह हूबहू वृत्तान्त बताते हुए वनमान सिंह वायुमी से आगे बोले– ''रामा जी ने वह प्रतिज्ञा सहर्ष स्वीकार कर ली, पर उस दिवस के पश्चात् हमारे कुल में कभी लक्ष्मी जी का जन्म नहीं हुआ। इस बार हम उस वचन को निभाकर अपने कुल की शिखरस्थ प्रतिष्ठा को सदैव के लिए अमर कर देंगे।''

''इसलिए आज से ठीक चार दिवस बाद एक मई को हमने सुखराज जी और नेनाल जी को प्रकृति महल पर आमंत्रित किया है। इसका संदेश हमने सेनापति लीलाराज के द्वारा दो दिवस पूर्व ही भिजवा दिया था और संभवतः पाँच मई के दिवस हमारी पुत्री ईश्वती के इक्कीसवें जन्म दिवस पर हम नेनाल जी और ईश्वती के विवाह का आयोजन भी कर लेंगे।''

उसी समय ईश्वती वहाँ आती हैं और अपने माता–पिता के साथ आँगन में बैठती हैं।

वायुमी ने तुरंत ही पुत्री ईश्वती से कहा– ''एकदम उचित समय पर आयी हो पुत्री। वास्तव में हम आपके विवाह के विषय में बात कर रहे थे। आपके पिताश्री ने आपके लिए एक सर्वगुण संपन्न युवान को पसंद किया है एवं उन्हें यहाँ आमंत्रित भी किया है। यदि वो युवान आपको पसंद आते हैं तो....।''

ईश्वती ने बीच में ही माता वायुमी से कहा– "माते, आप लोगों को किसी भी विषय में हमारी अनुमति लेने की कोई आवश्यकता नहीं है। आज तक आपने हमारे लिए जो कुछ भी किया है, वो हमारे लिये सर्वोचित था और सदैव होगा। हमारी बाल्यावस्था से ही आप दोनों ने हमें जो धर्मशास्त्र एवं भारतीय संस्कृति का संपूर्ण ज्ञान दिया था, उसी के फलस्वरूप आज हम संपूर्ण क्षत्रिय समाज में प्रशस्त बन पाये हैं। धर्मशास्त्र एवं भारतीय संस्कृति से जो अदृश्य शक्ति एवं दिव्यज्ञान हमें प्राप्त हुआ है, उसके सर्वोचित उपयोग से हमने अपने मरुप्रदेश के कई राजपरिवारों की राजकीय समस्याएँ हल की हैं, उन्हें धर्मोपदेश देकर अधिकतम राजपरिवारों को हमने शाकाहारी बनाया है और आज सारे लाभान्वित राजपरिवार हमें अपने धर्मगुरु समान ही मानते हैं। इतनी कम उम्र में प्राप्त हुई ये प्रसिद्धि आप ही की अमूल्य देन है। इसलिये हमारे लिए आपकी प्रत्येक पसंद और देन, ईश्वर का आशीर्वाद हैं। हम तो अपने आपको बहुत भाग्यशाली मानते हैं कि हमें आप जैसे सर्वश्रेष्ठ प्रकृति प्रेमी प्रतिपालक मिले जो पर्यावरण संरक्षण, सार्वजनिक स्वास्थ्य कल्याण हेतु औषधि संशोधन, वृक्षारोपण इत्यादि जैसे सर्वोत्तम कार्यों से जुड़े हुए हैं।"

ईश्वती द्वारा आत्मा को उत्तम सुख प्रदान करनेवाली प्रभावशाली बातें सुनकर वायुमी और वनमान सिंह भावविभोर हो गये और वायुमी ने तुरंत ही खड़े होकर अपनी पुत्री को गले लगाया और कहा– "हमारे लिए आप इस संसार की सर्वश्रेष्ठ पुत्री हो। हम बहुत भाग्यशाली हैं कि इस जन्म में हमें आपकी माता बनने का अर्थपूर्ण अवसर प्राप्त हुआ।"

उसके बाद वनमान सिंह खड़े हुए और वायुमी और ईश्वती को गले लगाकर कहा– "भाग्यशाली तो हम हैं जो हमें आप जैसी उत्तम चरित्रवान पुत्री और सत्यनिष्ठ धर्मपत्नी प्राप्त हुए। आप दोनों धन्य हैं।"

•••

मेवार राजमहल में दोनों श्वान केरो और शेरी बगीचे में खेल रहे हैं। सुखराज, नेनाल भ्राता के साथ उनके पसंदीदा झूले पर केसर, काजू और बादाम युक्त दूध पी रहे हैं।

तभी बाली दादा और गोवाल दादा अश्वारोही के साथ आते हैं। वे दोनों एक स्वर में सुखराज से कहते हैं– ''खम्माघणी हुकुम।''

सुखराज ने कहा– ''खम्माघणी।''

उसके बाद सुखराज ने दूध पीकर अपना प्याला बगल में रखते हुए अश्वारोही से कहा– ''तो अपने अश्वों को बराबर खिला दियो है ना। पाँच से छह घंटे को रास्तो है। वैसा हो तो कुछ फल सब्ज़ी भी साथ में ले लो और पानी अधिक मात्रा में लेना।''

अश्वारोही ने कहा– ''मेवार साहब, सब आदेशानुसार तैयार है। हमारे लिए भी और अश्वों के लिए भी।''

नेनाल ने अश्वारोही से कहा– ''तो फिर ठीक है। देर किस बात की, चलो।'' सुखराज और नेनाल झूले पर से खड़े होकर अश्वों के निकट जाते हैं और अश्वों को स्नेह करते हैं। तत्पश्चात् अश्वरथ पर बैठते हैं।

बिजोला की ओर प्रस्थान करने से पहले सुखराज ने गोवाल दादा और बाली दादा से कहा– ''गोवाल दा, बाली दा। चाहे तूफ़ान आये, बाढ़ आये या धरती काँप जाये, अपनो काम हमेशा की तरह चालू रहनो चाहिए।''

गोवाल दादा ने सुखराज से कहा– ''जी मेवार साहब, सोम में कभी कुछ गलत नहीं हो सकता। सब अच्छा ही होगा। आप निश्चिंत होकर जाइये। देव साम्राज्य की असीम कृपा हमारी नित्य संगत में है।''

सुखराज ने बाली दादा और गोवाल दादा से कहा– ''हाँ, ये हो गयी श्री रामवाणी। ओम नमो भगवते वासुदेवाय। जय हो ऋषि धर्मरामो की। मारो राम सबरो भलो करें।''

गोवाल दादा और बाली दादा ने भी कहा– ''ओम नमो भगवते वासुदेवाय। जय हो ऋषि धर्मरामो की।''

सुखराज ने प्रस्थान करते समय केरो और शेरी को हाथ उठाकर कहा– ''रात्रि में मिलते हैं प्रियजनों।''

•••

दोपहर के बारह बजे सुखराज और नेनाल प्रकृति महल पर पहुँचते हैं। महल में प्रवेश करने के बाद सुखराज, नेनाल और अश्वारोही सर्वप्रथम अश्वरथ से नीचे उतर कर पानी के नल की ओर जाते हैं। अपने हाथ, पैर और मुँह धोकर तीनों ही प्रभु श्री राम और माता सीता के मंदिर में जाकर उनके दर्शन करते हैं। दर्शन करने के बाद तुरंत ही वे तीनों महाराज वनमान सिंह और वायुमी के चरण स्पर्श करते हैं।

चरण स्पर्श करते समय तीनों ने वनमान सिंह और वायुमी से कहा– "जय श्री राम की। जय माता सीता की।"

वनमान सिंह और वायुमी ने कहा– "जय श्री राम की। जय माता सीता की।"

सुखराज ने वनमान सिंह से कहा– "आपके भव्य प्रकृति महल की अतुल्य प्राकृतिक सुंदरता और आप सबको स्वस्थ एवं प्रसन्न देखकर हम अतिप्रसन्न हुए। इस आत्मा को देवरूपी नव चेतना प्राप्त हुई।"

नेनाल ने वनमान सिंह से कहा– "ये पवित्र भूमि आत्मशांति प्रदायिनी है, यहाँ सदैव सब शुभ ही होवे।"

उसके बाद अश्वारोही ने कहा– "सत्य वचन। अद्भुत कलाकृति से संपन्न ये मनमोहक आलीशान महल। इसकी चारो दिशाओं में अतिसुंदर भिन्न प्रकार के सुंदर वृक्ष और इस प्रकृति महल के प्रवेशद्वार पर उपस्थित हैं सत्कर्मों के भंडारी महाराज वनमान सिंह, महारानी वायुमी और बिजोला निवासी। अद्भुत वातावरण। अनुपम वातावरण।"

वायुमी ने कहा– "इन अमूल्य शब्दों के लिये धन्यवाद। जहाँ प्रभु का निवास हो वहाँ सब शुभ और सुंदर ही होवे।"

वनमान सिंह ने वायुमी से कहा– "सत्य कहा आपने महारानी जी।"

वायुमी ने सुखराज से कहा– "मेवार साहब, जो स्वर्गीय वातावरण की अनुभूति आप यहाँ कर रहे हैं उसी प्रकार की अनुभूति हमें आपके मेवार राजमहल पर होती है।"

वनमान सिंह ने कहा– "शत-प्रतिशत।"

सुखराज ने कहा— ''धन्यवाद।''

उसके बाद वनमान सिंह ने सुखराज और नेनाल से कहा— ''मेवार साहब, नेनाल जी, आइये हमारे प्रभु के महल में।''

सभी भव्य महल में प्रवेश करते हैं और महल के मुख्य कक्ष में जाकर बैठते हैं। इस दौरान महल का एक सेवक सब के लिए जल लेकर आता है। उस दौरान वनमान सिंह ने सुखराज और नेनाल से कहा— ''हमें पूर्ण विश्वास है कि आप और आपके जीवन से जुड़े हुए प्रत्येक व्यक्ति एवं प्रत्येक प्राणी स्वस्थ, सुखमय, सुरक्षित और आनंदमय जीवन व्यतीत कर रहे हैं।''

सुखराज ने वनमान सिंह से कहा— ''निस्संदेह। हमारा और आनंद का मिलन तो सूर्य और प्रकाश, सागर और धरती माँ के स्थायी मिलन के समान है जिन्हें संपूर्ण सृष्टि की कोई भी शक्ति अलग नहीं कर सकती। हमारे सोमवासी सदैव की तरह जीवन के प्रत्येक क्षण को आनंदपूर्वक जी रहे हैं। ठीक नेनाल भ्राता के समान।''

नेनाल ने सुखराज से कहा— ''सत्य कहा आपने भ्राता। जीवन में सदा प्रसन्न रहो, अच्छे कर्म करो। धर्म का सेवन करो। अहिंसा परमो धर्म का पालन करो। इस संसार की प्रत्येक वस्तु के प्रति स्नेह भाव रखो। उनका सम्मान करो। और हो सके तो अधिकतम जीवों की असीम प्रसन्नता का कारण बनो।''

कण-कण को सुख शांति प्रदान करने वाले इन शब्दों को सुनकर वनमान सिंह, वायुमी और ईश्वती बहुत प्रभावित हुए। वनमान सिंह ने दोनों से कहा— ''यही तो है आदर्श मनुष्यों की पहचान। ईश्वरीय मनुष्यों की शीर्षस्थ पहचान। आप लोग तो गंगाजल के समान पवित्र हो। जो भी उसे स्पर्श करे या उसके संपर्क में आये वो पवित्र हो जाता है।''

सुखराज ने वनमान सिंह से कहा— ''धन्यवाद वनमान सिंह जी। वैसे आप भी पवित्र गंगा नदी के ही पवित्र जल हैं, जो पृथ्वी के कोने-कोने में जाकर सब हरा-भरा कर देते हैं। परमात्मा के नेत्रों को एवं सूर्य देव को शीतलता प्रदान करते हैं आपके सत्कर्म।''

वनमान सिंह ने सुखराज से कहा— ''धन्यवाद। हम सब उसी पवित्र नदी का जल हैं, केवल जल के बहने की दिशायें भिन्न। उसी पवित्रता के कारण हम एक और शुभ कार्य करने जा रहे हैं जिसके लिए हमने आप लोगों को यहाँ आमंत्रित

किया है। हमारे पूर्वजों के दिये हुए वचन को पूर्ण करना है। जो नेनाल जी और हमारे परिवार के रोचक इतिहास से जुड़ा हुआ है।''

नेनाल ने वनमान सिंह से कौतूहलवश पूछा– ''हे धर्मपुरुष, आप किस वचन की बात कर रहे हैं। हमें तो इस विषय में कुछ भी ज्ञात नहीं।''

वनमान सिंह ने गंभीरतापूर्वक बताया– ''वास्तव में आज से तीन सौ छह वर्ष पूर्व जब नेनाल जी के पिताजी के परदादा रामा जी मेवार ने इस भव्य राजमहल का प्रभावशाली निर्माण किया था। तब इस महल की असीम सुंदरता, अद्भुत स्थापत्यकला और रामा जी एवं उनके कार्यकर्ताओं के अपने काम और कला के प्रति अद्वितीय समर्पण को देखकर हमारे परदादा सत्योमान सिंह अत्यंत प्रभावित हुए थे। उन्होंने पुरस्कार या दक्षिणा के रूप में प्रत्येक कार्यकर्ता को दस गुना वेतन दिया था और रामा जी को वचन दिया था कि एक दिवस हम अपने कुल की लक्ष्मी का विवाह आपके परिवार में करायेंगे।''

इस बात को सुनकर सुखराज और नेनाल आश्चर्यचकित होते हैं।

वनमान सिंह ने आगे कहा– ''और उस दिवस के पश्चात् हमारे परिवार में ईश्वती के अतिरिक्त किसी लक्ष्मी का जन्म नहीं हुआ। आज हम अपने आपको बहुत भाग्यशाली मानते हैं कि हमें वायुमी जैसी सर्वगुण संपन्न पत्नी प्राप्त हुई जिन्होंने एक सौंदर्यवती, सुशील, सिद्धांती, संस्कारी, संयमी, विवेकशील एवं प्रबुद्ध पुत्री को जन्म देकर हमें इस वचन को पूर्ण करने का सौभाग्य प्राप्त कराया।''

नेनाल ने वनमान सिंह से कहा– ''हम तो इस विषय से पूर्णतः अपरिचित थे।''

वनमान सिंह ने नेनाल से कहा– ''पर हमें सब स्मरण है क्योंकि आपके कुल के समान, हमारे कुल में भी वचन का स्थान सर्वोपरि है। इस एक वचन को पूर्ण करने के लिए नियति ने हमारे कुल के चाहे कितने भी प्राण क्यों न लिए हों, परंतु यहाँ वचन के प्राण कभी नहीं जाते हैं। वचन तो अमर्त्य है।''

सुखराज ने प्रशंसक भाव से कहा– ''वाह, क्या अद्भुत बात कही है आपने। वचन का वास्तविक अर्थ है– आपका परिवार। इस संसार में हमने आज तक जितना देखा, जितना सुना और जितना जाना, उसमें हमने ये अवश्य जाना है कि मृत्यु के बाद सब समाप्त हो जाता है, पर आपके कुल में कुछ समाप्त नहीं होता, विशेष रूप से वचन तो कभी नहीं क्योंकि वो तो अमर्त्य है।''

वनमान सिंह ने सुखराज का धन्यवाद देते हुए कहा– "सुखराज जी, आप नेनाल जी के बड़े चचेरे भ्राता हैं। इस नाते यदि आपकी अनुमति हो तो हम नेनाल जी के साथ अपनी पुत्री ईश्वती का विवाह करना चाहते हैं जिससे हमारी पुत्री को सर्वगुण संपन्न आध्यात्मिक सहयात्री तो मिलेगा ही, इसके अतिरिक्त हम अपने कुल के इस पुराने वचन को भी पूर्ण कर सकेंगे जिसके पश्चात् हमारे पूर्वज अवश्य ही अत्यंत प्रसन्न होंगे।"

सुखराज ने वनमान सिंह से कहा– "वनमान सिंह जी, आप तो जानते हैं कि हम इन विवाह संबंधों के विषय में खास रुचि नहीं रखते हैं। इस दिशा में हम निर्विषयी रहे हैं इसलिए इस स्त्री–पुरुष के रहस्यमयी एवं आकर्षणपूर्ण जीवन के विषय में हमें अधिक ज्ञान नहीं है। परंतु ये सत्य है कि वो मनुष्य इस संसार का सबसे बड़ा मूर्ख होगा जो इस अनुरूप संबंध को अस्वीकार करेगा। यदि नेनाल भ्राता को ईश्वती जी पसंद हैं, तो इससे शुभ और कुछ हो ही नहीं सकता।"

इस दौरान शांत अवस्था में बैठे नेनाल इस विवाह प्रस्ताव से प्रसन्न दिख रहे थे।

तभी वायुमी ने नेनाल से पूछा– "नेनाल जी, क्या आपको ये संबंध स्वीकार्य है?"

"अवश्य महारानी। कदाचित् ये हमारे पूर्वजों के असीम सत्कर्मों का सर्वोचित फल है। जो पिछले तीन सौ छह वर्षों से हमारा पीछा कर रहा था। हम ऐसे सर्वश्रेष्ठ समय पर, सर्वश्रेष्ठ स्थान पर, सर्वश्रेष्ठ नारी के साथ विवाह करने का सर्वश्रेष्ठ प्रस्ताव कैसे ठुकरा सकते हैं। साक्षात् सीता माता के समान परिशुद्ध चरित्रवान नारी की संगत से हमारे गृहस्थ आश्रम का अध्याय हमें रामराज्य समान उत्कृष्ट जीवन प्रदान करेगा। अतः हमें ये प्रस्ताव सहर्ष स्वीकार्य है।"

सुखराज, वनमान सिंह, वायुमी, ईश्वती और उपस्थित प्रत्येक व्यक्ति अतिप्रसन्न हुए। वनमान सिंह ने खड़े होकर नेनाल को गले लगाया और कहा– "आपने इस प्रस्ताव को स्वीकार कर हमें जन्मों के लिए आपका ऋणी बना दिया है।"

नेनाल ने वनमान सिंह से कहा– "ऐसा मत कहिये श्रेष्ठात्मा। ये तो हमारा सौभाग्य है कि आपके सर्वश्रेष्ठ एवं प्रतिष्ठित परिवार का हम एक छोटा सा हिस्सा बन सकेंगे।"

''आप धन्य हैं नेनाल जी। आज हम अतिप्रसन्न हैं। हम इस शुभ अवसर को शीघ्र ही देखना चाहते हैं। हम अपनी पुत्री का विवाह उनके इक्कीसवें जन्म दिवस पर अर्थात् आज से ठीक पाँचवे दिवस पर, अपने प्रकृति महल पर स्थित श्री राम और माता सीता के मंदिर में बिजोलावासियों की उपस्थिति में सरल रूप से करना चाहते हैं।''

''महाराज, आपका प्रत्येक शब्द हमें स्वीकार्य है। आपकी पुत्री के जन्म दिवस पर प्रातःकाल के समय हम यहाँ उपस्थित होंगे।''

सुखराज ने वनमान सिंह से कहा– ''जी, और सोमवासियों के साथ।''

वनमान सिंह ने सुखराज से कहा– ''अवश्य। उस पवित्र क्षण की हमें व्यग्रता से प्रतीक्षा है।''

उस दौरान महल के रसोईघर से रसोई बनाने वाली वृद्ध स्त्री वहाँ आती है और कहती है– ''महारानी, प्रभु श्री राम, सीता माता एवं महल के पशु–पक्षियों को प्रसाद रूपी भोजन अर्पण कर दिया है। अतः प्रकृति महलवासियों के लिये मध्याह्न भोजन तैयार है।''

वायुमी ने सुखराज और नेनाल से कहा– ''मेवार साहब। नेनाल जी। आइये, प्रकृति महल का विश्व प्रसिद्ध सात्विक भोजन आपकी व्यग्रता से प्रतीक्षा कर रहा है।''

और सब लोग महल की पहली मंज़िल पर स्थित भोजनकक्ष में भोजन लेने जाते हैं।

•••

पाँच मई उन्नीस सौ उन्यासी।

मरुधरा राजस्थान के बिजोला गाँव के सुप्रसिद्ध प्रकृति महल के प्रभु श्री राम के मंदिर के आँगन में ईश्वती और नेनाल मेवार का विवाह हो रहा है।

वनमान सिंह, वायुमी, लीलाराज, सुखराज, गोवाल दादा, बाली दादा, प्रकृति महलनिवासी और कुछ सोमवासी, नेनाल और ईश्वती के आस–पास बैठे हैं। पंडित जी मंत्रोच्चार कर रहे हैं।

शास्त्रोक्त विधि के अनुसार नेनाल और ईश्वती का विवाह संपन्न होता है। उसके बाद सब लोग साथ बैठकर ब्रह्म भोजन का आनंद लेते हैं। अंत में नेनाल और ईश्वती वनमान सिंह, वायुमी, सेनापति लीलाराज, सुखराज, बाली दादा, गोवाल दादा के चरण स्पर्श करके उनसे आशीर्वाद लेते हैं।

तय समय पर सारा कार्यक्रम संपन्न होता है। सभी सोम के लिए निकलने को तैयार हो गये हैं। अश्वरथ पर बैठकर अपने सोम गाँव की ओर प्रस्थान करने से पूर्व नेनाल और ईश्वती ने वनमान सिंह और वायुमी को प्रणाम किया और उनसे कहा– ''पिताश्री, माताश्री, अपना और बिजोलावासियों का ध्यान रखियेगा।''

वनमान सिंह ने नेनाल और ईश्वती से कहा– ''अवश्य। और आप लोग भी अपना ध्यान रखियेगा। बस जाने से पूर्व दो बातें कहनी हैं पुत्री। दूसरों के सुख के लिये यदि स्वयं के सुख का त्याग करना पड़े तो क्षण भर की भी देर मत करना। और दूसरी बात, सदैव धर्म की शरण में रहकर इस पृथ्वीलोक के पशु–पक्षियों को सुरक्षा एवं शुद्ध भोजन प्रदान कर उनके सुख का अर्थपूर्ण कारण बनना।''

ईश्वती ने कहा– ''वचन देती हूँ पिताश्री कि धर्म सदैव मेरे समस्त कर्मों का सारथी होगा।''

उसके बाद सुखराज ने अपने अश्व के शरीर पर हाथ फिराते हुए वनमान सिंह के अश्वारोही से कहा– ''अश्वत्धन जी, हमारे प्रिय अश्वों को स्वच्छ करके उन्हें भोजन करवाने के लिए हम आपका पुनः धन्यवाद करते हैं। आपका पशु प्रेम अद्वितीय है।''

अश्वत्धन ने उत्तर दिया– ''अतिथि मित्रों के पशुओं का ध्यान रखना हमारा परम कर्तव्य है मेवार साहब। और पशु–पक्षी तो परमात्मा की सर्वोत्तम कल्पनाशक्ति, शिखरस्थ सृजनात्मकता और विचारशक्ति का अभूतपूर्व उदाहरण

हैं। वे इस मायावी पृथ्वीलोक का अमूल्य आभूषण हैं। पवित्र विचार और ब्रह्मज्ञान के गर्भ से उत्पन्न हुए विभिन्न प्रकार के पशु–पक्षी व जीव–जंतुओं के पृथ्वी भ्रमण से और उनकी सुखकर उपस्थिति से समस्त ब्रह्माण्ड नित्य रूप में सुख की अनुभूति करता है। वायु, श्वास के माध्यम से इनके शरीर का यात्री बनने के लिये सदैव आतुर रहता है। सूर्य, अपने अखंड प्रकाश से समस्त विश्व को प्रकाश दे, पशु–पक्षियों की अलौकिक सुंदरता दिखाने के लिये सदैव सक्रिय रहता है। जल इस ब्रह्मरचना का आभार व्यक्त करते हुए पशु–पक्षियों की प्यास बुझाकर बीज की संगत से इनके लिये भोजन उत्पन्न कर अपने नैतिक कर्तव्य कर्म करने के लिये इस विश्व में असीमित मात्रा में उपलब्ध रहता है। धरा, अपने पशु–पक्षियों रूपी बच्चों को वृक्ष की छत्रछाया में आश्रय देकर स्पर्श के माध्यम से उन्हें स्नेह देकर जननी का कर्तव्य सिद्ध करती रहती है। अतः इन निर्दोष एवं अबोल पशु–पक्षियों की अवहेलना हम कैसे कर सकते हैं।"

सुखराज ने अश्वत्धन को प्रणाम करते हुए कहा– "धन्यवाद मित्र। परमात्मा से प्रार्थना करता हूँ कि इस धर्मधरा पर विश्वकल्याण हेतु भिन्न कालखंड में अवतरित हुए प्रत्येक धर्मावतारों के सद्गुण, शूरवीरता, वेदांत ज्ञान, ब्रह्मानुभूति, प्रसिद्धि सहित देवसत्ता आपको सहजता से प्राप्त हों।"

और अश्वत्धन ने उनके चरण स्पर्श कर उनका आभार व्यक्त किया। तत्पश्चात् सुखराज सोमवासियों के साथ आनंदित मुद्रा में होकर सोम की ओर प्रस्थान करते हैं।

•••

 ईश्वरीय मनुष्य

सोमवासी बिजोला से सोमगाँव की ओर प्रस्थान कर रहे हैं। रास्ते में ही अश्वरथ में बैठे हुए नेनाल ने ईश्वती से पूछा– ''ईश्वती जी, आज हमने आपके प्रकृति महल पर एक असाधारण घटना का अनुभव किया है। आपको दूर जाते हुए देखकर भी आपके संपूर्ण परिवार का एवं बिजोला गाँव का कोई भी व्यक्ति भावुक नहीं हुआ और न ही किसी के अश्रु बहे। सभी लोग प्रतिक्षण आनंदमय अवस्था में व्यस्त थे और उसी तरह ही उन्होंने आप जैसी प्रबुद्ध पुत्री को विदा किया। विवाह प्रक्रिया के दौरान वहाँ उपस्थित प्रत्येक बिजोलावासी की सहजता, सरलता, शांत स्वभाव और प्रसन्न मुद्रा ने उनकी उत्कृष्ट मर्यादापूर्ण जीवनशैली का प्रस्तुतीकरण किया है। अद्भुत मानव समूह।''

इस बात को सुनकर सुखराज ने भी आश्चर्य व्यक्त किया।

ईश्वती ने कहा– ''नेनाल जी, हमारे परिवार में हम सदियों से यही मानते आये हैं कि किसी अपने से या अपनी प्रिय वस्तु से अलग होते समय भावनावश होकर अश्रु बहाना अनुचित है क्योंकि इस संसार में आत्मा और परमात्मा के अतिरिक्त हमारा किसी भी वस्तु के साथ स्थायी संबंध नहीं है। सब कुछ नश्वर एवं मरणधर्मा है। तो जब हमें ज्ञात है कि यहाँ कुछ भी स्थायी नहीं है तो किसी नश्वर वस्तु या मरणधर्मा शरीर के प्रति मोह, राग या आसक्ति रखकर, उसके प्रति भावुक होकर हम क्यों दुःख की अनुभूति करें। इसलिए हमारे गाँव के सभी व्यक्ति सदा आनंदमय जीवन व्यतीत करते हैं और वैसे भी हमारे पिताश्री हमेशा कहते हैं कि सुख का मूल है, धर्म। धर्म का मूल है, अर्थ। अतः धर्मज्ञ बनकर अर्थपूर्ण जीवन व्यतीत करने से नित्य आनंद प्राप्त होता है और स्थायी आनंद ही श्रेष्ठ जीवन जीने की जड़ी–बूटी है।''

इन उपदेशात्मक शब्दों को सुनकर सुखराज अतिप्रसन्न मुद्रा में ईश्वती से बोले– ''कितने श्रेष्ठ विचार हैं आपके कुल के। सर्वथा सत्य कहा है आपने ईश्वती जी। आपकी देव वाणी आपके समस्त कुल के उच्च आदर्श, संस्कार एवं शिष्टता का अमूल्य प्रदर्शन करती है।''

नेनाल ने भी ईश्वती से कहा– ''वास्तव में उच्च कोटि के विचार हैं आपके कुल के, जिन्होनें हमें अत्यंत प्रभावित कर दिया है।''

धर्मपुरुष सुखराज को ये शब्द बहुत अच्छे लगे, पर इन शब्दों ने उन्हें दुविधा में डाल दिया। वे मन में सोचने लगे कि स्थायी तो कुछ भी नहीं है, पर हमें तो हमारा वर्तमान जीवन अतिप्रिय है। हमारे जीवन से जुड़ी प्रत्येक वस्तु हमें

अतिप्रिय है। हम इस ईश्वरीय जीवन को स्थायी रूप में देखना चाहते हैं। सुखराज थोड़े चिंतित हो उठे, उनकी नियति के गर्भ में क्या छिपा था ये तो उन्हें नहीं पता था, परंतु ये निश्चित था कि उनकी जीवन यात्रा असामान्य और अत्यंत रसप्रद होगी क्योंकि वे ऋषि धर्मरामो के प्रिय भक्त हैं। अब देखना होगा कि नियति सुखराज के साथ कैसे रहस्यपूर्ण खेल रचती है।

•••

प्रातःकाल के पाँच बजे हैं। गोवाल दादा और बाली दादा मेवार राजमहल के आँगन में सो रहे हैं। और केरो और शेरी मुख्य द्वार के निकट उनके कक्ष में सो रहे हैं। सुखराज स्नान करके ताज़ा होकर अपने महल से बाहर आते हैं और प्रतिदिन की भांति केरो और शेरी को टहलाने ले जाने के लिये उनके कक्ष की ओर जाते हैं किंतु नित्य कर्म अनुसार केरो और शेरी को उनके नियत स्थान के पास उनकी प्रतीक्षा करते हुए न देखकर सुखराज आश्चर्यचकित हो जाते हैं और मन में कहते हैं– ''हमारे आत्मप्रिय केरो और शेरी क्यों नहीं दिख रहे हैं। प्रतिदिन तो ये दोनों हमारी व्यग्रता से प्रतीक्षा करते हैं, साथ में मस्ती करते हुए टहलने जाते हैं पर आज....? चलो देखते हैं।''

सुखराज कक्ष में देखते हैं कि केरो भूमि पर लेटा हुआ है और द्वार की ओर स्थिर दृष्टि से देख रहा है जैसे वो अपने आत्मप्रिय, गुरु, बंधु, मित्र, पालनहार और भाई समान मालिक की व्यग्रता से प्रतीक्षा कर रहा हो। उस दौरान शेरी, केरो के शरीर को स्नेहपूर्वक चाट रही है। केरो और शेरी को इस प्रतिकूल अवस्था में देखकर सुखराज भयभीत हो जाते हैं। वे तुरंत ही केरो को स्नेह करते हैं। उसके शरीर पर कोमलता से हाथ फिराते हैं और केरो और शेरी को देखकर स्नेहपूर्वक कहते हैं– ''कैसे हो मेरे आत्मप्रिय केरो, शेरी?''

उस दौरान सुखराज देखते हैं कि केरो ने भूमि पर निद्रा में ही पेशाब कर दिया है।

सुखराज ने मन में कहा– ''अरे! ये कैसे हो गया। कहीं केरो अस्वस्थ तो नहीं।''

दूसरी ही क्षण सुखराज ने बाली दादा और गोवाल दादा को आवाज़ लगायी। सुखराज की आवाज़ सुनते ही वे दोनों उठ जाते हैं। निकट के मैदान में अश्व, हाथी, ऊँट, गाय, भैंस, बकरी एवं अन्य पशु एक साथ शांत मुद्रा में बैठे हैं और वे सब केरो और शेरी के कक्ष की ओर एकटक देख रहे हैं। सारे पशुओं को एक साथ शांत मुद्रा में बैठे देखकर गोवाल दादा ने बाली दादा से कहा– ''राम–राम सा बंधु। ये सब लोग यहाँ क्यूँ बैठे हैं, वो भी केरो और शेरी के कक्ष की ओर देखते हुए। लगता है कुछ असामान्य है। चलो देखते हैं।''

उसके बाद वह दोनों केरो और शेरी के कक्ष की ओर जाते हैं। सुखराज शेरी को स्नेह करते हुए केरो से थोड़ा दूर करते हैं और भावुक स्वर में दोनों से पूछते हैं – ''दादा, केरो उठ नहीं रहा है। जब से हम आये हैं तब से इसी अवस्था

में लेटे हुए हमें स्थिर दृष्टि से देख रहा है। जैसे हमें देखने के लिए उसकी आँखें कब से तरस रही हों।"

बाली दादा ने जवाब दिया— "केरो ने तो पेशाब भी यहीं पर किया है। ये कैसे संभव है।"

सुखराज ने कहा— "कल तो केरो एकदम स्वस्थ एवं उत्साही था।"

गोवाल दादा ने कहा— "हाँ, एकदम स्वस्थ था और कल शाम को तो ये अन्य पशुओं और हमारे साथ बहुत ही मस्ती में खेल रहा था। अपनी अतुल्य स्फूर्ति और कोमल स्वभाव का सर्वोत्तम प्रस्तुतीकरण करते हुए इन दोनों श्वानों ने सारे पशुओं के संग प्रेमपूर्वक खेलकर मित्रता का उत्कृष्ट उदाहरण प्रस्तुत किया था।"

सुखराज ने गोवाल दादा से चिंतित स्वर में पूछा— "हाँ, फिर ये अचानक क्या हो गया? मेरे निर्भीक, निर्दोष और आनंदधाम आत्मप्रिय की ऐसी दुर्दशा मेरे मन में दुःख के प्रलय का निर्माण कर रही है।"

तभी बाली दादा ने हड़बड़ाते हुए कहा— "मेवार साहब, केरो की आँखें और पेट का भाग भी लाल रंग के हो गए हैं।"

गोवाल दादा ने उन दोनों से कहा— "कहीं किसी विषैले पशु ने काटा या दंश तो नहीं मारा, जिस कारण केरो के शरीर के महत्तम अंग विषैले हो गए हों।"

सुखराज घबराए हुए स्वर में गोवाल दादा से बोले— "ऐसा कैसे हो सकता है। ये तो असंभव है। ऐसे ही कोई पशु हमारे प्रिय केरो को दंश मार कर क्यों चला जाएगा। ये स्वीकार्य नहीं है हमें। आप लोग तुरंत केरो के इलाज के लिए वैद्यराज को बुलायें, वो ही उचित निदान करेंगे।"

बाली दादा निकलते हुए बोले— "हम अभी वैद्यराज को बुलाकर आते हैं।"

गोवाल दादा ने बाली दादा से कहा— "अतिशीघ्र लौटें।"

इस दौरान शेरी, केरो को स्थिर दृष्टि से देख रही है, कोमलता से चाट रही है।

कुछ ही क्षणों में बाली दादा वैद्यराज को लेकर आ जाते हैं और आते ही केरो और शेरी का स्वास्थ्य निरीक्षण करते हैं।

''मेवार साहब, शेरी लगभग स्वस्थ है। केरो को किसी भी विषैले पशु ने नहीं काटा है। और वैसे भी आपके पशु तो सर्व प्राणी प्रिय हैं। इन्हें पीड़ा पहुँचाने की क्षमता किसी में नहीं है।'' वैद्यराज ने परीक्षण करते हुए सुखराज से कहा।

''फिर केरो अस्वस्थ क्यों है, वैद्यराज?''

''मेवार साहब, ये सत्य है कि केरो का शरीर एकदम लाल हो गया है, पर इस प्रतिकूल दशा का उचित कारण समझ नहीं आ रहा है। काल अकल्पनीय परिस्थिति का प्रदर्शन कर रहा है। केरो के ज्ञानपूर्ण मस्तक और इसके मज़बूत हृदय के अतिरिक्त इसके शरीर के अन्य अंग–उपांग मृत हो गए हैं। केवल अपने मज़बूत हृदय के कारण ही ये स्थिर दृष्टि से अपने प्रिय स्नेहीजनों को देख रहा है। और सत्य ये है कि केरो के प्राण किसी भी क्षण जा सकते हैं।''

सुखराज केरो की आँखों में देखते हुए बोले– ''ऐसा नहीं हो सकता है श्री हरि, हमारे आत्मप्रिय केरो को स्वस्थ करके दीर्घ जीवन दीजिये। रक्षा कीजिये। इनकी पवित्र संगत मुझे नित्य परमात्मा की अनुभूति कराती है। इनका स्वर, मेरी भोर का प्रथम श्रवण है। इन सौंदर्यवान एवं सत्गुणी श्वानों की उपस्थिति से न केवल मेवार राजमहल अपितु समूचा सोम गाँव सुख और आनंद प्राप्त करता है। अतः हे श्री हरि, हमारे प्रिय श्वान के प्राण बचा लीजिये। हमारी आपसे विनती है कि इस दुर्योग को सुयोग कर दें।''

गोवाल दादा ने सुखराज के कंधे पर और फिर केरो के मस्तक पर हाथ फिराते हुए कहा– ''पुत्र सुखराज, धैर्य रखो।''

वैद्यराज बोले– ''मेवार साहब, जो भी घट रहा है, नियति की इच्छानुसार ही घट रहा है और आप ही सदैव कहते हैं न कि इस संसार में प्रत्येक प्राणी के जीवन में जो भी विशिष्ट घटनायें घटती हैं, वो उनके जीवन में बड़ा परिवर्तन लाने का कारण बनती हैं। इसलिए प्रत्येक घटना को स्वीकारना हमारा नैतिक कर्तव्य है।''

सुखराज स्थिर दृष्टि से बिना कुछ बोले केरो की आँखों में देखते रहते हैं।

उसके बाद वैद्यराज, गोवाल दादा से कुछ तुलसी के पत्ते और थोड़ा गंगाजल मँगाते हैं। कुछ ही क्षण में गोवाल दादा वैद्यराज को देते है।

''मेवार साहब, अब आप श्री हरि का नाम लेते हुए अपने पवित्र हाथों से ये तुलसी के पत्ते गंगाजल में डालकर केरो के मुख में रखें।'' वैद्यराज दोनों चीज़ें

उन्हें देते हुए कहते हैं।

सुखराज श्री हरि का नाम लेते हुए पवित्र तुलसी के पत्तों को गंगाजल में डुबोकर जैसे ही केरो के मुख में रखते हैं। दूसरे ही क्षण केरो अपना अमूल्य प्राण त्याग देता है। इस दुःखद परिस्थिति में सुखराज, गोवाल दादा, बाली दादा, वैद्यराज केरो की ओर एकटक देखते हुए श्री हरि का नाम जपते हैं।

उसी दौरान वैद्यराज जब शेरी को देखते हैं तो उन्हें अनुभव होता है कि शेरी का शरीर भी स्थिर हो गया है। वे शेरी को स्पर्श करते हैं तो उन्हें ज्ञात होता है कि शेरी ने भी अपने अमूल्य प्राण त्याग दिए हैं। वे बहुत दुःखी होते हैं।

वे सुखराज को बताते हैं– ''मेवार साहब, शेरी ने भी अपने अमूल्य प्राण त्याग दिए हैं।''

गोवाल दादा ने दुःखपूर्ण स्वर में कहा– ''ये क्या हो रहा है आज। इन दोनों ने एक साथ ही अपने प्राण त्याग दिए। हमारे प्रभु समान प्रिय बंधु हमें इतनी जल्दी त्याग कर नहीं जा सकते।''

''हाँ, हमारे प्रभु समान प्रिय मित्रों का औचक वियोग हमारे लिये भी असहनीय है। पर हमारा अंतर्ज्ञान ये कहता है कि ये कोई सामान्य नहीं अपितु रहस्यपूर्ण घटना है। इन दोनों भाई–बहन के प्राण, एक दूसरे के साथ जुड़े हुए थे। जैसे ही मेवार साहब ने केरो के मुख में तुलसी के पत्ते रखे, दोनों ने एक साथ ही अपने प्राण त्याग दिए।'' वैद्यराज जवाब देते हुए कहते हैं।

शेरी की रहस्यपूर्ण मृत्यु से सुखराज का दुःख दुगुना हो जाता है और वे दुःखवश कुछ बोल नहीं रहे हैं। गोवाल दादा और बाली दादा शेरी को अपनी गोद लेकर उसे अपार स्नेह करते हैं और कोमलता से उसके शरीर पर हाथ फिराते हैं।

वैद्यराज ने तीनों को दुःखद अवस्था में देखकर कहा– ''हम आप लोगों के क्षणिक दुःख को समझ सकते हैं। पर आप लोगों को इस घटना से अत्यंत दुःखी होने की आवश्यकता नहीं है क्योंकि इस विशेष घटना को देखकर मेरी त्रिकाल दृष्टि मुझे ये संकेत दे रही है कि इनकी शुद्ध, पवित्र और उत्तम लोक की आत्माएँ अतिशीघ्र ही मनुष्य योनि में जन्म लेंगी। ये दोनों श्वान श्री राम के भक्त थे। पशु योनि में जन्म लेकर भी वे आध्यात्मिक यात्री थे। अतः ये दोनों राम भक्त कल्याणकारी जीवात्मा के रूप में शीघ्र ही आपके संपर्क में आयेंगे क्योंकि आपका, केरो और शेरी का मिलन स्थायी है।''

     ईश्वरीय मनुष्य

चंचल और व्यथित मन को सांत्वना प्रदान कर रहे इन शब्दों से गोवाल दादा और बाली दादा के मुख पर थोड़ी प्रसन्नता दिखती है परंतु सुखराज अभी भी दुःखी हैं। उन्होंने दुःखवश मन में कहा– "पहले माता–पिता की एक साथ मृत्यु और आज केरो और शेरी की। लगता है नियति को हमारे सर्वश्रेष्ठ जीवन से ईर्ष्या हो रही है।"

तभी वैद्यराज सुखराज से कहते हैं– "हुकुम, नियति की माया सर्वोपरि है। कुछ घटनायें हमारे जीवन में पहली और अंतिम बार घटती हैं और हम केवल दर्शक बन कर इस की अनुभूति करते रहते हैं। वैसे भी ये संपूर्ण संसार नश्वर है। अमर्त्य हैं केवल परमात्मा और उन्हीं की चेतना शक्ति के रूप में असंख्य आत्मायें, जो एक नश्वर शरीर में निर्धारित समय के लिए प्रवेश करती हैं और निर्धारित समय पर चली जाती हैं। इसलिए किसी भी वस्तु या जीव का अनियंत्रित मोह, राग और आसक्ति अनुचित है।"

वैद्यराज के इन श्रेष्ठ शब्दों से सुखराज, बाली दादा और गोवाल दादा को सांत्वना मिली। सुखराज ने वैद्यराज की ओर देखते हुए कहा– "आप सत्य कह रहे हैं वैद्यराज। कुछ क्षणों के लिए हम विषम परिस्थिति और भावनाओं के आवेग में आकर इस सत्य से दूर हो गए थे।"

"अब कृपया आप इन पवित्र नश्वर शरीरों का अपनी धार्मिक विधि के अनुसार अंतिम संस्कार करें।"

"जी वैद्यराज।"

सुखराज अपने स्थान से खड़े होते हैं और केरो एवं शेरी के शरीर को महल के बगीचे में वहीं रखते हैं जहाँ अन्य पशु शांत अवस्था में भावुक होकर बैठे हैं। फिर वे अपने प्रिय पशुओं से अत्यंत कोमल शब्द बोलते हैं– "मेरे आत्मप्रिय बंधुओ, व्यथित न हो। सब ठीक हो जायेगा। वैद्यराज जी के अंतर्ज्ञान के अनुसार केरो और शेरी की संगत, शीघ्र ही मानव रूप में हमें प्राप्त होगी।"

तत्पश्चात् सुखराज अपने बगीचे में बैठकर श्री हरि का नाम लेते हुए केरो और शेरी को गंगाजल मिश्रित केवड़ा, चंदन और तुलसी के रस से स्नान कराते हैं और तेजस्वी मस्तक पर कुमकुम का तिलक करने के पश्चात् केरो और शेरी के गले से सोने, चांदी, पीतल, लोहा, ताम्र अर्थात् सभी धातु से बनी विशेष माला को निकालते हैं, जिस माला के मध्य भाग में गुरु का मणि है और प्रभु श्री राम तथा

सीता मैया का सुंदर चित्र मुद्रित है। इस दुर्लभ माला को सुखराज ने विशेष रूप से अपने श्वानों के लिये बनवाया था।

बाद में सुखराज ने बाली दादा से कहा— ''दादा, कृपया हमारे कृषकों के साथ मिलकर केरो और शेरी के अंतिम संस्कार के लिए चंदन की लकड़ियों और गाय घृत का प्रबंध करें।''

तत्पश्चात् शीघ्र ही अग्नि संस्कार हेतु आवश्यक तैयारियाँ करके सुखराज समस्त सोमवासियों के साथ साबरमती नदी के तट की ओर निकल पड़ते हैं।

•••

ईश्वरीय मनुष्य

सब लोग साबरमती नदी के किनारे खड़े हैं। गोवाल दादा, बाली दादा और मेवार राजमहल के अन्य निवासियों ने केरो और शेरी के अग्निदाह संस्कार के लिए लकड़ियाँ जमा कर दी हैं। उनके शरीर भी सुव्यवस्थित रूप से रख दिये हैं। इस भावुक कर देने वाले क्षण को देखकर उपस्थित प्रत्येक व्यक्ति एकदम स्तब्ध, शोकग्रस्त और शांत अवस्था में खड़ा है। सभी केरो और शेरी के शरीर को एकटक देख रहे हैं।

गोवाल दादा, सुखराज के कंधे पर हाथ रखकर कहते हैं– ''पुत्र सुखराज, अग्निदेव को आमंत्रित कर केरो और शेरी के पवित्र शरीर का अग्नि संस्कार कीजिये। उनके पवित्र शरीर आपके अंतिम स्पर्श की प्रतीक्षा कर रहे हैं। कृपया उन्हें अंतिम बार स्नेह करके उनकी अमर्त्य आत्मा को सद्गति प्रदान करें।''

सुखराज कुछ बोले बिना केरो और शेरी के शरीर के निकट जाते हैं। उनके शरीर पर कोमलता से हाथ फेरते हैं। उसके बाद केरो और शेरी के संपूर्ण शरीर पर गंगाजल छिड़ककर उनके शरीर को अग्निदाह देते हैं। इस अग्निदाह की दुःखद प्रक्रिया के दौरान वहाँ उपस्थित सभी पशु शांत मुद्रा में खड़े रहकर केरो और शेरी के शरीर को स्थिर दृष्टि से देख रहे हैं। प्रत्येक पशु दुःखी लग रहा है क्योंकि उन्होंने अपने सर्वश्रेष्ठ, सदाचारी एवं परम उत्साही मित्रों को खोया है। कुछ समय पश्चात अग्नि शांत हो जाती है। केरो और शेरी के शरीर लकड़ियों के साथ जलकर राख बन जाते हैं। सुखराज उनकी राख को स्पर्श करके उन्हें प्रणाम करते हैं और उपस्थित प्रत्येक व्यक्ति सुखराज का अनुसरण करते हुए उन्हें वैसा ही प्रणाम करते हैं। अंत में सुखराज, केरो और शेरी की राख को उनके लाये हुए खाली घड़े में भर देते हैं। वे घड़े को अपने हाथों में लेकर आकाश की ओर देखते हुए कहते है –''जय श्री राम।''

''जय श्री राम।'' बाकी सब एक साथ बोल पड़ते हैं।

उसके पश्चात् सुखराज कहते हैं– ''हमें पूर्ण विश्वास है कि हमारे आत्मप्रिय श्वान केरो और शेरी, शीघ्र ही मनुष्य योनि में जन्म लेकर अपने नए धर्मपूर्ण जीवन में हमें पुनः संगत प्रदान कर अत्यधिक पुण्य कर्म करेंगे।''

तब वैद्यराज वैद्यनाथ, सुखराज से बोले– ''निश्चित रूप से ऐसा ही होगा। यह परम सत्य है कि वो पीड़ा नर्क के समान होती है जब हमें उस प्रिय प्राणी को अग्निदाह देना होता है जो हमें अतिप्रिय था, जिनके प्रति हमें अत्यंत सहानुभूति थी। हमारे मन के स्मृतिकोष में जो प्राणी अपने समस्त जीवन की अमूल्य स्मृतियाँ

और आत्मीय संबंध बाँध कर जाता है उसे तो हम जीवनपर्यंत नहीं निकाल सकते। पर इस पृथ्वीलोक का यही शाश्वत नियम है कि यहाँ आत्मा और परमात्मा के अतिरिक्त स्थायी कुछ भी नहीं है। सब कुछ मरणधर्मा है। इस ब्रह्मसत्य को स्वीकार कर आनंदपथ पर जीवन व्यतीत करें।''

सुखराज ने वैद्यराज वैद्यनाथ को प्रणाम किया। उसके पश्चात् सुखराज एवं उपस्थित समस्त व्यक्ति श्री हरि का नाम जपते हुए साबरमती नदी में स्नान करने के पश्चात् अपने–अपने घर जाते हैं।

•••

ईश्वरीय मनुष्य

अंत्येष्टि के बाद वापस राजमहल आने के कुछ समय पश्चात् सुखराज मेवार, केरो और शेरी के कक्ष के समीप खड़े हैं। गोवाल दादा, बाली दादा, हुर्खीलाल और कुछ कृषक उनके साथ हैं।

सुखराज ने बाली दादा और गोवाल दादा से कहा– ''दादा, आज शाम को साबरमती नदी के तट पर समस्त सोमवासियों के लिये सात्विक भोजन का प्रबंध किया जाय। केरो और शेरी की स्मृति में आज रात्रि हम स्वयं प्रत्येक सोमवासी को अपने हाथों से सात्विक भोजन परोसेंगे।''

''सर्वोचित निर्णय है पुत्र।'' गोवाल दादा ने कहा।

सुखराज ने कहा– ''और कल हम आसपास के अधिक से अधिक गाँवों में जाकर प्रत्येक परिवार को एक वर्ष का अन्न केरो और शेरी की ओर से भेंट स्वरूप देंगे। इसके अतिरिक्त राजस्थान राज्य के प्रत्येक वन एवं गौशालाओं में हम प्रतिमाह सात्विक भोजन और चारा भेजेंगे।''

गोवाल दादा हर्षित होकर बोले– ''ये तो अत्यंत शुभ विचार है पुत्र। पशु रक्षा एवं पशु सेवा ही परम धर्म है। असंख्य आत्माओं को सुख प्रदान करना ईश्वरीय सामर्थ्य का प्रतीक है। ऐसे शुभ विचारों के जन्म रामचरित्र के सर्वोत्तम उपासकों के मन में ही उदित होते हैं। अतः देवता आपके सर्व संकल्प पूर्ण करें।''

''धन्यवाद दादा। चलिए अब हम इस योजना को साकार करने के लिए आवश्यक कार्यों का आरंभ करते है।''

सब ने कहा– ''जी मेवार साहब।''

•••

केरो और शेरी के देहत्याग के चार दिवस पश्चात्।

संध्याकाल का समय है। सुखराज अपने मेवार राजमहल के बगीचे में झूले पर बैठे हैं और वे केरो और शेरी के कक्ष की ओर एकटक देख रहे हैं। तभी गोवाल दादा और बाली दादा वहाँ आते हैं। बाली दादा सुखराज से बोले– ''पुत्र सुखराज, भोजन तैयार हो गयो है, चलें।''

''दादा, भोजन तो प्रति दिवस करनो ही है, पर पिछले तीन चार दिवसों से हम ऐसी स्मृतियों का अनुभव कर रहे हैं जो हमारे मन और हृदय से दूर नहीं हो रही हैं।''

''हम जानते हैं पुत्र, आप केरो और शेरी के जीवन की अविस्मरणीय स्मृतियों के विषय में बात कर रहे हैं। उनका वियोग आपके सुख को ध्वस्त कर रहा है।''

''हाँ, दादा। पिछले चार दिवसों से हमें अनेक असामान्य परिस्थितियों का अनुभव हो रहा है। स्वादिष्ट भोजन अब बेस्वाद लग रहा है। मन प्रायः यह कहता है कि बस अन्न का त्याग कर दें। पानी भी इतना भारी और सूखा लग रहा है कि उसे पीने से अधिक प्यास लगती है। जहाँ पर भी दृष्टि डालते हैं सर्वप्रथम केरो और शेरी का ओजस्वी मुख ही दिखता है, पर वास्तव में वे हैं नहीं। मन करता है कि सदैव के लिए आँखे बंद कर लें। जो भी ध्वनि सुनते हैं उसके पूर्व उनकी मधुर ध्वनि सुनाई देती है। मन करता है कि अपने कानों को सदैव के लिए बधिर कर दें। साँस लेते समय हवा भी केरो और शेरी की स्मृति के साथ ही शरीर में प्रवेश करती है। मन करता है कि सदैव के लिए साँसें लेना बंद कर दे।''

बाली दादा ने आगे कहा– ''पुत्र, हम केरो और शेरी के प्रति आपकी सहानुभूति समझते हैं। वर्तमान में आपके साथ वही घट रहा है जो भूतकाल में आपके माता–पिता की मृत्यु के पश्चात् घटा था। पर इस बार कुछ अधिक ही है। और जब से आपने रामनवमी की रात में रहस्यमयी स्वप्न देखा था कि केरो और शेरी, रामराज्य काल के दौरान प्रभु श्री राम के युद्ध रथ के सारथी थे, तब से आप अत्यधिक समय उनके साथ ही व्यतीत करते थे। और महत्तम दिनों में रात्रि में वे दोनों आपके साथ ही विश्राम करते थे। दो माह से वे दोनों आपके जीवन के उत्तम सहयात्री बन गये थे। और उत्तम सहयात्रियों का वियोग सहना मनुष्य के लिये अत्यंत कठिन है।''

गोवाल दादा भी सुखराज को सांत्वना देते हुए बोले– ''पुत्र, कुछ दिवस तक हमें ऐसा ही लगेगा। समय के साथ–साथ, स्मृतियाँ एक भूतकाल बन जायेंगी। चूँकि समय का चक्र हमारी दुःखद स्मृतियों का प्रभाव क्षीण कर देता है इसलिये कुछ दिवस पश्चात् जीवन पुनः आनंदमय मार्ग पर आ जायेगा। आपको तो श्रीमद्भगवद्गीता भी कंठस्थ है। धर्मादेश की भाषा में कहें तो जीवन में घटी दुःखद घटनाओं के विचारों को त्याग कर आध्यात्म की शरण में अपना मन व्यस्त रखें। ईश्वरीय आदेशानुसार 'समत्वं योग उच्यते' अर्थात् प्रत्येक प्राणी को जीवन की तमाम घटनाओं में सम रहकर योग में स्थित रहकर कर्म करना चाहिये। सम रहेंगे तो सत् आनंद का अनुभव होगा क्योंकि आत्मा का स्वभाव सदैव आनंदित रहना है और अपने स्वभाव से विमुख होना दुःख को आमंत्रित करना है। अतः दुःख और तनाव नाम के भ्रम को मनोबल से धराशायी कर स्वयं में लौटें, सच्चिदानंद स्वरूप में।''

सुखराज ने त्वरित कहा– ''आध्यात्म की प्रबलता और शिखरत्व को हमने शुद्ध मन से प्राप्त किया हुआ है, परंतु ये जो अज्ञान है ना, वो बड़ा मायावी है। अज्ञान किसके संपर्क में नहीं आया है। किसी को नहीं छोड़ता। सृष्टि के रचनाकार को भी अज्ञान ने भ्रमित किया है, जिसके दुष्परिणाम में आज समूचे पृथ्वीलोक पर वेश्या, माँसाहारी, पशुहिंसक, भ्रष्ट, लालची, व्यभिचारी और निर्दयी मनुष्यों का अहितकर अस्तित्व है।''

''बात तो सही है पुत्र, पर फिर भी धैर्य तो रखना ही पड़ेगा।'' गोवाल दादा बोले।

''धैर्य तो हम सदैव रखते आये हैं दादा। पर अपनों के वियोग के बाद कुछ दिवसों तक हमारी प्रसन्नता विराम काल धारण कर लेती है। बाकी तो हम आनंद प्रिय मानुष हैं। परम आनंद के आश्रय में ही रहना पसंद है। पर गतिशील उत्तम जीवनकाल में औचक दुःखद परिस्थितियों का प्रतिकूल आगमन शांत मन में उथल पुथल मचा देता है। जिससे मन में कुछ कठिन प्रश्नों का निर्माण होता रहता है।''

बाली दादा ने पूछा– ''क्या हैं वो प्रश्न? हम शीघ्र ही उनका उत्तर देकर स्पष्टीकरण कर देते हैं।''

गोवाल दादा ने भी कहा– ''हाँ पुत्र। मन में प्रश्न है तो प्रश्न करो। करो प्रश्न। उत्तर मिलेगा। प्रश्न के गर्भ में ही उत्तर छिपा है।''

ईश्वरीय मनुष्य

''दादा, सब लोग यह कहते हैं कि मोह का त्याग कर दो। मोह का त्याग ही नित्यानंद एवं मानसिक शांति की प्राप्ति है। मोह का क्षय ही मोक्ष की प्राप्ति है।''

गोवाल दादा ने सुखराज से कहा– ''हाँ, ये तो परम सत्य है।''

''हाँ, दादा सत्य तो है। पर आध्यात्मिक आदेश का पालन करने के पश्चात् भी मन व्यथित है। क्योंकि जिस मनुष्य एवं पशु ने हमारे साथ अमूल्य जीवन व्यतीत किया हो और वे जब आकस्मिक रूप से हमारी दृष्टि से सदा के लिये अदृश्य हो जाते हैं, तब उन्हें भुलाना अत्यंत कठिन है। उनके वियोग में पूरी जीवनशैली बदल जाती है।''

बाली दादा ने सुखराज से कहा– ''सत्य कहा आपने पुत्र। निर्जीव और सजीव वस्तुओं के त्याग में बड़ा अंतर है। निर्जीव वस्तुओं का त्याग करना सरल है क्योंकि उन्हें मनुष्य प्रायः अस्तित्व में ला सकता है। परंतु सजीव एवं हमारे प्रिय संबंधियों के स्थायी अस्तित्व के मोह का त्याग कठिन है, क्योंकि शरीर से प्राण के प्रयाण पश्चात् इस शरीर को पुनः जीवित करना इस संसार के किसी भी जीव के लिए असंभव है। इसलिए जीवन की क्षणभंगुरता को जानकर इस नश्वर शरीर के स्थान पर उस अविनाशी, अनश्वर और सनातन आत्मा की उपासना करनी चाहिये। सदैव ऐसा ही सोचो कि हमारे प्रियजनों के देह त्याग के पश्चात् उनकी अमर आत्मा सदैव के लिए हमारी आत्मा से जुड़कर इस सुंदर संसार का आनंद ले रही है। उसके बाद आपका और दुःख का संबंध सदैव के लिए ध्वस्त हो जाएगा।''

सुखराज ने प्रणाम कर कहा– ''अर्थपूर्ण सांत्वना के लिये आपनो घणो आभार दादा। पर आपको एक बात तो माननी पड़ेगी कि ये जो दुःख है ना, वो कर्क रोग से भी घातक है। जीवन में कभी भी औचक प्रकट होकर मन को अशांत कर देता है।''

बाली दादा ने आगे कहा– ''हुकुम, आप तो स्वयं सुख और सत्कर्मों की खान हैं फिर मुफ्त में सर्वत्र भटक रहे घटिया दुःख को अपने मन मंदिर में क्यों प्रवेश देते हो। दुःख नाम के शब्द और उसके मलीन प्रवाह का आध्यात्म बल से विनाश कर दो और जन्म मृत्यु के मायावी प्रदर्शन से अनासक्त रहो। क्योंकि कर्म और न्याय प्रक्रिया के आधार पर इस पृथ्वीलोक पर प्रत्येक क्षण अनगिनत जीव मृत्यु को प्राप्त हो रहे हैं। वहीं दूसरी ओर अनगिनत नये चरित्र प्रकट हो रहे हैं। ये अनंत काल से मिथ्या प्रदर्शन में व्यस्त रहती आयी अखंड प्रक्रिया है।''

सुखराज ने कहा– ''अद्भुत ज्ञान प्रदर्शन। सर्वोत्तम ज्ञान का अर्थपूर्ण स्पर्श।''

गोवाल दादा ने भी व्याकुल हो कहा– ''एक बात सदैव स्मरण रखना पुत्र, इस पृथ्वीलोक पर जितने भी परमात्मा रूपी महापुरुष अवतरित हुए वे सब लोग एक सुनिश्चित आयु के पश्चात् मृत्यु को प्राप्त हुए थे। हालाँकि उन दिव्यात्माओं के सत्कर्म, सुविचार, उनकी उन्नत संस्कृति, उच्च आदर्श, उनका धर्मज्ञान एवं उनकी अलौकिक शक्तियाँ आज भी पृथ्वीलोक पर स्थायी रूप में जीवंत हैं। असंख्य प्राणी इनसे लाभान्वित हो रहे हैं। इस ब्रह्माण्ड में कब, कहाँ, किसको, किस रूप में, किस के साथ जन्म लेना और मृत्यु को प्राप्त होना है, यह सब सर्वोपरि परमात्मा की रहस्यपूर्ण माया है। हमें बस हिंदू धर्म एवं मानव धर्म का अनुकरण करते हुए आदर्श जीवन व्यतीत करना है। अपना अमूल्य जीवन धर्मयुक्त क्षणों और उच्च आदर्शों से सुशोभित कर जीना चाहिये क्योंकि उत्तम चरित्रवान धर्मपुरुषों का नाम शरीर की मृत्यु पश्चात् भी अनंतकाल तक लोगों के मन, वचन और कर्मों के माध्यम से जीवित रहता है। इसका एक उत्कृष्ट उदाहरण है, सत्कर्मों का भंडार– हमारा मेवार परिवार।''

यह सुनते ही सुखराज अपने स्थान से खड़े हो गए और बाली दादा एवं गोवाल दादा के चरण स्पर्श कर दोनों से बोले– ''वाह, आप दोनों वाक़ई परम ज्ञानी मनुष्य हैं, आप लोग सदैव श्रेष्ठ, धर्मयुक्त, कल्याणकारी बातें ही करते हैं। हमारे पिताश्री ने आप जैसे महान धर्मनिष्ठ मनुष्यों को हमारे परिवार का अमूल्य हिस्सा बनाकर सर्वोचित निर्णय लिया था। वाक़ई आपके इन उपदेशात्मक शब्दों ने इस शरीर के कण–कण में बसी पीड़ा को नष्ट कर दिया है। अब हम स्वयं को एकदम ताज़ा अनुभव कर रहे हैं। आपका बहुत–बहुत धन्यवाद।''

तब गोवाल दादा प्रसन्न होकर बोल उठे– ''आपके धर्मनिष्ठ कुल के साथ जुड़ना तो हमारा सौभाग्य है पुत्र। अब बस आप अपने जीवन को अधिक रसपूर्ण और आनंदमय बनाने के लिए विवाह कर लें। नियति ने हमारा भाग्य जो भी लिखा था, वो हमने आनंदमय होकर व्यतीत किया है। पर हम ये पूर्ण विश्वास के साथ कहते हैं कि विवाह के पश्चात् आपका श्रेष्ठ भाग्य, सर्वश्रेष्ठ भाग्य बन जायेगा। आपका जीवन अत्यंत आनंदमय हो जायेगा। जीवन का प्रत्येक क्षण और अधिक मधुर हो जायेगा। हम इस मेवार राजमहल पर श्री राम और सीता माँ के नये अध्याय के दर्शन करना चाहते हैं।''

बाली दादा ने सहमति जताते हुए कहा– ''हाँ पुत्र। और यह भी सत्य है कि विवाह के पश्चात् ही आपको तेजस्वी उत्तराधिकारी प्राप्त होगा, जो आपके ही समान इस मेवार राजमहल का उत्कृष्ट सत्ताधीश बनकर धर्म आदेशानुसार संचालन करेंगे और आपके समान असंख्य पुण्य कर्म करेंगे।''

''दादा, माया की शरण में गंभीरता से आहत हुए अपने विचलित मन को अब हमने सख़्ती से ये सत्य समझा दिया है कि इस संसार में परमात्मा और आत्मा के अतिरिक्त कुछ भी स्थायी नहीं है इसलिए स्थायी आनंद ही श्रेष्ठ जीवन की जड़ी–बूटी है। अब हमने अपने विवाह के विषय में भी मंगल निर्णय ले लिया है। हम शीघ्र ही एक सुंदर, सुशील, संस्कारी, सर्वगुण संपन्न स्त्री से विवाह करेंगे।''

गोवाल दादा आनंदित होकर बोले– ''वाह, क्या बात है, आपके इस निर्णय से हम अतिप्रसन्न हुए।''

सुखराज ने गोवाल दादा और बाली दादा से कहा– ''तो चलिए, इस प्रसन्नता को स्थायी रखते हुए भोजन करते हैं।''

गोवाल दादा और बाली दादा ने कहा– ''जी करुणानिधान।''

•••

अगले दिवस। प्रातःकाल सुखराज मेवार, ऋषि धर्मरामो की प्रतिमा के समक्ष बंद आँखों से हथेली में पीपल का पत्ता रखकर उन्हें प्रणाम करते हुए खड़े हैं।

सुखराज अपने मन में कहते हैं– ''प्रणाम ऋषिवर। कुछ दिवस पूर्व हमारे साथ जो करुण घटना घटी थी, उस घटना के दुःख से शीघ्र मुक्त होने में हम सफल हुए हैं। पृथ्वीलोक का यह जीवन परिवर्तनीय है और इस अटल सत्य का सम्मान करते हुए हमनें ये महत्वपूर्ण निर्णय भी ले लिया है कि हम शीघ्र ही एक सुंदर, सुशील, संस्कारी और गुणवान युवती के साथ विवाह करेंगे। और हमें पूर्ण विश्वास है कि हमें एक सुंदर, बलवान, धर्मज्ञ और सर्वगुण संपन्न उत्तराधिकारी प्राप्त होंगे जो हमारे साम्राज्य का सर्वश्रेष्ठ नियमों और सिद्धांतों द्वारा सफलतापूर्वक निर्वाह करेंगे।''

सुखराज के मानसपट पर पीपल के पत्ते पर यह उत्तर मिलता है– ''पुत्र सुखराज, किसी भक्त के किसी मंदिर में जाकर भगवान के दर्शन करने से एवं उनकी पूजा करने से भक्त की इच्छाएँ और कामनाएँ पूर्ण नहीं होतीं। एक भक्त का भक्ति स्तर और भक्ति फल, भक्त के कर्मों के अधीन होता है। कर्म ही एक जीव का भाग्य बनाते और बिगाड़ते हैं। आप सब साक्षात् पुण्य की राशि हो इसलिये आप लोग विश्वोत्तम जीवन ही व्यतीत करेंगे। पुत्र सुखराज, आपकी इच्छानुसार आपका विवाह सर्वगुण संपन्न नारी से अवश्य होगा और आपको एक सर्वगुण संपन्न उत्तराधिकारी भी प्राप्त होंगे जो आपके साम्राज्य के निर्वाह कार्य के अतिरिक्त ऐसे विशिष्ट अकल्पनीय कर्म करेंगे जिसे आज तक इस सृष्टि के किसी भी मनुष्य ने नहीं किया होगा। आपके उत्तराधिकारी सृष्टि के समक्ष अकल्पनीय प्रकार के विशिष्ट धर्मकार्य एवं विशिष्ट संस्कृतियों का प्रस्तुतीकरण करेंगे। आप सोमवासियों की जीवनशैली विश्व की सर्वश्रेष्ठ जीवनशैली सिद्ध होगी। आप अपने जीवन में घटी और भविष्य में घटने वाली घटनाओं को केवल प्रसन्नतापूर्वक स्वीकार करते रहें। बाकी सब नियति पर छोड़ दें क्योंकि सोम में सब शुभ ही होगा। तथास्तु।''

इसके बाद पीपल का पत्ता सुखराज के मानसपट एवं हथेली से अदृश्य हो जाता है। ऋषि धर्मरामो के इन मूल्यवान शब्दों को सुनकर वे अतिप्रसन्न हो जाते हैं और आनंदित अवस्था में घर की ओर प्रस्थान करते हैं।

•••

ईश्वरीय मनुष्य

ऋषि धर्मरामो के ध्यान स्थल से लौटने के बाद सुखराज मेवार राजमहल के कुछ कृषकों के साथ अपने कृषि कार्य से संबंधित चर्चा करते हुए खेत से महल के बगीचे की ओर आ रहे हैं। इसी दौरान सोम के प्रसिद्ध चित्रकार एवं शिल्पकार पशुनाथ कपड़ों से ढकी हुई कुछ प्रतिमाओं को अपनी बैलगाड़ी में लेकर मेवार राजमहल पर पधारते हैं। पशुनाथ को अपने महल में प्रवेश करते हुए देख सुखराज आनंदपूर्वक उनका हार्दिक स्वागत करते हैं।

''खम्माघणी पशुनाथ जी।''

''घणीखम्मा मेवार साहब। सोम के देवरूपी मनुष्य को संपूर्ण सोम की ओर से हमारा प्रणाम।''

''धन्यवाद। और आप जैसे प्रतिभाशाली मूर्तिकार, चित्रकार एवं शिल्पकार को हमारा शत–शत प्रणाम।''

''धन्यवाद।''

''पशुनाथ जी, क्या बात है, आज आपके शरीर से चंदन की अतिसुवासी बयार आ रही है। लगता है आज आपने चंदन का इत्र लगाया है या चंदन मिश्रित जल से स्नान करके आ रहे हैं?''

पशुनाथ ने प्रतिमाओं से कपड़ा हटाते हुए सुखराज से कहा– ''मेवार साहब, सुवास इस शरीर से नहीं अपितु केरो और शेरी की इन अद्वितीय प्रतिमाओं से आ रही है जो पवित्र चंदन की लकड़ी से निर्मित हैं।''

सुखराज मेवार, केरो और शेरी की अद्भुत प्रतिमाओं को देखकर अतिप्रसन्न हो जाते हैं और स्थिर दृष्टि से इन प्रतिमाओं को देखते हैं। वे उनके निकट जाते हैं। प्रतिमाओं को कोमलता से स्पर्श करते हुए वे कहते हैं– ''केरो और शेरी की प्रतिमायें। अद्भुत, अविश्वसनीय कार्य। काष्ठ कला का अप्रतिम नमूना हैं ये। एकदम प्राकृतिक और वास्तविक। ऐसा लगता है कि केरो और शेरी हमारे महल में पुनः लौट आये हैं।''

पास में खड़े गोवाल दादा प्रतिमाओं को देखकर सुखराज से बोले– ''वाक़ई, पशुनाथ जी की कला अतुल्य है। प्रचंड पुरुषार्थ और निपुणता का अद्वितीय प्रस्तुतीकरण।''

सुखराज ने पशुनाथ को गले लगाकर कहा– ''हे महान कलाकार, ये श्रेष्ठ कार्य करने का विचार आपके मन में कैसे आया?''

''मेवार साहब, केरो और शेरी के अग्निदाह के समय सोमवासियों की उनके प्रति शुद्ध दया भावना और शीर्षस्थ सम्मान को देखकर हमारे अंतर्मन में यह विचार आया कि हम चंदन की पवित्र लकड़ी से इनकी प्रतिमायें बनाकर आपको भेंट दें।''

''आपका बहुत धन्यवाद। आपके इस कार्य से हम आपके पुनः ऋणी हो गए हैं। कुछ समय पूर्व आपने हमारे माता–पिता की विशिष्ट प्रतिमायें बनायी थीं जो आज भी हमारे खेत के मध्य भाग में स्थापित हैं। और आज केरो और शेरी की ये मनमोहक प्रतिमायें। इस घटना से हमें ये ज्ञात हो गया है कि हमारे प्रिय सोमवासी हमें एवं सोम के प्रत्येक जीव को कितना स्नेह करते हैं। यही है वास्तविक प्राणी संबंध का सर्वोचित प्रस्तुतीकरण।''

''मेवार साहब, सोमवासी सोम के प्रत्येक जीव को स्नेह करते थे, करते हैं और करते रहेंगे। हमारा मिलन स्थायी है, इसलिए हमारी आत्मायें एक दूसरे से सदैव जुड़ी रहेंगी। अनंत समय तक।''

''आपकी कला के साथ–साथ आपके विचार भी उच्च कोटि के हैं पशुनाथ जी। आपने पुनः हमें ऐसी बहुमूल्य वस्तु दी है जिसका मूल्य लगाना असंभव है। हमारे लिए ये समूची धरा के वैभव से भी मूल्यवान भेंट है। इसलिए इस बार हम आपकी विशेष कला के बदले में हम आपको वचन देते हैं कि जब तक इस पृथ्वीलोक पर आपके कुल का अस्तित्व रहेगा तब तक हमारा कुल आपके परिवार को बिना किसी मूल्य के आजीवन अन्न देता रहेगा।'' सुखराज ने भावविभोर होकर पशुनाथ से कहा।

''नहीं मेवार साहब, आप अपने आपको ऐसे शिखरस्थ बंधन में न बांधें। इससे हमारी कला कलंकित हो जाएगी। ये प्रतिमायें आपके प्रति हमारी शुद्ध भावना और स्नेह का नमूना हैं। और वैसे भी वो मनुष्य ही किस काम का जो सोम के सर्वश्रेष्ठ धर्मपुरुष के लिए कुछ विशेष कर्म न कर सके। हमारे जीवन में ऐसा अवसर केवल दूसरी बार आया है कि हम सोम के ईश्वर के लिए कुछ विशेष कर सके।''

''पशुनाथ जी, सोम हमारा परिवार है और हम प्रत्येक कार्य अपने परिवारजनों के हित के लिए ही करते हैं। आप जैसे प्रतिभाशाली कलाकार को अपनी विशिष्ट कला का यथार्थ मूल्य तो अवश्य मिलना चाहिए। इसलिए आप हमें छोटे भ्राता

समझकर कृपया इस वचन को स्वीकार करें अन्यथा हमें बहुत दुःख होगा।''

''मेवार साहब, आप बस सदैव प्रसन्न रहें क्योंकि आपकी प्रसन्नता ही हमारी प्रसन्नता है और आपका दुःख ही हमारा दुःख है। हम आपके अमूल्य वचन को स्वीकार करते हैं।''

सुखराज ने पशुनाथ से कहा— ''हम इसी क्षण केरो और शेरी की प्रतिमायें उनके कक्ष में स्थापित करते हैं।''

तत्पश्चात् सुखराज ने गोवाल दादा से कहा— ''दादा, आप हमारे केरो और शेरी की गले की मंत्रसिद्ध मालायें, उनके अमूल्य शरीर की राख और कुमकुम लेकर आयें। तब तक हम इन प्रतिमाओं को केरो और शेरी के कक्ष में स्थापित करते हैं।''

•••

ब्रह्मानिवास, सोम गाँव, राजस्थान।

सोमगाँव के मुखिया पार्थोदास बिश्नोई, उनकी धर्मपत्नी सिनोली और उनकी पुत्री प्रिक्षी। ये तीनों एकदम शांत, दयालु, हितैषी, करुणानिधान, सत्यनिष्ठ और धर्मनिष्ठ मनुष्य हैं। पार्थोदास बिश्नोई प्रत्येक जीव की सेवा करने को सदैव तत्पर रहते हैं। यह उनका आकर्षक नैसर्गिक गुण है। वे सदैव सफेद रंग का खादी का पाजामा और हरे, भूरे और सफेद रंग के खादी की कमीज़ पहनते हैं। उनकी सूखे मेवे और मिर्च मसाले की आलीशान दुकान है जिसका संचालन उनके बाल्यावस्था के घनिष्ठ मित्र नुयिदास के छोटे भ्राता भीलवा की पत्नी सुहिल्या करती हैं।

पार्थोदास के दिवस का आरंभ सूर्यपूजा से होता है। तत्पश्चात् वे एक मुखिया की भूमिका निभाते हैं। प्रत्येक कार्य वे स्वयं ही करते हैं। जैसे संपूर्ण सोम गाँव में जल संचार के लिए जल संचार यंत्र को शुरू करना, कुदरती गैस उपार्जित यंत्र का ऊपरी निरीक्षण करना। वे अपने समस्त कार्य एकदम रुचिपूर्वक करते हैं। उनका सबसे अच्छा गुण यह है कि वे सदैव कलंकित मनुष्य को निष्कलंक, आलसी को परमार्थी, वेश्या को सन्यासिनी या सामाजिक कार्यकर्ता, तामसी प्रवृत्तिपूर्ण जीव को सतोगुणी, माँसाहारी को शाकाहारी, भ्रमित को धर्मज्ञ, जड़ को सहज बनाने में प्रखर रहते हैं।

पार्थोदास पूरे दिवस सोम गाँव में यहाँ–वहाँ घूमते रहते हैं और अपने सामर्थ्य के अनुसार सबकी सेवा करते रहते हैं। वे प्रत्येक जीव को सदैव स्वस्थ, सुखी और धर्मज्ञान की संपन्न स्थिति में देखना चाहते हैं। वे प्रत्येक परिस्थिति को अनुकूल रूप में देखना चाहते हैं। इन शुभ विचारों और शुभ कर्मों के कारण ही सुखराज मेवार और सोमवासियों ने उन्हें सोमगाँव का मुखिया बनाया है।

इसके अतिरिक्त पार्थोदास की मुख्य रुचि है– भारत देश के गुप्त स्थानों में बसे एवं वहाँ तपस्या करते ऋषि–मुनियों से निजी तौर पर मिलना। उन्हें बाल्यावस्था से ही धर्मज्ञ ऋषि–मुनियों से वेदों उपनिषदों का ब्रह्मज्ञान, ईश्वर के अस्तित्व, ईश्वर के भिन्न स्वरूप और ब्रह्माण्ड के अर्थपूर्ण अस्तित्व का रहस्यमयी अमूल्य ज्ञान प्राप्त करने में रुचि रही है। सूर्यदेव के उपासक होने के कारण पार्थोदास के मस्तक के मध्य भाग में सदैव सूर्यदेव का चित्र बना रहता है।

सुबह के छह बजे हैं। पार्थोदास जी अपने घर की छत पर एक आसन पर बैठे हैं और आँखें बंद कर सूर्यदेव की उपासना कर रहे हैं। वे श्री गायत्री मंत्र और

सूर्य नारायण मंत्र का जाप कर रहे हैं। इस दौरान पार्थोदास को अपने मानसपट पर भगवान श्री जगन्नाथ के एक ऋषि भक्त पुनः दिखाई देते हैं। वे ध्यानपूर्वक इस दृश्य को देखते हैं पर कुछ समझ नहीं पा रहे हैं। कुछ क्षण पश्चात सूर्यदेव की पूजा समाप्त होते ही वे अपनी छत से नीचे उतरते हैं और इस विषय पर सोचते हुए घर के बगीचे में केवड़े के वृक्ष के पास लगे झूले की ओर जाते हैं और उस पर बैठकर उस घटना के बारे में सोचते हैं।

तभी उनकी धर्मपत्नी सिनोली तुलसी पूजा पूर्ण कर उनके निकट आकर झूले के पास की कुर्सी पर बैठती हैं। घर के सेवक हनुमान राम दूध और अल्पाहार की खाद्य सामग्रियाँ लेकर आते हैं। सिनोली सबके लिये मेज पर पड़े बर्तन में सूखे मेवे का केसरयुक्त दूध तैयार करती हैं। उनकी पुत्री व्रिक्षी अपने घर के बगीचे में स्थित तुलसी के पास जल के प्याले के साथ सूर्यदेव को जल अर्पण करते हुए उनकी पूजा कर रही हैं। पूजा समाप्ति के पश्चात् वे भी आती हैं। अपने माता–पिता के निकट आकर व्रिक्षी उनके चरण स्पर्श करके कहती हैं–

''शुभ प्रभात।''

दोनों ने व्रिक्षी को उत्तर दिया– ''शुभ प्रभात।''

उसके बाद व्रिक्षी लकड़ी की कुर्सी पर बैठती हैं। ऐसा प्रतीत हो रहा है कि पार्थोदास अभी भी कुछ विचारों में खोये हुए हैं। अपने पिता को पोषणयुक्त दूध भरा प्याला देते हुए व्रिक्षी ने उनसे कहा–

''पिताश्री, क्या सोच रहे हैं? आज आपका ध्यान कहीं और ही है।''

सिनोली ने भी पार्थोदास से पूछा– ''हाँ, आज आप किस विषय में इतने विचार मग्न हैं?''

''एक ऋषि, जो भगवान श्री जगन्नाथ के अनन्य भक्त हैं।''

इतना कहने के बाद पार्थोदास एकदम स्थिर मुद्रा में बैठे रहे और सोचते रहे। दूसरे ही क्षण, उनके मुख पर केवड़े के वृक्ष का एक पत्ता गिरता है और उनका ध्यान भंग कर देता है।

उसके बाद पार्थोदास कहते हैं– ''हमारा कहने का अर्थ है कि पिछले नौ दिवसों से हमारी सूर्य नारायण की पूजा के दौरान हमें हमारे मानसपट पर एक वृद्ध ऋषि दर्शन देते रहते हैं। वे एक रेतीले स्थान पर अपने हाथों में कोई वस्तु

लेकर खड़े हैं जो कदाचित् हमें देना चाहते हैं। पर हम उस स्थान को पहचान नहीं पा रहे हैं। उन्होंने अपने गले में एक काले पत्थर का अतिदुर्लभ ताबीज़ भी पहना हुआ है। वो ताबीज़ भूतकाल में हमने भगवान श्री जगन्नाथ जी के कई ऋषि भक्तों के गले में पहने देखे हैं।''

सिनोली उनसे बोलीं– ''हाँ, हमें यह स्मरण है। हमारी धार्मिक यात्राओं के दौरान काले पत्थर जड़ित विशिष्ट ताबीज़ हमने किसी ऋषि के गले में अवश्य देखा है।''

त्रिक्षी ने कहा– ''नौ दिवस तक निरंतर अपने मानसपट पर किसी ऋषि–मुनि के दर्शन होना कोई साधारण विषय नहीं लगता। ऐसा तो सौभाग्यशाली व्यक्ति के साथ होता है क्योंकि ऋषि–मुनि ईश्वर के अत्यंत समीप होते हैं।''

सिनोली ने कहा– ''ऋषि–मुनियों का परिशुद्ध वास्तविक परिचय आपके अतिरिक्त और कौन दे सकता है क्योंकि आप तो स्वयं श्री हरि विष्णु के तथा अनगिनत ऋषि मुनियों के अनन्य भक्त है।''

''हाँ ये तो है।'' त्रिक्षी ने तत्काल ही कहा।

सिनोली पुनः बोलीं– ''पर सूर्यदेव की पूजा के दौरान ऐसी विशिष्ट घटना तो आपके जीवन में प्रथम बार ही घटी है।''

पार्थोदास ने सिनोली से कहा– ''कुछ घटनायें जीवन में पहली बार और अंतिम बार घटती हैं इसलिए इस विषय पर सोचना निरर्थक है।''

त्रिक्षी ने कहा– ''सत्य कहा पिताश्री, और जो भी होगा मंगल ही होगा क्योंकि सोमवासियों के साथ सब शुभ ही घटता है।''

पार्थोदास बोले– ''शत–प्रतिशत। इसलिए इस विषय पर ध्यानपूर्वक सोचने के पश्चात् हमें ऐसा लगता है कि कदाचित् वे महाउपासक ऋषि श्री रामनामसिद्धात्मा जी होंगे, जो लक्षद्वीप में अपने मनीय संकल्प सिद्ध करके कुछ माह पूर्व ही अहमदाबाद के जगन्नाथ मंदिर पर भक्त सेवा करने आये हैं। वे स्वप्न में दृश्यमान हुए अद्भुत ताबीज़ के समान ही ताबीज़ पहनते हैं। हमने यह निर्णय लिया है कि अपने जन्म दिवस पर बिलारा गाँव की अपनी भूमि वहाँ के ज़रूरतमंदों को भेंट देकर हम अगले दिवस अहमदाबाद चले जायेंगे। उसके दूसरे दिवस रथयात्रा ही है इसलिए वहाँ जाकर इस घटना से संपूर्ण रूप से परिचित होंगे।''

व्रिक्षी ने प्रसन्न मुद्रा में कहा– ''ये वाक़ई शुभ संयोग है पिताश्री। आपका जन्म दिवस पच्चीस जून को है और रथयात्रा छब्बीस जून को, सब योजनाबद्ध हो रहा है।''

पार्थोदास ने कहा– ''लगभग।''

''पर यदि वे ऋषि श्री रामनामसिद्धात्मा न हों तो?'' सिनोली ने पार्थोदास से कहा।

''तो कोई बात नहीं। रथयात्रा में भाग लेकर पुण्य तो प्राप्त होगा ही। वहाँ से लौटने के पश्चात् हम ओडिशा राज्य के तटवर्ती शहर पुरी में स्थित श्री जगन्नाथ मंदिर जायेंगे और उन प्रत्येक देवऋषि से मिलेंगे जिन्हें हम भूतकाल में मिले थे और इस घटना से पूर्णतः परिचित होंगे।''

व्रिक्षी– ''अवश्य। और पिताश्री हम बिलारा जाने के लिए बहुत ही उत्सुक हैं। उन बस्तीवासियों को स्थायी घर सहित नवजीवन देते समय हम उनके निर्दोष मुख पर वो असीम आनंद एवं संतुष्टि देखना चाहते हैं, जिसका अनुभव उन्होंने कभी नहीं किया है। उनके जीवन के नये अध्याय का शुभारंभ करने हम अतिव्याकुल हैं।''

''उस शुभ दिवस के लिए हम भी अत्यंत उत्सुक हैं पुत्री। वो हमारे जीवन का अतिशुभ दिवस होगा। बस कुछ दिवस शेष हैं। नुयिदास जी हमारी उस ज़मीन के दस्तावेजों के शेष कार्य पूर्ण करके अगले शनिवार को गुजरात जाने वाले हैं। उनके यहाँ लौटने के बाद हम और नुयिदास जी अठारह तारीख को बिलारा के लिए प्रस्थान करेंगे और हमारे जन्म दिवस पूर्व हमारे 'वृक्षोम धाम' के शेष कार्य पूर्ण करेंगे।''

तब सिनोली ने पार्थोदास से कहा– ''जी। हम और व्रिक्षी भी भिलवा जी और सुहिल्या जी के साथ आपके जन्म दिवस पर हमारे 'वृक्षोम धाम' पर पहुँच जायेंगे।''

पार्थोदास ने हँसते हुए सिनोली और व्रिक्षी से कहा– ''उचित है। अब हमारे प्रति दिवस के नियमित कार्य करने में अधिक विलंब हो उससे पहले हम यहाँ से प्रस्थान करते हैं। आज दोपहर तो उदयपुर भी जाना है। कुछ प्रख्यात होटलों के मालिकों को सख़्ती से आदेश देना है कि वे अपने यहाँ माँसाहारी भोजन न परोसें और अहिंसा परमो धर्म का पालन करें, ताकि निर्दोष पशु–पक्षियों का अमूल्य जीवन मूर्ख माँसाहारी मनुष्यों के तुच्छ शौक़ों का ग्रास न बने।''

सिनोली ने कहा– "सत्य वचन देवता। और यदि कोई आदेश न माने तो मेवार साहब तो हैं ही। उनका आदेश तो सबको स्वीकार्य होगा।"

त्रिक्षी ने कहा– "पिताश्री, बारह बजे मध्याह्न भोजन तैयार होगा। भोजन करने के पश्चात् आप अहिंसा परमो धर्म का प्रचार करने के लिये प्रस्थान करियेगा।"

"धन्यवाद पुत्री।"

और पार्थोदास आनंदपूर्वक अपने कर्तव्य कर्म करने जाते हैं।

•••

छह दिवस पश्चात्। सुबह के ग्यारह बजे हैं। नुयिदास, पार्थोदास, सिनोली और त्रिक्षी अपने घर ब्रह्मानिवास के बगीचे में बैठे हैं। चारों लोग अतिप्रसन्न लग रहे हैं।

नुयिदास कहते हैं– ''पार्थोदास जी, आज के दिवस हम अतिप्रसन्न हैं। कर्मयोग का पालन करते हुए आज मेरी आत्मा को इस सृष्टि के सर्वोच्च सुख की प्राप्ति का अनुभव हो रहा है। जिस वृक्षोम धाम की हमने परिकल्पना की थी उसी का निर्माण कार्य सफलतापूर्वक पूर्ण होने जा रहा है। बड़ी–बड़ी पानी की टंकियाँ, पानी की नहरें, वेदशाला, पुस्तकालय, सौर ऊर्जा यंत्र, भव्य बाग–बगीचे, प्रभु श्री रामचंद्र और सीता माँ का अतिसुंदर मंदिर, पशुनिवास धाम और अन्य निर्धारित कार्य पूर्णाहुति के अंतिम चरण में हैं। और हाँ, हमारे काका के यहाँ से इक्यासी गाय, इक्यासी भैंस, इक्यासी बैल और अन्य पशुओं का पवित्र आगमन भी हो चुका है।''

''अतिसुंदर। इस बात से हम भी अतिप्रसन्न हुए। वह जो देश, काल और वस्तु के परे 'परब्रह्म' है, उसी के सत्संकल्प और कृपा दृष्टि से हमारी मनोकामना शीघ्र ही पूर्ण हो जाएगी। हम उस मंगल क्षण की व्यग्रता से प्रतीक्षा कर रहे हैं कि कब हम बिलारा गाँव पहुँचें और उन बस्तीवासियों को नए सुसज्जित घर और अपनी सर्वसुविधा संपन्न भूमि भेंट दें। इस देव दिवस के लिए हम पिछले एक वर्ष से प्रतीक्षा कर रहे हैं।''

नुयिदास पुनः बोले– ''पार्थो जी, आप स्वर्गीय जीवन प्रदायक हैं। आपके इस शीर्षस्थ विचार और शुभ संकल्प से बिलारा गाँववासी अतिप्रसन्न हैं। वो यह मानते हैं कि जो विराट पुण्य कार्य आपने उनके लिए किया है एवं जो सामूहिक उद्धार का दिव्य कार्य आप करने वाले हैं वो अद्वितीय एवं नित्य सुख, शांति, स्वस्थता, समृद्धि एवं नित्यानंद प्रदायक है। आपकी देवगुणी आत्मा ने आपके इस शरीर के माध्यम से विवेकशक्ति का सदुपयोग कर ज्ञानयोग, भक्तियोग, कर्मयोग और ध्यानयोग का सर्वोत्तम उदाहरण प्रस्तुत किया है।''

पार्थोदास ने कहा– ''धन्यवाद नुयिदास जी, पर प्रभु श्री हरि की कृपा से ये तो होना ही था। आज से एक वर्ष पूर्व वर्षा ऋतु के दौरान बिलारा में अपने व्यावसायिक कार्य हेतु घूमते हुए हमने देखा कि वे बस्तीवासी अपने छोटे–छोटे शिशुओं के साथ कच्चे और अस्थायी घरों में भय के आश्रय में निवास कर रहे हैं और वह संपूर्ण क्षेत्र अत्यंत गंदा था। ऐसे घरों में विदीर्ण वस्त्रों में वर्षा, ग्रीष्म

और शीत ऋतु में, अपने छोटे–छोटे शिशुओं के साथ जीवन व्यतीत करना बहुत ही कठिन है। वे बेरोज़गार लोग संपूर्णतः असुरक्षित एवं अस्वस्थ जीवन जी रहे थे। सुख, ज्ञान और मानव जीवन की असीम संभावनाओं का सुखद अनुभव उनके लिये दुर्लभ था। उसी क्षण हमने सोच लिया था कि हम उन बस्तीवासियों के लिए अपनी बिलारा गाँव की समस्त भूमि पर भव्य आवास नगर बनायेंगे। एक धर्मनगर। उनके जीवन निर्वाह के लिये खेती कार्य का आयोजन करेंगे जिससे उन्हें दुःखी जीवन से सदैव के लिए मुक्ति मिल जाए और वे सदैव के लिए स्वस्थ, सुखमय एवं सुरक्षित जीवन व्यतीत करें क्योंकि आर्थिक एवं आत्मीय विकास होगा तो वे लोग अन्य निस्सहाय जीवात्माओं को सुखपूर्ण उत्तम जीवन प्रदान कर सकेंगे। यह सुख केवल शारीरिक सुख नहीं होगा, वेदशाला में प्राप्त आध्यात्मिक ज्ञान की संगत से आत्मिक सुख भी प्राप्त होगा।"

यह सुनकर सिनोली बोलीं– "पार्थो जी, आपने सचमुच सर्वप्रिय निर्णय लिया था। जिस मनुष्य के मन में शुभ विचारों का सागर बहता हो, वही मनुष्य इस पृथ्वीलोक पर सत्कर्मों का सागर निर्मित कर सकता है।"

"धन्यवाद देवी।"

इस पर वृक्षी ने कहा– "पर पिताश्री, हमारे बिलारा गाँव की भूमि तो बंजर थी। वहाँ तो कुछ भी उपजाना असंभव था।"

"हाँ पुत्री, परंतु पिछले एक वर्ष में नुयिदास के अथक परिश्रम से हमारी वो बंजर भूमि खेती योग्य बन गयी है। वैसे इस कार्य का शुभारंभ उन्होंने तीन वर्ष पूर्व ही कर दिया था।"

वृक्षी नुयिदास से आदरपूर्वक बोलीं– "काका, आपने इस महान कार्य में बहुत ही महत्वपूर्ण योगदान दिया है। आपका मनोबल, प्रचंड पुरुषार्थ और परहित भावना का स्तर हिमालय से भी उच्च है। आप धन्य हैं काका।"

इसके उत्तर में नुयिदास ने वृक्षी से कहा– "पुत्री, असहाय, निर्धन, आलसी, अज्ञानी एवं भ्रमित मनुष्यों को कर्मठ, सत्यनिष्ठ, धर्मज्ञ, सदाचारी बनाकर, उन्हें सन्मार्ग पर लाकर सर्वोचित जीवन जीने का मार्गदर्शन देना हमारा प्राथमिक कर्तव्य है। हमारा ये कर्तव्य तब पूर्ण होगा जब इस महान योजना द्वारा उन लोगों को उनके पापों से मुक्ति मिलेगी।"

"कैसे पाप कर्म और कैसी मुक्ति, काका?"

तब पार्थोदास विक्षी से बोले— ''पुत्री, वास्तव में उन बस्तीवासियों में से अधिकतर लोग बेकार, आलसी और निर्धन हैं। वे धन कमाने के लिए देश के भिन्न गाँवों और शहरों में यहाँ–वहाँ भटकते रहते हैं और कोई भी तुच्छ कार्य करते रहते हैं। कभी–कभार अपने परिवार का गुजारा चलाने के लिए वे दुष्कर्म भी करते हैं। उनके तनाव और गरीबी भरे जीवन के कारण वे मदिरापान और तम्बाकू के व्यसनी बन गए हैं और धन की खोट के कारण अधिकतम समय वे लोग मच्छी, मुर्गी, बकरी आदि निर्दोष पशुओं का शिकार करके माँसाहार करते हैं, जिस कारण वे पाप के भागी बन गए हैं।''

आगे नुयिदास ने विक्षी को समझाते हुए कहा— ''इसलिए हमने वृक्षोम धाम में भव्य खेतों का निर्माण किया जहाँ प्रत्येक बस्तीवासी हमसे खेती कार्य की उत्तम शिक्षा प्राप्त करके खेतीबाड़ी करेगा जिससे अधिकतम अनाज, फल और सब्ज़ी का उत्पादन होगा और बाद में वे इस सात्विक भोजन का लाभ आजीवन लेते रहेंगे। और जैसे–जैसे खेत में अनाज सृजन बढ़ता जायेगा, वैसे–वैसे प्रत्येक बस्तीवासी आस–पास के गाँव, शहर और वनों के निर्धन और असहाय लोगों को अनाज, फल और सब्ज़ी का पर्याप्त रूप में वितरण करने लगेंगे। अन्न वितरण के समय हमारे वृक्षोम धाम के बस्तीवासी उन गाँव, शहर और वन के असहाय दरिद्र निवासियों को माँसाहार का पूर्ण रूप से त्याग करने की सलाह देकर उन्हें एक सहायक, स्नेही, परिश्रमी, गुणवान, पवित्र और दयालु मनुष्य बनाकर इस संसार के अधिक से अधिक जीवों की प्रसन्नता का कारण बनने की सलाह भी देंगे।''

''हाँ काका, और इस कारण जो दुष्कर्म वे लोग अज्ञानवश कर रहे थे वो बंद हो जायेंगे तथा पुण्य कर्म करके अपने दुष्कर्मों का विनाश करके नए आनंदमयी, पवित्र एवं अर्थपूर्ण जीवन का आरंभ करेंगे।''

इसके आगे पार्थोदास ने विक्षी से कहा— ''हाँ, और उन बस्तीवासियों को वृक्षोम धाम भेंट देने से पूर्व हम उनके साथ ऐसा अनुबंध करेंगे कि यदि कोई भी मनुष्य वृक्षोम धाम की पवित्र भूमि पर माँसाहार, धूम्रपान, मदिरापान और अन्य दुष्कर्म करते हुए दिखाई दिया तो वो क्षण उस भूमि पर उसका अंतिम क्षण होगा। शत–प्रतिशत।''

''वाह पिताश्री, आप धन्य हैं। आपकी यह मंगलकारी योजना सर्वकाल प्रशंसनीय है।''

"पुत्री, धन्य तो हमारी जोधपुर शहर की भूमि है जिसे बेचकर हम ये भव्य योजना पूर्ण कर सके।"

तभी सिनोली भावुक होकर पार्थोदास से बोलीं— "हाँ, हम सदैव उस पवित्र भूमि के ऋणी रहेंगे।"

"परंतु पार्थो जी, अभी हमारी योजना पूर्ण नहीं हुई है। योजना के शेष कार्य के संबंध में हमें यहाँ से कुछ अमूल्य सामान ले जाना है।"

नुयिदास की यह बात सुनकर पार्थोदास ने कहा— "हाँ, वो तो है। चलिये भोजन करके तुरंत उस कार्य के लिए निकलते हैं क्योंकि कल प्रातःकाल बिलारा भी जाना है।"

तभी सिनोली ने पार्थोदास से कहा— "भोजन तैयार ही है। आप सब चलिये, हम सबके लिए खाना परोसते हैं।"

पार्थोदास ने सिनोली से कहा— "हाँ, चलो।"

●●●

अगले दिवस सुबह के पौने सात बजे हैं और प्रतिदिवस के समान सुखराज मेवार अपने राजमहल के बगीचे में पानी छिड़क रहे हैं। गोवाल दादा और बाली दादा, गाय भैंस के बाड़े में सोमवासियों के लिए दूध तैयार कर रहे हैं। इस दौरान व्रिक्षी मेवार राजमहल में प्रवेश करती हैं।

अत्यंत सुंदर व्रिक्षी को विशिष्ट वस्त्रों में देखते ही सुखराज उनसे प्रभावित एवं आकर्षित हो जाते हैं। प्रथम दृष्टि में ही व्रिक्षी उन्हें पसंद आ जाती हैं।

''शुभ प्रभात मेवार साहब।'' व्रिक्षी ने सुखराज से कहा।

''शुभ प्रभात।'' सुखराज कुछ क्षणों के लिये व्रिक्षी को ध्यान से देखते हैं और फिर कहते हैं– ''आप, पार्थोदास जी की पुत्री व्रिक्षी जी हैं ना?''

''जी मेवार साहब।''

''आइये बैठिये।''

और वे दोनों बगीचे में लकड़ी की कुर्सीओं पर बैठ जाते हैं।

सुखराज ने कहा– ''बहुत समय के पश्चात् आपसे व्यक्तिगत रूप से मिल रहे हैं इसलिये....पर पिछले कुछ वर्षों में आप बहुत बदल गये हैं। अर्थात् आपका व्यक्तित्व अत्यंत प्रभावशाली हो गया है।''

''धन्यवाद। पिछले छह वर्षों के दौरान हम प्रकृति एवं पर्यावरण संरक्षण के विषय में उच्च शिक्षा प्राप्त करने अपने काका के पास जयपुर गये थे। इस दौरान हमने काका के धर्मगुरु श्री ब्रह्माविष्णु महादेव गुरु से वेदों और उपनिषदों का आरंभिक अध्ययन भी किया। बस कुछ दिवस पूर्व ही हम अभ्यास पूर्ण करके सोम गाँव लौटे हैं।''

''जी। कल पार्थोदास जी और नुयिदास जी यहाँ आये थे, तब उन्होंने हमें बताया था। कल हमारी विस्तारपूर्वक चर्चा हुई थी, विशेष तौर पर उनकी बिलारा गाँव की अमूल्य योजना के विषय में। वे वाक़ई विश्वोत्तम कार्य कर रहे हैं। असहाय, दरिद्र और निराश्रय बस्तीवासियों को नया घर एवं संपूर्ण वृक्षोम धाम भेंट देना कोई साधारण कर्म नहीं है। बड़े-बड़े धनिक राजा भी ऐसा कार्य करने में असमर्थ सिद्ध होते हैं। इस कार्य से उन्होंने फिर से ये सिद्ध कर दिया है कि वो कितने उच्च कोटि के औढरदानी हैं। उनकी इस सर्वलोक प्रिय योजना से हम अतिप्रसन्न हुए हैं।''

वृक्षी ने आभारी होते हुए कहा– ''प्रसन्न एवं लाभार्थी तो हम और हमारे जैसे असंख्य मनुष्य हैं, आपसे और आपके शिखरस्थ सत्कर्मों से। सोम का आरंभ और मूल आधार स्तंभ आप ही हैं। बाल्यावस्था से हम ये देखते आये हैं कि आप प्रत्येक सोमवासी, आसपास के ग्रामवासी और आपके व्यापारियों को बिना किसी मूल्य के मेवार राजमहल में उत्पादित दूध, सब्ज़ियाँ, फल और अनाज देते आये हैं। यह इस सृष्टि का सर्वश्रेष्ठ कार्य है। हमने आज तक आप जैसे धर्मज्ञ, करुणानिधान, गुणवान, बुद्धिशाली, दानी मनुष्य को कभी नहीं देखा जो बिना किसी स्वार्थ, बिना कोई मूल्य के लिये ऐसा कार्य कर रहा हो और वो भी विशिष्ट नीति–नियमों और उच्च आदर्शों के साथ।''

''धन्यवाद वृक्षी जी। पर हम तो वही करते आये हैं जो हमारे पिताश्री ने हमें सिखाया था। वे सदैव कहते थे कि जीवन में किसी को सुख प्रदान करने का संयोग प्राप्त हो तो क्षण भर की देर मत करना, अपने सामर्थ्य अनुसार महत्तम जीवात्माओं को अन्नलाभ, ज्ञान, स्वास्थ्य, सुरक्षा और सात्विक भोजन प्रदान करना। बस हम उसी कर्तव्य कर्म का पालन करते आये हैं। हमारे पूर्वजों ने हमें ये भी सिखाया है कि एक जीव को अन्य जीव के प्रति स्नेह, सहानुभूति और आदर रखना चाहिये। यही हमारे कुल की अमर परंपरा है जिसका पालन करके हम अपने आपको धन्य मानते हैं।''

''मेवार साहब, असीम वस्तुओं के आकर्षणों से भरे पड़े इस मायावी जगत में अपनी इन्द्रियों को वश में रख, धर्मपथ पर निरंतर चलते हुए मनुष्य की असीम संभावनाओं को उजागर करना जीवन का वास्तविक अर्थ है।''

सुखराज ने आगे कहा– ''धन्यवाद। यदि दूध, अनाज, सब्ज़ी और फल की बात करें तो उनका सृजन हम नहीं करते हैं। अन्न, फल, सब्ज़ी एवं अन्य वनस्पतियों का सृजन धरती माँ करती हैं। हम मनुष्य तो केवल इस प्रकृति की अद्भुत संचालन पद्धति के माध्यम हैं। इसलिये इन अमूल्य वस्तुओं का मूल्य करना किसी मनुष्य की क्षमता में नहीं है। दूध का उत्पादन पवित्र गाय माता, भैंस और अन्य पशु करते हैं। गौमाता को हम पूजते हैं जो स्वयं ईश्वर का सत् रूप हैं। हम गौमाता में ईश्वर को देखते हैं। ये हम नहीं अपितु भगवान श्री कृष्ण ने श्रीमद्भगवद्गीता के माध्यम से कहा है कि गाय में हम सदैव स्थापित हैं। इसलिये गौमाता का दूध तो ईश्वर का प्रसाद है। ईश्वर के प्रसाद का कोई मूल्य नहीं होता है, वो तो अमूल्य है। इसलिये इस महाप्रसाद का लाभ हम प्रत्येक सोमवासी को, यहाँ के पशुओं को एवं अधिकतम मनुष्यों को निरंतर देते रहते हैं और सदैव

देते रहेंगे। और इस कार्य के लिये हम अपने आपको अतिभाग्यशाली मानते हैं कि ईश्वर ने हमें ये शुभ कार्य करने के लिये एक माध्यम बनाया है।''

''अद्भुत और उच्च कोटि के विचार हैं आपके। इस पृथ्वी के प्रत्येक प्राणी के प्रति असीम सहानुभूति, सम्मान और स्नेह होना, ये एक परमश्रेष्ठ मनुष्य की पहचान है।''

''धन्यवाद।'' सुखराज ने व्रिक्षी से कहा।

''हम धरती माता के आभारी हैं कि उन्होंने हमें उस पवित्र स्थान पर जन्म दिया जहाँ आप जैसे देवरूपी सर्वश्रेष्ठ मनुष्य रहते हैं। आज आपसे व्यक्तिगत रूप से मिलकर बहुत अच्छा लगा। इस शरीर को नवचेतना प्राप्त हुई।''

''जी हमें भी।'' सुखराज ने व्रिक्षी से कहा।

उसी दौरान गोवाल दादा, बाली दादा और अन्य दूध वाले बैलगाड़ी में दूध भरे डिब्बे लेकर आते हैं।

गोवाल दादा, बाली दादा और गाय के चरण स्पर्श कर व्रिक्षी कहती हैं– ''प्रणाम दादा।''

गोवाल दादा ने कहा– ''प्रणाम, पुत्री व्रिक्षी।''

उसके बाद व्रिक्षी ने गोवाल दादा से दूध का डिब्बा भरवाकर लिया। उस दौरान कुछ अन्य सोमवासी दूध लेने वहाँ आते हैं और व्रिक्षी सभी से यथोचित अभिवादन कर अपने घर जाती हैं।

उनके जाने के बाद सुखराज अपने बगीचे में स्थित झूले पर बैठते हैं और मन में कहते हैं– ''हे आध्याशक्ति माँ, आज तक हमने किसी स्त्री के साथ व्यक्तिगत रूप से बात करने का साहस नहीं किया था। परंतु पता नहीं क्यों, आज हम व्रिक्षी जी की ओर न चाहते हुए भी आकर्षित हो रहे थे। उनकी असीम सुंदरता और उनके प्रभावशाली व्यक्तित्व पर हम अत्यंत मोहित हो गए हैं। यदि ऐसी सुंदर, गुणवान और प्रभावशाली स्त्री से हमारा विवाह हो जाये तो हम अपने आपको इस संसार का अत्यंत भाग्यशाली मनुष्य समझेंगे। हमें विश्वास है कि जो भी होगा, शुभ ही होगा। नियति पर हमें पूर्ण विश्वास है। मारो राम सबरो भलो करें।''

तभी आकाशवाणी होती है–

"ये परम सत्य है कि नियति के अनुसार इस सृष्टि में जिन मनुष्यों एवं प्राणियों का एक दूसरे से मिलना निश्चित होता है, वह अवश्य होकर ही रहता है। जिनका भाग्य एक दूसरे के साथ जुड़ा है, उनका एक दूसरे के प्रति सहजता से आकर्षित होना स्वाभाविक और निश्चित है।" फिर आकाशवाणी बंद हो गयी। नियति खेल रही थी, अपना खेल।

पृथ्वीलोक पर भिन्न काल में, भिन्न दिशाओं में, भिन्न परिवार में जन्म लेने वालों को भी उनकी नियति उन्हें एक दूसरे से मिला ही देती है। तो क्या वैसा ही कुछ सुखराज और व्रिक्षी के साथ होने जा रहा है। आज से पूर्व तो सुखराज ने कभी भी किसी स्त्री को रुचि एवं व्यक्तिगत लाभ की दृष्टि से कदापि नहीं देखा था। परंतु अब उनका विषय और उनकी अपेक्षा बदल गये थे तो उनकी मुलाकात एक सुंदर एवं सर्वगुण संपन्न अर्थात् गुणातीत नारी से भी हो गयी थी। ये नियति की रहस्यमयी माया ही थी शायद।

•••

ईश्वरीय मनुष्य

प्रतिदिन की भाँति प्रातः सात बजे। व्रिक्षी मेवार राजमहल पर दूध लेने आती हैं। व्रिक्षी को अपने महल में देखते ही सुखराज हर्षपूर्वक कहते हैं– ''नमस्ते व्रिक्षी जी।''

''नमस्ते मेवार साहब।'' और सुखराज, व्रिक्षी को अपने पास पड़े बर्तन में से दूध निकाल कर देते हैं।

व्रिक्षी सुखराज से कहती हैं– ''मेवार साहब, आप राजस्थान के एक प्रसिद्ध धनिक व्यापारी होते हुए भी प्रतिदिवस स्वयं हमें दूध देते हैं। आपकी इन भावनाओं एवं सहज और सरल स्वरूप से हम अतिप्रसन्न हैं।''

''ये तो हमारा कर्तव्य है क्योंकि मेवार राजमहल में ही नहीं बल्कि संपूर्ण सोम गाँव और संपूर्ण पृथ्वीलोक में न कोई किसी का मालिक है और न ही कोई किसी का सेवक। प्रत्येक व्यक्ति समान है। दिव्य परमात्मा के भिन्न स्वरूप। परमात्मा जलरूपी समुद्र हैं और हम सब उस विराट समुद्र की भिन्न लहरें। उस समुद्र में कुछ समय के लिये दृश्यमान हुई अस्थायी लहरें यह सत्य प्रदर्शित करती हैं कि हम सब उन लहरों के समान इस पृथ्वीलोक पर आते हैं और निश्चित समय के पश्चात् पृथ्वीलोक से अदृश्य हो जाते हैं। नष्ट केवल शरीर होता है। हमारी दिव्यात्मा तो उस स्थायी समुद्र के समान स्थायी रूप में उपस्थित रहती है। इसलिये हम सदैव उस विराट समुद्र के समान ज़मीन से जुड़े रहकर जीवन व्यतीत करते हैं। समुद्र हमारा सर्वोपरि आदर्श है।''

व्रिक्षी ने हँसते हुए कहा– ''मेवार साहब, आपके मुख से सदैव उपदेशात्मक शब्द ही निकलते हैं। हमारे लिए आप एक जीवित श्रीमद्भगवद्गीता और मर्यादा पुरुषोत्तम प्रभु श्री रामचंद्र जी के समान हैं। जो भी आपके संपर्क में आता है वो पवित्र बन जाता है।''

''धन्यवाद व्रिक्षी जी। वैसे आप भी कोई साधारण स्त्री नहीं हैं। जब हम आपको देखते हैं, तब हमें ब्रह्माण्ड श्रेष्ठ चरित्र सीता माँ की स्मृति होती है। आपके आकर्षक व्यक्तित्व, आपकी निर्दोष वाणी, आपकी प्रत्येक अर्थपूर्ण बात में हमें हमारे जीवन की वास्तविकता और सत्यता के दर्शन होते हैं। मन करता है कि हम आपको सदैव सुनते ही रहें। आप में उपलब्ध ये श्रेष्ठ कला एवं श्रेष्ठ गुण ईश्वर की दी हुई एक विशेष भेंट हैं जो आपकी शुद्धता और पवित्रता में और वृद्धि करते हैं।''

"इन अमूल्य शब्दों के लिये आपका बहुत-बहुत धन्यवाद। हमें भी आपके मेवार राजमहल पर आकर बहुत अच्छा लगता है। यहाँ का वातावरण इतना सुंदर और शांति प्रदायक है कि हमारी आत्मा हमें यहाँ से जाने की अनुमति ही नहीं देती एवं हम स्वयं को आपसे बात करने से रोक भी नहीं पाते हैं। इस पवित्र स्थान पर हमें तीनों लोकों की परम शांति प्राप्त होती है।"

"ऐसा सबके साथ होता है। वास्तव में इस धरती पर कुछ ऐसे स्थान और कुछ मनुष्य होते हैं जिनके प्रति हम प्रकृति की दया एवं माया से सहजता से आकर्षित होते हैं। कब, क्यों और कैसे? इसका कोई उत्तर नहीं है। आपको जब भी मेवार राजमहल की सुंदरता का आनंद लेना हो या हमारी संगत की आवश्यकता हो तो आप कभी भी यहाँ आ सकती हैं और जितना समय चाहें यहाँ रुक सकती हैं। ये आपका ही निवास स्थान है।"

सुखराज के इन शब्दों से व्रिक्षी तनिक आश्चर्यचकित होती हैं और आश्चर्य का यह भाव उनके मुख पर देखकर सुखराज ने तुरंत ही कहा- "हमारा कहने का अर्थ ये है कि ये निवास स्थान प्रत्येक सोमवासी का है क्योंकि संपूर्ण सोम हमारा परिवार है।"

व्रिक्षी ने कहा- "हाँ।"

तभी दो वृद्ध कृषक सुखराज से मिलने वहाँ आते हैं और उनके निकट आकर खड़े हो जाते हैं।

व्रिक्षी ने कृषकों को प्रणाम किया और फिर सुखराज से कहा- "हुकुम, हम चलते हैं।"

सुखराज ने कहा- "जी, व्रिक्षी जी। और हाँ, आप और सिनोली जी खेतभूमि पूजा में आ रहे हैं ना?"

व्रिक्षी ने कहा- "अवश्य।"

"धन्यवाद।" यह कहकर सुखराज ने व्रिक्षी को हँसकर विदा किया। फिर वह कृषकों के साथ खेत में जाते हुए एक बार व्रिक्षी की ओर देखते हैं।

•••

आज से ठीक पैंतालीस वर्ष पूर्व इसी मंगल दिवस पर सुखराज के पिता इश्वेद मेवार ने सोम की पवित्र भूमि पर जनकल्याण, पशुकल्याण एवं स्वयं के परिवार के कल्याण हेतु भव्य मेवार राजमहल में खेत कार्य का शुभारंभ किया था। उसके बाद प्रति वर्ष मेवार राजमहल पर आज के ही शुभ दिवस पर इश्वेद मेवार के नीति–नियमों और सिद्धांतों के अनुसार खेतभूमि पूजन किया जाता है। खेतभूमि पूजन, मेवार राजमहल के भव्य खेतक्षेत्र के मध्य भाग में किया जाता है और सोम का प्रत्येक निवासी इस पूजा में उपस्थित रहता है। खेत के मध्य भाग में सुखराज, उनके स्वर्गवासी माता–पिता की चंदन की प्रतिमा, खेत में उगने वाला प्रत्येक अन्न, सब्ज़ी और फल एक समान मात्रा में रखे जाते हैं और सुखराज इन वस्तुओं को साक्षी मानकर खेतभूमि पूजन करके सोम की पवित्र भूमि का धन्यवाद करते हैं।

एक घंटे के बाद। खेत के मध्य भाग में सुखराज अपने स्वर्गवासी माता–पिता की चंदन की प्रतिमा के सामने बैठे हैं और पंडित गंगेश्वर खेत भूमि पूजन से संबंधित मंत्रोच्चार कर रहे हैं।

कुछ समय पश्चात् खेतभूमि पूजा समाप्त होती है और सुखराज अपने माता–पिता, पृथ्वी माता, अन्न, फल और सब्ज़ियों को नमन करते हैं। वे अपने स्थान पर खड़े होकर सबसे कहते हैं– ''प्रिय सोमवासियों, हम सुखराज मेवार प्रत्येक वर्ष की भांति आज के शुभ दिवस पर ये वचन देते हैं कि एकलिंग जी महाराज और धरती माता की कृपा से हमारी महत्तम कार्य क्षमता के अनुसार हम अधिक से अधिक भारतवासियों को हमारे खेत क्षेत्र में उत्पादित होने वाले परिशुद्ध अन्न, फल और सब्ज़ियों का लाभ सदैव देते रहेंगे। इस लाभ से पशु–पक्षी भी वंचित नहीं रहेंगे।''

औढरदानी मानुष की इस देव वाणी का प्रत्येक सोमवासी करतल ध्वनि से स्वागत करता है। तभी एक गाँववासी ने सुखराज से कहा– ''मेवार साहब, हमें पूर्ण विश्वास है कि आपकी ये जनकल्याण की इच्छा आजीवन प्रवृत्त और फलदायी रहेगी। निर्धन और असहाय जीव आपकी ओर से सदैव लाभान्वित होते रहेंगे। जय हो मेवार परिवार की। जय हो एकलिंग जी महाराज की।''

सभी का सम्मिलित स्वर में जय जयकार होता है– ''जय हो मेवार परिवार की। जय हो एकलिंग जी महाराज की।''

उसके बाद सुखराज सभी को नमन करके कहते हैं– ''धन्यवाद। मेरे आत्मप्रिय सोमवासियों, अब कृपया आप सब लोग हमारी खेतभूमि पूजा का महाप्रसाद ग्रहण करें। आप जैसे दिव्य मनुष्यों द्वारा ये ब्रह्मभोजन ग्रहण करने के पश्चात् हमारे पूर्वज और हमारी खेतभूमि पुनः आप सबके आभारी होंगे और उनकी

सुखवर्धक कृपादृष्टि हम पर सदैव बनी रहेगी।''

''बोलो प्रभु श्री राम की जय, माता सीता की जय। ऋषि धर्मरामो की जय, जय हो सोम की, जय माँ भारती की।''

ये बोलने के बाद सोमवासी खेतभूमि पूजा का महाप्रसाद ग्रहण करते हैं। और तत्पश्चात् कुछ सोमवासी अपने पशुओं के लिए भी खेतभूमि पूजा का महाप्रसाद लेकर अपने–अपने घर जाते हैं। इस दौरान सिनोली और त्रिक्षी, सुखराज के पास खड़े रहते हैं।

त्रिक्षी सिनोली से कहती हैं– ''माताश्री, हम वर्तमान समय के आलीशान मेवार राजमहल को संपूर्ण रूप से देखने के लिए अत्यंत व्याकुल हैं। हम इस देवसत्ता प्राप्त पवित्र भूमि पर हो रहे नित्यकर्मों के साक्षी बनकर उत्तम कर्मयोग के दर्शन करना चाहते हैं। इस ईश्वरीय देवालय का आकर्षण अद्वितीय है। यदि आप..।''

''पुत्री, हम अभी दुकान पर जाते हैं और वहाँ से सीधे घर जायेंगे। आप शांतिपूर्वक इस स्वर्ग समान सत्यलोक के दर्शन करके घर आयें। और हाँ, मेवार राजमहल के दर्शन करते समय यहाँ के विशेष नीति–नियमों का अनुसरण अवश्य करियेगा क्योंकि यहाँ का संविधान देवताओं को भी आकर्षित करता है।''

''अवश्य माताश्री। उन विशेष नीति–नियमों की शरण में हम यहाँ की प्रत्येक वस्तु के उत्कृष्ट जीवन दर्शन के लिये अतिव्याकुल हैं।''

तभी सुखराज ने त्रिक्षी से कहा– ''हम आपकी ये इच्छा शीघ्र ही पूर्ण करते हैं।''

''धन्यवाद।'' यह कहकर सिनोली दुकान के लिये निकल जाती हैं।

''आइए, त्रिक्षी जी।'' यह कहकर सुखराज, त्रिक्षी को मेवार राजमहल दिखाने ले जाते हैं।

''ये है हमारा भव्य खेतक्षेत्र, जो लगभग दो हज़ार एकड़ भूमि विस्तार में फैला हुआ है। प्राणीजगत के असीम कल्याण हेतु यहाँ संपूर्ण पृथ्वीलोक के सभी प्रकार के अन्न, फल, सब्ज़ियाँ एवं दुर्लभ वनस्पतियों का उत्पादन होता है।''

त्रिक्षी ने कहा– ''अद्भुत व्यवस्था। अतिस्वच्छ और अतिसुंदर क्षेत्र।''

उसके बाद सुखराज, त्रिक्षी को गाय भैंसों का बाड़ा दिखाते हैं, अन्न का भव्य गोदाम दिखाते हैं, घोड़ों की बड़ी घुड़साल भी दिखाते हैं जहाँ बड़े–बड़े सूखे

घास के गुच्छे पड़े हैं। पानी की सुंदर नहर और कुएँ भी दिखाते हैं। किनारों पर बहुत सारे सुंदर वृक्ष रोपे हुए हैं। भव्य कुएँ के ऊपर ढँके हुए ढक्कन पर समुद्र मंथन का दृश्य चित्रित किया हुआ है। पक्षियों के लिये बनाया भव्य पक्षीघर दिखाते हैं, जहाँ देश-विदेश के असंख्य पक्षी निवास करते हैं। फल और सब्ज़ियों के हरे-भरे भव्य खेत भी दिखाते हैं। सुखराज, व्रिक्षी को पानी की अत्यंत विशालकाय भूमिगत टंकी भी दिखाते हैं, पानी के बहुत सारे हस्त संचालित पंप भी दिखाते हैं जो भिन्न स्थानों पर लगाये गये हैं।

पानी की एक टंकी के निकट व्रिक्षी सुखराज से कहती है– ''आप वाकई एक निपुण प्रबंधक हैं मेवार साहब, आपने वास्तुकला अनुरूप मेवार राजमहल का अत्यंत सुंदर रूप से निर्माण किया है। विशेष तौर पर आपने सृष्टि के अमूल्य स्रोत जल के संग्रह की सर्वश्रेष्ठ योजनायें बनायी हैं। आप जैसे धर्मज्ञ, दिव्यज्ञानी, प्रकृतिप्रेमी एवं प्राणीजगत के कल्याणकारी महात्मन् को तो पूरे विश्व का संचालक बनना चाहिये या फिर कम से कम देवभूमि भारत देश का प्रधानमंत्री।''

सुखराज ने हँसते हुए उत्तर दिया– ''मैं सुखराज मेवार, देवभूमि भारत देश का प्रधानमंत्री? व्रिक्षी जी, कलयुग की राजनीति अत्यंत विचित्र, अशांतिपूर्ण एवं दुःखदायी है। और हमें उस दिशा में जाने की आवश्यकता भी नहीं है क्योंकि हमारी दिव्यदृष्टि के संदेशानुसार देवभूमि भारत देश को इक्कीसवीं सदी के द्वितीय चरण में एक परमज्ञानी, विद्वान, अजेय, साहसिक देशभक्त की प्रधानमंत्री के रूप में प्राप्ति होगी। जिसका नाम इतिहास के पन्नों में स्वर्ण अक्षरों में लिखा जायेगा। उस धार्मिक मनुष्य को संपूर्ण विश्व नमन करेगा। विरोध पक्ष के लोगों को न चाहते हुए भी उनके अतुल्य सामर्थ्य की प्रशंसा करनी होगी। उस प्रभावशाली महात्मा पर प्रभु श्री रामचंद्र जी, श्री विभीषण रूपी मित्रों, श्री हनुमान जैसे रामभक्तों एवं गुरु ग्रह का विशेष आशीर्वाद होगा।''

''ऐसे पुण्यप्रतापी, सशक्त एवं प्रभावशाली महात्मा को प्रधानमंत्री के रूप में प्राप्त करके भारत देश धन्य हो जायेगा।''

''शत-प्रतिशत, संपूर्ण विश्व धन्य हो जायेगा। खैर भविष्य के अमूल्य विषय को आराम देकर सुखद वर्तमान में लौटते हैं। हम बात कर रहे थे जीवन के मूल आधार जल के विषय में। जल के संग्रह एवं उसके सर्वोचित उपयोग का आयोजन तो अतिआवश्यक है क्योंकि जल ही जीवन है। जीवन का मुख्य आधार है। जल से ही खेत कार्य, अनाज, फल, सब्ज़ियाँ, पेड़-पौधे एवं इस सृष्टि के प्रत्येक जीव की उत्पत्ति और वृद्धि होती है। सनातन सत्य है कि समस्त सृष्टि की उत्पत्ति और अस्तित्व जल की अखंड विद्यमानता का ही परिणाम है इसलिए जल का श्रेष्ठ उपयोग और अधिक संग्रह करना अनिवार्य है।''

वृक्षी ने सहमतिपूर्वक कहा– ''सत्य वचन। और जल के सर्वश्रेष्ठ उपयोग के कारण ही इस मरुप्रदेश के सुप्रसिद्ध मेवार राजमहल में आपकी जैविक खेतभूमि और यहाँ का प्रत्येक वृक्ष हरा–भरा है। यहाँ का प्रत्येक फल, सब्ज़ी और वृक्ष अत्यंत ताज़ा एवं परिशुद्ध दृश्यमान हो रहा है। जो प्रत्येक सशरीर जीव को उत्तम पोषण और सात्विक गुण देने में सक्षम हैं। आपकी वृक्षारोपण कला तो अत्यंत प्रभावशाली है। सत्य में आपका मेवार राजमहल स्वर्ग है।''

''केवल मेवार राजमहल नहीं, हमारा समस्त सोमगाँव स्वर्ग है, जहाँ आप जैसे दिव्यगुणी मनुष्य बसते हैं।''

''पर इस स्वर्ग का मुख्य द्वार है मेवार राजमहल। और आप हैं सोम के देवता।''

''हम कोई देवता नहीं हैं। और ना ही हमने अकेले इस मेवार राजमहल को स्वर्ग समान बनाया है। इसे स्वर्ग बनाया है हमारे पिताश्री एवं कृषक भाईयों ने, सोमवासियों के अथक परिश्रम और वनमान सिंह जी के उत्कृष्ट बीज और वनस्पतियों ने। हम तो केवल एक परहित विचारक एवं मार्गदर्शक रहे हैं।''

वृक्षी ने कहा– ''सर्वश्रेष्ठ मार्गदर्शक। मनुष्य जीवन की असीम संभावनाओं के विश्वश्रेष्ठ प्रदर्शक।''

''धन्यवाद।''

इस समय तक सुखराज और वृक्षी संपूर्ण मेवार राजमहल का आनंद उठाकर बगीचे के निकट पहुँच गए हैं। तभी गोवाल दादा और बाली दादा तुलसी, इलायची और सूखे मेवे के केसरयुक्त दूध के चार प्याले लेकर आते हैं। एक सुखराज और एक वृक्षी और दो स्वयं के लिए।

बाली दादा दूध पीते हुए वृक्षी से पूछते हैं– ''पुत्री वृक्षी, पार्थोदास जी सोम कब लौट रहे हैं?''

''दादा, पिताश्री लगभग परसों या नरसों वापस लौटेंगे। यदि आपको कुछ संदेश देना है तो हमें कहिये क्योंकि आज हम माताश्री के साथ बिलारा गाँव जा रहे हैं और कल शाम को वापस लौट आयेंगे।''

गोवाल दादा ने तुरंत ही कहा– ''अरे नहीं–नहीं, संदेश देने की कोई आवश्यकता नहीं है। जब पार्थोदास जी सोम वापस लौटेंगे तब हम स्वयं उनसे मिलने आयेंगे। हम उनके साथ कुछ महत्वपूर्ण वार्तालाप करना चाहते हैं।''

बाली दादा, सुखराज की ओर देखकर मन ही मन कहते हैं– ''किसी को

इस विश्व के महान मायावी आश्रम में प्रवेश करवाना है।''

तभी व्रिक्षी ने बाली दादा से कहा– ''ठीक है। पिताश्री के सोम लौटते ही आपको संदेश मिल जाएगा।''

बाली दादा ने कहा– ''ठीक है पुत्री।''

उसी समय हुख्रीलाल कुछ कृषकों के साथ सुखराज से मिलने आते हैं।

व्रिक्षी उन्हें प्रणाम कर सुखराज से बोलती हैं– ''मेवार साहब, हम चलते हैं। जय सियाराम।''

''जी, जय सियाराम।''

व्रिक्षी के जाने के बाद हुख्रीलाल ने सुखराज से कहा– ''खम्माघणी हुकुम, सोमवासियों के साथ हुई चर्चा के अनुसार अधिकतम सोमवासी उनके व्यक्तिगत व्यापार की अद्वितीय वस्तुएँ तैयार करके उसे अन्य शहरों में निर्यात करवाने के लिए आज शाम चार बजे साबरमती नदी के किनारे एकत्रित हो जायेंगे।''

''ठीक है। नेनाल भ्राता कुछ महत्वपूर्ण कार्य के लिए उमरगाम गाँव गए हैं, वे दोपहर तक यहाँ आ जायेंगे। उसके बाद हम साथ चलेंगे।''

''ठीक है, मेवार साहब।''

और हुख्री लाल वहाँ से चले जाते हैं।

तब बाली दादा सुखराज से कहते हैं– ''तो पुत्र, रथयात्रा के शुभ दिवस पर असहाय और निर्धन मनुष्यों एवं असहाय पशुओं के लिए कहाँ, कितना अन्न वितरण करना है, उसका निर्णय कर लें?''

''ठीक है दादा, चलिए। गोदाम में चलकर देखते हैं कि अन्न का भंडार कितना पड़ा है, उसके बाद निर्णय लेते हैं।''

•••

कुछ समय पश्चात् शाम के चार बजे। साबरमती नदी का तट स्थान। सुखराज और नेनाल भी वहाँ उपस्थित हैं। सोमगाँव के व्यापारियों की यह विशिष्ट कार्य पद्धति वाकई प्रशंसनीय है। प्रति तीन माह में सोमगाँव के प्रत्येक व्यापारी अपने–अपने व्यवसाय के अनुसार उनकी सर्वोत्तम गुणवत्ता की अद्वितीय वस्तुयें तैयार करके उन्हें सोम से बाहर निर्यात करने के लिए साबरमती नदी के किनारे एकत्रित होते हैं। सोमवासी ये कार्य धन की प्राप्ति के लिए नहीं अपितु अपनी आत्मीय रुचि और असंख्य लोगों को उनकी श्रेष्ठ वस्तुओं का नित्य लाभ देने के लिए करते हैं।

नेनाल मेवार, अपने पिताश्री हम्माल मेवार के समान सोम गाँव के प्रत्येक व्यापारी की अमूल्य वस्तुओं का बाह्य निरीक्षण करके उनका लिखित प्रमाण रखकर सोमवासियों को उनकी अमूल्य वस्तुओं के बदले में मूल्य स्वरूप स्वर्ण, चांदी, हीरा और अन्य अमूल्य धातुओं से निर्मित विशिष्ट प्रकार की मुद्राएँ देते हैं।

ये पवित्र मुद्राएँ कोई साधारण मुद्राएँ नहीं हैं। इसके निर्माण एवं इसके मुख्य घटक तत्वों की प्राप्ति के लिए नेनाल को एक कठिन एवं भिन्न निर्माण पद्धति से गुज़रना पड़ता है। सबसे पहले नेनाल, सोमवासियों की अमूल्य उत्पादित वस्तुओं को अपने चुने हुए व्यापारी और खरीदारों को देकर उनसे धन प्राप्त करते हैं। यह धन वे देसुरी गाँव के धनकुबेर राजा लिथोर सिंह को देते आये हैं। लिथोर सिंह के पास उनके पूर्वजों का अकूत स्वर्ण पड़ा है और वह नेनाल को उस धन के स्थान पर अत्यंत प्राचीन और परम शुद्ध गुणवत्ता के सोने, चांदी, हीरे और अन्य कीमती धातुओं के सिक्के एवं पट्टिकायें देते हैं। नेनाल वह सिक्के एवं पट्टिकायें उनके पिताश्री के बाल्यावस्था के मित्र सिक्कोरा नल को देते हैं जो राजस्थान के आबू मार्ग विस्तार के सिक्कोरा पर्वत पर निवास करते हैं। इन दो परिवारों का अटूट संबंध पिछली पाँच सदियों से जीवंत है। संपूर्ण सिक्कोरा पर्वत सिक्कोरा परिवार की संपत्ति है जो आबू के मध्य भाग में कई पर्वतों के बीच स्थित है। यह स्थान प्राकृतिक सौंदर्य से परिपूर्ण है। कहते हैं कि इस स्थान के प्राकृतिक सौंदर्य, पवित्रता और प्रचंड ईश्वर भक्ति से आकर्षित होकर देवता, यम, यक्ष, गंधर्व आदि रात्रिकाल में यहाँ प्रायः भ्रमण करते रहते हैं।

सिक्कोरा नल के श्रेष्ठ पारिवारिक साधु उन सिक्कों एवं पट्टिकाओं को उचित समय तक पवित्र गंगाजल में रख कर यज्ञ द्वारा उन्हें अतिपवित्र करके, उनसे विशिष्ट प्रकार के सिक्के बनाते हैं। अंत में नेनाल ये सिक्के सोम गाँव के व्यापारियों को देते हैं।

ये सिक्के अत्यंत विशिष्ट प्रकार के सिक्के हैं जिसकी छाप और उसके ऊपर की लिखावट इश्वेद मेवार और हम्माल मेवार की विश्वोत्तम सृजनात्मकता का आकर्षक परिणाम है। सिक्कों के एक तरफ़ सिक्कों के ऊपरी स्थान पर ''धर्मो रक्षति रक्षितः'' लिखा है जिसका अर्थ है– जो धर्म की रक्षा करे, धर्म उसकी रक्षा करे। इस सुवाक्य के नीचे समुद्र और उसकी लहरों का चित्र है और प्रत्येक लहर के ऊपर इस सृष्टि के भिन्न प्राणियों के चित्र हैं जो एक–एक मनुष्य के साथ खड़े हैं।

और सिक्कों के दूसरी ओर लिखा हुआ है– ''अहँ ब्रह्मास्मि। हम परब्रह्म के अंश, इस ब्रह्माण्ड के प्रत्येक जीव और वस्तुओं को शुद्ध मन से कोटि–कोटि प्रणाम करते हैं। हम अत्यंत भाग्यशाली हैं कि हम इस ब्रह्माण्ड के अतिसुंदर पृथ्वीलोक का एक हिस्सा बन सके और इस सौभाग्य की प्राप्ति के बदले में हम इस ब्रह्माण्ड की प्रत्येक वस्तुओं को साक्षी मान कर उन्हें वचन देते हैं कि हम इस पृथ्वीलोक की प्रत्येक वस्तु और प्रत्येक जीव को निःस्वार्थ भाव से सुरक्षा प्रदान करेंगे। उनका सम्मान करेंगे। दयाभावपूर्वक, एक श्रेष्ठ मार्गदर्शक एवं सहायक बनकर सबको सर्वोचित धर्माधीन जीवन प्रदान करेंगे। केवल यही हमारे जीवन का मुख्य और अमर कर्म है। और यही कर्म हमारा यथार्थ धर्म है। प्राणी रक्षा परमो धर्म। जय माँ भारती की।''

इस श्रेष्ठ और विशिष्ट पद्धति का निर्माण और आरंभ सुखराज के पिताश्री इश्वेद मेवार ने अपने चचेरे भाई हम्माल मेवार की सहायता से किया था। इश्वेद मेवार, बाह्य मानव निर्मित धन या उत्पादित वस्तुओं को अपने गाँव में कदापि नहीं लाना चाहते थे। वे सदैव ये मानते थे कि जिन वस्तुओं को अधर्मी, माँसाहारी, असत्यवादी, भोग विलासी, वेश्या आदि दुर्गुणी मनुष्यों ने स्पर्श किया हो या उसका अनुचित उपभोग किया हो, वो वस्तु सोम की भूमि पर कदापि नहीं आएगी। उन्हें सदैव अपनी सोम भूमि पर केवल शुद्ध, पवित्र और नयी वस्तुओं का अस्तित्व चाहिए था।

उस दिवस से ये अखंड प्रथा सोम गाँव में आज तक प्रवृत्त है। हाँ, कभी–कभार वस्तुओं की उत्पादन मात्रा और वस्तुओं को निर्यात करने का समय अवश्य बदलता रहता है। परंतु इस विशेष पद्धति में न कभी परिवर्तन आया और न कभी आएगा क्योंकि सोम की भूमि पर एक बार जो पद्धति स्थान लेती है, वो सदा के लिए अमर हो जाती है।

यही अतुलनीय पद्धति सुखराज मेवार अपने कृषि के व्यवसाय में भी अपनाते

आये हैं जिसके आर्थिक सौदों का संपूर्ण संचालन नेनाल और उनके साथी करते हैं।

सोम का प्रत्येक गाँववासी उन्हें प्राप्त हुई पवित्र स्वर्ण मुद्राएँ भगवान श्री विष्णु के मंदिर में उनके चरणों के नीचे स्थापित ''श्री विष्णु सागर भूमि'' धनसंग्रह स्थान में रखते आये हैं। आज तक किसी भी गाँववासी ने इस संग्रह स्थान का भंडार एवं उसमें संग्रहित धन को देखने के बारे में कभी नहीं सोचा। वे सब तो बस निःस्वार्थ भाव से पवित्र सिक्कों को इस भंडारगृह में अर्पण करते आये हैं।

इस ''श्री विष्णु सागर भूमि'' का निर्माण उन नौ साधुओं ने किस उद्देश्य से किया था?

●●●

नेनाल और उनके साथी, व्यापारियों द्वारा निर्मित की गयी प्रत्येक वस्तुओं के निकट जाकर उन्हें तीक्ष्ण दृष्टि से देखते हुए उनका बाह्य निरीक्षण करते हैं। प्रत्येक गाँववासी अपनी-अपनी निजी वस्तुओं के साथ खड़े रहकर अपनी अपूर्व वस्तुओं की संक्षिप्त में जानकारी देते हैं।

चित्रकार ब्रह्मस्यनाथ कहता है– ''ये हैं रामायण के रामराज्य काल के अतिसुंदर पौराणिक रंगचित्र जो चंदन की लकड़ी की चौखटों पर बनाये गए हैं। ये चित्र इस सृष्टि की सर्वश्रेष्ठ उपदेशात्मक जीवनशैली का प्रस्तुतीकरण करते हैं।''

दूसरा व्यापारी बोलता है– ''ये है राजस्थान के सर्वप्रसिद्ध श्वेत पत्थर में बनायी हुई परमात्मा के भिन्न स्वरूपों, वीर महाराजाओं और विभिन्न पशु-पक्षियों की मूर्तियाँ, और ये हैं शाकाहार का प्रचार कर रहे रंगचित्र वाले प्याले और थालियाँ।''

एक अन्य गाँववासी बताता है– ''ये हैं ऊँट और भेड़ के बालों से बनाये गए शीतऋतु के कपड़े जो चरम शीतकाल में भी हमारे शरीर को आवश्यक गर्मी प्रदान करने में पूर्णतः सक्षम हैं। इन कपड़ो की हस्त-शिल्पकला विशेष है। इनकी नकल करना असंभव है।''

सुनार कहता हैं– ''ये हैं भिन्न धातुओं के उपयोग से बनाये गए उत्तम कोटि के आभूषण एवं गृह सज्जा की वस्तुएँ। प्रत्येक आभूषण एवं वस्तु पर शाकाहार प्रचार के संदर्भ में एक ब्रह्मादेश लिखा गया है। वह वाक्य है– ''माँस मत खाओ। माँस भक्षण से अपवित्रता, क्रोध, प्रमाद, हठ, छल, व्यभिचार, आत्म-प्रशंसा, झूठ, निंदा, हिंसा जैसे दुर्गुणों का जन्म होता है। चरित्रहीन, संस्कारहीन, मूर्ख, तुच्छ, मानसिक रूप से नपुंसक और कायर मनुष्य की वर्णसंकर पैदाइश ही माँसाहार करती है।''

कुम्हार कहता है– ''ये हैं सोम गाँव की पवित्र मिट्टी से निर्मित रसोईघर की उपयोगी वस्तुएँ जिनका निर्माण हमारी पत्नी एवं उनकी सखियों ने उनके कोमल हाथों से किया है। कई बर्तनों की आकारशैली अत्यंत प्रसिद्ध है।''

एक बनिये ने कहा– ''ये है हमारा शुद्ध कपास और वो परिशुद्ध अनाज।''

एक व्यापारी बुद्धराम माली ने कहा– ''ये हैं गुलाब, चंदन, मोगरा, रातरानी इत्यादि फूलों के परिशुद्ध रसायनमुक्त इत्र। जो खुशनुमा वातावरण उत्पन्न कर सकल इन्द्रियों को सुवास के माध्यम से स्थिरता, विवेक शक्ति एवं शांति प्रदान

करने में पूर्णतः सक्षम हैं। इनको वस्त्रों पर लगाने के बाद इनकी सुवास आयु लगभग एक माह तक रहती है।''

पंडित पृथ्वीयक्षकाल ने कहा– ''यज्ञ भारतीय संस्कृति का प्रतीक है। हमने एक मायावी यंत्र का निर्माण किया है– 'आध्यात्मिक यंत्रम्' जिसकी एक ओर हमने हिंदू धर्मशास्त्रों में वर्णित महत्वपूर्ण यज्ञों के नाम जैसे कि विश्वजीत यज्ञ, अश्वमेघ यज्ञ, ज्ञानयज्ञ, विष्णुयज्ञ, ब्रह्मयज्ञ, देवयज्ञ, पितृयज्ञ, नृयज्ञ, वैश्यदेव यज्ञ इत्यादि की उनकी सरल कर्म प्रक्रियाओं का वर्णन किया है और दूसरी ओर हमने विश्वप्रसिद्ध महामंत्रों का सरल अर्थ सहित वर्णन किया है जिसके निरंतर उपयोग से मनुष्य स्वयं के अतिरिक्त पशु–पक्षी, जीव–जंतु, भूत–प्रेत, दानव, ग्रह, नक्षत्र, तारागण, पृथ्वीलोक, पाताल लोक, अंतरिक्ष सहित समस्त विश्व को आनंद, सुरक्षा, स्वस्थता, स्थिरता, दीर्घायु, नित्य स्वाभाविक कर्मण्यता, सरलता एवं परमसुख प्रदान कर सके।''

एक वृद्ध आयुर्वेदिक चिकित्सक बोले– ''ये भारत देश की दुर्लभ जड़ी–बूटियों से निर्मित अमूल्य औषधियाँ हैं जो संपूर्ण प्राणीजगत की प्रत्येक व्याधि को नष्ट करने में पूर्णतः सक्षम हैं।''

सुखराज ने कहा– ''धन्य हो आप लोग काका। मारो राम सबरो भलो करें।''

सोमवासियों की विशिष्ट एवं उच्च संकल्प सिद्ध कला के माध्यम से निर्मित विशिष्ट वस्तुओं को देखकर सुखराज, नेनाल और सभी साथी अत्यंत प्रभावित हो जाते हैं।''

उसके बाद, नेनाल ने सबसे कहा– ''प्रशंसनीय। अतिप्रशंसनीय। प्रिय सोमवासियों, आपकी कलाकृतियाँ सदैव की तरह अद्भुत, अद्वितीय और सर्वश्रेष्ठ हैं। आप सबका यह सर्वतोभद्र प्रस्तुतीकरण निस्संदेह देवताओं के पवित्र संकल्प का उत्तम परिणाम है।''

सुखराज ने नेनाल से कहा– ''वाक़ई। या तो आप लोग देवताओं के अधीन हैं या देवता आप सबके अधीन हैं।''

उसके बाद नेनाल ने उनके साथियों से कहा– ''साथियों, सारी वस्तुओं को अपनी अपनी ऊँटगाड़ियों पर सावधानीपूर्वक और सुरक्षित रूप में रखकर बाँध दीजिए। हम शीघ्र ही अंबाजी के लिए प्रस्थान करते हैं।''

नेनाल के साथी, सोमवासियों की वस्तुएँ ऊँटगाड़ियों पर रखकर बाँध देते हैं। नेनाल सुखराज को स्वर्ण भरा सन्दूक देते हैं और कहते हैं– ''भ्राता, अब आप अपने पवित्र हाथों से प्रत्येक सोमवासी को पिछली बार निर्यात की गयी उनकी बहुमूल्य वस्तुओं का मूल्य दे दें।''

सुखराज ऐसा ही करते हैं। अद्वितीय एवं अतिमूल्यवान सिक्कों की प्राप्ति के बाद, एक गाँववासी, सुखराज और नेनाल से कहता है– ''धन्यवाद नेनाल जी। धन्यवाद सुखराज जी। आप लोगों की दिव्य संगत से हमने जीवन के कर्मक्षेत्र के उच्चतम स्तर को सहजता से प्राप्त कर लिया है।''

चित्रकार ब्रह्मस्यनाथ सुखराज से बोले– ''सत्य। एक ओर हम यहाँ सर्वप्राणी कल्याण हेतु कर्मयोग का सर्वश्रेष्ठ प्रस्तुतीकरण कर रहे हैं। दूसरी ओर विश्व के अधिकतम पुरुष और स्त्रियाँ अपनी प्रचंड देहवासना की पूर्ति हेतु सौंदर्यवान पात्रों का चयन करके अपने चरित्र का अपवित्रीकरण करके वैश्विक समाज और सनातन संस्कृति को दूषित कर रहे हैं। देह वासना इस विश्व का सबसे बड़ा सफल व्यापार बन गया है। मनुष्य की प्रचंड देह वासना का फायदा अधर्मी और धन लालची मनुष्य अश्लील विज्ञापनों के माध्यम से निरंतर ले रहे हैं। युवा पीढ़ी भारतीय शास्त्रों का पठन करने के स्थान पर इस तुच्छ व्यापार की उपभोक्ता बन गयी है। वाक़ई अशुद्ध कर्मों का घृणास्पद प्रस्तुतीकरण कर रहा है वह अज्ञानी समूह। कितना बड़ा भेद है, हमारे और उनके कर्म सिद्धांतों में।''

सुखराज ने ब्रह्मस्यनाथ को उत्तर दिया– ''यह भेद का सृजन मनुष्य की संगत, विचार क्षमता, ज्ञान और संस्कारों पर निर्भर है। 'संगत से गुण आत है, संगत से गुण जात है'। जो मनुष्य विवेक शक्ति का उत्तम उपयोग कर, धर्मज्ञान अर्जित कर, इस मायावी जगत के नश्वर पदार्थों के प्रति अनासक्त रहकर, अपने भीतर स्थित उस आत्मारूपी ब्रह्मतत्व को ही सत्य मान, स्वयं सहित सर्व प्राणियों के सुख का कारण बनता है वही यथार्थ मनुष्य जीवन है। और जो भ्रमित मनुष्य अज्ञानता वश इस शरीर को ही सत्य मान, इसे सुख देने के समस्त क्षणिक प्रयास करता रहता है, वह मनुष्य सदैव नव बंधनों में बंध कर, प्रायः इस पृथ्वीलोक पर कर्म और अंतिम विचार अनुसार जन्म लेता रहता है। ऐसे मूर्ख लोग जीवन के चार पुरुषार्थ धर्म, अर्थ, काम, मोक्ष के बहुमूल्य ज्ञान से भी वंचित रहते हैं। ऐसे इन्द्रियों के दासों का उद्धार केवल ब्रह्मज्ञान ही कर सकता है। सच्चे सद्गुरु की शरण पाकर।''

नेनाल ने सुखराज से कहा– ''वाह भ्राता, अद्भुत वचन। अंबाजी जाने से पूर्व आज एक और देवज्ञान प्रदान किया आपने हमें। इस बहुमूल्य ज्ञान का हम सर्वत्र प्रचार करेंगे और महत्तम मनुष्यों को इस सत्य से लाभान्वित करेंगे। बोलो श्री सुखराज मेवार की जय।''

सब ने कहा– ''श्री सुखराज मेवार की जय।''

इसके बाद नेनाल सोमवासियों से बोले– ''ये हमारा परम सौभाग्य है कि हम इस श्रेष्ठ व्यवसाय कार्य पद्धति का और आप जैसे ईश्वरीय मनुष्यों के जीवन का एक अमूल्य हिस्सा हैं। आप सबकी परहित भावना, सुखदायी विचार क्षमता और धर्मज्ञान शिखरस्थ है। आप सबको कोटि–कोटि प्रणाम।''

सभी एक स्वर में कहते हैं– ''नेनाल साहब की जय, मेवार साहब की जय। जय हो सोम की। जय माँ भारती की। जय हो समूचे पृथ्वीलोक की।''

तत्पश्चात् नेनाल और उनके साथी अपनी अपनी ऊँटगाड़ियों पर बैठकर अंबाजी की ओर निकल पड़ते हैं।

•••

ईश्वरीय मनुष्य

अगले दिवस। प्रातःकाल पार्थोदास संपूर्ण परिवार सहित, बिलारा गाँव के वृक्षोम धाम की विशाल धर्मभूमि पर नवकार्य आरंभ के पूर्व इस भूमि के कण–कण को सुखदायी एवं फलित बनाने के लिये भूमि पूजन कर रहे हैं। इस पूजा में इनके परिवार के अतिरिक्त, पाँच पंडितगण और लगभग नौ हज़ार बस्तीवासी भी उपस्थित हैं। पार्थोदास की इच्छा एवं आदेश के अनुसार प्रत्येक बस्तीवासी एवं प्रत्येक उपस्थित व्यक्ति वृक्षोमधाम पर स्नान करके स्वच्छ वस्त्र पहनकर ही भूमि पूजन में बैठे हैं।

भूमि पूजन के दौरान प्रत्येक सड़कवासी प्रसन्न मुद्रा में दिख रहा है। पाँचों पंडित भूमि पूजन की पूजाविधि के अंतिम चरण में हैं। कुछ ही क्षणों में मंत्रोच्चार समाप्त होता है। भूमि पूजन की समाप्ति पश्चात् सब पंडितगण पवित्र हवन, प्रभु श्री राम और माता सीता के साथ–साथ पवित्र गायों और भैंसों को भी नमन करते हैं।

तत्पश्चात् वृद्ध पंडित जी वहाँ उपस्थित लोगों से कहते हैं– ''राम–राम सा सोमवासियों। इस पवित्र भूमि का दिव्य भूमिपूजन यहाँ संपन्न हुआ। इस वृक्षोम धाम पर निस्संदेह देवता आप सबके समस्त शुभ संकल्पों को पूर्णता प्रदान करेंगे। अब यहाँ पर उपस्थित प्रत्येक मनुष्य अपने स्थान पर खड़े होकर इस सुख प्रदायक पवित्र हवन और उसकी दिव्य अग्नि को, प्रभु श्री राम और माता सीता की प्रतिमा, पवित्र गायों, बैलों एवं भैंसों को प्रणाम करें और उसके बाद वृक्षोम धाम की पवित्र भूमि को स्पर्श करके नमन करें।''

प्रत्येक व्यक्ति ने पंडित जी के उपदेश के अनुसार यह कर्म किया।

तब एक पंडित ने समस्त सड़कवासियों से कहा– ''अब आप सब लोग एकचित्त हो शुद्ध मन से उन प्रत्येक शब्दों को दोहरायेंगे जो पार्थोदास जी के दिव्य मुख से प्रसारित होंगे।''

सड़कवासियों ने कहा– ''जी देवता।''

पार्थोदास बोलना शुरू करते हैं– ''दीन को धनाढ्य, आलसी को परिश्रमी, अज्ञानी को धर्मज्ञ, दुर्बोध को सुबोध, आतंकवादी को आध्यात्मिक, भ्रमित को चैतन्य स्वरूप प्रदान करने वाले बिलारा गाँव की जय हो। हे बिलारा गाँव की पवित्र भूमि, अपने संपूर्ण शरीर के कण–कण में शुद्धता का अनुभव करते हुए हम आपको कोटि–कोटि प्रणाम करते हैं। कृपया आप हमारा अभिवादन स्वीकार करें।''

आगे पार्थोदास ने कहा– "हे भारत माता, अपने नये घर में गृह प्रवेश करने से पूर्व आज तक के जीवनकाल के दौरान हमने असहाय, भ्रमित, विवश और अज्ञात होकर जो भी पाप कर्म किये हैं उसके लिये हमें क्षमा करें। और हमारे जीवन के नये पवित्र अध्याय को आरंभ करने से पूर्व हमें विशेष आशीर्वाद दें कि, हम प्रत्येक कर्तव्य कर्म को आत्मउद्योग द्वारा निःस्वार्थी, धर्मज्ञ और विश्वसनीय बन कर करें।"

सभी सड़कवासी इन शब्दों को एक स्वर में दोहरा रहे थे– "हे पृथ्वी माँ, बिलारा गाँव की वृक्षोम धाम नामक पवित्र भूमि पर स्थायी रूप से शरण लेने से पूर्व आज हम ये प्रतिज्ञा लेते हैं कि हम इस संसार के किसी भी मनुष्य या प्राणी को कदापि कष्ट नहीं पहुँचायेंगे। आज के पश्चात् हम किसी भी विकट परिस्थिति में इस पृथ्वीलोक के किसी भी मृत या मारे हुए प्राणी का भोजन नहीं करेंगे। यदि इसमें से कोई भी कार्य या महापाप, ज्ञान या अज्ञानतावश हमसे हो जाता है तो वो दिवस इस वृक्षोम धाम पर हमारा अंतिम दिवस होगा। और उस दिवस से हमें जीवित या मृत अवस्था में अपने आप पर सदा के लिये घृणा हो जायेगी।"

सड़कवासियों का एक स्वर समवेत पार्थोदास के उपदेश को दोहरा रहा था।

पार्थोदास कहते जा रहे थे– "हे भारत माँ, इस वृक्षोम धाम की नवसर्जित भव्य वेदशाला का श्रेष्ठ और अमूल्य वेदांत ज्ञान प्राप्त करके हम स्वयं को जानकर एक श्रेष्ठ दिव्य मनुष्य बनेंगे और श्रेष्ठ ज्ञानी मनुष्य के समान दिव्य जीवन व्यतीत करेंगे। हम इस सृष्टि के प्रत्येक जीव और वस्तु का स्नेहपूर्वक ध्यान रखेंगे और उनके साथ आनंदपूर्वक अमूल्य जीवन व्यतीत करेंगे। इस पवित्र स्थान पर रहते हुए हम एक श्रेष्ठ कृषक बनकर सर्वोत्तम जैविक खेतकार्य करेंगे। जैसे–जैसे अनाज, फल, सब्ज़ियों और अन्य वनस्पतियों का उत्पादन बढ़ेगा वैसे–वैसे हम निकट के अन्य गाँवों और शहरों के निर्धन, दीन, पीड़ित और असहाय जीवों को इन वस्तुओं का पर्याप्त मात्रा में वितरण करेंगे और उन्हें ईश्वरीय जीवन जीने के विशिष्ट उपदेश देकर उन्हें श्रेष्ठ मनुष्य बनाकर धर्मयुक्त जीवन जीने के लिये मार्गदर्शन देंगे।"

प्रत्येक सड़क निवासी ने इन शब्दों को दोहराया।

पार्थोदास का उपदेश चल रहा था– "प्रतिवर्ष रामनवमी के शुभ दिवस पर हम श्री रामचंद्र जी के मंदिर के आँगन में सर्वत्र सुख और शांति प्राप्ति के लिये महायज्ञ का आयोजन करेंगे। यज्ञ की अग्नि, देवताओं का मुख है। महायज्ञ में

वृक्षोम धाम
वेदशाला
वृक्षोमधाम । परोपकार, ज्ञानदान, पशु रक्षा, पशु सेवा, आध्यात्मिक जीवनशैली, शुद्ध विचारधारा, सात्विक भोजन, योगविध्या, जैविक खेतीबाड़ी और प्रचंड पुरुषार्थ की संगत - मनुष्य को परम सुख प्रदान करने के लिए पर्याप्त है।
बिलारा
राजस्थान

इतना सामर्थ्य है कि यह उपस्थित प्रत्येक प्राणी के शरीर में से मोह, माया, लोभ, आसक्ति, दंभ, व्यभिचार, कामवासना, ईर्ष्या, हिंसा, कपटता, अज्ञानता, चंचलता जैसे दुर्गुणों का अग्नि संस्कार कर देता है। यह महायज्ञ राजस्थान के विश्व प्रसिद्ध चैतन्यरूपी धर्मगुरुओं के सानिध्य में पूर्ण होगा और इस शुभ दिवस पर आसपास के गाँव एवं शहरवासियों को इस महायज्ञ में आमंत्रित करके उन्हें महायज्ञ फल एवं प्रभु के महाप्रसाद का लाभ देंगे। उन्हें उनकी आवश्यकतानुसार अन्न का वितरण भी करेंगे।''

सड़कनिवासियों द्वारा उपदेश को शब्दशः दोहराया जा रहा था और पार्थोदास बिना अंतराल के बोलते जा रहे थे– ''इस वृक्षोम धाम में देश–विदेश के निराश्रित और अस्वस्थ पशु–पक्षियों के लिये निर्मित पशुभवन क्षेत्र में निवास कर रहे प्रत्येक पशु–पक्षियों के जल और भोजन के प्रबंधन, उनके स्वास्थ्य, उत्तम जीवनप्रदायक शिक्षा एवं सुरक्षा का उत्तरदायित्व हम पूर्ण निष्ठापूर्वक निभायेंगे।''

''मैं अंत में आप सब को धर्मोपदेश देना चाहता हूँ जिससे आप सबका आत्मोद्धार हो। आप सब सदैव, धर्म एवं आध्यात्म के स्थायी शरणार्थी बने रहें क्योंकि यह दोनों ही कल्याणकारी सत्तायें हैं। इनकी संगत से मनुष्य भौतिक पदार्थों से अनाकर्षित रहता है। लक्ष्य से कभी भटकता नहीं। धर्मकार्य, श्रद्धा, सत्यता, करुणा, स्नेह, संयम, विवेक, आत्मउद्योग आपके स्थायी आचरण बन जाते हैं। अतः आप अपनी निजता में ब्रह्म स्वरूप की अनुभूति कर पायेंगे। श्री राम सबका भला करें।''

एक वृद्ध सड़कनिवासी ने कहा– ''हे महात्मन्! यह सर्वकल्याणकारी दिव्यज्ञान का पालन हमारा नित्य कर्म रहेगा।''

पार्थोदास सबको धन्यवाद देकर बोले– ''हे वृक्षोम धाम के नव निवासियों, हमें आपकी स्वीकृति से बहुत अच्छा लगा। सदैव सुखी रहो।''

तत्पश्चात् वहीं उपस्थित व्रिक्षी ने सबसे कहा– ''प्रणाम वृक्षोम धाम निवासियों। एक पशुप्रेमी होने के नाते मैंने एक विशेष निर्णय लिया है कि आज से आप में से लगभग सहस्र पुरुष 'पशुरक्षा परमो धर्म' अभियान का सुख स्वरूप हिस्सा बनेंगे। इस अमूल्य अभियान के अंतर्गत आपको भारत सरकार की सहायता से भारत देश के प्रत्येक राष्ट्रीय राजमार्ग पर पशु सुरक्षा हेतु मार्ग के दोनों तरफ़ पाँच फुट उँचाई की इस्पात धातु की सुरक्षा बाड़ लगानी होगी और राष्ट्रीय राजमार्ग या साधारण राजमार्ग पर यदि आपको कोई पशु–पक्षी आकस्मिक रूप से मृत्यु

को प्राप्त हुआ दिखाई देता है तो उस मृतदेह का निकट के किसी नीम के वृक्ष के नीचे विधिवत् अग्नि संस्कार करें और उसकी दिव्यात्मा को सद्गति प्रदान करें। पशुरक्षा के इस शीर्षस्थ अभियान के अंतर्गत आप सबको प्रत्येक राष्ट्रीय राजमार्ग पर प्रति एक किलोमीटर की दूरी पर मार्ग से लगभग सौ फुट दूर किसी जल स्रोत के निकट सुरक्षित एवं स्वच्छ स्थल पर छोटे–छोटे जलकुंड और भोजनस्थलों का निर्माण करना होगा। और हम सरकार की सहायता से समस्त देशवासियों को दूरदर्शन या रेडियो के माध्यम से यह निर्देश जारी करेंगे कि प्रत्येक परिवार अपने सामर्थ्य अनुसार अपनी स्वेच्छा से दिवस में दो बार हमारे द्वारा निर्मित भोजनस्थलों पर पशु पक्षियों के लिये शुद्ध और सात्विक भोजन रखें। और पशुपालक अपने पशुओं को बिना उत्तम प्रशिक्षण दिये, मृत्यु को अकाल आमंत्रण देने वाले राष्ट्रीय राजमार्ग या साधारण राजमार्ग पर मुक्त भ्रमण के लिये अकेले न छोड़ दे, अन्यथा ऐसे गैर–जिम्मेदार पशुपालकों पर सख्त से सख्त कार्रवाई होगी। अंततः इस विधिवत् कार्य पद्धति से असंख्य पशु पक्षियों को सुव्यवस्थित जीवन प्राप्त होगा।''

इसी बात पर एक वृद्ध स्त्री कहती है– ''उत्कृष्ट विचारधारा। सर्वोत्तम मनोदशा एवं देवरूपी अनंतता का श्रेष्ठ प्रस्तुतीकरण। पार्थोदास जी ऐसा प्रतीत हो रहा है कि आप लोग निश्चित रूप से प्रभु श्री रामचंद्र जी के वंशज या संबंधी हैं, जो साक्षात् धर्म या धर्म से भी परे हैं। ऐसी विशिष्ट कल्याणकारी विचार क्षमता तो बड़े–बड़े धर्मगुरुओं के पास भी उपलब्ध नहीं होती।''

एक वयस्क पुरुष ने कहा– ''शत–प्रतिशत सत्य वचन। ऐसे धर्मकृत्य करके हम अनंत जन्मों के लिये पुण्य के भागी बन जायेंगे और फलस्वरूप अनंत चैतन्य स्वरूप को प्राप्त करके स्थायी गंतव्य परमधाम को प्राप्त होंगे।''

पार्थोदास ने हर्षपूर्वक कहा– ''ब्रह्मदेव आप सबकी प्रत्येक शुभेच्छा पूर्ण करें।''

तत्पश्चात् पाँचों पंडित श्री राम और माता सीता और गायों, भैंसों और बैलों को तिलक करते हुए उन्हें प्रसाद चढ़ाते हैं। उसके बाद प्रत्येक पंडित पार्थोदास, सिनोली, व्रिक्षी, नुयिदास, उनकी पत्नी और उनके पुत्र के मस्तक पर तिलक करके उन्हें भूमि पूजन का प्रसाद देते हैं। इसके उपरांत प्रत्येक पंडित वृक्षोम धाम के नये निवासियों के मस्तक पर तिलक करके सभी को प्रसाद वितरण करते हैं। प्रत्येक व्यक्ति एकदम शांत मुद्रा में खड़ा है। कोई ध्वनि नहीं। अत्यंत शांत वातावरण।

प्रसाद वितरण समापन के पश्चात् वृक्षोमधाम का प्रत्येक नया निवासी हर्षोल्लास से पार्थोदास और नुयिदास के परिवार के निकट आकर उन्हें नतमस्तक होकर उनका शुद्ध और पवित्र मन से धन्यवाद करता है।

इस असंभव घटना को घटता हुआ देखकर कुछ लोग अत्यंत प्रसन्न दिख रहे हैं। कुछ के अश्रु बह रहे हैं। कोई एकटक दृष्टि से अपने नये भव्य मकानों को देख रहा है। कोई वेदशाला की ओर दौड़ते हुए जा रहा है तो कोई उद्यान में। कोई तालाब की ओर तो कोई भोजनालय की ओर। कोई निराश्रयी पशु–पक्षियों के लिये बनाये गये भव्य पशुभवन क्षेत्र की ओर पशुओं के साथ खेलने जाता है।

इस कल्याणकारी परिस्थिति को देखते हुए पार्थोदास मन ही मन में सोचते हैं कि यही वो क्षण है जिसके लिये कदाचित आज तक वे जीवित हैं। जीवन का उत्तम प्रसंग। वे श्री हरि से यही प्रार्थना करते हैं कि इसी तरह ये सब लोग सदैव के लिये आनंदित जीवन व्यतीत करें और इन्हें शीघ्र ही ब्रह्मज्ञान की प्राप्ति हो जाये।

उसके बाद एक सड़क निवासी ने पार्थोदास से कहा– "राम–राम सा। हमें ज्ञात हुआ है कि आप अपने जन्म दिवस पर किसी प्रकार का उत्सव नहीं मनाते हैं और न ही आपको किसी की भेंट स्वीकार्य है। इसलिये परमात्मा से जुड़कर एक शुभेच्छा दे रहा हूँ। संपूर्ण प्राणीजगत की ओर से आपको जन्म दिवस की बहुत सारी शुभकामनायें। हम प्रभु श्री राम से यह प्रार्थना करते हैं कि आप प्रत्येक जन्म में विश्वश्रेष्ठ कल्याणकारी मनुष्य के रूप में इस पृथ्वीलोक पर जन्म लें और ऐसे विश्वोत्तम कार्य सदैव करते रहें।"

पार्थोदास ने कहा– "शीर्षस्थ आत्मशांति प्रदान कर रहे इन श्रेष्ठ शब्दों के लिये आपका बहुत धन्यवाद मित्र।"

एक वृद्ध सड़क निवासी ने पार्थोदास से कहा– "आप सब लोग हमारे लिये साक्षात् ईश्वर के समान हैं। हम जैसे तुच्छ सड़क निवासियों की ओर देखने के लिये किसी के पास समय ही कहाँ है। निर्बुद्धि लोग ताने मारते रहते थे कि निर्धन सड़क निवासियों की नियति दुःख ही है।"

पार्थोदास ने उत्तर दिया– "अब निर्धन के यहाँ जन्म हुआ तो हुआ। यदि इस तरह कोई प्रगति पंथ प्राप्त हो तो ही आप दुर्गति का दमन कर सकते हैं न!"

तभी एक अन्य सड़क निवासी ने पार्थोदास से कहा– "हाँ, जो शुद्ध, शांति प्रदायक, सैद्धांतिक और विकासशील जीवन आपने हमें प्रदान किया है ये तो ईश्वर

ईश्वरीय आदेश: धर्मो रक्षति रक्षितः

र पशु-पक्षियों को नित्य सुरक्षा प्रदान करना मनुष्य जाति का नैतिक एवं प्राथमिक कर्तव्य है। पशु-पक्षियों का भव्य परिवा

संतुलित एवं अज्ञानी मन के आश्रय में, मार्ग पर तेज़ गति से वाहन चलाते हुए उनकी अकाल मृत्यु का कारण बने। प्रतिक्ष

सतयात्री बने रहें। सर्व प्राणी सावधान रहें, सुरक्षित रहें।" "पशु रक्षा परमो धर्म" "जितेन्द्रिय प्रसन्नात्मा" "संशयात्मा वि

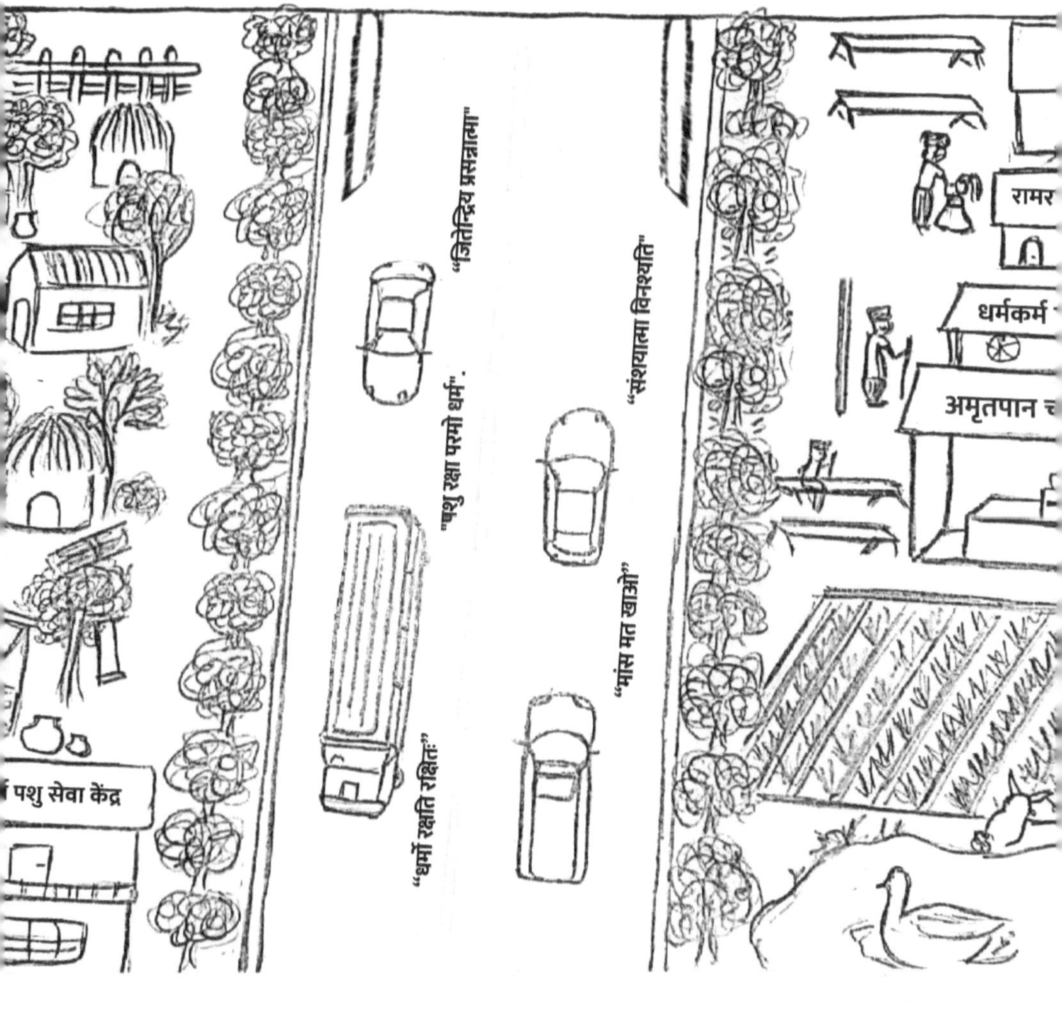

के अतिरिक्त और कोई नहीं दे सकता। हम आपका ये अमूल्य उपकार अपने प्रत्येक जन्म में नहीं भूलेंगे। इसके लिये हम सदैव आपके ऋणी रहेंगे।''

ये कहते-कहते कुछ लोग अधिक भावुक होकर पार्थोदास, नुयिदास, भिलवा और उनके पुत्र से गले मिले। कुछ स्त्रियाँ भी सिनोली, व्रिक्षी, सुहिल्या और नुयिदास की पत्नी के गले लगीं और सबको धन्यवाद किया। इस भावुक परिस्थिति को सत्यरूप में अनुभूत करते हुए और सड़क निवासियों द्वारा प्राप्त सहानुभूति के दिव्य शब्दों को सुनकर पार्थोदास, सिनोली, व्रिक्षी, भिलवा, सुहिल्या, नुयिदास, उनकी पुत्री एवं पुत्र भी भावुक हो जाते हैं और उनकी आँखों से अश्रु बहने लगते हैं।

इन्हीं भावों के साथ पार्थोदास ने वृक्षोम धाम के प्रत्येक निवासी से कहा– ''वृक्षोमधामवासियों, ये जो कुछ भी शुभ घट रहा है वो आप सबके सौभाग्य के अनुसार घट रहा है। हम सब तो मात्र एक भाग्यशाली माध्यम हैं। और वैसे भी हम सब एक भव्य परिवार का हिस्सा हैं। 'वसुधैव कुटुंबकम' ही परमसत्य है इसलिये धन्यवाद की कोई आवश्यकता नहीं है।''

उसके बाद सिनोली ने सबसे कहा– ''आज से सदैव आनंदित रहें और हमारे वृक्षोमधाम भूमिक्षेत्र को शक्तिमान कर जो शुभ कार्य करने की प्रतिज्ञा ली है, उसे सर्वोचित गंतव्य प्रदान करें।''

एक सड़क निवासी ने सिनोली और पार्थोदास से कहा– ''पार्थो जी, सिनोली जी, आप निश्चिंत रहें। हमारी प्रतिज्ञा का प्रत्येक शब्द रामवाणी सिद्ध होगा।''

•••

रथयात्रा महोत्सव दिवस, अहमदाबाद, गुजरात राज्यः

आज रथयात्रा महोत्सव का अतिशुभ दिवस है। प्रातःकाल अहमदाबाद शहर के जगन्नाथ मंदिर के प्रत्येक निवासी, द्वालिम राज, कुछ पंडितगण स्नान करके जगन्नाथ प्रभु की मंगला आरती कर रहे हैं। अत्यंत सुंदर, धार्मिक, मनमोहक, आत्मोद्धारक एवं अलौकिक वातावरण में श्रद्धावान भक्त को निस्संदेह श्री विष्णु चेतना की सुखवर्धक अनुभूति होती है।

लक्षद्वीप से आये भगवान जगन्नाथ के महाउपासक ऋषि श्री रामनामसिद्धात्मा जी के साथ-साथ पार्थोदास भी खड़े होकर मंगला आरती कर रहे हैं। इस आरती में एक वृद्ध ब्रह्मऋषि भी सम्मिलित हुए हैं जो विशेष रूप से अहमदाबाद की भव्य रथयात्रा के दर्शन करने ओडीशा राज्य के पुरी शहर से आये हैं।

कुछ ही क्षण पश्चात् आरती समाप्त होते ही उपस्थित सभी व्यक्ति बोलते हैं– ''भगवान श्री जगन्नाथ जी की जय। भगवान श्री जगन्नाथ जी की जय।'' इसके बाद वे सभी प्रभु की मनमोहक प्रतिमा के निकट जाकर प्रभु को प्रणाम करते हैं। पार्थोदास और उनके मित्र द्वालिम राज, महाउपासक ऋषि श्री रामनामसिद्धात्मा जी के चरण स्पर्श करते हैं। महर्षि पार्थोदास को गले लगाकर कहते हैं– ''विष्णुराज प्रबल हो। बिश्नोई जी, आप जैसे धर्मपुरुष को पुनः यहाँ देखकर हमें बहुत अच्छा लगा।''

''विष्णुराज प्रबल हो। विश्वगुरु के इस मंदिर की शरण में आना हमारा परम सौभाग्य है महर्षि जी।''

महर्षि श्री रामनामसिद्धात्मा जी के गले में काले पत्थर का एक ताबीज़ देखकर पार्थोदास आश्चर्यचकित रह जाते हैं। तभी महर्षि ओड़ीशा राज्य के पुरी शहर से आये वृद्ध ब्रह्मऋषि को देखकर हल्का मुस्कुरा उठते हैं। यह देखकर पार्थोदास भी उस दिशा में देखते हैं और उन्हें पुरी के महान त्रिकालज्ञानी ब्रह्मऋषि शास्त्रनाथ के दर्शन होते हैं। शास्त्रनाथ को यहाँ देखकर पार्थोदास अचंभित रह जाते हैं। फिर तुरंत ही उनके चरण स्पर्श करते हैं और कहते हैं– ''विष्णुराज प्रबल हो। इस विश्व की परमसत्ता एवं उत्तम आत्मज्ञान के हमें साक्षात् दर्शन कराने वाले धर्मगुरु शास्त्रनाथ को हमारा शत-शत प्रणाम।''

''विष्णुराज प्रबल हो। आपका सदैव कल्याण हो पुत्र।''

पार्थोदास की दृष्टि शास्त्रनाथ के गले में पहने हुए अलौकिक शक्तियों से परिपूर्ण मायावी ताबीज़ पर पड़ती है और वे थोड़े भ्रमित हो जाते हैं। यह देखकर

ईश्वरीय मनुष्य

शास्त्रनाथ ताबीज़ को अपने हाथ में पकड़ते हुए पार्थोदास से कहते हैं– "पुत्र, आपको स्वप्न माध्यम से जगन्नाथपुरी आने के लिये हमने आमंत्रित किया था, पर आप नहीं आ सकें। इसलिये हम स्वयं इस पवित्र स्थान पर आपको यह महाप्रसाद देने आ गये।"

यह बात सुनकर ही पार्थोदास समझ गये कि उनके मानसपट पर दिखने वाले और कोई नहीं स्वयं शास्त्रनाथ थे।

"गुरुदेव, इस त्रुटि के लिये हमें क्षमा करें। हमारी जगन्नाथपुरी की प्रत्येक धर्मयात्रा के दौरान आपसे ब्रह्मज्ञान प्राप्त करने के पश्चात् भी हम आपको स्वप्न में ठीक से पहचान नहीं पाये। संभवतः हम आपका मुख नहीं देख पाये, अन्यथा...।"

"पुत्र, आपने हमारे ताबीज़ को ध्यानपूर्वक नहीं देखा। इसमें अतिसुंदर और भव्य समुद्र का प्रतिबिंब दिख रहा था। वो वही स्थान था, जहाँ हम प्रत्येक बार मिले हैं और जहाँ तक हमारा मुख दिखने की बात है तो जब हमने आपको अपनी दुनिया ही दिखा दी तो उसके सामने मुख एवं शरीर का क्या अस्तित्व।"

"आप सत्य कह रहे हैं गुरुदेव। आपको यहाँ आने से जो कष्ट हुआ है उसके लिये हमें क्षमा करें।"

पार्थोदास की बात सुनकर शास्त्रनाथ ने कहा– "पुत्र, यहाँ आने से हमें कोई कष्ट नहीं हुआ। ये हमारे प्रभु का ही स्थान है। और हम यहाँ नियति की इच्छा के अनुसार ही उपस्थित हैं। हमारे जीवन में समय अनमोल है। जो घटना जिस समय घटनी है, वह अनिवार्य है। हम तो केवल निमित्त मात्र हैं। इसलिये हमें तो यहाँ आना ही था।"

"ऋषिवर, आप किस घटना की बात कर रहे हैं?" पार्थोदास ने आतुर भाव से कहा।

"जो विश्वोत्तम जीवनशैली का प्रदर्शन निकट भविष्य में होने वाला है, उसके लिये हम आपको महाप्रसाद देने आये हैं। और हम अत्यंत भाग्यशाली हैं कि हम उस शुभ कार्य का एक छोटा सा हिस्सा बन सके।"

पार्थोदास कुछ कहें उसके पहले ही शास्त्रनाथ अपनी पोटली में से एक छोटी थैली निकालते हैं और पार्थोदास को देते हुए कहते हैं– "पुत्र, इस पवित्र स्थान पर भगवान श्री जगन्नाथ को साक्षी मानकर हम आपको ये अतिपवित्र और शक्तिशाली वस्तुएँ दे रहे हैं जो आपके महान युगपुरुष पौत्र के लिये हैं।"

पार्थोदास ने उस थैली को अपने हाथ में ले लिया और कहा— ''परंतु गुरुदेव, हमारा कोई पौत्र और पौत्री नहीं है। हमारी पुत्री भी अभी अविवाहित है। हम उनके लिये श्रेष्ठ पुरुष खोज ही रहे हैं।''

''सुखराज मेवार। साक्षात् देवात्मा और पुण्यराशि। वे आपकी पुत्री के लिये अतिउपयुक्त पुरुष हैं। इस संसार में उनसे श्रेष्ठ व्यक्ति खोजना असंभव है।''

शास्त्रनाथ की यह बात सुनकर पार्थोदास आश्चर्यचकित हो जाते हैं। एक क्षण बाद ही वे कहते हैं— ''ऋषिवर, आप सर्वज्ञ हैं। आप सब जानते हैं। ये परम सत्य है कि श्री सुखराज मेवार की श्रेष्ठता अतुलनीय है। उनकी विचार सत्ता, कर्म सत्ता एवं धर्माधीन जीवनशैली सर्वोपरि है। परंतु वे विवाह के विषय में रुचि नहीं रखते हैं।''

''चाहे कितने भी युग बदलें, कितनी भी बार पृथ्वी का विनाश या सृजन हो। इस पृथ्वी पर ऐसी कई अतिपवित्र और परिशुद्ध आत्माओं का अस्तित्व है जिनका एक दूसरे के साथ प्रायः जुड़ना निश्चित है। पुत्री व्रिक्षी और सुखराज मेवार का महामायावश मिलन भी पूर्वनिर्धारित है। ये सब अद्भुत अदृश्य नियति की अनिर्वचनीय महामाया का रहस्यमयी फल है। इनका मिलन तो इनके जन्म के पूर्व से ही निश्चित है।''

नतमस्तक होते हुए पार्थोदास ने शास्त्रनाथ से कहा— ''ऋषिवर, आपके इस आत्मबल वर्धक संदेश से अब हमें सब ज्ञात हो गया है।''

''इस पोटली में अतिपवित्र अभिमंत्रित वस्तुएँ हैं जैसे— लाल कुमकुम, कुछ छोटे शंख जिनके भीतर गुलाब की पत्तियाँ हैं। इन शंखों को गंगाजल में भिगोकर रखना है। पाँच अतिपवित्र शक्तिशाली महायंत्र हैं उन्हें भी गंगाजल में रखना है। इसके अतिरिक्त पाँच इत्र की शीशियाँ हैं जिस में से एक शीशी का उपयोग आपको अपने पौत्र के जन्म के समय करना है। इस इत्र को गंगाजल में मिश्रित करके उससे पौत्र को स्नान करवाना होगा। साथ में है भगवान श्री जगन्नाथ जी की प्रसाद रूपी चुनरी। ये उस देवगुणी बालक को उसके जीवन की प्रथम श्रेष्ठ उपलब्धि के पश्चात् दे देना। बस इतना कार्य आपको करना है।''

पार्थोदास ने शास्त्रनाथ से कहा— ''अवश्य ऋषिवर।''

•••

ईश्वरीय मनुष्य

अगले दिवस सुबह के आठ बजे। ब्रह्मानिवास–सोम गाँव–राजस्थान। पार्थोदास स्नान कर रहे हैं। इसी दौरान सिनोली से व्रिक्षी कहती हैं– "माताश्री, हमने पिताश्री के लिये बनवाये रंगचित्र और चंदन की लकड़ी से निर्मित हमारी प्रतिमा पर से कपड़ा हटा दिया है।"

"आपके पिताश्री, आपकी इस विशेष भेंट को देखकर अतिप्रसन्न एवं रागमय हो जायेंगे।"

"अवश्य।"

स्नान के पश्चात् पार्थोदास की सूर्य नमस्कार क्रिया पूर्ण होते ही व्रिक्षी ने कहा– "पिताश्री, आइये। हम आपको किसी से मिलवाते है।"

"किससे?"

"आइये तो सही।"

और वे तीनों घर के मुख्य कक्ष में प्रवेश करते हैं। मुख्य कक्ष में प्रवेश करते ही व्रिक्षी ने दीवार पर लगे रंगचित्र की दिशा में हाथ इंगित किया। पार्थोदास इन चित्रों के निकट जाते हैं और उन्हें ध्यानपूर्वक देखते हैं।

अतिसुंदर रंगचित्रों को भावपूर्वक देखते हुए पार्थोदास बोलते हैं– "अति उत्कृष्ट, अतिसुंदर और परम वास्तविक हैं ये चित्र। अतुलनीय कला का सर्वोत्तम नमूना हैं ये। आपने हमारे समस्त जीवन के अविस्मरणीय क्षणों को अतिसुंदर चित्रों में रूपांतरित करके उन्हें सदैव के लिये जीवित कर दिया है। ऐसा लग रहा है कि हम पुनः इन उत्तम क्षणों का हिस्सा बन कर उनका अनंत आनंद ले रहे हैं। प्रत्येक चित्र एकदम जीवित लग रियो है। अत्यंत प्रभावशाली कार्यशैली। अतिमोहक एवं प्रशंसनीय प्रदर्शनी।"

सिनोली ने पार्थोदास के कंधे पर हाथ रखा और बोलीं– "आपके जन्म दिवस और आपके पवित्र एवं लोककल्याण पूर्ण आदर्श जीवन के लिये हमारी ओर से एक छोटी सी तुच्छ भेंट।"

"आप दोनों का बहुत धन्यवाद। परंतु ये कोई तुच्छ भेंट नहीं, निपुण कलाकारों का अतुलनीय सृजन है। यह सृजन इस शरीर को नित्य सुख प्रदान करने में पूर्णतः सक्षम है।"

सिनोली पुनः बोलीं– ''बाहर बगीचे में और भी हैं।''

तीनों साथ–साथ बगीचे में जाते हैं। बगीचे में रखे चित्रों को देखते हुए पार्थोदास की दृष्टि घर के प्रवेश द्वार पर बनी उनकी, सिनोली की और व्रिक्षी की अतिसुंदर प्रतिमा पर पड़ती है। प्रतिमा को निकट से देखकर वे एकदम प्रभावित हो जाते हैं। वो प्रतिमा को हल्का सा स्पर्श करते हुए ध्यानमग्न होकर देखते हैं।

उनके मन में सहसा विचार आता है– ''अतिसुगंधित, अतिसुंदर और परम वास्तविक हैं ये प्रतिमा। उत्कृष्ट कार्यशैली। पुनः उत्कृष्ट सृजनात्मकता। यह प्रस्तुतीकरण हमारे शरीर और आत्मा को इस विश्व का उत्तम सुख प्रदान कर रहा है।''

फिर पार्थोदास ने सिनोली से पूछा– ''सिनोली जी, ये अभूतपूर्व आयोजन किया किसने?''

''आपकी प्रतिभाशाली, प्रबुद्ध और विवेकशील पुत्री के अतिरिक्त और कौन हो सकता है। वह आपके जीवन के असीम सत्कर्मों को इन रंगचित्रों के माध्यम से इस विश्व को यह उदाहरण देना चाहती हैं कि मनुष्य जीवन असीम संभावनाओं को साकार करने वाला मायावी क्षेत्र है। स्वयं का और स्वयं के परिवार के अतिरिक्त अन्य मनुष्यों और पशु–पक्षियों का निःस्वार्थ भावपूर्ण कल्याण करना ही अर्थपूर्ण जीवन है।''

सिनोली की यह तथ्य बात सुनकर पार्थोदास बोले– ''आभ की अनंतता के समान आप लोगों की विचार क्षमता है।''

व्रिक्षी ने तुरंत ही कहा– ''पिताश्री, हमने तो केवल उचित मार्गदर्शन और परिशुद्ध कल्पना की है। वास्तव में यह सब सर्वप्रसिद्ध चित्रकार एवं शिल्पकार श्री पशुनाथ जी के श्रेष्ठ कला कौशल और माताश्री की आपके जनोपयोगी जीवनकाल की संपूर्ण जानकारी के कारण संभव हुआ है।''

पार्थोदास दोनों को गले लगाकर बोल उठे– ''अतिप्रशंसनीय कार्य है ये। हम आप दोनों का और पशुनाथ जी जैसे प्रतिभावान् कलाकार का बहुत आभार मानते हैं। आप लोगों ने हमें हमारे संपूर्ण जीवनकाल की सर्वश्रेष्ठ भेंट दी है। अतः हम जीवनपर्यंत आप तीनों के कृतज्ञ रहेंगे।''

इस दौरान पार्थोदास भावुक हो जाते हैं और उनकी आँखों से प्रसन्नता के अश्रु बह रहे हैं। त्रिक्षी, पार्थोदास के अश्रु पोंछती हैं।

उसके बाद पार्थोदास दोनों को देखकर कहते हैं– "हम ईश्वर के बहुत आभारी हैं। इन दिनों उन्होंने हमें बहुत प्रसन्न किया है। पहले बस्तीवासियों को दी वृक्षोम धाम की भेंट की प्रसन्नता। उसके बाद, जगन्नाथ पुरी के ऋषि शास्त्रनाथ जी की दी हुई अलौकिक शक्तियों से परिपूर्ण अमूल्य वस्तुओं की भेंट की प्रसन्नता। और आज आप दोनों द्वारा दी गई इस विशेष भेंट की प्रसन्नता। आज हम अतिधन्य हो गये हैं। यह क्षण स्वर्गीय अनुभूति प्रदायक है।"

सिनोली ने अचरज से कहा– "अर्थात् वो ब्रह्मऋषि, गुरुदेव शास्त्रनाथ जी थे जो आपके मानसपट पर दिखे थे?"

"जी। अब भूख लगी है। अल्पाहार कर लेते हैं। उसी दौरान हम आपको सब बताते हैं।"

और वे तीनों अल्पाहार करने घर में प्रवेश करते हैं।

•••

उसी दिवस शाम के पाँच बजे।

पार्थोदास, सिनोली और व्रिक्षी मेवार राजमहल के मुख्य कक्ष में बैठे हैं।

मुख्य कक्ष में प्रवेश करते ही सुखराज ने तीनों को प्रणाम किया और कहा— ''राम—राम सा।''

''राम—राम सा।''

''कैसे हैं आप लोग?''

पार्थोदास बोले— ''परमात्मा की नित्य कृपा से नित्य रूप से स्वस्थता और प्रसन्नता की शरण में है। और आप?''

सुखराज ने पार्थोदास से कहा— ''आप लोगों की पवित्र संगत से यह सौभाग्य हमें भी प्राप्त है।''

''सत्य में आपकी क्षणिक संगत और उपदेशात्मक वचन, चित्त को अनंत आनंद प्रदान करते हैं। आपकी संगत में प्रत्येक सोमवासी को नये धार्मिक विश्व की अनुभूति होती है।'' सिनोली ने सुखराज से कहा।

सुखराज ने सिनोली से कहा— ''धन्यवाद। यह सब सोमवासियों की शुभ संगत और ऋषि धर्मरामो के दिव्य आशीर्वाद से संभव हुआ है। और वास्तव में शब्द तो ब्रह्म हैं। अतः मनुष्य को विवेकपूर्ण और शांत मन से एकाग्रचित्त होकर सोच समझकर शब्दों का प्रयोग करना चाहिये। इससे किसी को हानि नहीं पहुँचती। वैसे एक दुःखद सत्य बतायें तो पृथ्वीलोक पर निन्यानवे प्रतिशत लोग उनकी कठोर एवं व्यर्थ वाणी के कारण ही पाप, शोक, दुःख, अशांति, असफलता और भ्रम के शरण में हैं।''

इस दौरान व्रिक्षी को एकटक अपनी ओर देखता हुआ देखकर सुखराज ने पार्थोदास से कहा— ''खैर, श्री रामचंद्र जी सबरो भलो करें। वैसे आप लोगो ने यहाँ आने का कष्ट क्यों किया। संदेश भेज दिया होता तो हम स्वयं ही आपके घर आ जाते।''

पार्थोदास ने तुरंत उत्तर दिया— ''मेवार साहब, यहाँ आने के लिये तो हम सदैव व्याकुल ही रहते हैं। और वैसे भी राजा प्रजा के घर नहीं बल्कि प्रजा राजा के द्वार पर आती है।''

सुखराज ने कहा— ''हम तो संपूर्ण प्राणीजगत के सेवक हैं। वैसे प्रजा ही राजा की वास्तविक संपत्ति एवं प्राण होती है।''

पार्थोदास बोले— ''खूब धन्यवाद। वास्तव में हमें स्वयं ही आपसे एक महत्त्वपूर्ण विषय के लिये मिलना था।'' ये कहते समय पार्थोदास ने सुखराज को भगवान श्री जगन्नाथ का प्रसाद दिया।

सुखराज ने पार्थोदास से कहा— ''इस कल्याणकारी प्रसाद के लिये आपका धन्यवाद।''

तभी बाली दादा सबके लिये सूखे मेवे का केसरयुक्त दूध लेकर आये। दूध देते समय बाली दादा ने पार्थोदास से कहा— ''राम–राम सा, पार्थोदास जी।''

''राम–राम सा, बाली दादा।''

उसके बाद सुखराज ने बाली दादा को प्रसाद देकर कहा— ''बाली दादा, हमारे कृषक भाइयों से कहो कि प्रभु का ये कल्याणकारी प्रसाद प्रत्येक सोमवासी में बाँट दें और पशु–पक्षी भी इस प्रसाद लाभ से वंचित न रहें।''

''जी, हुकुम।''

फिर सुखराज ने पार्थोदास से पूछा— ''तो कैसी रही आपकी बिलारा गाँव की जनकल्याण यात्रा?''

''जीवन की अमूल्य सुखदायी यात्रा। अनगिनत व्यथित आत्माओं को शिखरस्थ जीवन प्रदान करने वाला मेरा शीर्षस्थ संकल्प निर्विघ्न सिद्ध हुआ। इस यात्रा में हमने कुछ ऐसा विशेष आनंद प्राप्त किया जिसकी कभी कल्पना भी नहीं की थी। यह सर्वोत्तम कर्म इस विश्व की सर्वोच्च सत्ता के सहकार से उसी को समर्पित किया है।''

यह बोलने के बाद पार्थोदास ने ऋषि शास्त्रनाथ के दिये हुए महाप्रसाद के विषय में सोचा जो सुखराज को देना है।

तभी सुखराज बोले— ''हाँ, हम उन निर्धन और सड़क निवासियों के लिये आपकी सद्भावनाओं का सम्मान करते हैं। आपने कर्मयोग की सर्वोचित परिभाषा प्रदर्शित की है।''

''मेवार साहब, सत्य कहें तो इन सारे सत्कर्म और सद्गुणों का शास्त्रोक्त ज्ञान हमने आप ही से प्राप्त किया है। कहते हैं न– संगत से गुण आत है, संगत से गुण जात है।''

सुखराज पुनः बोले– ''सही कहते हैं। आप स्वयं गुणों का असीमित भंडार हैं।''

यह सुनकर पार्थोदास ने कहा– ''और आप सर्वोत्तम गुणों के समुद्र हैं। समुद्र तो संपूर्ण और स्थायी है। इस संसार की प्रत्येक वस्तु उसी से उत्पन्न होती है और उसी में विलीन होती है। हम तो नदियाँ हैं जिनका एक मात्र गंतव्य होता है– समुद्र। नदियों को समुद्र तक पहुँचने के लिये कई डूँगर, वन और अन्य स्थलों से गुज़रना पड़ता है। तब जाकर वे अपने गंतव्य तक पहुँचती हैं और अपनी श्रेष्ठता को प्राप्त करती हैं।''

व्रिक्षी ने पार्थोदास से कहा– ''हाँ पिताश्री, हम इस बात से पूर्णतः सहमत हैं।''

सिनोली ने भी व्रिक्षी का समर्थन किया।

सुखराज ने तीनों से कहा– ''इन सर्वलोक प्रिय श्रेष्ठ शब्दों के लिये आप लोगों का बहुत धन्यवाद। परंतु वास्तव में हम सब एक ही समुद्र की भिन्न लहरें हैं और यही परम सत्य है।''

पार्थोदास सुखराज से बोले– ''इस समानता के लिये आपका धन्यवाद।''

इस दौरान बाली दादा भगवान श्री जगन्नाथ का प्रसाद, कृषकों को देकर गोवाल दादा के संग अपना दैनिक कार्य समाप्त करके वहाँ आते हैं और सुखराज के पास बैठते हैं।

उसके बाद पार्थोदास ने कहा– ''आइये बाली दादा, मन में आप ही का विचार आया और आप आ गये। व्रिक्षी ने कहा था कि आप हमसे मिलना चाहते हैं।''

''जी। वो पुत्री व्रिक्षी और पुत्र सुखराज के विषय में कुछ बात करना चाहते थे।''

पार्थोदास ने प्रसन्न होकर कहा– ''जी, कहिये।''

ईश्वरीय मनुष्य

''पार्थोदास जी, संकोच एवं धैर्य को विश्राम देते हुए मैं यह शुभ वाक्य बोलते हुए अत्यंत प्रसन्नता एवं सौभाग्य प्राप्त कर रहा हूँ कि हमारे देवरूपी पुत्र सुखराज आपकी लक्ष्मी रूपी पुत्री व्रिक्षी को पूर्ण रूप से पसंद करते हैं। अतः वे आपकी सर्वगुण संपन्न एवं राजकुल को नित्य दिव्यता प्रदान करने वाली पुत्री के पति परमेश्वर बनकर विश्व के सर्वाधिक सौभाग्यशाली पद को प्राप्त करना चाहते हैं। पर इस संबंध को सकारात्मक गति प्रदान करने के लिये आप तीनों की व्यक्तिगत स्वीकृति और रुचि हो तो ही, अन्यथा नहीं।''

बाली दादा की इस बात से पार्थोदास, सिनोली और व्रिक्षी अतिप्रसन्न हो जाते हैं।

पार्थोदास, बाली दादा से कहते हैं– ''दादा, वो माता–पिता इस संसार के सबसे बड़े मूर्ख एवं अज्ञानी होंगे, जो इस महान संबंध को नहीं स्वीकारेंगे। हमें कदापि ये ज्ञात नहीं हुआ कि हमारी पुत्री व्रिक्षी इतनी सौभाग्यशाली हैं कि इसे मेवार साहब जैसे विश्व प्रसिद्ध, ओजस्वी, सुंदर, धर्मज्ञ और सोम गाँव के शाही परिवार के देवतारूपी सर्वगुण संपन्न श्रेष्ठ उत्तराधिकारी का कल्याणकारी साथ प्राप्त होगा।''

सिनोली सुखराज से बोलीं– ''आप वाकई महान पुरुष हैं मेवार साहब। एक अतिधनिक राजपरिवार के सर्वश्रेष्ठ उत्तराधिकारी के रूप में आप चाहते तो राजस्थान के किसी भी धनिक महाराज की पुत्री को पसंद कर सकते थे। और कोई भी धनिक महाराज आप जैसे सर्वश्रेष्ठ व्यक्ति का विवाह प्रस्ताव सहर्ष स्वीकार कर लेते। परंतु फिर भी आपने केवल व्रिक्षी को ही पसंद किया। आपका यह प्रस्ताव हमारी पुत्री के लिये अनंत जन्मों की सर्वश्रेष्ठ भेंट है। परमात्मा आपको ईश्वर पद प्रदान करें।''

सुखराज प्रसन्नतापूर्वक सिनोली से कहते हैं– ''आभार माते। पर हम तो एक साधारण परिवार के साधारण मनुष्य हैं। हमने आपकी पुत्री को पवित्र मन और शुद्ध हृदय से पसंद किया है। आपकी पुत्री से अधिक सौभाग्यशाली तो हम हैं क्योंकि हमारे लिये इस संसार की अतिसुंदर, उच्च संस्कृतिवान, अतिपवित्र, चरित्रवान, सर्वगुण संपन्न नारी व्रिक्षी जी ही हैं। वे सांस्कृतिक मूल्यों का भंडार हैं। सत्य कहें तो जब से हमने व्रिक्षी जी को देखा है तब से उनकी अंतरात्मा में हमें देवी सीता का रूप दृश्यमान होता है।''

व्रिक्षी ने उत्तर में सुखराज से कहा— ''धन्यवाद मेवार साहब। सत्य कहें तो हमें भी आप में मर्यादा पुरुषोत्तम प्रभु श्री रामचंद्र जी के दर्शन होते हैं। साक्षात् धर्मलोक समान आपके प्रभावशाली व्यक्तित्व, आपकी अपार दानशीलता और सर्वप्राणी के प्रति आपके उच्च सम्मानयुक्त शुद्ध आचरण से समस्त ब्रह्माण्ड में आनंद, स्नेह, शांति और धर्म ऊर्जा का इतनी प्रचंड मात्रा में निर्माण हो रहा है कि उस विराट सत् कल्याण क्षेत्र के द्वारा सर्व मन्वन्तरों के सर्व जीवों के दुःख, अज्ञान, लोभ और विकार सहजता से नष्ट हो जाये।''

सुखराज ने व्रिक्षी को नमन कर कहा— ''समष्टि के उत्तम देवचरित्रों को सहजता से आकर्षित करने वाले ब्रह्मरूपी शब्दों के लिये अनंत धन्यवाद।''

सबके मुख पर सत्यरूपी अनंत आनंद दिख रहा है।

उसके बाद गोवाल दादा ने पार्थोदास और सिनोली से आग्रहपूर्वक पूछा— ''हम, पुत्री व्रिक्षी से इस परिणय प्रस्ताव पर उनकी स्वेच्छा जानना चाहते हैं।''

व्रिक्षी ने आदर के साथ कहा— ''दादा, ये प्रस्ताव हमारे लिये ईश्वर का महाप्रसाद है। इसका अनादर हम कदापि नहीं कर सकते। ऐसे देवरूपी मनुष्य की जीवन साथी बनकर हम असंख्य जन्मों तक इनके ऋणी बने रहेंगे। ऐसे धर्मपुरुष का संग पाकर हमें इस सृष्टि की सर्वश्रेष्ठ शास्त्रोक्त जीवनशैली प्राप्त होगी। हमनें अनगिनत शास्त्रों का पठन किया है पर इनके जैसी विशेष जीवनशैली किसी भी लोक में किसी भी मनुष्य में प्राप्य नहीं। सत्य कहें तो श्री सुखराज मेवार स्वयं एक धर्मशास्त्र हैं।''

सुखराज व्रिक्षी को प्रणाम करते हुए बोले— ''धन्यवाद। हम सदैव के लिये आपके कृतज्ञ रहेंगे।''

यह सुनकर सिनोली ने सुखराज से प्रसन्नतापूर्वक कहा— ''जीवन में कब, कहाँ, किसके संग, क्या घट जाये, पता नहीं चलता। ऐसे शुभ क्षण की प्राप्ति का अनुमान हमनें कदापि नहीं लगाया था।''

सुखराज ने सिनोली को उत्तर दिया— ''सब नियति की इच्छा से घटता है। संभवतः ये हमारे कई जन्मों के सत्कर्मों का अमर्त्य फल है। मेरी त्रिकाल दृष्टि के अनुसार व्रिक्षी जी से विवाह करने के पश्चात् हमें ऐसे परमधाम रूपी जीवन की प्राप्ति होगी जिसकी प्रत्येक घटना संपूर्ण पृथ्वीलोक एवं अन्य परलोक के लिये कल्याणकारी सिद्ध होगी। समूचे ब्रह्माण्ड का कण-कण उस दिव्य जीवन

का प्रशंसक बन जायेगा। संभवतः हमारा वह जीवन दर्शन, सर्वयुगों का सर्वश्रेष्ठ जीवन दर्शन होगा।"

सर्वभाव से व्रिक्षी ने कहा– "परमात्मा आपकी त्रिकालदृष्टि कल्पित जीवन को प्रत्यक्ष रूप प्रदान करें।"

तब पार्थोदास सुखराज के पास आकर बोले– "मेवार साहब, यदि हम संपूर्ण पृथ्वीलोक पर व्रिक्षी के विवाह के लिये आप जैसा श्रेष्ठ व्यक्ति दिया लेकर खोजने निकलेंगे तो कदाचित हमारे अनंत जन्म भी कम पड़ जायेंगे।"

सुखराज ने नमन करते हुए कहा– 'श्रेष्ठ पद प्रदान करने के लिये धन्यवाद।"

उसके बाद पार्थोदास ने गोवाल दादा से प्रफुल्लता से कहा– "दादा, हम इस पवित्र संबंध को यथार्थ रूप में देखने के लिये अतिव्याकुल हो रहे हैं।"

गोवाल दादा बोले– "तो ठीक है, तीन जुलाई को पुत्र सुखराज के जन्म दिवस पर ऋषि धर्मरामो जी की पवित्र भूमि पर इस संबंध को यथार्थ रूप दे देते हैं।"

पार्थोदास ने सुखराज से कहा– "इससे अधिक मंगलकारी दिवस कोई और हो ही नहीं सकता क्योंकि व्रिक्षी का जन्म दिवस भी तीन जुलाई को ही है।"

सुखराज ने विस्मयभाव से कहा– "ये तो बहुत ही शुभ संयोग है।"

बाली दादा ने भी आनंद विभोर होकर कहा– "अवश्य। बस अब तो इस शुभ दिवस की प्रतीक्षा है।"

पार्थोदास ने आगे कहा– "तो मेवार साहब, अब हम चलते हैं और इस विवाह की तैयारी आरंभ करते हैं।"

"ठीक है। हम भी समस्त गाँववासियों को आमंत्रण दे देते हैं। मेरे सिद्धांतों और सरल आदर्शों के अनुसार यह विवाह अत्यंत साधारण रूप में संपन्न होगा।"

"अवश्य। हम पूर्णतः इस सत्य से अभिज्ञ हैं।" पार्थोदास ने सुखराज से कहा।

● ● ●

तीन जुलाई उन्नीस सौ उन्यासी का दिवस। प्रातः पाँच बजे। महातपस्वी ऋषि धर्मरामो की योग माया से उनकी संपूर्ण ध्यानभूमि पर विशेष प्रकार के दुर्लभ फूल अनगिनत मात्रा में बिखरे पड़े हैं जो यहाँ सर्वलोक प्रिय सुवास फैला रहे हैं। इसके अतिरिक्त संपूर्ण ध्यानभूमि के प्रत्येक वृक्ष पर भिन्न रंगों की ज्योति वाले असंख्य दीप प्रज्वलित हैं जो इस स्थल को देवताओं की धर्मनगरी के समान अलौकिक दृश्य प्रदान करने के लिये समर्थ हैं। इस स्थान के कण—कण में परम शांति विद्यमान है। एक पक्षी या किसी भी जीव की ध्वनि तक नहीं। प्रत्येक गाँववासी और आमंत्रित व्यक्ति ऋषि धर्मरामो के अमर नियमों का पूर्णतः पालन करके उनकी पवित्र ध्यानभूमि पर ऋषि की प्रतिमा के सामने बैठे हुए हैं। कुछ प्राणी भी यहाँ उपस्थित हैं जो स्नान करने के पश्चात् इस विवाहोत्सव में सम्मिलित हुए हैं। आश्चर्य की बात ये है कि सभी प्राणी मौन अवस्था में विराजमान हैं। ऐसा प्रतीत हो रहा है कि उन्होंने भी सच्चिदानंद स्वरूप को प्राप्त कर लिया है।

उपस्थित प्रत्येक व्यक्ति ने साधारण वस्त्र धारण किये हैं। त्रिक्षी और सुखराज सहित किसी का कोई श्रृंगार नहीं। प्रत्येक व्यक्ति के दायें हाथ की हथेली में पीपल का एक पत्ता विद्यमान है।

इस दौरान सुखराज और त्रिक्षी, श्री हरि विष्णु और माता लक्ष्मी की मूर्ति को प्रणाम करते हुए अपने—अपने स्थान पर बैठते हैं। पंडित गंगेश्वर जी विवाह संबंधित मंत्रो का मंत्रोच्चार बोलकर नहीं बल्कि मन में ही कर रहे हैं। मंत्रोच्चार यहाँ उपस्थित प्रत्येक व्यक्ति को मन में सुनाई दे रहा है। ये ऋषि धर्मरामो की अलौकिक माया का परिणाम है।

कुछ क्षण पश्चात् ये विवाह संपन्न होता है। सुखराज और त्रिक्षी ऋषि धर्मरामो को प्रणाम करके अपने स्थान पर खड़े होते हैं। उपस्थित प्रत्येक व्यक्ति भी ऋषि को प्रणाम करके अपने स्थान पर खड़े होते हैं। सुखराज और त्रिक्षी अपने मन में माता—पिता, देवी—देवता और अपने पूर्वजों का धन्यवाद करते हैं।

अंत में सुखराज ऋषि धर्मरामो का धन्यवाद करते हुए मन में कहते हैं— ''जय श्री राम ऋषिदेव। इस विश्व के उत्कृष्ट विचारक और महात्यागी धर्मकोष को मेरा प्रणाम। इस पवित्र संबंध की सहज प्राप्ति हमारे माता—पिता एवं आपके नित्य आशीर्वाद के कारण ही संभव हुई है। आप सबका बहुत धन्यवाद। अंत में, जैसा सोचा वैसा ही हुआ। हमें सुंदर, उच्च संस्कारी, धार्मिक, संयमशील और अतिपवित्र

जीवनसाथी की प्राप्ति हुई है। आज हम अतिप्रसन्न हैं और आपको वचन देते हैं कि हम अपने संपूर्ण जीवन में अधिक से अधिक जीवों को श्रेष्ठ जीवन देकर उनकी प्रसन्नता का उत्तम माध्यम बनेंगे।''

उसके बाद त्रिक्षी, सुखराज और प्रत्येक सोमवासी के मानसपट पर पीपल का एक पत्ता दृश्यमान होता है जिसमें लिखा है– ''पुत्र सुखराज, पुत्री त्रिक्षी, आप दोनों का सदैव कल्याण हो। यह संबंध एक विशिष्ट धर्म एवं नवयुग निर्माण के लिये हुआ है। हम एवं आपके पूर्वज इस संबंध से अतिप्रसन्न हैं। परंतु इस संबंध के लिए या किसी और वस्तु के लिए आपको हमें या किसी को धन्यवाद कहने की आवश्यकता नहीं है। ये सब ईश्वर की त्रुटिहीन माया से संभव हुआ है और होता रहेगा। उनकी अदृश्य अनिर्वचनीय माया इस सृष्टि के प्रत्येक जीव का स्वयं पीछा करती है और नियति की इच्छानुसार उसे उचित फल प्रदान करती है। केवल इच्छा का कोई अस्तित्व नहीं है। इच्छा की पूर्ति परिशुद्ध श्रद्धा एवं श्रेष्ठ कर्मों से ही संभव है जो आप सोमवासी सदैव करते आये हैं और करते रहेंगें क्योंकि आप लोग अतिशुद्ध, पवित्र और कल्याणकारी आत्मायें हैं। इसका प्रमाण आप सफलतापूर्वक दे चुके हैं। आपके समान पवित्र एवं धर्मनिष्ठ आत्मायें इस सृष्टि में दुर्लभ हैं। इसलिए आपको या किसी भी सोमवासी को हमें या किसी को वचन देने की आवश्यकता नहीं है। वर्षा ऋतु में गरजते हुए बादल कभी कभार बरसना भूल जाते हैं पर आप सोमवासी किसी भी अनुकूल या प्रतिकूल परिस्थिति में भी अपना श्रेष्ठ कर्तव्य कर्म करना नहीं भूलते हैं। एक नवीन एवं सत्य बात कहें तो आप सब स्वयं धर्म हो। भेद मात्र इतना है कि ईश्वर धर्म का परोक्ष प्रमाण है और आप सब प्रत्यक्ष प्रमाण। आप जैसे धर्मनिष्ठ प्राणियों के कारण ही इस सृष्टि से धर्म की कभी निवृत्ति नहीं हुई।''

''आप सब तो भव्य समुद्र के समान हो। समुद्र को अपनी श्रेष्ठता, पवित्रता, सामर्थ्य और अपने नित्य अस्तित्व का प्रमाण देने की कोई आवश्यकता नहीं क्योंकि संपूर्ण संसार ये जानता है कि वही तो श्रेष्ठ, पवित्र, बलिष्ठ और स्थायी स्रोत है जहाँ से इस सृष्टि का आरंभ, विकास और समापन होता है। वही तो विराट शक्ति है जिससे ये संपूर्ण संसार प्रवृत्त रहता है।''

''पुत्र सुखराज एवं पुत्री त्रिक्षी, आप दोनों का संपूर्ण जीवन विशिष्ट घटनाओं से परिपूर्ण, अत्यंत आनंदकारी एवं परोपकारी होगा। पुत्री त्रिक्षी एक दिव्य पुत्र को जन्म देंगी। वो पुत्र प्रभु श्री रामचंद्र जी के समान धर्मनिष्ठ और कर्मनिष्ठ पुत्र होगा। उसका स्वयं का एक कालखंड होगा– धर्मकाल। उसकी संगत मात्र

से अन्य प्राणियों के सारे दुःख एवं दुर्गुण नष्ट हो जायेंगे। इस सृष्टि के आरंभ से आज तक किसी ने उसके जैसा पशुप्रेमी मनुष्य नहीं देखा होगा न कभी कोई देखेगा। वह इस सृष्टि का सर्वोत्तम शाकाहार प्रचारक होगा। उसकी प्रशंसा एवं सुरक्षा इस ब्रह्माण्ड की प्रत्येक वस्तु सदैव करती रहेगी। उसे सर्वोच्च सम्मान प्राप्त होगा। वह देवात्मा इस समूचे विश्व का सबसे धनाढ्य धर्मपुरुष होगा और उसके अधिकतम धन का अर्थपूर्ण उपयोग इस विश्व के असंख्य पशु–पक्षियों को सुख, शांति, समृद्धि, स्वास्थ्य, शुद्धता, सुरक्षा, सात्विक भोजन, मानसिक प्रबलता, कायर पशु हत्यारे मनुष्यों से आत्मरक्षा हेतु प्रशिक्षण, सुरक्षित आश्रय स्थान सहित अन्य आवश्यक अधिकारों को प्रदान करने के लिये होगा। उसके परिशुद्ध चरित्र के समक्ष असंख्य कामदेव धराशायी हो जायेंगे। वह हिंदू धर्म में अविश्वास रखने वाले विश्व के असंख्य मनुष्यों को उनके स्वयं के देह धरातल तक सीमित ज्ञान का विस्तार कर उन्हें अमर आत्मा के सत्यज्ञान में छलांग लगाने में उत्तम सहायक बनेगा, जिससे इस अनात्मा देह को ही सत्य मानने वाले मनुष्य स्वयं के शरीर को केवल भोग करने वाला उपकरण न समझें क्योंकि यह शरीर असीम संभावनाओं का स्वामी है। वर्तमान काल में कलयुग के अनगिनत वर्णसंकर और महामूर्ख मनुष्यों द्वारा समस्त विश्व में विकास के नाम पर विनाश का प्रस्तुतीकरण हो रहा है एवं निकट के भविष्य में होगा जो संपूर्ण प्राणीजगत एवं सृष्टि के लिये अत्यंत घातक है। इसलिये विनाशरूपी कर्मों को स्थायी सन्यास प्रदान करके प्राणीजगत को कल्याणकारी एवं सुखद जीवन प्रदान करेगा– आपका पुत्र।''

"जाइये, अब साबरमती नदी के तट पर जाकर इस शुभ संबंध का महाप्रसाद ग्रहण करिये। जय हो सोम की। जय माँ भारती की। जय हो समस्त ब्रह्माण्ड की।''

इसके बाद वो पीपल का पत्ता सबके मानसपट से और सबकी हथेलियों से अदृश्य हो जाता है। और जब सोमवासी अपनी आँखे खोलते है तब तक विवाह के लिये रखी गई आवश्यक वस्तुयें भी अदृश्य हो जाती हैं। सब समझ जाते हैं कि ये सब ऋषि धर्मरामो की योग शक्ति एवं अलौकिक शक्तियों की अतुल्य माया है।

•••

अनंत कल्याणकारी सत्ता 'धर्मराज' का उदय

विवाह के कुछ दिवस पश्चात्। वैवाहिक जीवन का परमोत्तम प्रस्तुतीकरण अर्थात् व्रिक्षी और सुखराज का अर्थपूर्ण सुव्यवस्थित जीवन। गृहस्थ आश्रम का शिखरस्थ उदाहरण। व्रिक्षी और सुखराज के विवाह से सुखराज और सोम गाँव का श्रेष्ठ भाग्य, सर्वश्रेष्ठ भाग्य बन गया है। मेवार राजमहल पर व्रिक्षी के लक्ष्मीरूप शुभ चरण पड़ते ही मेवार राज और सोम की प्रसन्नता सौ गुनी हो गयी है। उनका अत्यंत सुखमयी, सैद्धांतिक, पवित्र, परोपकारी, धार्मिक, संयमी और शांतिपूर्ण वैवाहिक जीवन, सर्व गृहस्थों के लिये उपदेशात्मक है। व्रिक्षी और सुखराज का एक दूसरे के प्रति अपार स्नेह, शुद्ध आचरण, अखंड विश्वास, सम्मान, ध्यान और सहानुभूति, सर्वोपरि और अतुलनीय है। उनके इस पवित्र और परिशुद्ध संबंध का धर्मज्ञान रूपी लाभ सोम गाँव पूर्ण रूप से उठा रहा है।

सुखराज और व्रिक्षी के सर्वश्रेष्ठ वैवाहिक जीवन को देखकर प्रत्येक सोमवासी ने ये मान लिया है कि सुखराज मेवार और व्रिक्षी, स्वयं प्रभु श्री राम और माँ सीता जी के संकल्प एवं आशीर्वाद से संपूर्ण प्राणीजगत का कल्याण करने हेतु इस भूमि पर अवतरित हुए हैं।

इन दैवीय मनुष्यों का रहस्यपूर्ण भविष्यकाल क्या है? नियति की इनसें क्या अपेक्षा है? इसका उत्तर भविष्य में ही प्राप्त होना है।

•••

ब्रिक्षी और सुखराज के विवाह के लगभग सात माह बाद। नौ फरवरी उन्नीस सौ अस्सी की सुबह नौ बजे।

नेनाल मेवार राजमहल पहुँचते हैं। सुखराज अपने खेत की ओर से नेनाल के पास आते हैं और नेनाल को गले लगाकर कहते हैं– ''शुभ प्रभात, कैसे हो मेरे आत्मप्रिय भ्राता, मेरे बंधु, मेरे सखा, मेरे सर्वस्व।''

''श्री राम जी की कृपा से सर्वमंगल है भ्राता। आप कैसे हैं?''

''एकदम स्वस्थ हैं और ब्रिक्षी जी की संगत में ईश्वरीय जीवन जी रहे हैं। और ईश्वती भाभी कैसी हैं?''

''वो भी एकदम स्वस्थ हैं और घर पर आराम कर रही हैं।''

नेनाल कुछ और कहें, उसके पूर्व ही बाली दादा उनके लिए तुलसी, इलायची और सूखे मेवे का केसरयुक्त दूध लेकर आते हैं और उन्हें देते हैं।

नेनाल को दूध का प्याला देते हुए बाली दादा नेनाल से पूछते हैं– ''खम्माघणी। कैसे हो पुत्र नेनाल?''

नेनाल खड़े होकर बाली दादा के चरण स्पर्श करते हैं और उनसे कहते हैं– ''जी खम्माघणी। हम तो पूर्णतः आनंदमय हैं दादा। आप कैसे हैं?''

''मेवार राजमहल पर तो सबको नित्य रूप में सच्चिदानंद स्वरूप प्राप्त है।''

''सत्य कहा आपने दादा। ब्रिक्षी भाभी और गोवाल दादा कहाँ हैं?''

तभी सुखराज नेनाल से बोले– ''ब्रिक्षी जी गर्भावस्था के कारण आराम की शरण में अपने घर गयी हैं। और गोवाल दादा कृषकों के साथ पीछे खेत में हैं।''

''अच्छा कोई बात नहीं, वास्तव में हम आप सबको एक शुभ संदेश देने यहाँ आये हैं। ईश्वती जी ने परसों सात फरवरी को गुरुवार के दिवस एक पुत्र और एक पुत्री को जन्म दिया है। वे दोनों एकदम स्वस्थ और तेजोमय हैं। सौभाग्य से ये वही मंगल दिवस है जिस दिवस पर आज से सात वर्ष पूर्व हमारे सर्वप्राणीप्रिय श्वान केरो और शेरी का जन्म हुआ था।''

सुखराज ने प्रसन्न होकर नेनाल से कहा– ''क्या बात है। ये तो वाकई विशिष्ट एवं आनंदमय संयोग है।''

बाली दादा ने नेनाल से कहा– ''हाँ वाक़ई बहुत ही प्रसन्नता की बात है।''

तभी नेनाल का सारथी अपने बक्से में से सूखे मेवे का मीठापाक निकालकर नेनाल को देता है और नेनाल बाली दादा से कहते हैं– ''इस शुभ अवसर के आनंद को समस्त सोमनिवासियों के साथ बाँटने के लिये ये रहा सूखे मेवे का स्वास्थ्यकर मीठापाक जो संपूर्ण सोम गाँव के लिए बनवाया है।''

उसके बाद नेनाल खड़े होकर बाली दादा को खिलाते हुए बोलते हैं– ''और सबसे पहले आप मुँह मीठा करें।''

इस सूखे मेवे के आरोग्यवर्धक पाक को खाते ही बाली दादा नेनाल से कहते हैं– ''ये तो वही स्वादिष्ट और पौष्टिक पाक है जो आपके विवाह के पश्चात् आपने सोम के प्रत्येक प्राणी को अपने हाथों से खिलाया था और यह सबको बहुत पसंद आया था। बादाम, काजू, अखरोट, अंजीर, किशमिश, खुबानी, चिलगोज़ा, पिस्ता, नारियल, चिरौंजी, केसर जैसे मूल्यवान सूखे बीजों से निर्मित यह पाक मानव स्वास्थ्य के लिये बहुत फ़ायदेमंद है। इसके सेवन से शरीर में रोग प्रतिरोधक क्षमता बढ़ती है। अतः शरीर सदैव स्वस्थ एवं तेजवान रहता है। इस विशेष खाद्यवस्तु को ग्रहण करके संपूर्ण सोम आपका कृतज्ञ रहेगा।''

इसी दौरान गोवाल दादा कुछ कृषकों के साथ आ जाते हैं और कहते हैं– ''शत–प्रतिशत। और इस स्वास्थ्य प्रदायक पाक को ग्रहण करने के लिये हमारे साथ–साथ हमारे पशु–पक्षी और जीव–जंतु भी अतिव्याकुल हो जाते हैं।''

यह सुनते ही नेनाल, गोवाल दादा के चरण स्पर्श करके उन्हें सूखे मेवे का पाक खिलाते हैं।

उसके बाद जब नेनाल सुखराज का मुँह मीठा कराने लगते हैं तब सुखराज खड़े होकर उन्हें गले लगाते हैं और कहते है– ''इस शुभ संदेश से हम अतिप्रसन्न हो गए हैं। ये वाक़ई अद्भुत और अविश्वसनीय संयोग है। इस शुभ दिवस पर घटी घटना हमारे जीवन का एक और श्रेष्ठ संयोग है।''

नेनाल सुखराज से बोले– ''भ्राता, हमें तो ऐसी अनुभूति हो रही है कि केरो और शेरी की पवित्र दिव्यात्माओं ने हमारे पुत्र और पुत्री के स्वरूप में जन्म लिया है जिससे वे पशुयोनि से मुक्त होकर हमारे ईश्वरीय जीवन का मानवरूपी हिस्सा बन हमारे विश्वस्तरीय पशुरक्षा अभियान एवं विश्व कल्याण के संकल्प को अपने असीमित कर्तव्य कर्म द्वारा उत्तम दिशा प्रदान कर सकें।''

सुखराज ने उत्तर दिया– ''अवश्य ऐसा ही है। संभवतः हमारे अटूट प्रेम, सहानुभूति, उच्च आदर्शरूपी जीवन और सत्कर्मों के आकर्षण के कारण।''

इस दौरान बाली दादा और सुखराज थोड़े भावुक हो जाते हैं। फिर बाली दादा नेनाल से कहते हैं– ''पुत्र, हम उनका तेजोमय मुख देखने के लिए अतिव्याकुल हैं।''

और सुखराज भी त्वरित बोले– ''हम शीघ्र ही योजना बनाकर अंबाजी जाकर उनके दर्शन करेंगे और दोनों शिशुओं को अंबे माता के दर्शन कराकर अंबे माता से दिव्य शक्तियों सहित कल्याणकारी आशीर्वाद प्राप्त करेंगे।''

''अवश्य भ्राता।''

''और उनके नाम क्या रखे हैं।'' गोवाल दादा ने नेनाल से पूछा।

''नाम तो माता वायुमी ने पहले से ही सोचकर रखे थे। पुत्र हो तो 'सत्योम' और पुत्री हो तो 'सत्लक्ष्मी'।''

बाली दादा ने नेनाल से कहा– ''अतिसुंदर, प्रभावशाली, उत्तम चरित्र दर्शक और आत्मशांति प्रदायक नाम हैं।''

''धन्यवाद।''

सुखराज आनंद विभोर होकर नेनाल से बोले– ''भ्राता, इस शुभ संदेश को सुनकर व्रिक्षी जी और सोमवासी अत्यंत प्रसन्न हो जायेंगे। आज हम सारे सोमवासियों के लिए सूखे मेवे का स्वादिष्ट हलवा और दालबाटी भी बनवायेंगे। और सब साथ मिलकर इस शुभ अवसर का उत्सव मनायेंगे।''

''आपका बहुत धन्यवाद भ्राता। ये हमारा सौभाग्य होगा परंतु हमें कुछ ही क्षणों में बिजोला गाँव की ओर प्रस्थान करना है क्योंकि प्रकृति महल जाकर माता–पिता को भी ये शुभ संदेश देना है। तत्पश्चात् कुछ ग्रामीण विकास कार्य पूर्ण करके कल हमें पिताजी के साथ वनथंभोर जाना है। अब ग्रीष्मकाल निकट है और ग्रीष्मकाल में वनथंभोर राष्ट्रीय उद्यान और सारिस्सा राष्ट्रीय उद्यान में तीव्र धूप के कारण पशु–पक्षियों को जल और अन्न की प्राप्ति के लिये बहुत संघर्ष करना पड़ता है। इस विषम परिस्थिति में राष्ट्रीय प्राणी बाघ सहित असंख्य पशु–पक्षी अकाल मृत्यु को प्राप्त होते हैं और कुछ मानवरूपी भेड़िये, अपने भव्य होटलों का व्यापार जीवित रखने के लिये अपने महामूर्ख एवं पथभ्रष्ट माँसाहारी अतिथियों की अर्थहीन

इच्छाओं की पूर्ति हेतु निर्दोष पशु-पक्षियों का अवैध शिकार कर रहे हैं। पर्यावरण को नष्ट करने पर उतारू हैं कुछ वर्णसंकर लोग। अतः इस दुःखद परिस्थिति को सुखद पद देने के लिये कल हम राजस्थान सरकार एवं अन्य राज्यों के उच्च वन अधिकारियों के साथ इन गंभीर विषयों पर चर्चा करेंगे और भारतीय वनों की दुर्दशा को खत्म कर उनको सुखधाम में परिवर्तित करेंगे। वनथंभोर और सारिस्सा राष्ट्रीय उद्यान के अतिरिक्त देश के अन्य वनों में पशु-पक्षियों के लिये फल, सब्ज़ी और स्वास्थ्यवर्धक औषधियों के बहुत सारे पेड़-पौधे लगवायेंगे, अनगिनत जल कुंड बनवायेंगे और कठिन विकल्पहीन नियमों का निर्माण करके मानव गतिविधियों को सीमित करके पशु-पक्षी एवं पर्यावरण को स्थायी सुरक्षा प्रदान करेंगे।''

बाली दादा ने नेनाल से कहा- ''धर्म, अर्थ, काम और पुत्री ईश्वती की लक्ष्मी रूपी नित्य देवमूल्य संगत से सच्चिदानंद स्वरूप में रहकर विश्वकल्याण की विभिन्न योजनाओं में आपको व्यस्त देखकर इस आत्मा को असीम आनंद प्राप्त हुआ पुत्र।''

नेनाल ने प्रसन्न चित्त हो बाली दादा को प्रणाम किया।

सुखराज ने भी नेनाल की इन बातों से प्रभावित होकर कहा- ''विश्व के उत्तम विचार एवं श्रेष्ठ कर्मयोग का आगमन। आप बहुत ही नेक कार्य करने जा रहे हैं भ्राता। इस कर्तव्य कर्म के फलस्वरूप आपको असंख्य पशु-पक्षी एवं पर्यावरण की नित्य कृपा दृष्टि प्राप्त होगी। अतः सुख, शांति, समृद्धि, स्वास्थ्य, दिव्यता आपके नित्य शरणार्थी बने रहेंगे और रही बात यहाँ की तो हम स्वयं हमारे हाथों से प्रत्येक सोमवासी को हलवा और सूखे मेवे का पाक खिलाएंगे।''

''ये हमारा परम सौभाग्य होगा भ्राता।''

''हमारा भी।''

उसके बाद नेनाल कहते हैं- ''ठीक है भ्राता, अब आपकी अनुमति हो तो हम बिजोला की ओर प्रस्थान करें।''

सुखराज ने कहा- ''अवश्य करें, ठंड की ऋतु है। ठंड बहुत पड़ती है इसलिए रात्रिकाल पूर्व बिजोला पहुँचना आवश्यक है।''

बाली दादा नेनाल से बोलें- ''और हाँ, बिजोला पहुँचकर वनमान सिंह जी और प्रकृति महलवासियों को हमारा प्रणाम अवश्य कहियेगा।''

''अवश्य दादा।''

उसके बाद सुखराज का सारथी नेनाल के अतिसौंदर्यवान अश्व को लेकर आता है और उसे अश्वरथ से बाँध देता है।

तब नेनाल ने सुखराज के अश्व सारथी को गले लगाकर कहा— ''सारथी, आप सदैव अपने अतिथियों के अश्वों को स्नान कराके उन्हें ताज़ा घास, फल और चने खिलाते हैं। आप धन्य हैं सारथी।''

सारथी ने नेनाल से कहा— ''अबोल पशु-पक्षियों को सुरक्षा, प्रेम, समर्पण, सम्मान एवं उचित जीवन प्रदान करना तो हम मनुष्यों का अखंड कर्तव्य है नेनाल जी।''

ये सुनकर नेनाल प्रसन्नता के भाव दिखाते हैं और वे सारथी संग अपने रथ पर बैठकर बिजोला गाँव की ओर प्रस्थान करते हैं।

•••

कुछ दिवस पश्चात् की बात है। व्रिक्षी और सिनोली अपने घर के बगीचे में बैठे हैं। संध्या काल का समय है। व्रिक्षी अपने बगीचे के झूले पर बैठी पौराणिक कथाओं की किताब पढ़ रही हैं और सिनोली भी झूले के बाजू की कुर्सी पर बैठी हुई हैं। तभी सुखराज वहाँ आते हैं।

सुखराज सामान्य शिष्टाचार और मिलाप की कुछ बातें करने के बाद सिनोली को बताते हैं कि अगले दिवस प्रातःकाल वो और बाली दादा तीन दिवस के लिए पंजाब जा रहे हैं। वहाँ के कृषक मंडल ने एक भव्य कृषि विकास सम्मेलन का आयोजन किया है जिसमें भारत देश के कोने–कोने से वरिष्ठ और नए कृषक एकत्रित होने वाले हैं। कृषक मंडल के मालिक धारतो सिंह ने उनके सहित भारत देश के कुछ श्रेष्ठ निपुण कृषकों को श्रेष्ठ जैविक खेतीबाड़ी की कला और फल–सब्ज़ियों के श्रेष्ठ रोपण कार्य की कला के संदर्भ में मार्गदर्शन देने हेतु बुलाया है जिससे भारत देश के उन नए और वरिष्ठ कृषकों को खेतीबाड़ी की जनकल्याणकारी कार्य पद्धति की शुद्ध जानकारी प्राप्त हो तथा देश में सर्वत्र श्रेष्ठ एवं शुद्ध खेतकार्य की वृद्धि हो। भारत देश को सर्वोत्तम गुणवत्ता के अन्न, फल और सब्ज़ियों की नित्य प्राप्ति होगी। अतः यह देश धन–धान्य से अतिसमृद्ध हो जायेगा। इस शुभ कार्य को पूर्ण करके संभवतः वे होली के दूसरे दिवस वापस लौट आयेंगे।

सिनोली ने सुखराज से कहा कि अपनी कल्याण यात्रा के दौरान वे व्रिक्षी के स्वास्थ्य की चिंता बिलकुल न करें। व्रिक्षी ने सुखराज से अपनी इच्छा बताई कि वह इस गर्भावस्था में होली के दिवस माता सिनोली के साथ भगवान श्री विष्णु और माँ लक्ष्मी के दर्शन, ऋषि धर्मरामो देव की पवित्र तपःस्थली के दर्शन और शाम को होलिकादहन उत्सव में उपस्थित रहकर होली अग्नि के दर्शन करना चाहती हैं क्योंकि संपूर्ण जीवन काल में होली अग्नि दर्शन उनके जीवन में भक्तियोग का अखंड कर्म रहा है। एक भी वर्ष छूटा नहीं है।

सुखराज ने व्रिक्षी को उत्तर देकर बताया कि उन्हें अनुमति लेने की कोई आवश्यकता नहीं है क्योंकि वे स्वयं एक संपूर्ण धार्मिक स्त्री हैं। उनके जैसे परम भक्तों के अस्तित्व से ही धर्म, धर्म उत्सव और ईश्वर का अस्तित्व है।

इसके बाद सुखराज और व्रिक्षी एक दूसरे के नेत्रों में देखते हुए हल्की सी हँसी देते हैं तत्पश्चात् सुखराज अपने घर के लिये निकल जाते हैं।

●●●

एक मार्च उन्नीस सौ अस्सी। देश की सुप्रसिद्ध पौराणिक कथा के अमृत धार्मिक अंश से सृजित होली उत्सव का पवित्र दिवस, जो समूचे भारत देश में सर्वधर्म–जातियों द्वारा हर्षोल्लास से मनाया जाने वाला रंगोत्सव है। अंतरिक्ष के रहस्यपूर्ण स्वभाव प्रदर्शन के अनुसार चन्द्रग्रहण भी है। प्रातःकाल के पाँच बजे हैं। व्रिक्षी और सिनोली ऋषि धर्मरामो की पवित्र प्रतिमा के निकट उन्हें प्रणाम करते हुए खड़े हैं। उनकी दाएँ हाथ की हथेली में पीपल का पत्ता है।

व्रिक्षी अपने मन में कहती हैं– ''प्रणाम ऋषिवर, आपको होली उत्सव की अनंत शुभकामनायें। आपकी इस सुंदर और अलौकिक शक्तियों से परिपूर्ण पवित्र तपःस्थली पर आकर हम पुनः धन्य हो गये हैं। यह भूमि निश्चित रूप से परमशांति, दिव्यता, विकारों पर विजय, उत्तम विचार शक्ति, धर्मश्रद्धा, आत्मबल एवं सुख प्रदायक है। यहाँ आकर हमारे संपूर्ण शरीर में विशिष्ट प्रकार की ऊर्जा का संचार होता है जो इस शरीर को एकदम नया, तेजोमय, अतिस्वस्थ, प्रबल और ताज़ा बना देती है। शरीर के किसी भी कण में पीड़ा का अंश मात्र भी नहीं रहता। हमें पूर्ण विश्वास है कि इस अदृश्य मायारूपी ऊर्जा की प्राप्ति के पश्चात् अपने बालक को जन्म देते समय हमें पीड़ा के अंश मात्र का अनुभव नहीं होगा। और हम एक सुंदर, तेजोमय, सैद्धांतिक, धर्मनिष्ठ, कर्मठ, पशुप्रेमी, श्रद्धावान एवं अनेक सद्गुणों से युक्त स्वस्थ बालक को जन्म देंगे।''

उसके उत्तर के स्वरूप व्रिक्षी और सिनोली को उनके मानसपट पर पीपल के पत्ते में लिखा हुआ दिखा– ''तथास्तु।'' और वो पवित्र पीपल का पत्ता उनके मानसपट और हथेली से अदृश्य हो जाता है।

और व्रिक्षी ऋषि धर्मरामो को धन्यवाद करके नमन करती हैं। नमन करते समय ही अज्ञानतावश उनकी एक उँगली ऋषि की पवित्र प्रतिमा के आसपास के प्रतिबंधित स्थान को स्पर्श हो जाती है और नीले रंग के अतिपवित्र, अभिमंत्रित एवं शक्तिशाली जल से गीली हो जाती है। जलस्पर्श की दूसरे ही क्षण व्रिक्षी को अपने शरीर में एक असामान्य झटके का अनुभव होता है। और इसके बाद वह अपना हाथ अपने गर्भ में पल रहे बालक को आशीर्वाद स्वरूप स्पर्श करके अपने माथे पर रखती हैं।

इस दौरान सिनोली मौन अवस्था में आँखें बंद किए हुए खड़ी हैं। अपने गर्भ को स्पर्श करते समय व्रिक्षी को अपने गर्भ में एक सामान्य झटके का अनुभव होता है जो ऋषि धर्मरामो की शक्तिशाली और पवित्र प्रतिमा के आसपास की प्रतिबंधित

दिव्यभूमि को स्पर्श करने से व्रिक्षी के गर्भ में विकसित हो रहे बालक में रूपांतरित हुई अदृश्य शक्ति का झटका था।

व्रिक्षी ने मन में सोचा– ''ये क्या अनुभव था? ये कौन सी ऊर्जा थी?''

फिर व्रिक्षी के मन में पुनः विचार आया– ''संभवतः गर्भ में पल रहे बालक की हिलने की क्रिया होगी या फिर ऋषिदेव के आशीर्वाद से बालक की प्रसन्नतारूपी प्रतिक्रिया। खैर जो भी हो, ऋषि धर्मरामो जी की शरण में सब शुभ ही होवे।''

और उसके बाद ऋषि की प्रतिमा को देखते हुए व्रिक्षी उन्हें नमन करती हैं।

वास्तव में व्रिक्षी का ये स्पर्श ऋषि के नियमों के विरुद्ध था, परंतु ऋषि धर्मरामो ने अपनी तपस्या के दौरान मन में सोचा– ''जो कुछ हुआ है वो नियति की इच्छा अनुसार ही हुआ है। परंतु इस सौभाग्यवान बालक ने तो जन्म के पूर्व ही हमारे विश्वश्रेष्ठ नियम, उत्तम विचार क्षमता, उच्च आदर्श, दिव्यगुण, धर्मशास्त्र ज्ञान एवं कुछ सीमित अलौकिक शक्तियाँ प्राप्त कर ली हैं। जो भी घटा है, विशिष्ट घटा है। और हम इससे प्रसन्न हैं। जय हो श्री नारायण की, जय हो माँ लक्ष्मी की, जय माँ भारती की। जय हो इस मायावी विश्व की।''

•••

सोम गाँव के मध्यभाग में निर्मित भव्य मैदान में सोमवासियों ने गाय, भैंस के सूखे पवित्र गोबर और वृक्ष की सूखी डालियों से भव्य होलिकाग्नि प्रज्वलित की है। प्रत्येक गाँववासी अपने-अपने पालतू प्राणियों के साथ होलिकाग्नि के दर्शन के लिए उपस्थित हैं। वह अग्निधारा लगभग सौ फुट ऊँची ऐसे दृश्यमान हो रही है जैसे कुछ ही क्षणों में आकाश को छूने वाली हो। समस्त गाँववासी अपने पालतू प्राणियों के साथ होली अग्नि का परिगमन करते हुए, अग्नि से तपते हुए, पारंपरिक रूप से मंत्रोच्चार करते हुए होली के दर्शन कर रहे हैं।

व्रिक्षी, सिनोली और पार्थोदास भी प्रणाम करते हुए होलिकाग्नि के दर्शन कर रहे हैं। कुछ क्षण पश्चात् पार्थोदास अपने दो नारियल अग्नि में तपाने के लिए और होली अग्नि में अर्पित करने के लिए उसके मध्य भाग में डालते हैं।

होलिकाग्नि का विराट स्वरूप देखते हुए पार्थोदास सिनोली से कहते हैं— ''ऐसा लग रहा है जैसे कुछ ही क्षणों में ये अग्नि अनंत आकाश को छूने वाली है और परमात्मारूपी दिव्य शक्तियों को प्रसन्न करने के लिये अपनी प्रचंडता का विस्मयकारी अनुभव करा रही है।''

तब सिनोली पार्थोदास से बोलीं— ''हाँ, क्योंकि ये हमारे सोम गाँव का होलिका दहन है। यहाँ की होली संपूर्ण सृष्टि की सर्वश्रेष्ठ, पारंपरिक, अर्थपूर्ण और वास्तविक है। यहाँ के प्रत्येक उत्सव प्रकृति एवं देवजगत के अधीन हैं।''

पार्थोदास और सिनोली नौ चक्कर लगाने के बाद एक स्थान पर खड़े होकर होली अग्नि के समक्ष पूजा और प्रार्थना करते हैं। परंतु व्रिक्षी अभी भी होली अग्नि की प्रदक्षिणा कर रही हैं और धीरे-धीरे वो होली अग्नि के अत्यंत निकट जा रही हैं। परम श्रद्धा से होली अग्नि की सत्ताइस बार प्रदक्षिणा करने के पश्चात व्रिक्षी होली अग्नि के अतिनिकट उत्तर दिशा की ओर देखते हुए एक स्थान पर खड़ी रहती हैं। फिर आँखें बंद करके परम श्रद्धापूर्वक भगवान श्री विष्णु और श्री विष्णुभक्त प्रह्लाद का आह्वान करती हैं। व्रिक्षी को अग्नि के अति निकट देखकर पार्थोदास, सिनोली और उपस्थित गाँववासी आश्चर्यचकित हो जाते हैं। तभी पार्थोदास व्रिक्षी से थोड़े दूर खड़े रहकर कहते हैं—

''पुत्री व्रिक्षी, होली अग्नि अत्यंत ज्वलनशील है। कृपया तनिक दूर रहकर दर्शन और पूजा करें।''

परंतु व्रिक्षी तो पूर्णतः ध्यानस्थ अवस्था अर्थात् ध्यानयोग की शरण में हैं।

उसके बाद गोवाल दादा, जब तक व्रिक्षी के निकट जाकर उन्हें अग्नि से दूर खड़े रहकर पूजा करने को कहें, उसके पूर्व ही पंडित गंगेश्वर ने गोवाल दादा से कहा–

"ठहर जाइये गोवाल दादा, ठहर जाइये। पुत्री व्रिक्षी को होली अग्नि के अति निकट देखकर हम भी आश्चर्यचकित हैं परंतु वे ध्यानमग्न होकर परम श्रद्धापूर्वक पूजा कर रही हैं। और किसी की पूजाविधि और प्रार्थना में विघ्न डालना शुभ नहीं होता। धैर्य रखो गोवाल दादा और पार्थोदास, सोम में सब शुभ ही होवे है। श्रद्धावान लभते ज्ञानम्।"

"जी, इ सत्य कह्यो आपने।" पार्थोदास बोले।

व्रिक्षी आँखें बंद कर अभी भी होली अग्नि की पूजा कर रही हैं। होलिकाग्नि इतनी अतिज्वलनशील और शक्तिशाली है कि अन्य कोई गाँववासी उसके बीस फुट से अधिक निकट जाने का साहस नहीं कर सकता। परंतु व्रिक्षी होली अग्नि के लगभग पाँच फुट निकट खड़ी हैं। धीरे–धीरे होली अग्नि ने अपना रौद्र स्वरूप धारण कर लिया है। कई बार वह अग्नि व्रिक्षी के कोमल शरीर को स्पर्श भी करती है। इस दौरान अधिकतम सोमवासी व्रिक्षी की ओर ध्यानपूर्वक देख रहे हैं और सोच रहे हैं कि ये क्या और क्यों हो रहा है?

पर एक रहस्यपूर्ण सत्य ये है कि जब जीवात्मा की आस्था प्रचंड और परिशुद्ध हो तो समस्त विश्व की सर्वोत्तम चेतना शक्ति द्वारा संचालित प्रत्येक दृश्यमान या अदृश्य जीव या वस्तु आपके अनुगृहीत या सहायक बन जाते हैं। और कुछ क्षण बाद आंतरिक मंत्रोच्चार जो विश्राम देते हुए भक्तियोग के शीर्षस्थ स्थान को प्राप्त कर होलिका दहन की परम श्रद्धापूर्वक पूजा पूर्ण करके व्रिक्षी अपनी आँखे खोलती हैं। वह होली अग्नि को प्रणाम करके प्रसन्न अवस्था में अपने माता–पिता की ओर जाती हैं।

इस समय समस्त गाँववासी, पार्थोदास और सिनोली के साथ एकत्रित होकर खड़े हैं। सोमवासी, व्रिक्षी को स्वस्थ एवं प्रसन्न देखकर तनाव मुक्त हो जाते हैं। तब सिनोली ने व्रिक्षी से पूछा–

"पुत्री व्रिक्षी, ये कौन सा साहसिक प्रस्तुतीकरण था। आप होली अग्नि के अतिनिकट रहकर उनकी प्रदक्षिणा एवं पूजा क्यों कर रही थी?"

तुरंत ही पार्थोदास भी चिंतित स्वर में बोले– "पुत्री आप गर्भवती हैं। आपको

थोड़ा दूर खड़े रहना चाहिए था।''

उसके बाद गोवाल दादा ने पूछा– ''पुत्री व्रिक्षी, आप स्वस्थ तो हैं न?''

व्रिक्षी ने सबसे कहा– ''आप सब निश्चिंत रहें। हम पूर्णतः स्वस्थ हैं। हम तो केवल विधि अनुसार मंत्रोच्चार करते हुए होलिका दहन की पूजा कर रहे थे और श्री विष्णुभक्त श्री प्रह्लाद जी का स्मरण करते हुए पवित्र अग्नि से तपना चाहते थे। हमें पता नहीं परंतु होली अग्नि के निकट खड़े रहकर उनकी पापनाशक व बलवर्धक अग्नि ऊर्जा प्राप्त करना हमें बहुत अच्छा लग रहा था। क्यों, वो हमें ज्ञात नहीं। परंतु एक आश्चर्यजनक, रहस्यमयी एवं सौभाग्य की बात ये है कि हमारी पूजा विधि के दौरान हमें दो अकल्पनीय अलौकिक स्थानों के दर्शन हुए। प्रथम स्थान था– इस ब्रह्माण्ड का सब से ऊपर का तल 'ब्रह्म स्थल।' वहाँ हमें अनगिनत भव्य सितारे, भव्य शिलायें एवं ग्रहों को देखने का सौभाग्य प्राप्त हुआ। वहाँ की प्रत्येक वस्तु तेज़ गति से भ्रमण कर रही थी। परंतु सबके मध्य में एक अतिप्रकाशित दिव्य शक्ति स्थित थी जो स्थिर अवस्था में रहकर संपूर्ण ब्रह्माण्ड का संचालन करती है। उस अलौकिक शक्ति के निकट जाते ही हम शून्य अर्थात् अदृश्य हो गये और कुछ क्षण पश्चात् उस शक्ति द्वारा हम दूसरे अलौकिक स्थान पर पहुँचे। वह दूसरा स्थान था– इस ब्रह्माण्ड के सब से नीचे का तल 'जलधि समाधि स्थल'। एक ओर लावा का समुद्र तो दूसरी ओर दूध का। लावा समुद्र में असंख्य पापी माँसाहारी मनुष्यों की चीखें सुनाई दे रही थीं और क्षीर समुद्र में इस ब्रह्माण्ड का प्रत्येक जीव समाधिस्थ अवस्था में बैठा हुआ दिखा, जहाँ समुद्र के गर्भ से रामधुन सुनाई दे रही थी। उस अत्यंत मधुर रामधुन की कल्याणकारी क्षमता से हमारे शरीर के रोम–रोम में राम नाम नित्य रूप में बस गया। ऐसा लग रहा है कि मेरे गर्भ में पल रहा बालक भी वह रामधुन सुना रहा है। वास्तव में होलिका दहन की मेरी पूजा विधि के दौरान हुई ये दिव्य अनुभूति, अनंतकाल तक मेरा और सोमवासियों का कल्याण करने के लिये पूर्णतः पर्याप्त थी। जय श्री राम।''

''जय श्री राम।'' सभी एक स्वर में बोले।

पंडित गंगेश्वर ने आगे कहा– ''यही तो है अटूट श्रद्धा, शुद्ध विश्वास एवं सामूहिक प्रार्थना का सर्वोत्तम परिणाम। यह ब्रह्म स्थल दर्शन प्राप्ति का सौभाग्य परिशुद्ध आत्माओं को ही प्राप्त होता है। इस सुखद घटना को सुनकर हम पूर्ण विश्वास के साथ कहते हैं कि व्रिक्षी एवं हमारे संपूर्ण सोम गाँव को परमात्मा का विशेष आशीर्वाद प्राप्त है। निस्संदेह संपूर्ण सोमगाँव को प्राप्त यह फल ऋषि

धर्मरामो जी की अखंड तपस्या का ही परिणाम है। तो बोलो परम प्रभु श्री रामचंद्र की जय। सीता मैया की जय। ऋषि धर्मरामो की जय।''

इसके बाद पंडित गंगेश्वर ने सबसे कहा– "अब आप सब निश्चिंत होकर अपनी–अपनी पूजा एवं अपना नित्य कार्य पूर्ण करें।''

यह सुनकर सोम निवासी निश्चिंत होकर व्रिक्षी को प्रणाम करते हुए वहाँ से प्रस्थान करते हैं। सिनोली स्थिर दृष्टि के साथ व्रिक्षी को आश्चर्य भाव से देख रही हैं। अतः व्रिक्षी उनसे बोलीं– "माताश्री, आप हमें स्थिर दृष्टि से आश्चर्य भाव से क्यों देख रही हैं। हमें एक अंश मात्र भी जलन नहीं हुई और हमारा बालक भी पूर्णतः स्वस्थ है। आप निश्चिंत रहें।''

इस पर सिनोली ने कहा– "हमारे धर्मनिष्ठ कुल के सानिध्य में चिंता को तो हमने जन्मकाल से ही शमशान की शरण में भेज दिया था। हम तो ये सोच रहे हैं कि जिन सुखद, अकल्पनीय, विस्मयकारी एवं कल्याणकारी घटनाओं के हमें प्रायः दर्शन हो रहे हैं वह मेरे कितने जन्मों के सत्कर्मों का फल हैं। सुखद एवं नित्य रूप में आत्मशांति प्रदान करने वाला ये दुर्लभ जीवन हमें अतिप्रिय है।''

पार्थोदास भी बोल उठे– "हम सबको ये दुर्लभ ईश्वरीय जीवन अतिप्रिय है। और हमारी इस विशेष जीवनचर्या पर यदि कोई किताब लिखी जाये तो वह समूचे जगत के लिये अत्यंत कल्याणकारी एवं उपदेशात्मक सिद्ध होगी।''

गोवाल दादा ने भी कहा– "सत्य कहा पार्थो जी।''

पार्थोदास पुनः बोले– "पुत्री व्रिक्षी, अब हम होलिकाग्नि में से नारियल का प्रसाद लेकर घर चलते हैं और घर पहुँचकर आप विश्राम कीजिए।''

व्रिक्षी ने कहा– "जी पिताश्री।''

पार्थोदास होली अग्नि के निकट जाते हैं। अग्नि थोड़ी शांत हो गई है। वे निश्वर को कहते है– "निश्वर जी, हमने होली अग्नि के चरणों में जो दो नारियल रखे थे कृपया आप वो निकाल कर दें।''

"जी पार्थो जी।''

निश्वर उनके नारियल को अग्नि में ढूंढते है परंतु उन्हें मिलते नहीं। कुछ क्षण बाद निश्वर बोले– "मुखिया जी, आपका एक भी नारियल दिख नहीं रहा और

अभी तक किसी ने नारियल निकाला भी नहीं।''

पार्थोदास के कुछ कहने के पूर्व ही एक अपरिचित साधु अपने हाथ में एकदम गर्म और सेंका हुआ बड़ा सा विशेष नारियल लेकर उनके निकट खड़े हो जाते हैं और कहते हैं– ''जय श्री राम।''

साधु के हाथ में इतना बड़ा दुर्लभ नारियल देखकर पार्थोदास आश्चर्यचकित हो उनसे बोले– ''जय श्री राम साधु महाराज।''

फिर पार्थोदास और निश्वर, साधु महाराज के चरण स्पर्श करते हैं।

साधु ने उन दोनों से कहा– ''आयुष्मान भव। आप सबका नित्य कल्याण हो और आप समस्त विश्व का कल्याण करें।''

पार्थोदास ने कहा– ''धन्यवाद महाराज। पर आप...? आपको सोमगाँव में पहली बार देखा।''

साधु बोले– ''हम एक पवित्र आत्मा हैं पुत्र। संपूर्ण गौवंश के गौरक्षक रूपी वंशज। आजकल पृथ्वीलोक पर पशु–पक्षियों की जीव सुरक्षा की अतिगंभीर समस्या चल रही है। अतः हम सदैव सर्वोपरि आत्मा को स्मरण करते हुए गौवंश एवं प्रत्येक पशु–पक्षी की रक्षा करने के लिये इस पृथ्वीलोक पर यत्र–तत्र सर्वत्र सर्वदा भ्रमण करते रहते हैं। आज यहाँ कल कहीं और।''

''परिशुद्ध एवं सर्वतोभद्र जीवन है आपका।''

''धन्यवाद। और ये लो पुत्र आपका होलिका दहन का प्रसाद।''

''धन्यवाद महाराज, पर इतना बड़ा नारियल हमारा नहीं है।''

''प्रसाद तो प्रसाद होता है। न ये मात्र मेरा है, न ये मात्र आपका है, ये तो परमात्मा का प्रसाद है। प्रत्येक जीव के लिए है। कृपया इस विशेष प्रसाद को अपनी शरण में लें।''

''कोई बात नहीं साधु महाराज, इसमें से आधा नारियल प्रसाद स्वरूप हम रखते हैं और आधा नारियल आप रखें।''

साधु ने पार्थोदास से कहा– ''महात्मन, इसका कल्याणकारी स्पर्श हमारे

लिये पर्याप्त है। और वैसे भी इस शरीर के भीतर हमारे जन्मकाल से ही संपूर्ण सृष्टि विराजमान है।''

तभी निश्वर ने साधु से पूछा– ''अर्थात्?''

''हम सन्यासी हैं। एक अतिसंतुष्ट आत्मा। अहँ ब्रह्मास्मि। ब्रह्मज्ञान प्राप्त इस नश्वर शरीर को और अमर्त्य आत्मा को सब कुछ प्राप्त है। अतः हमने इस नारियल को होली अग्नि में केवल अपनी श्रद्धा के लिए ही रखा था।''

पार्थोदास साधु के आध्यात्मिक शब्दों से प्रभावित हो जाते हैं और आगे अधिक न सोचते हुए कहते हैं– ''साधु महाराज, आपकी संगत इस शरीर को दिव्यता एवं उत्तम आत्मबल प्रदान कर रही है। अतः हमारी तीव्र इच्छा है कि आज रात्रि को आप हमारे घर पर विश्राम करें और निष्काम रूप से आपकी सेवा करने का सौभाग्य प्रदान करें।''

''पुत्र, हमें क्षमा करें। इस समय हम विवश हैं। बहुत सारे पशु–पक्षियों को सुरक्षा प्रदान करनी है। वैसे भी हम कदापि सोते नहीं हैं। निद्रादेवी हमारे अधीन हैं। हमारी कुलदेवी ने हमारा संपूर्ण जीवन कर्तव्य कर्म के अनुसार पूर्व आयोजित किया हुआ है। यदि मार्ग से भटक गया तो कुलदेवी, अन्य देवी–देवता एवं हमारे पूर्वज हम पर क्रोधित हो जायेंगे। परंतु हाँ, भविष्य में यदि यहाँ आने का संयोग बनता है तो आपके घर अवश्य रुकेंगे। अब हम यहाँ से प्रस्थान करते हैं मित्र।''

पार्थोदास ने साधु को प्रणाम करते हुए कहा– ''ठीक है साधु महाराज। आपकी सर्वजीव कल्याणकारी यात्रा शुभकारी और फलदायी सिद्ध हो।''

साधु ने पार्थोदास और निश्वर से कहा– ''धन्यवाद।''

उसके बाद साधु वहाँ से चल देते हैं। जाते समय वह साधु पास ही खड़ी व्रिक्षी के निकट थोड़ा रुककर मद्धिम स्वर में बोलते हैं– ''पुत्री व्रिक्षी, प्रसाद रूपी उस नारियल के भीतर यदि कुछ शेष बचता है तो उसे गंगाजल में रखकर सुरक्षित रखना। और आपके बालक के जन्म के पश्चात् इस प्रसाद के रस को उसे नौ दिवस तक निरंतर पिलाना। जय हो सोम की। जय माँ भारती की।''

इस रहस्यपूर्ण आदेश से व्रिक्षी आश्चर्यचकित हो जाती हैं और इससे पहले कि कुछ कहें, साधु शीघ्रता से वहाँ से चले जाते हैं।

उसके बाद पार्थोदास गोवाल दादा से बात करके व्रिक्षी और सिनोली के

निकट आते हैं और व्रिक्षी से कहते है– "चलो पुत्री अब हम घर चलते हैं। घर जाकर आप विश्राम करें।"

तीनों अपने घर की ओर चल देते हैं।

इसी दौरान पार्थोदास के हाथ में बड़ा सा नारियल देखकर व्रिक्षी आश्चर्यचकित हो गई और बोलीं– "पिताश्री, साधु महाराज ने इतने बड़े नारियल का प्रसाद दिया?"

"हाँ। विशिष्ट नारियल लगता है ये। अब घर जाकर इस विशिष्ट नारियल का प्रसाद ग्रहण करेंगें। और कल जब मेवार साहब आयेंगे तो उन्हें भी खिलायेंगे।"

व्रिक्षी ने कहा– "जी।"

•••

घर पहुँचते ही हाथ-पैर धोकर पार्थोदास आँगन में नारियल का ऊपरी तल निकालते हैं और इसे फोड़ते हैं। नारियल के एक समान दो भाग हो जाते हैं। इसके अंदर से पानी बहुत कम निकलता है। आश्चर्य की बात तो ये है कि संपूर्ण नारियल एक बड़े बीज से भरा हुआ है। सभी अचरज में पड़ जाते हैं। पार्थोदास कहते हैं– "ये तो वाक़ई विशिष्ट नारियल है। जीवन में पहली बार ऐसा दुर्लभ नारियल देखा है हमने।"

सिनोली ने भी पार्थोदास से कहा– "कोई बात नहीं, नारियल मलाई नहीं तो पानी ही सही। प्रसाद की एक बूँद या एक कण भी हमें पवित्रता, धर्मश्रद्धा और वैचारिक शिखरता प्रदान करने के लिए पर्याप्त है।"

पार्थोदास ने कहा– "निश्चित रूप से।"

और वे तीनों नारियल का पानी पीते हैं।

उसके बाद व्रिक्षी ने नारियल और उसके बीज को देखा और बोलीं– "पिताश्री, उन परमात्मा रूपी अज्ञात साधु महाराज ने जाते समय हमें कहा था कि यदि इस नारियल में कुछ शेष बचता है तो उसे गंगाजल में रखना और बालक के जन्म के पश्चात् उसे नौ दिवस तक उसका दिव्य रस पिलाना।"

सिनोली कह पड़ती हैं– "पार्थो जी, हमें पता नहीं चल रहा कि ये सब हो क्या रहा है। इन सब नवीन एवं अकल्पनीय घटनाओं को देखकर हमारी छठी इन्द्रिय हमें ये संकेत दे रही है कि मेवार साहब और पुत्री व्रिक्षी का बालक असाधारण, बलिष्ठ, धर्मज्ञ, तेजवान एवं जनकल्याणकारक सत्ता प्राप्त अजेय बालक होगा। संभवतः एक सर्वोत्तम युगपुरुष।"

तब पार्थोदास व्रिक्षी की ओर देखकर कहते हैं– "निस्संदेह, ऋषि धर्मरामो जी के कथन के अनुसार हमें सर्वगुण संपन्न पौत्र ही प्राप्त होगा।"

व्रिक्षी ने अपने माता-पिता से कहा– "धन्यवाद।"

उसके बाद पार्थोदास, सिनोली से बोले– "अब जब प्रसाद ग्रहण कर लियो है तो भोजन भी कर लेते हैं। रात्रि भोजन देर से करना स्वास्थ्य के लिये हानिकारक है।"

"जी, सब तैयार है। मात्र परोसनो है।"

तीनों आँगन से अपने भोजन कक्ष की ओर जाते हैं।

●●●

अगले दिन प्रातःकाल।

पार्थोदास अपने घर ब्रह्मानिवास के बगीचे में झूले पर बैठे हैं जबकि व्रिक्षी, सिनोली और वैद्यनाथ की पुत्री वेली कुर्सी पर बैठे हैं। तभी सुखराज आते हैं। पार्थोदास झूले से खड़े होकर सुखराज से कहते हैं– ''शुभ प्रभात मेवार साहब। आइये बैठिये। आपकी ही प्रतीक्षा थी।''

पार्थोदास और सिनोली के चरण स्पर्श करके सुखराज झूले पर बैठते हैं और कहते हैं– ''शुभ प्रभात।''

सिनोली, व्रिक्षी और वेली ने सुखराज से कहा– ''शुभ प्रभात।''

कुछ दिवस पश्चात् एक दूसरे को प्रत्यक्ष रूप में देखकर व्रिक्षी और सुखराज आंतरिक रूप से अतिप्रसन्न होते हैं।

उसके बाद सुखराज पार्थोदास से कहते हैं– ''आज प्रातःकाल सोम पहुँचते ही गोवाल दादा ने हमें व्रिक्षी जी के साथ घटी कल की विशेष एवं अविस्मरणीय घटना के विषय में बताया। जो भी घटा है, विशेष घटा है। क्यों और कैसे घटा, ये जानना असंभव है। पर ये परम सत्य है कि सोम पर सब शुभ ही होगा। मारो राम सबरो भलो करें।''

सिनोली ने सुखराज से कहा– ''हमें तो ऐसा लग रहा है कि परमात्मा ने संपूर्ण सृष्टि के सर्वश्रेष्ठ एवं अमूल्य क्षणों को हमारे लिये नियुक्त किया है। प्रत्येक घटना संपूर्ण प्राणीजगत के कल्याण के लिये पूर्णतः समर्थ है।''

पार्थोदास भी बोले– ''ये सब हमारे देवात्म एवं ब्रह्मज्ञानी पूर्वजों और हमारे सत्कर्मों का प्रसादरूपी फल है और इन सत्कर्मों के बीज रोपक हैं मेरे प्रभु श्री राम और पुण्य राशि ऋषि धर्मरामो।''

सुखराज ने पार्थोदास से कहा– ''सत्य वचन।''

उसके बाद व्रिक्षी ने सुखराज से पूछा– ''वैसे आपकी पंजाब की यात्रा कैसी रही?''

''बहुत ही महत्त्वपूर्ण और फलदायी यात्रा थी। जैसा सोचा था उससे कहीं अधिक शुभ हुआ। इस बार पंजाब खेत मंडल के इस सम्मेलन में संपूर्ण भारत के कोने–कोने से आये असंख्य कृषकों को जैविक खेत पद्धति, फल, सब्ज़ी और

वनस्पति रोपण पद्धति का सर्वश्रेष्ठ ज्ञान प्राप्त हुआ है। हमने उनके समक्ष हमारे खेत कला ज्ञान के श्रेष्ठ उदाहरण प्रस्तुत किए जिससे समस्त कृषक और पंजाब खेत मंडल के सभी लोग अत्यंत प्रभावित और लाभान्वित हुए हैं। प्रत्येक व्यक्ति ने हमारी खेतकार्य पद्धति को अत्यंत पसंद किया है और उन्होंने ये निर्णय किया है कि इन उत्तम फल प्रदायक पद्धतियों का नित्य रूप में प्रयोग करके सर्वश्रेष्ठ गुणवत्ता का पवित्र अनाज, फल, सब्ज़ी और कीटाणु रहित वनस्पतियों का उत्पादन करेंगे जिससे धरती माता, हमें और समूचे प्राणी जगत को इसका सर्वाधिक लाभ हो। अंततः ज्ञानयोग के प्रदर्शन का अद्भुत अनुभव रहा।''

''ये तो बहुत ही अच्छी बात है।'' व्रिक्षी बोलीं।

पार्थोदास ने सुखराज से कहा– ''हाँ। हमारी मातृभूमि को इस पहल की अत्यंत आवश्यकता है और आपने इस विषय को महत्व देकर देवभूमि भारत और भारतवासियों के स्वास्थ्य एवं दीर्घायु के लिए बहुत पुण्य का कार्य किया है।''

वैद्य वेली पार्थोदास से बोलीं– ''श्री सुखराज मेवार, असीमित पुण्य कर्म करने के लिए ही पृथ्वीलोक पर अवतरित हुए हैं। ये कर्मयोग, भक्तियोग और ज्ञानयोग के सर्वश्रेष्ठ प्रदर्शक हैं।''

''इन शुभ शब्दों के लिए धन्यवाद।'' सुखराज ने सबको प्रणाम करते हुए कहा।

तत्पश्चात् वैद्य वेली ने सुखराज से कहा– ''मेवार साहब, व्रिक्षी जी की वर्तमान अवस्था को देखकर हमें लगता है कि सोम की पवित्र भूमि पर एक और श्रेष्ठ मानव के जन्म के लिए अब कुछ ही दिवस शेष हैं।''

''हम उस दिव्य क्षण की व्यग्रता से प्रतीक्षा कर रहे हैं वेली जी।''

''हम भी।'' पार्थोदास, सिनोली और व्रिक्षी ने साथ में कहा।

फिर सुखराज ने वैद्य वेली से कहा– ''वेली जी, आपने एक बहन बनकर व्रिक्षी जी का विशेष ध्यान रखा है। इसके लिए आपका बहुत धन्यवाद। हम सदैव आपके ऋणी रहेंगे।''

''मेवार साहब, ऐसा कहकर हमें लज्जित न करें। हम जो भी कर रहे हैं वो एक वैद्य का कर्तव्य है। और वैसे भी आपके समुद्र समान पुण्य कर्मों के सामने ये कार्य रेत के कण के समान भी नहीं है।''

''बस, हमें और महान न बनायें।'' सुखराज ने कहा।

पार्थोदास ने वेली से प्रशंसा में कहा– ''पुत्री वेली, हम वाक़ई आपके इस निःस्वार्थ कर्तव्य कर्म से अत्यंत प्रभावित हैं।''

''धन्यवाद।''

उसके बाद सुखराज पार्थोदास से बोले– ''पिताश्री, अब हम चलते हैं। पिछले कुछ दिवस हम पंजाब में थे इसलिए अनाज के निर्यात को लेकर कुछ महत्वपूर्ण कार्य शेष हैं जिसमें हमारी उपस्थिति अनिवार्य है।''

''अवश्य।''

सुखराज ने चलते–चलते सबको प्रणाम करते हुए कहा– ''नमस्ते।''

''नमस्ते।'' सबने सुखराज से कहा।

तत्पश्चात् वेली ने व्रिक्षी से कहा– ''व्रिक्षी बहन, हमें पिताश्री के साथ आज दोपहर को राजस्थान सरकार के 'स्त्री रक्षा, मारो कर्तव्य' और 'छोटा परिवार, सुखी परिवार' अभियान के लिए भीलवाड़ा जाना है इसलिए हम घर जाते हैं।''

''ठीक है बहन। बाद में मिलते हैं।''

पार्थोदास, सिनोली और व्रिक्षी को प्रणाम करके वह अपने घर जाती हैं। उनके जाने के बाद पार्थोदास ने सिनोली से कहा– ''हमारा भाग्य धनी से धनी राजा से भी महान है क्योंकि हम ऐसे सत्कर्मों के भंडाररूपी विश्वश्रेष्ठ देवगुणी मनुष्यों के साथ सर्वतोभद्र जीवन व्यतीत कर रहे हैं।''

''सत्य कहा आपने। हमारा सोम एक वास्तविक स्वर्ग है जहाँ ईश्वरीय मनुष्य निवास करते हैं।''

व्रिक्षी ने कहा– ''सत्य वचन।''

ये कहने के पश्चात् सुखराज जिस दिशा में जा रहे हैं, व्रिक्षी उस दिशा में स्थिर दृष्टि से एकटक देख रही है।

●●●

कुछ दिवस पश्चात्। चौबीस मार्च उन्नीस सौ अस्सी।

रामनवमी त्यौहार का शुभ दिवस।

अपनी घोर तपस्या पूर्ण होने की कुछ क्षण पूर्व ही ऋषि धर्मरामो पूर्ण श्रद्धापूर्वक अपने मन में कहते हैं– ''हे त्रिलोकपति भगवान श्री विष्णु, माता लक्ष्मी, आपके और हमारे माता–पिता के विशेष आशीर्वाद से हमारी विश्वकल्याणकारी तपस्या सफलतापूर्वक पूर्ण होने जा रही है और हमारा उद्देश्य भी उचित दिशा की ओर बढ़ रहा है। आज आपके महाअवतार प्रभु श्री राम के जन्म दिवस पर हम अपने माता–पिता के पुनः दर्शन करेंगे और पुत्री व्रिक्षी के पुत्र के जन्म के पश्चात् अपनी शेष श्रेष्ठ योजनाओं का अमलीकरण करते हुए अपने उद्देश्य को सर्वश्रेष्ठ रूप से आगे बढ़ायेंगे।''

उसके बाद ऋषि धर्मरामो को मन में एक आवाज़ सुनाई देती है– ''मोह, माया, राग, द्वेष, वासना, वैराग्य पर पूर्णतः विजय प्राप्त करके निन्यानवे वर्ष तक सर्व ऋतुकाल में अपने शरीर को सख़्त रूप में तपाकर आपने ईश्वरीय पद प्राप्त कर लिया है। धन्य हो आप पुत्र। आने वाला समय स्वर्णकाल समान सर्वश्रेष्ठ, अशुभकाल रहित, फलदायी और अतिपरोपकारी होगा। आपकी इस तपस्या का फल शत–प्रतिशत सर्वार्थ सिद्ध होगा।''

धर्मरामो ने अपने मन में कहा– ''धन्यवाद प्रभु। प्रभु श्री राम का चरित्र सर्वत्र प्रबल हो।''

उसके बाद ऋषि धर्मरामो अपने माता–पिता से आत्मीय संपर्क करने के लिए मन ही मन बोले– ''प्रभु श्री राम और सीता माता के अनन्य भक्त पिताश्री ऋषि जलवाय्वग्नि और भगवान श्री कृष्ण और माता राधा की अनन्य भक्त माता अक्षधरा, आप दोनों को हमारा शत–शत प्रणाम।''

इतना कहने के पश्चात् धर्मरामो को अपने मानसपट पर उनके देवरूपी, कालजयी, मनोजयी, जितेन्द्रिय, ब्रह्मज्ञानी, अखंड श्रद्धावान एवं तेजोवान माता–पिता के दर्शन होते हैं जो अयोध्या की सरयू नदी के तट पर प्रभु के पृथ्वीलोक पर व्यतीत किये हुए जीवन के प्रत्येक भूमि स्थान के पवित्र जल और पवित्र मिट्टी को साक्षी मान कर भगवान श्री विष्णु और माँ लक्ष्मी का नाम स्मरण करते हुए घोर तपस्या कर रहे हैं।

अपने माता–पिता को इस अपरिवर्तनीय परमानंद की परिस्थिति में देखकर धर्मरामो अतिप्रसन्न होते हैं और वे उनसे कहते हैं– "हे परमपूज्य माता–पिता, इस समस्त विश्व की ओर से मैं धर्मरामो, आपका धर्मपुत्र आपको कोटि–कोटि नमन करता हूँ। आप दोनों धन्य हैं। आपकी सर्वोत्तम श्री हरि भक्ति से हम अत्यंत प्रभावित हुए हैं। हमें पूर्ण विश्वास है कि आप दोनों को आपके गंतव्य की प्राप्ति शीघ्र ही होगी। सर्वत्र विष्णुराज प्रबल हो।"

उसके बाद धर्मरामो को मन में अपनी माता की ध्वनि सुनाई देती है– "आयुष्मान भव पुत्र। आपको अनंत कोटि ब्रह्माण्ड की विराटता समान ज्ञानक्षेत्र, विचारक्षेत्र, कर्मक्षेत्र और धर्मक्षेत्र प्राप्त हो चुका है। यह अमूल संपत्ति समस्त विश्व को सुख देने के लिये सक्षम है। इनके उत्तम उपयोग से आपका सर्वतोभद्र उद्देश्य पूर्णतः फलीभूत होगा और आप सोम गाँव के ईश्वरीय मनुष्यों की नित्य सहायता से सदैव के लिये संपूर्ण प्राणीजगत का कल्याण करते रहेंगे।"

धर्मरामो ने अपनी माता से मन में कहा– "धन्यवाद माता।"

फिर धर्मरामो को अपने मन में अपने पिता का स्वर सुनाई देता है– "आपका और सृष्टिवासियों का नित्य कल्याण हो पुत्र। जय श्री राम। जय हो सीता माता की। जय हो सोम की। जय माँ भारती की। सर्वत्र विष्णुराज प्रबल हो।"

धर्मरामो ने अपने पिता से मन में कहा– "धन्यवाद देवात्मा। सर्वत्र विष्णुराज प्रबल हो।"

•••

  ईश्वरीय मनुष्य

रामनवमी त्यौहार का ये शुभ दिवस भारत देश एवं विश्व के सर्वोत्तम चरित्र प्रभु श्री राम को समर्पित है। 'राम' न केवल भारत का उत्तम चरित्र हैं अपितु भारत देश की भोर का प्रथम स्वर भी हैं। जैसे 'जय सिया राम' 'राम-राम सा' 'राम-राम जी की' इत्यादि। वह असंख्य रामभक्तों के प्रातःस्मरणीय हैं। प्रभु श्री राम ने अपने स्वर्णिम रामराज्य काल में इस धर्मधरा के समस्त पापों का विनाश कर यहाँ सुख, शांति, संयम और धर्म का सिंचन किया था। यह वो उत्कृष्ट धर्मावतार हैं जिन्होंने इस विश्व को उच्च आदर्श, करुणा, पशुप्रेम, उत्तम राजनीति, अपार स्नेह, पवित्र विचारधारा, उत्तम मानसिक प्रबलता, शुद्ध आचरण, धर्मश्रद्धा, अथक परिश्रम, शूरवीरता, सर्वप्राणी समभावना, कठोर शाकाहार पालन, त्यागभाव जैसे अनंत विश्व कल्याणकारक सद्गुणयुक्त उत्तम जीवनशैली प्रदान की है।

दोपहर के बारह बजे हैं।

'ब्रह्मानिवास' के बगीचे में पार्थोदास, सुखराज, गोवाल दादा और बाली दादा बैठे हैं और नव शिशु आगमन के शुभ संदेश की व्यग्रता से प्रतीक्षा कर रहे हैं।

कुछ क्षण पश्चात् ही सिनोली प्रसन्नतापूर्वक बगीचे की ओर आती हैं और सभी से कहती हैं– "खम्माघणी सा। म्हारे राम प्रकट हो चुके हैं मेवार साहब। आप बहुत भाग्यशाली हैं कि आज रामनवमी के शुभ दिवस पर व्रिक्षी ने स्वस्थ, रूपवान, तेजवान एवं प्रभावशाली पुत्र को जन्म दिया है।"

पार्थोदास ने कहा– "अतिशुभ। अतिशुभ काल संदेश।"

सुखराज इस शुभ समाचार को सुनकर अत्यंत प्रसन्न हो जाते हैं और तुरंत ही व्रिक्षी और अपने पुत्र को देखने उनके शयन कक्ष में जाते हैं।

जब सुखराज, व्रिक्षी और पुत्र को देखने घर में प्रवेश करते हैं तब बाली दादा और अन्य स्त्रियाँ, व्रिक्षी के शयन कक्ष से बाहर आते हुए सुखराज को बधाई देते हैं। सुखराज उन्हें प्रणाम करते हैं। कक्ष में प्रवेश करते ही सुखराज और व्रिक्षी एक दूसरे को देखकर तनिक मुस्कुराते हैं। सुखराज निकट जाकर सर्वप्रथम व्रिक्षी के चरण स्पर्श करते हैं।

"मेवार साहब, ये क्या कर रहे हैं आप? आप हमारे पति परमेश्वर हैं। आप हमारे चरण क्यों स्पर्श कर रहे हैं?"

"इस संसार में माँ से परे कोई ना है। इसलिए एक माता को हमारा

शत—शत प्रणाम। एक स्वस्थ पुत्र को जन्म देने के लिए हम अपने पवित्र मन से आपका धन्यवाद करते हैं।''

व्रिक्षी प्रसन्न मुद्रा में अपना सिर हिलाती हैं और सुखराज से कहती हैं— ''आप धन्य हैं मेवार साहब और कोटि—कोटि धन्य हैं आपके माता—पिता, जिन्होंने आप जैसे श्रेष्ठ धर्मावतार मनुष्य को जन्म देकर उच्चकोटि के दुर्लभ संस्कार दिये। हम ईश्वर से यही प्रार्थना करते हैं कि हमें प्रत्येक जन्म में आपकी सेवा करने का पुण्य प्राप्त हो।''

''अवश्य होगा। प्रत्येक जन्म में आपकी संगत पाकर हमारा जीवन भी धन्य हो जायेगा।''

उसके बाद सुखराज, अपने पुत्र को देखते हुए व्रिक्षी से कहते हैं— ''व्रिक्षी जी, अत्यंत सुंदर और तेजस्वी लग रियो है आपणो पुत्र। इसके मस्तक पर तो हल्का सा तिलक भी है। जन्म से ही भाग्यशाली लग रियो है हमारो पुत्र।''

''सब ईश्वरीय है।''

''व्रिक्षी जी, हमारे इस तेजस्वी पुत्र के नेत्रों में हमें धर्मज्ञान और सत्कर्मों का समुद्र दिखाई दे रहा है। निस्संदेह ऐसा प्रतीत हो रहा है कि इसके संपर्क में जो भी प्राणी आयेगा, वह धर्म और सत्कर्मों का स्वामी बन जायेगा। इसकी संगत मात्र से पाप, पुण्य बन जायेगा। दुःख, सुख बन जायेगा। दानव, देवता बन जायेंगे। गंदगी, शुद्धि बन जायेगी। वेश्या, सन्यासिनी बन जायेगी। भ्रमित, स्थिर हो जायेगा और मृत्यु एक यात्रा बन जायेगी। यह सब इसलिये संभव होगा क्योंकि ये एक परिशुद्ध देवात्मा है, प्रभु श्री रामचंद्र जी का आशीर्वाद रूपी धर्म अंश। विश्व की सर्वोच्च सत्ता की सर्वव्यापी अद्भुत चेतनाशक्ति का एक और अलौकिक स्वरूप।''

''आपके इन दुर्लभ अमूल्य शब्दों ने हमें ब्रह्म स्वरूप के दर्शन करा दिये। निस्संदेह यह सुखद वाणी, रामवाणी सिद्ध होगी।'' व्रिक्षी ने कहा।

सुखराज ने पुत्र की ओर देखते हुए कहा— ''हे श्रेष्ठ माता के श्रेष्ठ पुत्र, अंततः आपने हमें दर्शन दे ही दिये। आपका साथ पाकर हम धन्य हुए पुत्र।''

उसके बाद वे व्रिक्षी से बोले— ''नियति ने एकदम श्रेष्ठ समय पर हमारे पुत्र को जन्म दिया है। संपूर्ण संसार में रामनवमी से अधिक श्रेष्ठ दिवस कोई और नहीं हो सकता। हमारा पुत्र अत्यंत भाग्यशाली है।''

''हमारी नवधा भक्ति का शुभ फल एवं ईश्वर का महाप्रसाद है हमारा पुत्र।''

तभी पार्थोदास, सिनोली, गोवाल दादा, बाली दादा और वैद्य वेली कक्ष में प्रवेश करते हैं और कहते हैं– ''आप दोनों को नवशिशु आगमन हेतु बहुत–बहुत बधाई हो। प्रभु श्री राम चरित्र सर्वत्र प्रबल हो।''

व्रिक्षी और नव बालक को एकटक देखते हुए सभी अपना असीम आनंद व्यक्त कर रहे हैं।

दिव्य पुत्र को देखते हुए पार्थोदास सुखराज से कहते हैं– ''मेवार साहब, प्रभु श्री राम के जन्म दिवस पर अवतरित आपका पुत्र, आप जैसा ही श्रेष्ठ उत्तराधिकारी होगा। हमें पूर्ण विश्वास है कि ये श्रेष्ठ बालक प्रभु श्री राम और आपके समान राजधर्म का पालन करते हुए धर्मधरा पर राज करेगा और सर्वत्र सुख, शांति, पवित्रता, धर्मनिष्ठा और अहिंसा फैला देगा।''

सुखराज ने कहा– ''हाँ... धर्म सर्वोपरि है। धर्म ही मनुष्य को श्रेष्ठ बनाता है और हमारा पुत्र धर्म का राजा बनेगा अर्थात् 'धर्मराज'।''

सिनोली बोलीं– ''धर्मराज। श्रेष्ठ नाम है।''

बाली दादा ने सहमति दी– ''हाँ, अतिशुभ नाम है। और नाम में ही इतना वज़न है तो काम तो असीम संभावनाओं को उजागर करने वाला ही होगा।''

व्रिक्षी ने सुखराज को स्वीकृति देते हुए कहा– ''मेवार साहब, सर्व मनप्रिय नाम है 'धर्मराज'। यही नाम रहेगा हमारे पुत्र का।''

अपने पुत्र को हाथ में लेकर सुखराज प्रसन्नता से बोल पड़े– ''पहले भ्राता नेनाल के पुत्र और पुत्री के जन्म का शुभ संदेश और अब हमारे पुत्र धर्मराज का जन्म। आज हम अतिप्रसन्न हैं। आज प्रभु श्री राम जी के जन्म दिवस पर संपूर्ण सोम, सोमवासियों की परिशुद्ध सामूहिक रामभक्ति से पुनः जगमगाएगा। संपूर्ण सोम, राम–नाम की धुन में लीन हो जायेगा और प्रभु के सुखवर्धक, बलवर्धक और आनंदवर्धक महाप्रसाद का लाभ लेगा।''

गोवाल दादा ने सुखराज से कहा– ''फिर तो आज की रात्रि रोमांचपूर्ण रात्रि होगी। विश्वकल्याणकारक श्री राम चरित्र दर्शन की एक और महारात्रि।''

बाली दादा बोले– ''निश्चित रूप से।''

उसके बाद पार्थोदास सुखराज से कहते हैं– ''और महाआरती के पूर्व हम, पौत्र धर्मराज को गुलाब के इत्र की एक बूँद से मिश्रित पवित्र गंगाजल से स्नान करवायेंगे।''

''अवश्य। हम ऋषि शास्त्रनाथ जी के प्रत्येक शब्द का पालन करेंगे।''

पार्थोदास प्रसन्न होकर बोले– ''जी।''

उसके बाद सुखराज ने व्रिक्षी से कहा– ''व्रिक्षी जी, इस समय आप विश्राम करें। हम प्रभु श्री रामचंद्र जी की महाआरती का आयोजन करने जाते हैं।''

''ठीक है।''

●●●

ईश्वरीय मनुष्य

संध्याकाल का समय है। समग्र सोम राम नाम से प्रज्वलित दीपकों से जगमगा रहा है। यत्र-तत्र सर्वत्र उनकी ही रोशनी है। मशालें प्रसन्न होकर अपनी सर्वोत्तम क्षमता अनुसार जल रही हैं। प्रभु के मंदिर और उसके आँगन की भूमि पर सर्वत्र इस सृष्टि के सर्व प्रकार के सुंदर फूल बिखरे हुए हैं। कोमल फूलों की मोहक सुगंध सोमवासियों को अतिप्रसन्न और मोहित कर रही है।

समस्त सोम निवासी अपने-अपने पालतू पशुओं के साथ मंदिर के आँगन में बैठे हुए हैं। पक्षी अपना-अपना स्थान लेकर वृक्षों की डालियों पर बैठे हुए हैं। सुखराज और व्रिक्षी मंदिर में प्रभु की प्रतिमा के निकट बैठे हैं और सुखराज के पास स्थित चंदन काष्ठ के झूले में पुत्र धर्मराज सो रहे हैं।

प्रभु के प्रसाद के रूप में सुखराज ने फलों का रस, कच्ची सब्जियाँ और सूखे मेवे, तुलसी, इलायची के साथ केसर युक्त दूध तैयार कर रखा है जो प्रभु के मंदिर के बाजू में प्रधान कक्ष में तैयार पड़ा है और प्रसादथाल प्रभु और माता के चरणों में विराजमान है।

और फिर शुरू होती है- श्री रामचरितमानस महाकाव्य की महाआरती। रामधुन के रूप में महाधुन।

रामधुन का आरंभ करते हुए पंडित गंगेश्वर कहते हैं- ''बोलो प्रभु श्री राम की जय। माता सीता की जय। पवनपुत्र हनुमान की जय। महर्षि वाल्मीकि की जय। श्री गोस्वामी तुलसीदास की जय। ऋषि धर्मरामो की जय। सर्व सोमवासियों की जय। जय माँ भारती की। जय हो समूचे विश्व की।''

पंडित जी के साथ-साथ सभी यह दोहराते हैं और विश्व के महानायक प्रभु श्री राम की उपदेशात्मक जीवनयात्रा के श्लोक वचन द्वारा रामधुन का आरंभ होता है।

राजस्थान के भिन्न ग्रामीण एवं शहरी क्षेत्रों के विशिष्ट संगीतकार, राजस्थान की अद्भुत प्राचीन संगीतकला और संस्कृति के माध्यम से श्री रामचरितमानस महाकाव्य का रामधुन के रूप में सर्वोत्तम प्रस्तुतीकरण करना आरंभ करते हैं। सर्वप्राणी राममय होकर भक्तियोग का शीर्षस्थ प्रदर्शन कर रहे हैं। राजस्थान के विभिन्न विश्वप्रसिद्ध गायक इस महाकाव्य के भिन्न काण्डों का अपने मधुर स्वर और परिशुद्ध भक्तिभाव से प्रभावशाली प्रदर्शन कर रहे हैं। साथ में बज रही संगीत की कर्णप्रिय धुनें अत्यंत मधुर हैं जिन्हें सुनकर इस सृष्टि का कोई भी प्राणी सुखी,

प्रसन्न, धर्मवश, अहिंसक, भक्तिमय, मनोजयी, जितेन्द्रिय, आध्यात्मिक, सत्कर्मी, दयालु, संतुलित, सम एवं स्वयं रामचरितमानस हो जायेगा।

विश्व के महान चरित्र श्री राम को समर्पित यह कर्म– ज्ञानयोग, भक्तियोग, कर्मयोग और ध्यानयोग का अनुपम उदाहरण है। यह दृश्य कलयुग का सर्वोत्तम दृश्य है। प्राणीजगत, देश, काल, नियति और समूचे ब्रह्माण्ड को भक्तियोग के रस में पूर्णतः स्थिर कर इस विश्व को राम नाम में घोल रहा है यह समय। असमय को समय सिद्ध कर रहे हैं ये ईश्वरीय मनुष्य।

लगभग दो पहर पश्चात् श्री रामधुन समाप्त होती है। सर्वप्राणी अपने भीतर साक्षात् राम चरित्र का अनुभव कर रहे हैं।

तत्पश्चात् पंडित गंगेश्वर कहते हैं कि– "इस सृष्टि के रचयिता भगवान श्री ब्रह्मदेव और ज्ञान की देवी माता सरस्वती की, जय।"

सब यह कहते हैं– "जय हो।"

पंडित गंगेश्वर ने और कहा– "इस सृष्टि के महायोगी, महातपस्वी, कालजयी, मनोजयी, युगसाक्षी, सरलता, समता एवं महाशक्ति की साक्षात् मूर्ति, देह की नश्वरता का भान दिलाने वाले महाविध्वंसक परम श्रद्धेय भगवान शिव जी की जय। माता पार्वती देवी की जय।"

सब ने कहा– "जय हो।"

पंडित गंगेश्वर ने आगे कहा– "इस समस्त ब्रह्माण्ड के श्रेष्ठ पुत्र, श्रेष्ठ शिष्य, श्रेष्ठ भाई, श्रेष्ठ पति, श्रेष्ठ राजा, धर्म स्थापक, सत्यनिष्ठ, उत्तम चरित्रवान, मर्यादा पुरुषोत्तम, शुभविचार सागर, धर्मकोष, ज्ञानकोष, करुणानिधान, महाबलिष्ठ और विश्वोत्तम मनुष्य बनकर सर्वोत्तम जीवन व्यतीत करने वाले सद्गुणों के महासागर एवं समस्त रघुकुल के अमूल्य आभूषण, प्रभु श्री रामचंद्र की जय।"

सब ने कहा– "प्रभु श्री रामचंद्र की जय।"

पंडित गंगेश्वर ने आगे कहा– "इस संसार की श्रेष्ठ पुत्री, श्रेष्ठ बहन, श्रेष्ठ पत्नि, श्रेष्ठ माता, श्रेष्ठ स्त्री, सत्यनिष्ठ, धर्मनिष्ठ, कर्मनिष्ठ, महात्यागी और पवित्र चरित्रवान नारी बनकर सर्वश्रेष्ठ, अतुल्य एवं उपदेशात्मक जीवन व्यतीत करने वाली माता सीता की जय।"

सब ने कहा— ''माता सीता की, जय।''

पंडित गंगेश्वर आगे बोले— ''इस संसार के श्रेष्ठ पुत्र, श्रेष्ठ मित्र, श्रेष्ठ शिष्य, श्रेष्ठ सेवक, सर्वज्ञानी, धर्मज्ञ, श्रेष्ठ रक्षक, महाबलिष्ठ, आध्यात्मिक, असुरकुल विनाशक और श्रेष्ठ मनुष्य बनकर श्रेष्ठ जीवन व्यतीत करने वाले श्री पवनपुत्र हनुमान की जय।''

सब ने कहा— ''श्री पवनपुत्र हनुमान की, जय।''

पंडित गंगेश्वर ने आगे कहा— ''हमारी सोम की भूमि को अतिपवित्र, सुखद, रामराज्य समान धर्मात्माओं की दिव्यनगरी बनाकर, यहाँ स्थायी रूप से स्थापित होकर, हम सबका सृजन करके हमें इस दिव्य भूमि पर शरण देने वाले, ऋषि धर्मरामो की, जय।''

सब ने कहा— ''ऋषि धर्मरामो की जय।''

उसके बाद पंडित गंगेश्वर, भगवान श्री हरि विष्णु और माँ लक्ष्मी को प्रणाम करते हैं और प्रभु को प्रसाद अर्पण करते हैं।

तत्पश्चात् पंडित गंगेश्वर मंत्रोच्चार करते हुए सुखराज के पुत्र धर्मराज के मस्तक पर तिलक करते हैं और सबसे कहते हैं— ''प्रिय सोमवासियों, सर्वजीव कल्याणकारी श्री रामचरितमानस महाकाव्य की रामधुन यहाँ संपन्न हुई। अब हम सब सदैव की तरह मेवार साहब से अमृतवाणी सुनेंगे और तत्पश्चात् प्रभु के महाप्रसाद का लाभ लेकर अपने—अपने घर जायेंगे।''

उसके बाद प्रत्येक सोमवासी ने सुखराज को नमन किया।

सुखराज अपने स्थान पर खड़े होते हैं और सबको प्रणाम करके कहते हैं— ''खम्माघणी प्रिय सोमवासियों। समूचे विश्व को रामनवमी की अनंत शुभकामनायें। सर्वत्र रामचरित्र प्रबल हो। आज का यह दिवस हमारे लिये अतिशुभ दिवस है और इस शुभ दिवस पर हम एक और शुभ कार्य का आरंभ करेंगे। आज के पश्चात् हम अपनी सर्वोत्तम क्षमता के अनुसार आप सबके श्रमदान की सहायता से आस—पास के अधिकतम गाँवों के पशु—पक्षियों को बिना किसी मूल्य के आजीवन अनाज, फल और सब्ज़ी खिलाने की व्यवस्था करेंगे। इसके अतिरिक्त संपूर्ण राजस्थान राज्य में उनके लिये जलाशयों और अन्नकुंडयुक्त अनेक आश्रय स्थानों का निर्माण करेंगे।''

इन श्रेष्ठ शब्दों को सुनकर एक वृद्ध सोमवासी ने कहा– ''आप धन्य हैं पुत्र सुखराज। आपके उच्चकोटि के पुण्य कर्म और शुद्ध विचारसागर युक्त मन की संगत के कारण ही आपको आज के शुभ दिवस पर प्रभु श्री रामचंद्र जी के परिशुद्ध चरित्र समान ओजस्वी बालक की प्राप्ति हुई है। आप जैसे श्रेष्ठ कुल के गुणातीत मनुष्य को हमारा शत–शत प्रणाम।''

समस्त सोमवासी बोले– ''मेवार साहब, आपको हमारा शत–शत प्रणाम।''

गाँववासियों के मध्य खड़े पशुनाथ, सुखराज और व्रिक्षी से कहते हैं– ''हमारी ओर से आपको और पुत्री व्रिक्षी को दिव्यपुत्र प्राप्ति के लिये अनंत शुभ कामनायें। इस विश्व की अदृश्य दिव्य शक्तियों से प्रार्थना करता हूँ कि इस विश्व के आरंभकाल से इस पृथ्वीलोक पर अवतरित होते रहे आप जैसे धर्मरक्षक और धर्मप्रचारक का प्राकट्य प्रत्येक वर्ष में विश्व के प्रत्येक देश और गाँव में होता रहे ताकि अधर्म के शरणार्थी धर्म का क्षय करने में सदैव परास्त हों और धर्म सदैव सर्वत्र अमर और अक्षय रहे। विश्व कल्याण के उच्च संकल्पों की पूर्ति हेतु दिव्यता जब आकार लेती है तब आप ही जैसे ईश्वरीय अंशावतार का प्राकट्य होता है।''

यशो नैतम ने भी सुखराज और व्रिक्षी से कहा– ''हम ईश्वर से प्रार्थना करते हैं कि आपका जीवन अतिमंगलकारी व्यतीत हो और आपके दिव्य पुत्र प्रभु श्री रामचंद्र जी के परिशुद्ध चरित्र समान एक सर्वश्रेष्ठ विश्व संचालक बनकर संपूर्ण विश्व को रामराज्य बनाकर सभी को सुख, शांति, समृद्धि, स्वास्थ्य, शुद्धता, सुरक्षा सहित अपरिवर्तनीय आनंद प्रदान करें।''

कुछ गाँववासी बोले– ''आपको हमारी ओर से भी अनंत शुभकामनायें।''

सुखराज ने सबसे कहा– ''आप सबका बहुत धन्यवाद। आपके एक दूसरे के प्रति असीम स्नेह और सम्मान से ही हमारा एवं सोमवासियों का कल्याणकारी अस्तित्व है।''

तब पशुनाथ सुखराज से बोले– ''धन्यवाद।''

तत्पश्चात् सुखराज ने सभी से कहा– ''सोमवासियों, मध्यरात्रि होने को है। अब सोम के नीति–नियमों के अनुसार अधिक विलंब के पूर्व ही प्रभु का महाप्रसाद ग्रहण करें और उसके बाद अपने–अपने घर जाकर विश्राम करें। जय श्री राम जी

की, जय माँ सीता की। श्री रामचरित्र सर्वत्र प्रबल हो।''

सब ने कहा– ''प्रभु श्री राम की जय। माता सीता की जय। श्री रामचरित्र सर्वत्र प्रबल हो।'' .

और सभी लोग अपने पशुओं के साथ, प्रभु श्री राम और माता सीता का नाम स्मरण करते हुए महाप्रसाद ग्रहण करते हैं और अंत में अपने–अपने घर जाते हैं।

•••

आज धर्मराज साढ़े चार वर्ष के हो गये हैं। सोमवासी हमेशा की तरह ही अपना पूर्ववर्ती ईश्वरीय जीवन व्यतीत करते आये हैं। परंतु बीते साढ़े चार वर्षों में यदि कुछ अतिविशेष था, तो वो था धर्मराज का विवेकपूर्ण प्रभावशाली जीवन। धर्मराज अपने जन्मकाल से ही सर्वगुण संपन्न दिव्यात्मा दर्शित होते हैं। वे एक शिस्तबद्ध जीवन जीते आये हैं। वे अपने जन्मकाल से ही ब्रह्ममुहूर्त में उठ जाते हैं। फिर माता द्वारा स्नान कराये जाने के पश्चात् अपने महल के बगीचे में रखी हुई खटिया पर खुले आसमान के नीचे बैठते हैं और प्रकृति का असीम आनंद लेते हैं। ऐसा लगता है कि वो जन्म से ही प्रकृति प्रेमी हैं।

धर्मराज सदैव प्रसन्न मुद्रा में रहते हैं और अधिकतम समय में मेवाड़ राजमहल पर हो रही दैनिक क्रियाओं का सहजता से आनंद लेते हैं।

धर्मराज के शरीर से सदैव अतिसुगंधित बयार आती रहती है। जो इतनी मोहक एवं आकर्षक है कि जो भी उनके निकट जाता है उसका मन एकदम शांत, एकचित्त, संयमी और तरोताज़ा हो जाता है। इस विश्व के किसी भी दुःख को नष्ट करने के लिये यह सुवास पर्याप्त है।

धर्मराज ने आज तक एक क्षण के लिये भी अश्रु नहीं बहाये हैं, न वे कभी चीखे हैं। न उन्होंने किसी वस्तु को नुकसान पहुँचाया है और न ही कभी किसी पदार्थरूपी वस्तु की प्राप्ति हेतु हठ की। धर्मराज अपने सर्वकाल पूजनीय पूर्वजों के समान पशुप्रेमी, औढरदानी, संवेदनशील, साहसिक, कर्तव्यनिष्ठ, सत्यनिष्ठ, जितेन्द्रिय, विश्वकल्याणकारक, धर्माधीन, सिद्धांती, परोपकारी एवं शुद्ध शाकाहारी जीवात्मा हैं।

क्रोध, दुष्ट इच्छा, तुच्छ एवं अर्थहीन विचार, घृणा, ईर्ष्या, भय, मोह, छल, कपटता, हिंसा जैसे दुर्गुणों से धर्मराज का जन्म से ही कोई संबंध नहीं है। वे एक शांत स्वभाव के धर्मज्ञ शिशु हैं। वो जन्म से ही एक संतुष्ट आत्मा हैं जो बाल्यावस्था से ही आहार में सूखे मेवे और फल ग्रहण करते आये हैं और तुलसी, इलायची का केसर युक्त दूध, फल और सब्ज़ियों के रस पीते आये हैं।

धर्मराज की स्मरण शक्ति देवतत्व समान उच्चकोटि की है। एक बार वे किसी बात को सुन लें या किसी वस्तु को देख लें, तो वो बात और वस्तु सदा के लिये उनके मन में बस जाती है। उन्हें दूसरी बार उस विषय में बात करने की कोई आवश्यकता नहीं। कदापि नहीं।

उनकी आयु के बढ़ने के साथ उनका मुख और शरीर अत्यंत तेजस्वी और सौंदर्यवान हो रहा है। उनके मस्तक पर हल्का सा सुंदर तिलक धीरे–धीरे दृश्यमान हो रहा है। उन्हें खादी वस्त्र पहनना अतिप्रिय है। यह बालक जन्मकाल से ही मन, वचन और कर्म से परिशुद्ध हैं। धर्मराज को एकांतवास अतिप्रिय है। इनकी सारी इन्द्रियाँ, धर्मपथ के अधीन हैं।

•••

कुछ दिवस पश्चात्।

मेवार राजमहल के बगीचे में सुखराज और व्रिक्षी झूले पर बैठे हुए हैं। उनके साथ 'श्रेष्ठ ज्ञान विद्यालय' के अध्यापक वल्लू राणा भी बैठे हैं।

''राणा साहब, अब समय आ गया है कि पुत्र धर्मराज, मानव जीवन का सत्य और उत्तम अर्थ जानने के लिये आपके श्रेष्ठ ज्ञान विद्यालय में उत्तम ज्ञान प्राप्त करें और अपने पूर्वजों के समान अपनी विवेक शक्ति और बुद्धिमता का श्रेष्ठ उपयोग कर निष्काम भाव से इस नश्वर जगत के अधिकतम प्राणियों की सहायता कर उनकी प्रसन्नता का अखंड कारण बनें।'' सुखराज बोले।

वल्लू राणा ने सुखराज से कहा– ''निश्चित रूप से हुकुम। सोम गाँव में सब आपका ही तो है। शाला के प्रत्येक शिक्षक और प्रत्येक व्यक्ति को शुद्ध दान आपके द्वारा ही तो प्राप्त होता है। अतः आपका कर्मभक्त होने के नाते आपको प्रत्याभूति देता हूँ कि धर्मराज की शिक्षा एक अद्भुत युग का निर्माण सिद्ध होगी। और सुविधा हेतु आप कहें तो कल ही से शिक्षक और शिक्षिकायें आपके घर भेज कर मेरे कर्तव्य कर्म का आरंभ करूँ।''

व्रिक्षी ने वल्लू राणा से कहा– ''अरे नहीं राणा साहब, शाला पर ही पढ़ायें, हमारे गाँव के श्रेष्ठ संस्कारी बच्चों के साथ।''

''ठीक है देवी जी।''

सुखराज ने कहा– ''वैसे शाला दीवाली के बाद आरंभ होती है न?''

''जी मेवार साहब, दिसंबर माह के प्रथम सप्ताह से लेकर सितम्बर माह के अंतिम सप्ताह तक। संपूर्ण शिक्षा अगले नौ वर्ष तक दी जायेगी। इस अवधि के दौरान हम प्रत्येक छात्र को संस्कृत, विज्ञान, हिन्दी, योगविद्या, विश्व इतिहास, पर्यावरण, चित्रकला, अंकशास्त्र, शारीरिक शिक्षा जैसे विषयों में संपूर्ण ज्ञान देंगे। इसके अतिरिक्त वेद और उपनिषदों का प्रारंभिक ज्ञान भी देंगे। संपूर्ण अभ्यास की पूर्णाहुति के पश्चात् तो आप जानते ही हैं कि प्रत्येक बालक अपने–अपने पिताश्री के सुस्थापित व्यवसाय में सहर्ष जुड़ जाता है।''

सुखराज ने कहा– ''अर्थात् धर्मराज अपनी चौदह वर्ष की आयु तक सर्वश्रेष्ठ ज्ञान प्राप्त करेंगे।''

''जी हाँ।'' वल्लू राणा ने कहा।

  ईश्वरीय मनुष्य

व्रिक्षी बोलीं– ''हमारी शाला के समस्त शिक्षक अत्यंत निपुण, परमज्ञानी और प्रतिभाशाली हैं और आप एक श्रेष्ठ अध्यापक। हम सब अत्यंत सौभाग्यशाली हैं कि हमारे गाँव में 'श्रेष्ठ ज्ञान विद्यालय' में शिक्षा प्राप्त करने के पश्चात् प्रत्येक छात्र ज्ञान का समुद्र बनकर लौटता है।''

''धन्यवाद देवी।''

सुखराज ने वल्लू राणा से कहा– ''और हाँ, धर्मराज के साथ–साथ हमारे खेतकार्य के संचालक हुर्खी लाल के पुत्र शिम्बू भी पढ़ाई करेंगे जो धर्मराज से दो वर्ष बड़े हैं।''

''ठीक है हुकुम। पुत्र धर्मराज और शिम्बू को श्रेष्ठ शिक्षा देना अब हमारा उत्तरदायित्व है। यह ज्ञानार्जन का कालखंड इनके ब्रह्मचर्य आश्रम का स्वर्णिम काल होगा।''

व्रिक्षी ने कहा– ''धन्यवाद गुरुजी।''

तभी घुड़सवार एक घोड़ा लेकर आते हैं और मेवार साहब के निकट खड़े हो जाते हैं।

वल्लू राणा सुखराज से कहते हैं– ''तो मेवार साहब, अब हम चलते हैं। आप अपनी आनंददायक घुड़सवारी का आनंद उठायें। जय हो सोम की। जय माँ भारती की।''

वल्लू राणा, सुखराज और व्रिक्षी को प्रणाम करके अपने घर जाते हैं। तत्पश्चात् सुखराज अपने घोड़े पर बैठते हैं और सवारी करते हुए अपने महल से बाहर चले जाते हैं।

•••

नौ वर्ष पश्चात्।

श्रेष्ठ ज्ञान विद्यालय का पूर्ण विस्तार दस बीघा ज़मीन में फैला हुआ है। इस शाला के चारों ओर अनगिनत वृक्ष रोपे हुए हैं जिनमें कई सारे फल और सब्ज़ियों के पेड़ हैं। अल्पाहार और मध्याह्न भोजन के लिये शाला में सभी फल और सब्ज़ियों का उपयोग करते हैं। पानी के लिए पानी का पम्प है। भव्य बगीचा है। इस शाला का निर्माण इश्वेद मेवार ने तीस वर्ष पूर्व हम्माल जी द्वारा करवाया था। शिष्यों के पढ़ने का स्थान भूमि स्तर से पचास फुट ऊपर है जो चार स्तंभों पर खड़ा है और चारों दिशाओं से खुला है। शाला का स्थान अत्यंत शांत है। ध्वनि प्रदूषण शून्य है। शाला में समस्त शिष्य और गुरु लगभग खाली हाथ आते हैं क्योंकि प्रत्येक वस्तु शाला के 'ज्ञानखण्ड' में प्राप्य है।

सुबह के नौ बजे हैं। शाला के आँगन में अध्यापक वल्लू राणा, शाला के समस्त शिक्षक, सुखराज, त्रिक्षी, पार्थोदास, सिनोली और अन्य गाँव निवासी उपस्थित हैं। वल्लू राणा और प्रत्येक शिक्षक बगीचे में स्थित पीपल के एक भव्य वृक्ष के आस-पास बनाये मंच पर खड़े हैं। अन्य लोग बगीचे में बैठे हुए हैं। अध्यापक वल्लू राणा नौ वर्षों के संपूर्ण अभ्यास को पूर्ण करने वाले समस्त विद्यार्थियों की श्रेष्ठता का प्रस्तुतीकरण करना आरंभ करते हैं और कहते हैं—

''आत्मप्रिय सोमवासियों, हमारे और श्रेष्ठ ज्ञान विद्यालय के प्रत्येक उत्कृष्ट शिक्षक के लिये ये नौ वर्ष के अभ्यास का समय हमारे संपूर्ण जीवन काल का सर्वश्रेष्ठ अनुभव काल था। हमें बहुत गर्व है कि सोम का प्रत्येक बालक उच्च कोटि के संस्कारों से संपन्न है। सबसे अच्छी बात ये है कि इस अभ्यास की अवधि के दौरान हमें एक ऐसे सर्वोत्तम स्वभाव के बालक को शिक्षा देने का दिव्य अवसर प्राप्त हुआ जो जन्म से ही सर्वश्रेष्ठ गुणों से संपन्न हैं। वह बाल्यावस्था से ही करुणानिधान, आज्ञाकारी, रचनाधर्मी, सर्वज्ञ, संस्कारी, विवेकशील, संयमशील, जितेन्द्रिय, एकचित्त, आध्यात्मिक सत्ता युक्त और सृजनात्मक बालक रहे हैं। उस विद्यार्थी से न केवल अन्य विद्यार्थियों ने वरन् स्वयं हमने एवं हमारी शाला के प्रत्येक व्यक्ति ने दिव्य गुणों का भंडार एकत्रित किया है।''

''ये वो गुणातीत बालक हैं जिसने अपने शिक्षा काल के प्रथम दिवस से लेकर आज तक प्रत्येक व्यक्ति को सम्मान स्वरूप नाम के पूर्व या नाम के अंत में 'आप', 'श्री', 'महोदय' या 'जी' कहकर बुलाया है। वो व्यक्ति चाहे उम्र में इनसे कई वर्ष छोटा हो या बड़ा। इन्होंने सदैव इस ब्रह्माण्ड की प्रत्येक वस्तु को भी सम्मान

दिया है। ये वो बालक हैं जिन्होनें पढ़ाई के नौ वर्षों के दौरान अपना ध्यान केवल अपने गुरुजनों, अपनी पुस्तकों, ज्ञान श्रवण, ज्ञान मनन और ज्ञान विकास चर्चा में ही लगाया था। उसके अधिक अन्य किसी भी आकर्षण पर नहीं। ये शांति का प्रतीक हैं। जो बिना किसी कारण न कभी बोलता है, न कुछ सुनता है और न ही कुछ देखता है। विवेकशक्ति का सर्वोत्तम उपयोग कर वो केवल अपने संकल्प आधारित कार्य में रुचि रखते हैं। ये सात्विक दृष्टि संपन्न मनुष्य हैं। इनकी अनुशासन पद्धति अत्यंत श्रेष्ठ है। इनके संस्कार पवित्र गंगाजल के समान हैं। जो भी इनके संपर्क में आये वो पवित्र हो जाये। ये गुणवान और श्रद्धावान बालक देह और मन से बलवान है। निश्चित रूप से यह परमात्मा का साकार स्वरूप हैं जिसे अपने मन, वचन व कर्म पर संपूर्ण संयम प्राप्त है। इन्हें ब्रह्म दृष्टि प्राप्त है। यह बालक एक दुर्लभ आध्यात्मिक यात्री हैं जो अपने उत्तम विचार और धर्मज्ञान कोष के माध्यम से समूचे विश्व को उत्कृष्ट जीवनशैली प्रदान करेंगे। इनसे बड़ा पशुप्रेमी इस विश्व में खोजना असंभव है। परमात्मा दुःखी हो, ऐसा कर्म ये बालक कदापि नहीं कर सकते। धर्म का साक्षात् प्रमाण हैं ये पुत्र। अजेय धर्मरक्षक। यह बालक भारतीय संस्कृति की उदारता के श्रेष्ठ प्रस्तुतकर्ता हैं। अतः उन विद्यार्थी को हम अपनी मान्यता के अनुसार इस संसार का सर्वश्रेष्ठ विद्यार्थी घोषित करते हैं। इस बालक के लिये हमने विशेष तौर पर नेनाल साहब के द्वारा एक विशेष स्वर्ण पदक बनवाया है जो हमारे गाँव की स्वर्ण मुद्रा के समान है। ये विशेष स्वर्ण पदक उन श्रेष्ठ बालक को हम समर्पित करेंगे और वो उच्च आदर्शी प्रबुद्ध बालक हैं...''

अन्य बालकों ने कहा– ''श्री धर्मराज मेवार।''

वल्लू राणा ने प्रसन्न होकर कहा– ''हाँ। श्री धर्मराज मेवार।''

तत्पश्चात् वल्लू राणा सुखराज से बोले– ''मेवार साहब, त्रिक्षी जी और धर्मराज जी, कृपया आप लोग दिव्य मंच पर पधारें और अपने ब्रह्मवंश पुत्र का सर्वश्रेष्ठ विद्यार्थी के रूप में बहुमान स्वीकार करें।''

तीनों मंच पर आते हैं और वल्लू राणा उन्हें नमन करते हैं।

धर्मराज, अध्यापक वल्लूराणा और अन्य उपस्थित ब्रह्मसत्ता एवं शास्त्र सत्ता प्राप्त गुरुजनों के चरण स्पर्श करते हैं। तत्पश्चात् वल्लू राणा धर्मराज को सर्वश्रेष्ठ विद्यार्थी का प्रमाण पत्र देते हैं और धर्मराज के गले में विशेष स्वर्ण पदक पहनाते हैं। उपस्थित समस्त लोग ताली बजाते हुए कहते हैं– ''मेवार परिवार की जय। मेवार परिवार की जय। धर्मकोष परिवार की जय।''

धर्मराज सबको प्रणाम करते हैं और साथी विद्यार्थियों की ओर देखते हुए बोलते हैं– ''मेरे आत्मप्रिय भाइयों एवं बहिनों, आप सबका बहुत धन्यवाद। आप सबकी दिव्य एवं सुखकर संगत पाकर हम धन्य हो गये हैं, ये केवल आपकी संगत का ही सर्वप्रिय परिणाम है। आप सबके साथ व्यतीत किए ज्ञानार्जन कालखंड का प्रत्येक क्षण हमारे हृदयक्षेत्र में अखंड रूप में जीवंत रहेगा। ज्ञानक्षेत्र के विषय में हमारे मध्य हुए असंख्य तर्क और आत्मा–अनात्मा के भेदचक्र के निजी मानसिक अनुभव, इस सृष्टि को नवविचार देकर अखंड सुख देने के लिये व्याकुल हैं।''

यह सुनकर एक वृद्ध सोमवासी ने कहा– ''धन्य हो आप पुत्र। अद्भुत शब्दों का प्रयोग।''

उसके बाद वल्लू राणा सबसे बोले– ''जी। अब हम उस प्रज्ञावान बालक को यहाँ बुलाते हैं जो बाल्यावस्था से ही सद्गुणी, रचनाधर्मी, अथक परिश्रमी, उच्च संस्कारी और सृजनात्मक बालक रहे हैं। जिनकी रसप्रद और विशिष्ट पौराणिक कहानियों, उत्कृष्ट अभिनय और नाटकों के श्रेष्ठ प्रस्तुतीकरण द्वारा हमें समय–समय पर बहुत ही अच्छा मनोरंजन प्राप्त हुआ है। जिनकी शीर्षस्थ कल्पना शक्ति अतिप्रशंसनीय है। आज हम उन्हें 'सकारात्मक एवं सृजनात्मक विचारधारा संपन्न– सत्यविचार सागर बालक का सम्मान देंगे और वो आदर्शवान बुद्धिजीवी बालक हैं... ।''

अन्य विद्यार्थियों ने आवाज़ लगायी– ''श्री शिम्बू।''

''हाँ, श्री शिम्बू। तो हुर्खी लाल जी, आरिंदी जी और शिम्बू जी, कृपया आप लोग यहाँ आयें। इस सम्मान को स्वीकार करें।''

हुर्खी लाल, आरिंदी और शिम्बू तीनों मंच पर आते हैं। उसके बाद शिम्बू अपने गुरुजनों के चरण स्पर्श करके उनसे आशीर्वाद लेते हैं। वल्लू राणा शिम्बू को 'सकारात्मक एवं सृजनात्मक विचारधारा संपन्न– सत्यविचार सागर' एवं 'अद्वितीय नाट्य कलाकर्मी' बालक का प्रमाण पत्र देते हैं।

प्रमाण पत्र लेने के पश्चात् शिम्बू अपने साथी विद्यार्थियों की ओर देखते हुए कहते हैं– ''हमारे आत्मप्रिय साथियों, आपके साथ अमूल्य समय व्यतीत करके हमारा जीवन धन्य हो गया है। आप सबकी मनोदशा, उच्च संस्कार, सभ्यता, ज्ञानार्जन शक्ति और आचरण ईश्वर तुल्य हैं। आप सबके सात्विक गुणी दिव्य प्रकाश से ही मेरे चरित्र को असीमित ज्ञान प्रकाश प्राप्त हुआ है। आप सबका

बहुत धन्यवाद।"

सब विद्यार्थी बोले– "श्री शिम्बू की जय हो।"

वल्लू राणा आगे बोले– "जय हो। अब हम उस प्रज्ञावान बालक को बुलाते हैं जिसने बाल्यावस्था से ही अपने श्रेष्ठ चित्रों के प्रदर्शन से हमें अत्यंत मोहित एवं प्रभावित किया है। उस बालक का हम श्रेष्ठ चित्रकार के रूप में सम्मान करेंगे। और वो बालक हैं... ।"

अन्य विद्यार्थियों ने कहा– "पार्वथो जी।"

वल्लू राणा ने कहा– "वो कला भंडारक विद्यार्थी हैं पशुनाथ जी के चचेरे भाई श्री आभद्वार नाथ के पुत्र श्री पार्वथो। तो आभद्वार जी, लक्ष्मीवती जी, पशुनाथ जी और पार्वथो जी, कृपया आप लोग यहाँ मंच पर आयें और ये बहुमूल्य सम्मान स्वीकार करें।"

वे सब मंच पर जाते हैं। पार्वथो अपने गुरुजनों के चरण स्पर्श करके उनसे आशीर्वाद लेते हैं और उसके बाद अध्यापक वल्लू राणा उन्हें श्रेष्ठ चित्रकार का प्रमाणपत्र देते हैं।

उसके बाद पार्वथो ने अपने साथी विद्यार्थियों से कहा– "प्रणाम साथियों। आप सबका मंगलकारी साथ पाकर हम अपने आपको बहुत भाग्यशाली मानते हैं। कला मेरी पूजा है, मेरा समर्पण है। कला का उत्कृष्ट प्रदर्शक वही मनुष्य बनता है जो मनोजयी हो, जितेन्द्रिय हो, संयमी हो और सम हो। जो जीवन के प्रत्येक प्रसंग में प्रेय के बदले श्रेय मार्ग को चुनता है। यदि मनोदशा स्थिर और स्वस्थ होगी तो परिणाम उत्तम होगा। यदि मन अस्थिर है तो सब इस मायावी जगत के प्रपंच के शिकार बनेंगे। अंततः मैं अपने गुरुजनों और सहयात्रियों से इतना कहूँगा कि हमारे बाल्यकाल को अखंड स्वर्णिम काल बनाने के लिए आप सबका बहुत धन्यवाद।"

वल्लू राणा बोले– "आपका भी बहुत धन्यवाद पुत्र।"

गुरु वैदिकसागर ने सारे विद्यार्थियों से कहा– "वेद शास्त्र ज्ञानार्जन के आरंभिक एवं संक्षिप्त अध्ययन में ही आप लोग शुभ विचार सागर का उत्तम प्रस्तुतीकरण कर रहे हैं। लगता है कि समस्त विश्व को नित्य सुख देने वाले आप सबके विचार, इस विश्व को नया ईश्वरीय संविधान प्रदान करने वाले हैं जिसका मुख्य आधार अद्वैत जीवनशैली, पशुप्रेम और अहिंसा परमो धर्म होगा।"

धर्मराज ने आश्वस्त करते हुए कहा– ''अवश्य ऐसा ही घटित होगा गुरुदेव। इस पृथ्वीलोक के महत्तम अज्ञानी मनुष्यों को उनकी संकुचित और अंधश्रद्धापूर्ण विचारधारा से बाहर लाकर, हम उन्हें पशुप्रेमी बनाकर इस समूचे विश्व को नित्य सुख प्रदान करने वाले विशिष्ट ईश्वरीय संविधान का निर्माण करेंगे।''

गुरु वैदिकसागर विद्यार्थियों से बोले– ''देवता आप सबके सर्वोच्च संकल्प को सिद्ध करें।''

इसके बाद वल्लू राणा कहते हैं– ''अब हम यहाँ पर उपस्थित प्रत्येक बालक को श्रेष्ठ संस्कारी और अतिगुणवान पुत्रों का सम्मान देते हैं।''

इसके बाद वल्लूराणा सुखराज से कहते हैं– ''मेवार साहब हम सब बहुत ही भाग्यशाली हैं कि हमें ऐसे देवगुणी शिष्यों को शिक्षा देने का परम सौभाग्य प्राप्त हुआ।''

''धन्यवाद। वास्तव में सोम का प्रत्येक विद्यार्थी अत्यंत भाग्यशाली है क्योंकि उन्हें आप और आपके कुशल शिक्षकों से श्रेष्ठ विद्या प्राप्त करने का परम सौभाग्य प्राप्त हुआ।''

•••

नौ माह पश्चात्। सुबह के ग्यारह बजे हैं। सुखराज अपने अश्व के साथ साबरमती नदी के तट पर टहल रहे हैं। इसी समय सोम के वैद्य श्री वैद्यनाथ सिंह वहाँ से गुज़रते हैं।

सुखराज को देखकर वैद्यनाथ सिंह कहते हैं– ''शुभप्रभात मेवार साहब।''

''शुभप्रभात वैद्यनाथ जी।''

''वनमान सिंह जी का संदेश देने हम आपके ही घर आ रहे थे और आप हमें यहाँ मिल गये।''

''कैसा संदेश?''

''सुखराज जी, कल हम वनमान सिंह जी के प्रकृति महल पर सोमवासियों के स्वास्थ्य हेतु कुछ दिव्य औषधियाँ और वनस्पतियाँ लेने गये थे। तब वनमान सिंह जी ने इस महाशिवरात्रि पर आपको संपूर्ण सोम परिवार के साथ उनके घनिष्ठ मित्र शिवकाल राम के घर देवगढ़ आने का आमंत्रण दिया है।''

''अवश्य ही शिवकाल जी ने युगसाक्षी महादेव शिव की महापूजा का भव्य आयोजन किया होगा।''

''केवल महापूजा नहीं, इस शिवरात्रि पर शिवजी के उस अनन्य भक्त ने एक ऐसे विशेष महोत्सव का आयोजन किया है जिसे इस ब्रह्माण्ड में न कभी किसी ने देखा होगा और न ही कभी देखेगा। यह उत्सव ब्रह्मा, विष्णु, महादेव की ईश्वरीय सत्ता का साक्षात् प्रमाण होगा।''

सुखराज ने उत्साहपूर्वक कहा– ''ऐसे देव संकल्प सर्जित भक्ति उत्सव में तो हम अवश्य जायेंगे और साथ मिलकर इस पवित्र महापर्व का असीम आनंद लेंगे।''

•••

मरुधरा राजस्थान का देवगढ़ गाँव। प्राकृतिक सौंदर्य से अतिसमृद्ध। इस गाँव की सबसे प्रतिष्ठित पुण्य भूमि— 'शिवा भूमि' जिसका निर्माण शिवकाल राम के पिता शिवदेवो राम ने आज से एक सौ पैंतीस वर्ष पूर्व किया था। शिवदेवो राम का संपूर्ण परिवार अनंत काल से अमर दिव्य चरित्र भगवान शिव का अनन्य भक्त है। आज शिवरात्रि के दिवस शिवकाल राम के भक्तिभाव पूर्ण आमंत्रण पर उनके संबंधी, मित्रगण और आसपास के गाँववासी देवगढ़ आये हैं।

प्रत्येक आमंत्रित व्यक्ति भगवान शिव जी के भव्य शिवलिंग के समक्ष कुछ अंतर की दूरी पर बिखरे हुए फूलों पर बैठे हुए हैं। शिवा भूमि के चारों ओर बड़े–बड़े दिये जल रहे हैं। सर्वत्र विशिष्ट मशालें जल रही हैं। इस दौरान शिवकाल राम शिवलिंग के निकट भगवान शिव जी को प्रणाम करते हुए खड़े हैं। उनके संपूर्ण शरीर पर भस्म लगी हुई है। लंबे केश पूर्णतः बिखरे हुए हैं और आँखें एकदम लाल हैं। गले में रुद्राक्ष की बहुत सारी मालायें भी पहनी हुई हैं। भगवान शिव को प्रणाम करने के बाद वे सबसे कहते हैं—

"विश्व की उस सर्वोच्च सत्ता और अनंत कोटि ब्रह्माण्डों में नित्य रूप में सर्वकाल पूजनीय परम श्रद्धेय विश्वगुरु, विश्वसाक्षी, कालजयी, मनोजयी महादेव शंकर की और माता पार्वती की जय हो।"

सबने कहा— "जय हो महादेव की। जय माँ पार्वती की।"

"यहाँ पर उपस्थित प्रत्येक अमूल्य जीव को हमारे प्रभु शंकर महादेव और माँ पार्वती की ओर से शत–शत प्रणाम। मैं यह प्रार्थना करता हूँ कि ब्रह्मा, विष्णु, शंकर महादेव की अदृश्य अखंड ईश्वरीय सत्ता और उपदेशात्मक चरित्र सत्ता के मायावी अस्तित्व से इस समस्त विश्व को धर्म और अहिंसा की नित्य संगत प्राप्त हो।"

उनके परम मित्र केतु मिस्त्री बोले— "धन्यवाद देवता।"

शिवकाल राम ने पुनः कहा— "हे श्रेष्ठ मनुष्यों, आप सब लोग अपने जीवन का अमूल्य समय निकालकर इस शिवाभूमि पर पधारे, इसलिए आपका बहुत धन्यवाद। आपके प्रति हमारी अनंत कृतज्ञता स्वीकार करें। देवसत्ता आप सबका नित्य कल्याण करें।"

सुखराज शिवकाल राम से बोले— "धन्यवाद देवता। पर यहाँ प्रकट होना हम सबका परम सौभाग्य है शिवकाल जी।"

ईश्वरीय मनुष्य

शिवकाल राम ने उत्तर दिया— ''आभार धर्मक्षेत्र।''

उसके बाद शिवकाल राम सभी से बोले— ''मित्रों, आज के शुभ दिवस पर हम आप सबका एक महत्त्वपूर्ण विषय से परिचय कराते हैं। पिछले वर्ष दीवाली के दिवस हमने अपने सेनापति और कुछ गाँववासियों के साथ इलाहाबाद के त्रिवेणी संगम पर और वाराणसी के घाट पर गंगा नदी में स्नान किया था। तब स्नान करते समय हमने देखा कि कई सारे अज्ञानी एवं अंधश्रद्धालु लोग पूजा संबंधित या चंचल मन द्वारा सर्जित प्रकृति क्षतिवर्धक क्रियाओं द्वारा बहुत सारी अनावश्यक वस्तुयें गंगा नदी में प्रति दिवस डाल रहे हैं, कुछ लोग अज्ञानतावश और कुछ संज्ञान में भी। ये देखकर हमें अत्यंत दुःख हुआ था क्योंकि मनुष्य की अर्थहीन कल्पनायें और असीमित अनावश्यक कर्मों द्वारा निर्दोष प्रकृति को नुकसान पहुँचाना, विश्वसंचालन पद्धति के विरुद्ध है और जब ऐसे विनाशकारी कार्य प्रचंड स्वरूप धारण करते हैं तब प्रकृति महाप्रलय या महाविनाश का प्रदर्शन करती है। अंततः उस कष्टदायी घटना को देखकर हमारे महादेव भक्त देवगढ़ गाँववासियों ने हमसे कहा कि हमें शीघ्र ही कुछ ठोस कदम उठाना होगा। आज तक हम ये सोचते रहे कि एक दिवस गंगा नदी में स्नान करने वाला मनुष्य पवित्र और विवेकशील बन कर शुद्ध मन और शुद्ध आचरणयुक्त अर्थपूर्ण जीवन व्यतीत करेगा और माता गंगा को अशुद्ध नहीं करेगा। परंतु गंगा नदी में स्नान करने के पश्चात् भी कलयुगी मनुष्य फिर से अशुद्ध हो जातें हैं क्योंकि अज्ञान और भ्रम के आश्रय में वे इतने अशुद्ध हो गये हैं कि उन्हें शुद्धता का यथार्थ अर्थ ही ज्ञात नहीं। उनकी अशुद्धता को दूर करना अत्यंत कठिन है।''

सभी लोग शिवकाल राम की बात बड़े ही ध्यान से सुन रहे थे। वे आगे बोले— ''फिर हमने सेनापति को आश्वासन देते हुए कहा कि नदियों का अपवित्रीकरण कार्य इस देश में सदियों से चला आ रहा है। काल की विभीषिका से पीड़ित विक्षिप्त मनुष्य ऐसे ही अपनी मानसिक दुर्बलता का तुच्छ प्रदर्शन करते हैं परंतु अपनी पवित्र गंगा माता और अन्य नदियों के स्थायी शुद्ध अस्तित्व के लिये हम वाराणसी के काशी विश्वनाथ मंदिर पर शीघ्र ही नित्य फल प्रदायक संकल्प लेंगे। इसके बाद हम अपने साथियों के साथ उसी दिवस सायंकाल भारत के प्राचीनतम शहर वाराणसी में काशी विश्वनाथ मंदिर पर पहुँच गये। 'वाराणसी', भारत का पवित्र एवं विश्वप्रसिद्ध प्राचीनतम शहर। यह शहर सहस्त्रों वर्षों से भारत एवं उत्तरप्रदेश का सांस्कृतिक एवं धार्मिक केंद्र रहा है। देश—विदेश के कई कवि, दार्शनिक, लेखक, संगीतज्ञ, विचारक, धर्मगुरु वाराणसी में रहे हैं। और उन्होंने

गंगा नदी एवं अन्य आध्यात्मिक यात्रियों की पवित्र संगत से अपनी सर्वोत्तम कला एवं उत्तम विचारधारा का प्रदर्शन कर इस धर्मनगरी को विश्वप्रसिद्ध स्थान प्रदान किया।''

''प्रतिक्षण मंत्रोच्चार के स्पंदन, शुभ विचार और सत्कर्मों की नित्य उपस्थिति से वहाँ की आबोहवा को आध्यात्मिकता प्रदान कर रहे वाराणसी शहर में, काशी विश्वनाथ मंदिर पर महादेव को प्रणाम करते हुए हमने महादेव की प्रतिमा को एकटक देखते हुए कहा– प्रणाम, महादेव। मेरे उद्वेलित मन में भ्रमण कर रहे विचारों से तो आप अभिज्ञ ही होंगे। वर्तमान में गंगा नदी, देश की अन्य नदियों और समुद्र में अंधश्रद्धा के आश्रय में असंख्य मनुष्यों की भिन्न कर्म प्रक्रियाओं द्वारा जल प्रदूषण का जो प्रकृति क्षतिवर्धक कार्य हो रहा है वह सर्वथा अनुचित है। जब लोग जानते हैं कि गंगा अति पवित्र नदी है, जीवनदायिनी है, देश की अमूल्य संपत्ति है, देश की अन्य पूरक नदियों को जल प्रदान करती है तो लोग क्यों उसे अशुद्ध बना रहे हैं। विराट समुद्र क्षेत्र भी अशुद्धि से पीड़ित हैं। अतः इसके लिये कोई सख्त निर्णय लेना होगा। कलयुग के मनुष्यों की अर्थहीन सोच अवश्य बदलनी होगी। जो नैसर्गिक जल संपदा कई युगों से अतिपवित्र और अतिशुद्ध है उसमें गंदी वस्तुयें डाल कर उसे अशुद्ध क्यों कर रहे हैं? इस कलयुग के मनुष्य ने गंगा माता को इतना अशुद्ध बना दिया है कि विश्वास नहीं होता कि यही वो शुद्ध गंगा माता हैं जो हमने बाल्यावस्था में देखी थी जिसकी शुद्धता और पवित्रता का उल्लेख हमारे परदादा ने हमसे किया था। भूतकाल में तो अतिशुद्ध थीं पर वर्तमान में अशुद्ध हैं। तो फिर भविष्य में क्या होगा इस पवित्र गंगा नदी का। इसका प्रतिकूल प्रभाव इस दूषित जल को पीने वाले जलचर, नभचर, भूचर जीवों के स्वास्थ्य पर हो रहा है। धर्म के नाम पर अर्थहीन मानवसर्जित पूजाविधियों के दुष्परिणाम में हम इस देवभूमि भारत की अमूल्य जैव संपत्ति को नहीं खो सकते। अज्ञानी मनुष्य की संकुचित मानसिकता को हमें विचारशून्य करना होगा या फिर उसे शुद्ध ज्ञान प्रदान करना होगा।''

शिवकाल राम मग्न हो आगे बोलते जा रहे थे–

'तत्पश्चात् एक शिवभक्त ब्रिजकिशोर व्यास ने प्रभु को प्रार्थना करते हुए कहा– हाँ प्रभु, बाल्यावस्था में जब हम ऋषिकेश के लक्ष्मण झूला सेतु पर खड़े रहकर गंगा माता के दर्शन करते थे तब हमें ऊपरी तल से लेकर भूमि की प्रत्येक वनस्पति स्पष्ट दिखाई देती थी। परंतु आज इसी पवित्र नदी का जल या देश की अन्य नदियों का जल जब हम हथेली में रखते हैं तो हम अपने हाथ की एक रेखा

                                                        ईश्वरीय मनुष्य

भी ठीक से देख नहीं पाते। इसलिये इस विषय पर शीघ्र ही कुछ करना होगा प्रभु। ये सुनकर मंदिर के वृद्ध पुजारी ब्रह्माण्डतुल्यदास ने हमसे कहा कि देवात्मा! हमें तो संकुचित मानसिकता रखने वाले उन तुच्छ एवं कुलध्वंसक महामूर्खों के अभद्र आचरण के विषय में चिंता है जो मंदिर, घर, कार्यालय या अन्य किसी भी स्थान पर भोजन प्राप्ति एवं सुरक्षित आश्रय की सहज अभिलाषा से भ्रमण कर रहे श्वान, गाय, भैंस, बंदर, सुअर, गधा इत्यादि निर्दोष पशुओं की उपेक्षा कर उन पर हिंसा करते हैं। जो निर्दोष प्राणी जीवित हैं उनकी उपेक्षा करते हैं और जो अदृश्य धनाढ्य सर्वोच्च सत्ता है उनको देवालयों में अनगिनत खाद्य वस्तुओं की भेंट चढ़ाते हैं। उसी परमात्मा के नाम पर नदियों में भिन्न प्रकार की प्रदूषणवर्धक वस्तुयें डालते रहते हैं जो नदियों को और जलचर प्राणियों को अस्वीकार्य है। परमात्मा इस विश्व के सबसे बड़े दाता हैं। वह स्वयं एक से अनेक रूपों में इस समस्त विश्व में प्रस्तुत हुए हैं। उन्हें किसी से कुछ नहीं चाहिये। परमात्मा की सबसे बड़ी प्रसन्नता निर्दोष पशु–पक्षी और असहाय व निराश्रय मनुष्यों की सेवा में विद्यमान है। यही जीवन का सत्य है। जो संस्कारहीन लोग इस सत्य को उपलब्ध नहीं होते, वे अनंत काल तक भिन्न योनियों में इस विश्व में प्रकट होकर विविध अवदशा, अवसाद, व्याधि, उपाधियों का अतिथि बनते हैं। अतः ऐसे अशांत मनुष्यों को चित्त की वृत्तियों के निरोध के लिये हमारे ऋषिमुनियों के योग आदेशानुसार बहिरंग साधना और अंतरंग साधना की शरण लेनी चाहिये।''

शिवकाल राम पुनः बोलते हैं– ''फिर हमारे एक साथी प्राण मिस्त्री ने वृद्ध पुजारी ब्रह्माण्डतुल्यदास से पूछा कि ये बहिरंग साधना और अंतरंग साधना की शरण में क्या करना होता है? तो वृद्ध पुजारी ब्रह्माण्डतुल्यदास ने आगे कहा कि 'वासनाओं से भरे चंचल मन को शुद्ध करने के अनुष्ठानिक और व्यवहारिक तरीकों को बहिरंग साधना कहते हैं। बहिरंग साधना में मनुष्य को जप, तप, व्रत, यज्ञ, दान, सेवा, उपवास, उपासना, शुद्ध विचार, तीर्थयात्रा जैसी विविध प्रकियाओं में निरंतर सक्रिय रहना चाहिये ताकि इन्द्रियों के सुख में रमने वाले चंचल मन को स्थिरता, शुद्धता और आध्यात्मिकता प्राप्त हो। बहिरंग साधना से युक्त मनुष्य, अंतरंग साधना में शीघ्र ही प्रगति करता है। अंतरंग साधना के मुख्य चरण हैं– श्रवण, मनन, निदिध्यासन। अंतरंग साधना के प्रथम चरण में मनुष्य को सावधानी, ध्यानपूर्वक व श्रद्धापूर्वक गुरु से वेदांत ज्ञान सुनना चाहिये। दूसरे चरण में अपने गुरु द्वारा प्राप्त किये ज्ञान का तर्क से विश्लेषण और जाँच पड़ताल कर उस पर निरंतर मनन कर गुरु द्वारा प्राप्त ज्ञानकोष को अपनी विवेक शक्ति के सर्वोत्तम उपयोग से स्वयं के निजी अनुभव में बदलना चाहिये ताकि वेदांत ज्ञान मनक्षेत्र

और हृदयक्षेत्र में दृढ़स्वरूप में स्थित हो जाये। और अंतिम चरण में साधक को अनात्मा वासना से मुक्त होकर आत्मा वासना अर्थात् 'मैं ब्रह्म हूँ' के विचार में निरंतर ध्यान करना चाहिये। अतः मनुष्य को ब्रह्म से एक होकर विश्व के सर्वोच्च सत्य को प्राप्त कर जीवनमुक्त हो जाना चाहिये। यह अवस्था आत्मा को सुख देने वाली सर्वोत्तम स्थिति है। समस्त विश्व का अमृत इस अवस्था में विद्यमान है परंतु इसके लिये विवेकशक्ति की निरंतर उपस्थिति अनिवार्य है।' तब हमने वृद्ध पुजारी ब्रह्माण्डतुल्यदास के चरण स्पर्श करके कहा– अद्भुत। परिशुद्ध ज्ञान का प्रस्तुतीकरण। परमात्मा आपके यह अमूल्य ज्ञानभंडार का लाभ प्रत्येक प्राणी को प्रदान करें। सर्वत्र वेदांत ज्ञान प्रबल हो।''

शिवकाल राम आगे सभी से बोले– ''उस दिवस मंदिर के पुजारी ब्रह्माण्डतुल्यदास के साथ गंभीर विमर्श के पश्चात हमें एक विशेष विचार अर्थात् ब्रह्माआदेश प्राप्त हुआ। उसके बाद हमने गंगा नदी से कुछ बड़े घड़े गंगाजल से भरे और यहाँ लेकर आये और आज महाशिवरात्रि के शुभपर्व पर हमने उस पवित्र गंगाजल को शिवलिंग के निकट के जल कुंड में और हमारे गाँव की मायात नदी में मिश्रित कर दिया है।''

यह कहने के बाद ही शिवकाल राम शिवलिंग के समक्ष खड़े होकर कहते हैं– ''आज महाशिवरात्रि के शुभ पर्व पर इक्यासी वर्ष की आयु में हम यह प्रतिज्ञा लेते हैं कि आज से हम अपना महल और अपनी समस्त संपत्ति अपनी प्रिय प्रजा को निष्काम भाव से समर्पित करते हैं। वैसे भी हम अविवाहित हैं और हमारा कोई उत्तराधिकारी भी नहीं है। आज के पश्चात् हम भगवान शिव के शिवलिंग के निकट एक कुटीर में रहकर अपना संपूर्ण जीवन व्यतीत करेंगे और अगले नौ वर्ष तक घोर शिव तपस्या में लीन रहेंगे। इस तपस्या के दौरान महाशिवरात्रि और संपूर्ण श्रावण माह के प्रति दिवस हम यहाँ महायज्ञ करेंगे। यज्ञ के समक्ष हम इस गंगाजल मिश्रित जल कुंड में मध्यरात्रि तक शिव तांडव नृत्य करके भगवान शिव को अर्पण करेंगे। महायज्ञ, बेलपत्र तथा गंगाजल का अभिषेक और हमारे शिव तांडव करने का एक मात्र उद्देश्य है इस समूचे पृथ्वीलोक की सर्व नदियों, जलाशयों और विराट समुद्र की शुद्धता और पवित्रता अमर रहे। अगले नौ वर्षों के दौरान हमारे मुख से भगवान शिव और माता पार्वती के अतिरिक्त कोई और शब्द नहीं निकलेगा। नौ वर्ष पश्चात् हम इस अतिपवित्र जल को काशी और इलाहाबाद के त्रिवेणी संगम पर ले जाकर गंगा नदी में मिश्रित कर देंगे। हमें पूर्ण विश्वास है कि इस अतिपवित्र जल के गंगा नदी में मिश्रित होते ही जो भी मनुष्य गंगा नदी में स्नान करेगा या

उसे स्पर्श करेगा उसका मन परिशुद्ध हो जायेगा। उसे तत्काल गंगा माता की शुद्धता और उसके अर्थपूर्ण अस्तित्व का वास्तविक ज्ञान प्राप्त होगा। और फिर वो मनुष्य देश–विदेश की किसी भी नदी को अपवित्र या अशुद्ध करने का विचार कदापि नहीं करेगा। जय हो महादेव की। जय माँ पार्वती की।''

सब ने कहा– ''जय हो महादेव की। जय माँ पार्वती की।''

उसके बाद शिवकाल राम भगवान शिव के शिवलिंग पर बेलपत्र चढ़ा कर उन्हें प्रणाम करते हैं। तत्पश्चात् आरंभ होता है उनका महायज्ञ और महाशिवतांडव।

एक ओर शिवकाल राम जलकुंड में शिव तांडव नृत्य कर रहे हैं तो दूसरी ओर नौ साधु शिवलिंग पर बेलपत्र और गंगाजल का अभिषेक कर रहे हैं और तीसरी ओर नौ साधु भगवान शिव को समर्पित मंत्रोच्चार करते हुए महायज्ञ कर रहे हैं।

शिवकाल राम के शिव तांडव नृत्य के आरंभ के कुछ क्षण पश्चात् ही समस्त शिवाभूमि और देवगढ़ के निवासी भी इस शिव तांडव में सम्मिलित होते हैं। प्रत्येक व्यक्ति इतनी कुशलता और भक्तिभाव से शिव तांडव करता है जैसे भगवान शिव की अदृश्य शक्ति उनके शरीर में समाविष्ट हो गयी हो। यह दृश्य सामूहिक उपासना और सामूहिक उद्यम का दुर्लभ एवं उत्तम प्रस्तुतीकरण है।

यह अद्भुत दृश्य देखकर अन्य उपस्थित शिवभक्त आश्चर्यचकित होकर एकटक देखते हुए इस मोक्ष प्रदायक उत्सव का सर्वोत्तम आनंद ले रहे हैं। शिवकाल राम के कुछ पशु जैसे श्वान, हाथी, अश्व, गाय, भैंस, भेड़, बकरी, ऊंट, गधे, सुअर, हिरन, सियार, बिल्ली, लोमड़ी, तेंदुआ, बाघ, सिंह, बंदर और अन्य पशु भी इस विशेष अलौकिक दृश्य को मंत्रमुग्ध होकर देख रहे हैं। सब शिवाभूमि निवासी उत्सव में इतने ब्रह्मलीन हो गये हैं कि ऐसा प्रतीत होता है कि स्वयं भगवान शिव और उनके कैलाश निवासी यह अद्वितीय नृत्य कर रहे हों। उनके अनन्य भक्त उनकी दिव्य अनुभूति का अनंत लाभ ले रहे हैं।

मध्यरात्रि के समय पर महाशिव तांडव, महायज्ञ और गंगाजल एवं बेलपत्र के अभिषेक कार्य का समापन होता है। इसकी दूसरे ही क्षण वहाँ उपस्थित सभी लोग अपने स्थान पर तत्काल खड़े होकर शिवलिंग को प्रणाम करते हैं।

सुखराज मेवार ने भावविभोर हो कहा– ''अद्भुत दृश्य। अद्भुत तांडवनृत्य। भव्य, अतिभव्य। अद्वितीय भक्ति प्रदर्शन। देव, असुर, यक्ष, गंधर्व, यमदेव, भूत

प्रेत, मनुष्य, पशु पक्षी, जीवजंतु सहित सर्व सजीव प्राणी एवं निर्जीव वस्तुओं को आकर्षित करने वाला अलौकिक दृश्य।''

शिवकाल राम ने सबको प्रणाम करते हुए कहा– ''शंकर महादेव व माँ पार्वती की जय।''

उसके बाद नौ साधुगण सबको पंचामृत का प्रसाद देते है।

प्रसाद वितरण के पश्चात्, शिवकाल राम प्रत्येक उपस्थित आध्यात्मिक यात्री को प्रणाम करते हैं। और लोकमंगल हेतु अपनी विशेष तपस्या के लिये कुटीर की ओर जायें, उसके पूर्व उनके पूर्व सेनापति यमोद्धार राम सबसे कहते है कि ''आज के शुभ दिवस पर यहाँ आये प्रत्येक आध्यात्मिक यात्री और मेरे आत्मप्रिय पशु–पक्षियों का हम शुद्ध अंतःकरण से धन्यवाद करते हैं। परमात्मा आप सबको परमसुख, परमशांति, मनोबल, समृद्धि, स्वस्थता, शुद्धता, अकूत धन संपत्ति सहित देवलोक समान उत्कृष्ट जीवन प्रदान करें।''

एक वृद्ध देवगढ़ निवासी जीतेन्द्रीयनाथ माली ने सेनापति से कहा– ''सेनापति जी, ये हमारा सर्वोत्तम सौभाग्य है कि हम ऐसे श्रेष्ठ अवसर एवं उत्सव का हिस्सा बन सके और इसका परम आनंद उठा सके। शिवकाल राम जी जैसे श्रेष्ठ धर्मज्ञ मनुष्य एवं सच्चे भक्तों के देवसत्ता युक्त अस्तित्व से ही, ईश्वर और इस संसार का अस्तित्व है। मेरा आशीर्वाद है कि देवता इनके संकल्प को सिद्ध करें।''

जैसलमेर से आये शिवभक्त श्री मूलशंकर व्यास ने शिवकाल राम से कहा– ''शिवकाल राम जी, आप अलोभ चित्त के स्वामी हैं। आपके देवरूपी अस्तित्व से और आपकी अखंड धर्मनिष्ठा से इस गाँव की समस्त भूमि को, पेड़ पौधों को, जलाशयों को, पर्वतों को और यहाँ की आबोहवा में एसी पवित्र ऊर्जा एवं आध्यात्मिकता विराजमान हैं, जिससे यहाँ आने वाले प्रत्येक मनुष्य और पशु–पक्षियों के दुःख, शोक, भय, आलस्य का निवारण हो जाता हैं। और हमें सच्चिदानंद स्वरूप प्राप्त होता है। आपके नेत्रों के ज्ञानप्रकाश से निर्बुद्ध मनुष्य भी ब्रह्मज्ञानी बन जाता है।''

शिवकाल राम सबको धन्यवाद के रूप में प्रणाम करते है।

सुखराज ने शिवकाल राम से कहा– ''आप सर्वश्रेष्ठ नृत्यकार हैं। आज का दृश्य अद्भुत है। हम इस पवित्र घटनायुक्त दिवस को सदैव स्मरण रखेंगे। आज का दिवस हमारे लिए साक्षात् ब्रह्म प्राकट्य दिवस है। आज हमें इस संपूर्ण जगत के सारे सुखों की प्राप्ति हो गयी। आपणो खूब खूब आभार देवता।''

उसके बाद वनमान सिंह ने शिवकाल राम से कहा– "हमें गर्व है कि हमारी भारत माता ने आप जैसे ब्रह्मात्मा एवं सिद्धयोगी को जन्म दिया। जिसकी सकल संपदा धर्म को समर्पित है। आपकी तपस्या अवश्य सफल होगी और आप ईश्वरीय सामर्थ्य प्राप्त कर सदैव ऐसे पुण्य कर्म करते रहेंगे।"

अपने सर्वयुगी मित्रों का धन्यवाद करते हुए शिवकाल राम अपने मित्र वनमान सिंह और सुखराज को गले लगाते हैं और अपनी पवित्र भावनायें व्यक्त करते हैं।

फिर शिवकाल के पूर्व सेनापति यमोद्वार राम ने सबसे कहा– "हे ईश्वरीय मनुष्यों, अब कृपया आप सब लोग हमारे विश्राम गृह में जाकर विश्राम करें।"

शिवकाल राम सबको प्रणाम कर बोले– "शंकर महादेव व माँ पार्वती की जय।"

सबने कहा– "जय हो महादेव की। जय माँ पार्वती की।"

शिवकाल राम अपनी देवलोक समान कुटीर की ओर जाते समय अपने गले से रत्नजड़ित रुद्राक्ष माला उतारकर सुखराज मेवार के पुत्र धर्मराज को पहनाते हैं और कहते हैं– "शंकर महादेव व माँ पार्वती की जय।"

आभार व्यक्त करते हुए सुखराज मेवार, ब्रिक्षी और पुत्र धर्मराज शिवकाल राम के चरण स्पर्श करते हैं और सबको शुभाशीष देकर शिवकाल राम अपनी देवलोक समान कुटीर में जाते हैं।

उनके जाने के बाद यमोद्वार राम ने सुखराज से कहा– "मेवार साहब, आपका पुत्र अनंत भाग्यशाली है क्योंकि महाराज के क्षत्रिय राजपरिवार के रोचक इतिहास ग्रंथ के आधार पर यह वो अमूल्य माला है जो त्रेतायुग में प्रभु श्री राम ने अपने राज्याभिषेक के पूर्व धारण की थी। मायावी शक्तियों से परिपूर्ण यह माला अनंत सदियों से इस राजपरिवार के सानिध्य में सुरक्षित है। जो भी भाग्यवान मनुष्य इसे धारण करता है, देवता और धर्म नित्य रूप में उसके अधीन हो जाते हैं। अंततः बस इतना कहूँगा कि यह बालक इस विश्व को अहिंसा के राज में उत्तम विचारयुक्त शुद्ध नवयुगी जीवन प्रदान करेगा। देवता हमारे सत् संकल्पों को सिद्ध करें। जय श्री राम।"

वनमान सिंह बोले– "सौभाग्यवश हम इस माला के रहस्यपूर्ण सत्य से

परिचित हैं। 'पशुरक्षा परमो धर्म' का वैश्विक प्रचार करने हेतु शिवकाल राम जी ने पिछले वर्ष दीपावली के त्यौहार पर देश–विदेश के सर्वधर्म के धर्मगुरुओं के मध्य इस महल के दीवान–ए–ख़ास में शुद्धज्ञान प्रकाशन सभा का आयोजन किया था। सभा में विविध धर्मग्रंथों में भिन्न कालखंडों में भिन्न धर्मगुरुओं या विचारकों द्वारा संपादित किये गये नवविचार वर्णन में शंकित एवं उपेक्षित आदेशों द्वारा हो रही बलि नामक निर्दयी पशुहिंसा और माँसाहार के विरोध में सख़्त चर्चा का प्रदर्शन हुआ था। जिसमें ईश्वरीय संविधान को उत्तमता प्रदान कर सबने 'पशु–पक्षी, मनुष्य, जीव–जंतु की हत्या महापाप है' के सत्य को स्वीकार कर शाकाहार को ही उत्तम आचरण और शुद्ध विचार का स्थान दिया गया था। अंततः अहिंसा परमो धर्म की विजय हुई थी। उस दौरान ही शिवकाल राम महाराज द्वारा इस अद्भुत माला के अखंड सत्य का प्रकाशन हुआ था।''

सुखराज ने वनमान सिंह से कहा– ''परमात्मा को गौरवानुभूति कराने वाले शिवकाल राम महाराज के इस अद्भुत फलसिद्ध कर्म को प्रकट करने के लिये धन्यवाद।''

तत्पश्चात् सुखराज मेवार हर्षित होकर यमोद्वार राम को गले लगाते हैं और कहते हैं– ''आत्मप्रिय, आप सबका ख़ूब धन्यवाद। पुत्र को प्राप्त यह उपहार मेरे जीवन का सर्वोत्तम दैवीय उपहार है। परमात्मा आपको और आपके महाराज को ईश्वरीय पद प्रदान करें।''

सेनापति यमोद्वार राम ने सुखराज से कहा– ''धन्यवाद धर्मक्षेत्र। यह सब उस मायापति की लीला का फल है जो उत्तम शरीर क्षेत्र को ईश्वरीय जीवन प्रदान करता रहता है।''

''आभार मित्र। अब आप महाराज शिवकाल राम जी की सेवा में या राजकीय कार्य सेवा में उपस्थित हों। हम एक प्रहर पश्चात् मिलते हैं।''

•••

महाशिवरात्रि पर्व के अगले दिवस सुखराज और वनमान सिंह अपने परिवारों के साथ देवगढ़ से अपने-अपने गाँव की ओर प्रस्थान करते हैं। देवगढ़ से सोम की ओर जाते समय सुखराज के अश्व आमेट गाँव की लूनी नदी के पास अचानक रुक जाते हैं। क्यों और किस कारण से रुके, पता नहीं। पाँचों अश्वों को एक स्थान पर ठहरे हुए देखकर सुखराज और सोमवासी आश्चर्यचकित हो जाते हैं।

तब सुखराज अपने सारथी से कहते हैं– ''सारथी, लगता है हमारे अश्वों के नेत्रप्रदेश और हृदयक्षेत्र को इस प्राकृतिक सौंदर्यपूर्ण स्थल ने आकर्षित किया है इसलिए हम सब इस लूनी नदी के सुंदर तट पर कुछ क्षणों के लिए विश्राम करते हैं। इस दौरान हमारे अश्वों को खाने के लिए घास, सब्ज़ी, चने और फल दे दो।''

''ठीक है, मेवार साहब।''

और उसके बाद सब लोग कुछ क्षणों के लिए लूनी नदी के तट पर एक भव्य वृक्ष के नीचे विश्राम करते हैं।

इस दौरान आमेट गाँव की लूनी नदी के तट पर स्थित 'अत्र–तत्र–सर्वत्र वेदशाला आश्रम' के एक ग्वाल सेवाराम अपनी गायों और भैंसों को नदी के आसपास घुमाकर नदी के तट पर बैठे हुए हैं। कुछ गायें और भैंसें नदी में स्नान कर रही हैं, कुछ नदी का जल पी रही हैं और कुछ दो बड़े वृक्षों के नीचे शांत मुद्रा में ग्वाल के साथ बैठी हुई हैं।

तभी ग्वाल की दृष्टि सुखराज, सोमवासियों और उनके अश्वरथ पर पड़ती है जो लगभग वहाँ से सौ फुट की दूरी पर विश्राम कर रहे हैं। ग्वाल तुरंत ही उनके निकट जाते हैं और देखते हैं कि सब लोग वृक्ष के नीचे शांति से विश्राम कर रहे हैं।

इन अतिथियों के अकाल आगमन से सेवाराम मन में सोचते हैं– ''बेचारे भले लोग दूर के गाँव से आये लगते हैं। कदाचित् इन्हें विश्राम के अतिरिक्त भोजन की भी आवश्यकता होगी। हम अभी अपने वेदशाला आश्रम जाकर गुरु शुद्धल और गुरु धर्मल को सूचित करते हैं। पशु रक्षा परमो धर्म है।''

'पशु रक्षा परमो धर्म है' इस सर्वोत्तम विचार का प्रयोग सेवाराम अपने निजी जीवन में निरंतर करते हैं। अपनी गायों और भैंसों को लेकर वह नदी के उस पार वेदशाला आश्रम जाते हैं।

•••

अत्र तत्र सर्वत्र वेदशाला आश्रम

ग्वाल सेवाराम वहाँ से नदी के उस पार जाकर अपनी गायों और भैंसों को अपने आश्रम में छोड़कर गुरु धर्मल और गुरु शुद्धल से लूनी नदी पर विश्राम कर रहे अतिथियों के अकाल आगमन के विषय में जानकारी देते हैं। गुरु द्वय की अतिथि सत्कार की इच्छा जानकर उनके आदेश से सेवाराम लूनी नदी के तट पर सोमवासियों से मिलने जाते हैं।

अतिथियों के निकट पहुँचते ही सेवाराम देखते हैं कि सुखराज और सोमवासी अपने अश्वरथ पर बैठ कर प्रस्थान करने की तैयारी कर रहे हैं। उन्हें देखकर सेवाराम ने सुखराज से कहा– ''हे यात्रियों, हमारे पवित्र आमेट की पवित्र नदी के तट पर आप सबका दिव्य स्वागत है। आप सबका आगमन सुखकर है।''

''धन्यवाद महात्मन्। पर आप कौन?''

''हम सेवाराम हैं। जीवात्मा की सेवा के लिये सदैव उत्सुक रहते हैं। हम आमेट गाँव के सुप्रसिद्ध 'अत्र–तत्र–सर्वत्र वेदशाला आश्रम' में रहते हैं जो नदी के उस पार स्थित है।''

''अच्छा। हम सुखराज मेवार हैं। और ये है हमारा सोम परिवार।''

''आप लोगों को यहाँ देखकर हमारे हृदयक्षेत्र को अनंत आनंद प्राप्त हो रहा है। हमारी और हमारे वेदांत गुरुदेव गुरु धर्मल और गुरु शुद्धल जी की प्रबल इच्छा है कि आप लोग हमारे वेदशाला आश्रम पर पधारें।''

सुखराज ने सेवाराम से कहा– ''अवश्य। हम इस सुंदर नदी के तट से पहले से ही अतिप्रभावित हैं इसलिये यहाँ के श्रेष्ठ वेदशाला आश्रम के कल्याणकारी दर्शन तो हम अवश्य करेंगे। और वैसे भी हम धर्मगुरुओं की आज्ञा का अनादर कभी नहीं करते क्योंकि धर्मगुरु हमारे लिये देवता का रूप होते हैं। उनके ज्ञानावतार रूपी प्राकट्य से ही इस विश्व में धर्म और अहिंसा का अस्तित्व बना हुआ है।''

सोमवासियों ने भी कहा– ''सत्य वचन।''

सेवाराम बोले– ''धन्यवाद देवात्माओं।''

सुखराज ने सेवाराम से कहा– ''धन्यवाद तो हमें करना चाहिये आपका।''

सेवाराम ने सुखराज से कहा– ''सब एक ही है। हमें तो पशु–पक्षी और मनुष्यों की सेवा करने में असीम आनंद मिलता है। हम सदैव ऐसे अमूल्य क्षण की

प्रतीक्षा करते रहते हैं।"

सेवाराम से व्रिक्षी बोलीं– "ये तो बहुत ही अच्छी बात है। शुभ विचारधारा और उच्च संस्कारों का अमूल्य प्रस्तुतीकरण।"

सेवाराम ने व्रिक्षी से कहा– "धन्यवाद बहन। चलिये, अब हमारे आश्रम चलते हैं। पशुरक्षा परमो धर्म है।"

सुखराज ने हर्षपूर्वक सेवाराम से कहा– "चलिये। पशुरक्षा परमो धर्म है।"

और सब लोग अत्र–तत्र–सर्वत्र वेदशाला आश्रम की ओर जाते हैं।

•••

सोम परिवार के लगभग बीस लोग अत्र–तत्र–सर्वत्र वेदशाला आश्रम पर पहुँचते हैं। सर्वप्रथम अश्वरथ को आश्रम के आँगन में खड़ा कराकर सेवाराम ने कहा– "सुखराज जी, कृपया आप अपने अश्वों को यहाँ छोड़ दें। वे यहाँ शांति से घूमेंगे और भोजन करेंगे। इस दौरान हम आप सबको गुरुजी के और संपूर्ण आश्रम के दिव्य दर्शन करवाते हैं।"

"ठीक है सखा।"

अश्वों को बगीचे में छोड़कर सोमवासी आश्रम के भीतर जाते हैं। वेद शाला की असीम रमणीयता, पशु–पक्षियों द्वारा दिया गया अतिथि सत्कार और यहाँ के परिशुद्ध आध्यात्मिक वातावरण को देखकर सोमवासी अतिप्रसन्न हो जाते हैं। कुछ ही क्षणों में सोमवासी गुरु शुद्धल और गुरु धर्मल के निकट पहुँचते हैं। गुरु, विद्यार्थियों को शिक्षा दे रहे हैं। सोमवासियों को देखकर गुरु धर्मल ने कहा– "राम–राम सा देवात्माओं। हम गुरु धर्मल, संपूर्ण आमेट की ओर से आपको कोटि–कोटि प्रणाम करते हैं।"

सुखराज और प्रत्येक सोमवासी ने दोनों को प्रणाम करते हुए कहा– "राम–राम सा ज्ञानधाम।"

उसके बाद गुरु शुद्धल सोमवासियों से बोले– "आप सबके तेजस्वी व्यक्तित्व को देखकर ऐसा प्रतीत होता है कि आप लोग किसी महान परिवार के सदस्य हैं और विश्व की सर्वोच्च सत्ता के सत्संकल्प से इस धर्मधरा पर अवतरित हुए हैं। आप सबका आगमन अत्यंत सुखकर है। इस समूचे शरीर को एवं समस्त गाँव को परमात्मा के दिव्य संस्कार प्रदान कर रहा है आप सबका आत्मबल।"

तत्पश्चात् सुखराज ने गुरु शुद्धल से कहा– "इस शिखरस्थ शाब्दिक उपहार के लिये धन्यवाद गुरुदेव। हम हैं सुखराज मेवार। और ये है हमारा सोम का साधारण परिवार। हम सब गुजरात और राजस्थान की सीमा पर स्थित सोम गाँव के निवासी हैं।"

गुरु धर्मल ने सुखराज से पूछा– "सोम का परिवार, अर्थात्?"

"अर्थात, सोम गाँव का प्रत्येक निवासी एक देव परिवार का हिस्सा है। हमारी पहचान भिन्न जाति या भिन्न धर्म से नहीं केवल सोम नाम, शीर्षस्थ संकल्प, शुद्ध विचार और हमारे शुद्ध कर्मों से है।"

''अत्यंत प्रभावी। एक दूसरे के प्रति स्नेह भाव रखना, समानता रखना और सबका सम्मान करना, यही है वास्तविक जीवन।''

सुखराज ने गुरु शुद्धल से कहा— ''धन्यवाद धर्मसागर।''

गुरु धर्मल कुछ सोचते हुए बोले— ''सोम। ये नाम तो किसी से सुना हुआ है।''

गुरु शुद्धल ने गुरु धर्मल से कहा— ''भ्राता, हमने कदाचित् इस देवसत्तायुक्त नाम को गुरुदेव वेदगुरुजी के मुख से सुना था।''

उसके बाद गुरु धर्मल ने कहा— ''खैर कोई बात नहीं। अभी आप लोग हमारे देवसत्तायुक्त आश्रम की प्राकृतिक सुंदरता और हमारे वेदज्ञान प्रशिक्षित पशु–पक्षियों की विशिष्ट जीवन कला का आनंद लें। उस दौरान हम आपके लिए सात्विक भोजन की व्यवस्था करते हैं। उसके बाद हम शांति से वार्तालाप करेंगे।''

पार्थोदास ने गुरु शुद्धल से कहा— ''अवश्य गुरुदेव। हम इस सुंदर ईश्वरीय स्थान पर भोजन भी करेंगे और यहाँ की सुंदरता एवं आध्यात्मिक वातावरण का महत्तम आनंद भी लेंगे।''

त्रिक्षी ने गुरु शुद्धल से कहा— ''जी। और धर्मगुरुओं के सानिध्य में धर्मज्ञान का लाभ भी लेंगे।''

गुरु शुद्धल सेवाराम से बोले— ''सेवाराम जी, सोमवासियों को हमारे आश्रम और लूनी नदी की प्राकृतिक सुंदरता के दर्शन करायें।''

सेवाराम ने कहा— ''जी गुरुदेव।''

उसके बाद सेवाराम सोमवासियों को साक्षात् अयोध्यानगरी समान सुंदर 'अत्र–तत्र–सर्वत्र वेदशाला आश्रम' के दर्शन कराने जाते हैं।

इस दौरान गुरु शुद्धल ने यहाँ–वहाँ देखते हुए गुरु धर्मल से कहा— ''भ्राता, ये अद्भुत सुवास कहाँ से आ रही है। अत्यंत मोहक एवं इन्द्रियों को सहजता से आकर्षित करने वाली सुवास है।''

ये सुनकर सुखराज और धर्मराज, गुरु शुद्धल और धर्मल के निकट खड़े हो गए और बाकी सब आश्रम दर्शन करने जाते हैं।

फिर सुखराज गुरु धर्मल से कहते हैं– "गुरुदेव, वास्तव में ये सुवास हमारे पुत्र धर्मराज के शरीर से आ रही है। जन्मकाल से ही।"

गुरु शुद्धल ने गुरु धर्मल से कहा– "सर्वप्रिय सुवास। ऐसी दुर्लभ, मनोहर एवं अलौकिक सुवास की अनुभूति हमने पहले कदापि नहीं की।"

फिर धर्मराज के माथे पर हाथ फिराते हुए गुरु धर्मल बोले– "आप वाकई विशिष्ट बालक हो पुत्र। राम अंश प्रतीत हो रहे हो।"

गुरु शुद्धल ने गुरु धर्मल से कहा– "भ्राता, यह बालक अत्यंत भाग्यशाली है क्योंकि इसके मस्तक पर ईश्वरीय तिलक भी है।"

सुखराज दोनों से बोले– "ये भी जन्मकाल से ही है।"

उसके बाद गुरु शुद्धल ने धर्मराज के गले में स्वर्ण मुद्रा जड़ित विशेष ताबीज़ को देखकर धर्मराज से कहा– "आपके गले का ये ताबीज़ भी आपके समान विशिष्ट और आकर्षक है?"

धर्मराज ने गुरु शुद्धल से कहा– "धन्यवाद गुरुदेव।"

उसके बाद सुखराज ने गुरु शुद्धल से कहा– "वास्तव में इस ताबीज़ में जड़ित मुद्रा, हमारे सोम गाँव की विशिष्ट स्वर्ण मुद्रा है। जिसका हम धन के समान उपयोग करते हैं। ये हम सोमवासियों की अमूल्य धरोहर है।"

गुरु धर्मल और गुरु शुद्धल एक दूसरे की ओर हल्की सी मुस्कुराहट के साथ एक दूसरे को कहते हैं– "सोम गाँव, मेवार परिवार, सुवासी शरीर, मस्तक पर तिलक और ये अद्वितीय स्वर्ण मुद्रा।"

उसके बाद दोनों अपनी आँखे बंद करके बोल उठते हैं– "हे ब्रह्मदेव, हे महादेव, हे नारायण देव, हमारा प्रणाम स्वीकार करें। अंत में वो श्रेष्ठ समय आ ही गया जिसकी हमने कई दशकों से प्रतीक्षा की थी। धन्यवाद प्रभु। पशुरक्षा परमो धर्म है।"

तब सुखराज ने गुरु धर्मल से पूछा– "कौन सी बात गुरुदेव?"

"अर्थात् ये कि हमें इस अद्वितीय मुद्रा में आपके समूचे परमश्रेष्ठ परिवार के दर्शन हुए और उसके अतिरिक्त....।"

फिर गुरु शुद्धल ने कहा– "मेवार साहब, पहले आप आश्रम के पूर्ण दर्शन करके भोजन कर लें। तत्पश्चात् हम आपसे कुछ महत्वपूर्ण बात करेंगे।"

"ठीक है गुरुदेव।"

सुखराज के वहाँ से जाने से पहले ही गुरु धर्मल और गुरु शुद्धल ने धर्मराज के माथे पर हाथ फिराते हुए कहा– "विश्वश्रेष्ठ मनुष्य हो आप। मनोजयी, कालजयी, युगपुरुष, प्रज्ञावान, महिमावान, देवचरित्र समान अत्यंत भाग्यशाली आत्मा।"

धर्मराज ने गुरु द्वय से कहा– "धन्यवाद गुरुदेव।"

उसके बाद सुखराज और धर्मराज अपने सोमवासियों के साथ आश्रम के दर्शन करने जाते हैं।

•••

कुछ क्षणों पश्चात। गुरु धर्मल और गुरु शुद्धल अपने ध्यान स्थल पर बैठे हैं और उनके समक्ष बैठे हैं सारे सोमवासी।

सर्वप्रथम गुरु धर्मल सुखराज से बोले– "महापवित्र भूमि के धर्मनिष्ठ कुल के परमश्रेष्ठ मनुष्यों, आपको हमारा शत–शत प्रणाम।"

"गुरुदेव प्रणाम, आपके आश्रम का सात्विक भोजन, आपके आश्रम की अतुल्य सुंदरता एवं आपके वेदांत शिष्य और पशु–पक्षियों का शुद्ध एवं सहज आचरण आपके परम वंदनीय वेदज्ञान के समान आत्मा एवं शरीर को परमसुख प्रदान करने वाला था।"

पार्थोदास भी बोले– "और आपका ये ध्यान स्थल तो ईश्वरीय एवं अलौकिक है। संभवतः असंख्य आध्यात्मिक यात्रियों की अखंड साधना का सर्वतोभद्र परिणाम।"

गुरु धर्मल ने सोमवासियों को प्रणाम करते हुए कहा– "धन्यवाद देवात्माओं।"

तब गोवाल दादा गुरु शुद्धल से कहते हैं– "हे ज्ञानसागर, एक प्रश्न पूछना है कि आश्रम में पशु–पक्षियों के जलकुंड के मध्य में निर्मित बलवान पुरुष और महाकाय गाय की जो मूर्ति है, वह किनकी है?"

गुरु शुद्धल ने कहा– "इस गाँव के सर्वश्रेष्ठ ब्राह्मण रामराज्यनाथ जी और उनकी आत्मप्रिय गौ पार्वतीगंगा की। अठारहवीं सदी के प्रारंभिक काल की बात है। अपने जीवन का अंतिम अध्याय व्यतीत करते हुए ब्राह्मण रामराज्यनाथ अपनी पत्नी रामायणी और अपनी गायों के साथ धर्मभावपूर्ण जीवन व्यतीत कर रहे थे। एक दिवस वे पास के गाँव में पुरोहिती करने गये थे। तब पास के गाँव के कुछ मानसिक रूप से नपुंसक माँसाहारी मनुष्यों ने उनकी गौशाला में गुप्त रूप से प्रवेश कर उस पार्वतीगंगा गाय को चुराकर उसकी निर्दयता से हत्या कर दी। जब रामराज्यनाथ जी को इस सत्य का परिचय हुआ तब वह निःशब्द हो गये। यह गौ विरह रामराज्यनाथ जी, उनकी पत्नी और गौशाला में रहते गौ सेवकों के मनोबल को धराशायी कर रहा था क्योंकि यह गाय सर्वगायों में वृद्ध थी। फिर भी सर्वाधिक दूध देती थी। सभी गाँववासियों को वह गाय अतिप्रिय थी। अंततः रामराज्यनाथ जी ने भस्मविद्या की समाधि में बैठकर अपनी मायावी शक्तियों के सख्त प्रयोग से गौ हत्या करने वाले वर्णसंकर माँसाहारी मनुष्यों को भस्म कर डाला। तत्पश्चात् उन्होंने देश–विदेश के पशुप्रेमियों की सहायता से समस्त विश्व में गौरक्षा और पशुरक्षा का अभियान चलाया और आश्चर्य की बात यह थी कि

जीवन की अंतिम क्षणों में अपना देह त्याग करने से पूर्व उनकी अमर्त्य आत्मा ने पार्वतीगंगा गाय का रूप धारण कर लिया था। अपनी नश्वर देह का त्याग करने से पूर्व उन्होंने यह श्राप दिया था कि इस समस्त विश्व में जो भी मनुष्य गाय या अन्य किसी भी प्राणी को आहत करेगा उसे भयंकर रोग, अकाल मृत्यु और नरक का जीवन प्राप्त होगा।''

गुरु धर्मल ने कहा– ''और उनके उत्तम जीवन प्रदर्शन के कारण हमारे जैसी असंख्य जीवात्माओं ने उन्हें अपना आदर्श बनाया।''

गोवाल दादा ने दोनों से कहा– ''परिशुद्ध विचारक और देव चरित्रवान रामराज्यनाथ जी, उनके समस्त परिवारजनों और उनकी सर्व गायों को कोटि–कोटि प्रणाम। परमात्मा उन सबकी अमर व पवित्र आत्मा को समस्त विश्व में उत्तम स्थान एवं उत्तम सुख प्रदान करें।''

शिम्बू ने कहा– ''परिशुद्ध विचार, उच्च संस्कार, संयम, धर्मनिष्ठा, परिशुद्ध अन्न, परिशुद्ध आचरण, सत्कर्म, परिशुद्ध गर्भ और परिशुद्ध वीर्य ही ऐसे ईश्वरीय मनुष्य का सर्जन कर सकते हैं। पशुहिंसक और माँसाहारी मनुष्य तो असंख्य वर्णसंकर चरित्रहीनों का तुच्छ उत्पाद होते हैं।''

इसके उत्तर में सेवाराम कहते हैं– ''सत्य वचन पुत्र। पशुरक्षा परमो धर्म है।''

उसके बाद सुखराज गुरु शुद्धल से बोले– ''गुरुदेव, देवगुणी मनुष्यों के चरित्रदर्शन से हमारी आत्मा को परमसुख प्राप्त हुआ। अब कृपया आप अपना उच्च आदरयुक्त जीवनदर्शन प्रस्तुत करें।''

गुरुदेव शुद्धल ने मस्तक हिलाते हुए कहना शुरू किया– ''मेवार साहब, हम आमेट के राजा महाराज जहालिब सिंह के पुत्र हैं और नियति की इच्छानुसार यहाँ कई दशकों से विद्यार्थियों को वेदांतशास्त्र की ब्रह्मविद्या प्रदान करते आये हैं।''

व्रिक्षी बोलीं– ''सर्वश्रेष्ठ कार्य कर रहे हैं आप लोग। निर्बुद्ध को प्रबुद्ध करने वाला यह ब्रह्मज्ञान अद्भुत है।''

''धन्यवाद देवी।''

''परंतु सुखराज जी, सत्य यह है कि नियति की इच्छा से इस कार्य का आरंभ सोम परिवार और पुत्र धर्मराज के लिए ही किया गया था। आज तक हमारे इस धर्म कार्य से असंख्य बालकों को श्रेष्ठ वेदांतज्ञान की प्राप्ति हुई है। पर अब

   ईश्वरीय मनुष्य

निकट समय में पुत्र धर्मराज और सोम परिवार द्वारा इस समस्त प्राणीजगत को सर्वोत्तम संस्कार, दिव्यज्ञान, सर्वोपरि धर्म, शुद्ध धन और उच्चतम जीवन पद्धति का लाभ होगा।''

सुखराज ने व्याकुल हो कहा– ''वो कैसे गुरुदेव?''

गुरु शुद्धल बोले– ''इसके पीछे हमारा बहुत पुराना, भव्य, रहस्यपूर्ण और देवलोक प्रसिद्ध इतिहास जुड़ा हुआ है।''

''इतिहास वो भी आपके और हमारे परिवार का? ये तो हमें ज्ञात ही नहीं है। हम इस रोचक इतिहास को जानने के लिये अत्यंत व्याकुल हैं गुरुदेव।''

गुरु शुद्धल आगे बोले– ''हमारा राजशाही परिवार पिछले पाँच सौ वर्षों से आमेट में राज करता आ रहा है। हमारा परिवार आमेट का एक श्रेष्ठ परिवार था, अब भी है और आगे भी रहेगा। हमारे धर्मनिष्ठ कुल के प्रत्येक राजा ने अपने राजनैतिक एवं प्रजा कल्याण के उत्तरदायित्व को बहुत ही श्रेष्ठता से निभाया है। हमारे परिवार का पहला और अंतिम उद्देश्य यही था कि संपूर्ण आमेट में सदैव प्रसन्नता बनी रहे और गाँव के समस्त जीव आनंदमयी, सुखमयी, स्वस्थ, सुरक्षित, आध्यात्मिक ज्ञान अंतर्गत शांतिपूर्ण जीवन व्यतीत करें और इसी कारण आमेट की प्रजा सदैव हमसे प्रसन्न रहती थी, रहती है और रहेगी।''

उसके बाद गुरु शुद्धल ने सुखराज से फिर कहा– ''लगभग सन् उन्नीस सौ चालीस की बात है। हमारे पिताश्री की तीन पत्नियाँ थी। देओरी माता, नेओली माता और द्विषी माता। हम माता नेओली के पुत्र हैं और धर्मल भ्राता माता देओरी माता के पुत्र। माता द्विषी को कोई संतान नहीं थी। वो निःसंतान थीं और एक महल में अन्य राजकुमारियों को अपने पुत्रों के साथ शाही जीवन जीते हुए देखकर उन्हें बहुत ही कष्ट हो रहा था। वे अत्यंत ही दुःखी जीवन व्यतीत करती थीं। वो सदैव सोचती रहती थीं कि हम निःसंतान क्यों हैं। और एक दिवस नियति के दुष्ट काल के प्रभाव में आकर माता द्विषी ने पिताश्री के समक्ष दो शर्तें रखीं।''

सभी कौतूहलवश एकाग्रचित्त होकर सुन रहे थे।

गुरु धर्मल ने आगे कहा– ''महारानी द्विषी ने कहा कि महाराज, या तो आप हमें अन्य महल प्रदान करें और हमारे साथ व्यक्तिगत जीवन व्यतीत करें अन्यथा महारानी देओरी और नेओली को इस गाँव के किसी अन्य स्थान पर भेज दें। क्योंकि हम संतान सुख प्राप्त माताओं के साथ निःसंतान जीवन व्यतीत नहीं कर

सकते और यदि ये संभव न हुआ तो हम अपने प्राण त्याग देंगे। इस अनपेक्षित बात को सुनकर महाराज अत्यंत दुःखी हुए और उन्होंने अपने मन में सोचा कि उनके उपदेशात्मक उत्तम राजसी जीवन को किसी रंक या दानव की कुदृष्टि लग गई है। रात्रिकाल में महाराज को चिंतित एवं दुःखी देखकर महारानी देओरी ने महाराज से इसका कारण पूछा। महाराज जहालिब दोनों महारानियों को द्विषी की दो शर्तें सुनाते हैं। तब महारानी नेओली ने जहालिब से कहा कि ऐसा कैसे हो सकता है। विकल्पहीन शर्त। यदि हमसे कोई त्रुटि हो गई हो तो हम महारानी द्विषी से क्षमा मांगने के लिए तैयार हैं। हम अपने शांतिपूर्ण जीवन को तथा देवताओं को आकर्षित करने वाली इस पवित्र भूमि को छोड़ना नहीं चाहते। यह सुनकर महारानी देओरी ने महाराज जहालिब के सामने एक विकल्प रखा कि यदि महारानी द्विषी को उनकी उपस्थिति नापसंद है तो वे दोनों द्विषी और महाराज के कक्ष में कभी प्रवेश नहीं करेंगे।"

गुरु धर्मल यह पूरी कथा सुनाते–सुनाते इस कथानक के प्रवाह में प्रवेश कर गये और समस्त अतिथियों के सामने, अपनी वाणी से सजीव दृश्य प्रस्तुत करने लगे....

###

रात्रि का समय। महारानी द्विषी का शयन कक्ष। महारानी द्विषी अपने शाही पलंग पर बैठी हुई महाभारत कथा पढ़ रही हैं। तभी महाराज जहालिब शयन कक्ष में प्रवेश करते हैं और द्विषी के निकट जाकर पलंग पर बैठ जाते हैं। वे कहते हैं– "महारानी, आपका कष्ट दूर करने का एक उपाय है। यदि आपको महारानी देओरी, नेओली और उनके पुत्रों को देखकर कष्ट होता है तो वे हमारे कक्ष में कदापि प्रवेश नहीं करेंगे और वो आपके समक्ष कदापि दृश्यमान नहीं होंगे।"

द्विषी महाभारत ग्रंथ को रखकर खड़ी हो जाती हैं और महाराज से कहती हैं– "महाराज, आप एक निःसंतान स्त्री का कष्ट नहीं समझ पायेंगे। हमें अत्यंत दुःख हुआ कि आप हमारी इच्छा पूर्ण करने के स्थान पर अन्य विकल्प खोज रहे हैं। आप रहने दीजिए। हम अपने प्राण त्याग कर अपनी पीड़ा सदा के लिए मिटा देते हैं।"

"नहीं महारानी। ऐसा स्वप्न में भी मत सोचियेगा। द्विषी बिना जहालिब अधूरा है। यदि आपने ऐसा अनिच्छ कर्म किया तो हमारी प्रजा के मन में तरह–तरह के प्रश्न उत्पन्न होंगे और हमारे पूर्वजों के सदियों के समर्पण और प्रतिष्ठा पर सदा

के लिए कलंक लग जायेगा।''

''तो हमारी इच्छा पूर्ण करें महाराज।''

विवशता भरे स्वर में महाराज बोलें– ''ठीक है। हम आपकी शर्त को पूर्ण करते हैं और दोनों महारानियों को पुत्रों के संग गाँव की सीमा पर स्थित हमारे गुरुदेव के आश्रम पर भेज देते हैं।''

''ये ही हमारे कुल के लिए उपयुक्त होगा।''

इस विषम परिस्थिति से महाराज अत्यंत दुःखी होते हैं और इसी अवस्था में द्विषी के कक्ष से लड़खड़ाते हुए बाहर चले जाते हैं।

इसके बाद महाराज जहालिब महल के प्रधान कक्ष में जाते हैं जहाँ महारानी देओरी और नेओली अपने पुत्रों के सिर पर हाथ फिराते हुए अपने शाही पलंग पर बैठी हैं। महाराज को देखकर महारानी देओरी और नेओली खड़ी हो जाती हैं।

''हमें क्षमा करें महारानी। महारानी द्विषी को कोई भी विकल्प स्वीकार्य नहीं है।''

महारानी नेओली ने कहा– ''महाराज आप व्यथित न हों। आपकी प्रतिष्ठा ही हमारी प्रतिष्ठा है। हम दोनों ने एक विकल्प खोज लिया है। हम कल प्रातःकाल ही अपने पुत्रों के साथ इस महल को छोड़कर चले जायेंगे और महारानी द्विषी की इच्छा प्रसन्नतापूर्वक पूर्ण करेंगे।''

महाराज ने दोनों को गले लगाकर कहा– ''आप दोनों धन्य हैं महारानी, लेकिन आपका और मेरे कुलदीपकों का यह विरह असहनीय होगा।''

और वे तीनों भावुक हो उठते हैं।

''परंतु महारानी, जब प्रजा हमसे इस घटना के विषय में प्रश्न करेगी तो हम उन्हें क्या उत्तर देंगे?'' –महाराज ने कहा।

प्रत्युत्तर में महारानी देओरी ने कहा– ''महाराज आप प्रजा से कहियेगा कि दोनों महारानियों ने तब तक सन्यासी जीवन जीने का निर्णय लिया है जब तक महारानी द्विषी को पुत्र सुख नहीं प्राप्त होता। आत्मप्रिय द्विषी महारानी और महाराज के लिए हमारा एक छोटा सा त्याग है ये।''

आगे महारानी नेओली बोलीं– "महाराज, संभव हो तो हमारे प्रस्थान करने के पश्चात् शीघ्र ही महल पर ऋषिकेश से परमश्रद्धेय श्री शिवानंद महाराज को आमंत्रित कर रामचरितमानस कथा का आयोजन करें और कथा में महारानी द्विषी को मुख्य यजमान पद प्रदान करें ताकि दुष्ट विचारों के महाप्रलय से अस्त–व्यस्त उनके मनक्षेत्र को स्थिरता, शांति एवं आत्मसंतुष्टि प्राप्त हो।"

"हम अत्यंत भाग्यशाली हैं कि हमें आप जैसी उच्च संस्कारी, विवेकशील, चरित्रवान, संयमी, दयालु और संतुष्ट स्वभाव की उच्च कुलीन पत्नियाँ प्राप्त हुईं। इस अनपेक्षित वियोग से हम अत्यंत दुःखी हैं। कदाचित् नियति को हमसे ईर्ष्या हो गयी है क्योंकि हमारे पास संसार की उत्तम संस्कारवान स्त्रियाँ हैं।" महाराज ने कहा।

महारानी देओरी ने कहा– "महाराज, नियति के गर्भ में जो छिपा है वो प्रत्यक्ष होकर ही रहता है। अब आप इस विषम परिस्थिति को स्वीकार कर लें और नियति के इस अशुभ आमंत्रण को चुनौती देकर अपने गौरवशाली कुल और प्रजा क्षेत्र को अखंड सुख और समृद्धि देने का सर्वोत्तम प्रयास करें।"

महाराज जहालिब ने महारानियों से कहा– "धन्यवाद देवी। हम सेनापति को आदेश देते हैं कि वो पुत्रों सहित आप दोनों को हमारे गुरुदेव वेदगुरु के 'अत्र–तत्र–सर्वत्र वेदशाला आश्रम' पर छोड़ आयें।"

महारानी नेओली इस बात पर बोलीं– "जी महाराज, परंतु आप हमें एक वचन दीजिए कि आप महारानी द्विषी को उनकी इच्छानुसार परमसुख प्रदान करेंगे।"

महाराज ने कहा– "ये वचन है हमारा।"

"धन्यवाद। हमें पूर्ण विश्वास है कि महारानी द्विषी हमसे मिलने एक दिवस अवश्य आयेंगी और अपने जीवन की सबसे बड़ी भूल को स्वीकार करेंगी।"

"हमें उस सुखद क्षण की व्यग्रता से प्रतीक्षा रहेगी।"

तभी महाराज के दोनों पुत्र शुद्धल और धर्मल निद्रा से उठकर अपने पिताश्री के निकट आते हैं।

"पिताश्री, हमें एक सुंदर स्वप्न आया है। हम और भ्राता धर्मल एक नदी के किनारे बैठे हैं और प्रकृति का आनंद उठा रहे हैं।" शुद्धल के यह कहते ही

ईश्वरीय मनुष्य

धर्मल ने जहालिब से कहा– ''पिताश्री हमने स्वप्न में देखा कि हम एक मंदिर से दर्शन कर सीढ़ियों से उतर रहे हैं। एक निस्सहाय निर्धन माता अपनी पुत्री के साथ मंदिर के बाहर भूमि पर बैठकर सबसे दान माँग रही हैं। वह स्त्री हमसे कहती हैं कि हे पुत्र दान दे दो, ईश्वर आपको श्रेष्ठ ज्ञान प्रदान करेंगे। हमारे पास दान देने हेतु कोई धन नहीं था। फिर हमने अपने गले से हीरे और मोती की बेशकीमती माला उतारकर उस वृद्ध माता को भेंट दे दी। वो माता और पुत्री अत्यंत प्रसन्न हुए और उन्होंने हमसे कहा कि पुत्र, आप जीवन में बहुत सारे पुण्य कर्म करेंगे। आपको आध्यात्मिक सत्ता का सर्वोत्तम पद प्राप्त हो। आप असंख्य निर्धन एवं अज्ञानी मनुष्यों को सुख देने का माध्यम बनेंगे। ये एक निर्धन माता का सत्य आशीर्वाद है। तत्पश्चात् मंदिर के सामने एक वृक्ष के नीचे बैठे एक साधु ने हमें बुलाकर कहा कि बहुत ही श्रेष्ठ संस्कार दिये हैं आपको आपके माता–पिता ने। किसी अमूल्य वस्तु को किसी निस्सहाय को क्षण भर में सहजता से दे देना कोई साधारण कार्य नहीं है। यह एक मनोजयी और जितेन्द्रिय जीवात्मा का देवस्वरूप आचरण है। हमें विश्वास है कि आपके भाग्य में लिखा धन, इस संसार के श्रेष्ठ सर्वतोभद्र कार्यों के लिए उपयोगी होगा। आपके संपूर्ण कुल का नित्य कल्याण हो पुत्र। वेदांतज्ञान सर्वत्र विद्यमान हो। फिर हम साधु के चरण स्पर्श करके अपने महल लौटकर आ जाते हैं। और फिर स्वप्न टूटने के बाद हमारी आँखे खुल गईं।''

स्वप्नकाल के सानिध्य में घटी इस घटना को सुन कर महाराज जहालिब, महारानी देओरी और महारानी नेओली आश्चर्यचकित हो गये। महाराज जहालिब ने गंभीर होकर धर्मल से कहा– ''बहुत ही सुंदर स्वप्न देखा है आपने पुत्र।''

उसके बाद महाराज जहालिब, महारानियों से धीमें स्वर में बोले– ''कृपया आप दोनों पुत्रों के साथ विश्राम करें। हमें कुछ महत्त्वपूर्ण कार्य स्मरण हो आया है। हम कल प्रातःकाल आपसे मिलेंगे। आप तैयार रहियेगा।''

''जी महाराज।'' दोनों ने कहा।

इस स्वप्न को सुनकर महाराज की स्मृति में वह साधु आये जिन्हें कुछ वर्ष पूर्व उन्होंने अपने महल पर ब्रह्मभोजन करवाया था। वे साधु उत्तरप्रदेश के अयोध्या शहर के रामनगर से आये थे। साधु महाराज ने अपनी भोजन की थाली को प्रणाम करके खड़े होकर जहालिब से कहा था–

''हे सदाचारी महाराज, आपके इस आलीशान महल की पवित्र भूमि पर यहाँ के अलौकिक वातावरण के आश्रय में आपने एक भूखे और प्यासे साधु को

परिशुद्ध अन्न का श्रेष्ठ ब्रह्मभोजन करवाया है। आप धन्य हैं महाराज। आपके इस उपकार के बदले आप जो चाहें हमसे माँग सकते हैं। हम वचन देते हैं कि हमारी योग्यतानुसार आपकी हर मनोकामना पूर्ण करेंगे।''

"साधु महाराज, आप कदाचित् हमें सही तरह पहचान नहीं पाये हैं। हम किसी भी मनुष्य या प्राणी को स्वार्थ हेतु भोजन नहीं कराते हैं। ये तो प्रत्येक परमात्मा अंशरूपी जीव के प्रति हमारा स्नेह, सम्मान और सहानुभूति है।''

"बहुत उच्चकोटि के विचार और संस्कारों का सिंचन किया है आपने। निश्चित रूप से आप प्रभु श्री राम के ही पवित्र अंश हैं और इसलिए हम आपको कुछ दैवीय वस्तु देना चाहते हैं।''

"साधु महाराज, यदि कुछ देना ही है तो हमें आशीर्वाद दीजिए कि हम सदैव के लिये इस गाँव के श्रेष्ठ कर्तव्यनिष्ठ राजा बने रहें और सदैव अपने गाँववासी, गाँव के बाहर के और गाँव में आने वाले समस्त व्यक्तियों की सत्य आवश्यकताओं को आनंदपूर्वक पूर्ण करते रहें। जिस कारण हमारी प्रजा सदा के लिए सुखमयी, धर्माधीन, सुरक्षित, स्वस्थ, शांतिपूर्ण, समृद्धिपूर्ण और ब्रह्मानुभूति प्राप्त करके उत्कृष्ट जीवन व्यतीत करती रहे। बस और अधिक कुछ नहीं।''

"स्वयं के लिए कुछ नहीं माँगोगे?''

"साधु महाराज, प्रजा का सुख ही मेरा सुख है और प्रजा का स्वस्थ जीवन ही मेरा नित्य आनंद है।''

"आज हमें ईश्वर ने प्रबुद्ध व्यक्ति से मिलाया है। आपसे मिलकर हम धन्य हो गये हैं महाराज।''

उसके बाद साधु ने अपनी आँखे बंद करके जहालिब के भाग्य को भाँपा।

कुछ ही क्षणों में साधु ने अपनी आँखें खोलीं और महाराज जहालिब से कहा– "पुत्र, आशीर्वाद तो हम अवश्य देंगे। परंतु जो वस्तु लाभ आपके भाग्य में नहीं हैं, उसे हम नहीं बदल सकते।''

"अर्थात्?''

"अर्थात्। ये महल, स्वर्ण और आपकी अकूत धन संपत्ति जो आज आपकी है वो भविष्य में आपकी नहीं रहेगी। आपके भाग्य में राजसी जीवन का सुख नहीं

है। आप अपनी माताश्री के समान एक सन्यासी का जीवन व्यतीत कर प्रजा की प्रत्येक शुभेच्छा को पूर्ण करते रहेंगे।''

महाराज जहालिब ने चिंतित अवस्था में साधु से कहा– ''कुछ कीजिये साधु महाराज।''

''महाराज, किसी के भाग्य को बदलने की क्षमता हम में नहीं है। और वैसे भी इस संसार में किसी भी वस्तु या जीव को जिस दिशा में जाना है, वो वहाँ जाकर ही रहता है। सब कुछ नियति एवं जीवों के कर्मों के अनुसार ही घटित होता है।''

''साधु महाराज, यदि हम इस गाँव के राजा नहीं रहेंगे तो हमारी संपत्ति का सर्वोचित एवं आयोजनयुक्त लाभ प्रजा को कैसे मिलता रहेगा। सब कुछ शीघ्र ही समाप्त हो जायेगा।''

''महाराज, आप चिंतित न हों। सब शुभ ही होगा। आपकी संपत्ति का सर्वोचित उपयोग श्रेष्ठ आयोजन के अनुसार ही होगा। आपके पूर्वजों ने आपके महल के गुंबद में जो स्वर्ण और मुद्राएँ सुरक्षित रखी हैं वे अतिपवित्र, दुर्लभ एवं अतिमूल्यवान हैं। उनको आपके पूर्वजों के पंडितों ने महायज्ञ द्वारा अतिपवित्र बनाया है। उस स्वर्ण भंडार में बहुत सी अमूल्य, पवित्र और शक्तिशाली वस्तुएँ उपलब्ध हैं जिनका श्रेष्ठ समय पर, श्रेष्ठ स्थान पर, श्रेष्ठ व्यक्तियों द्वारा, श्रेष्ठ कार्यों के लिए ही सर्वोचित उपयोग होगा।''

''साधु महाराज, हमारी अकूत धन संपत्ति का निरंतर लाभ आमेट की प्रजा को मिलता रहेगा न?''

''अवश्य। क्योंकि आमेट का प्रत्येक प्राणी गुणवान, अहिंसक, सदाचारी, दयावान, धर्मनिष्ठ, पशुप्रेमी और ईश्वरीय आचरणयुक्त प्राणी है। आपके कुल की समस्त संपत्ति नित्य रूप में आमेट की ही संपत्ति बनी रहेगी। राजकोष का धन आमेट की प्रजा को सुखमय और शांतिपूर्ण जीवन देने के लिए कई सदियों के लिए पर्याप्त होगा और शेष धन और स्वर्ण का सर्वोचित उपयोग देवभूमि भारत एवं समस्त विश्व के असीम कल्याण के लिए होगा। यह धन आपको किसी विश्वसनीय व्यक्ति को सुरक्षित स्थान पर रखने के लिए सौंपना होगा। समय आने पर नियति उसका सहज मार्ग ढूँढ लेगी। ये सब आपके पूर्वजों के असीमित पुण्य कर्मों का समृद्ध फल होगा।''

"धन्यवाद धर्म साम्राज्य।" महाराज जहालिब ने साधु से कहा।

"और हाँ, भविष्य में कभी भी गंभीर समस्या का शिकार बनो और उसका कोई उपाय न हो तो अविलंब आ जाना प्रभु श्री राम के चरणों में, उनकी जन्म भूमि अयोध्या। आपको आपके जीवन का सुख, प्रभु के चरणों में अवश्य ही मिलेगा और हम साधु लोग भी अयोध्या के रामनगर में सरयू नदी के किनारे ही बसते हैं।"

महाराज जहालिब ने साधु को प्रणाम करते हुए कहा– "साधु महाराज, आपने हमें हमारे रहस्यपूर्ण भविष्य से अवगत कराया, उसके लिए बहुत धन्यवाद। अब हमें अपने भविष्य से कोई आपत्ति नहीं है और वैसे भी वो धन ही किस काम का जो अपनी भारत माता, उसकी प्रजा एवं विश्व कल्याण के लिए काम न आये। हम स्वयं को अनंत भाग्यशाली मानते हैं कि ईश्वर ने इस महान कार्य के लिए हमें एक माध्यम बनाया।"

साधु बोले– "यही तो हैं निर्भय राजा के उत्तम सद्गुण, जो किसी भी विषम परिस्थिति का सामना साहस, शांतिपूर्वक और आनंदपूर्वक करें। अंत में आपने हमें अपने धर्मरक्षक पूर्वजों के मंगल दर्शन करवा ही दिये।"

उसके बाद महाराज जहालिब और उनके साथी साधु महाराज के चरण स्पर्श करते हैं।

•••

अगले दिवस प्रातःकाल।

महल के आँगन में महाराज जहालिब, महारानी देओरी, नेओली और उनके दो पुत्र अश्वरथ के पास खड़े हैं और सेनापति सारथी के रूप में बैठे हैं।

''महारानी, जाने से पूर्व हम आपको कुछ अमूल्य वस्तु देना चाहते हैं।''

महारानियों ने महाराज जहालिब से कहा– ''क्या महाराज?''

इस दौरान महाराज के सुरक्षाकर्मी एक स्वर्णपेटी अश्वरथ पर रखते हैं।

महाराज जहालिब महारानियों से कहते हैं– ''ये हमारे पूर्वजों का पवित्र मंत्रसिद्ध स्वर्ण है। हम आज तक इस आशा के साथ जी रहे थे कि एक दिवस हमारे पुत्र श्रेष्ठ उत्तराधिकारी बन कर इस स्वर्ण का हमारी प्रजा के लिए सर्वश्रेष्ठ उपयोग करेंगे। परंतु इनकी नियति हमें अनपेक्षित विश्व के दर्शन करा रही है। इसलिए हम इस स्वर्ण का पाँचवा भाग प्रजा के लिए सुरक्षित रखते हैं। शेष भाग आप अपने साथ ले जायें। हमें पूर्ण विश्वास है कि उचित समय पर हमारे पुत्र इस स्वर्ण का विश्व कल्याण एवं पशुरक्षा हेतु सर्वश्रेष्ठ उपयोग करेंगे।''

महारानी देओरी बोलीं– ''परंतु महाराज, हमने सन्यासी जीवन जीने का निर्णय लिया है। अर्थात् हम इस संसार के लौकिक सुखों से मुक्त हो गये हैं इसलिए ये स्वर्ण एवं मुद्राएँ हमारे पास व्यर्थ ही पड़े रहेंगे।''

''महारानी, जो महारानी हमें अतिप्रिय थी, जिन्हें हमने अति प्रेम दिया, उसी स्त्री के कारण हमारा वियोग हो रहा है। इस समय इस स्वर्ण को लेकर हमारा गन विचलित है इसलिए हमने ये निर्णय लिया है कि जहाँ हमारे पुत्र रहेंगे वहीं पर ये स्वर्ण रहेगा। ये स्वर्ण अतिपवित्र है। किसी देवसत्ता के सर्वोत्कृष्ट संकल्प के अंतर्गत, सर्वार्थ और सर्वोदय के लिये इसका अर्थपूर्ण उपयोग होना आवश्यक है। इसलिए हम आपसे विनती करते हैं कि आप इस स्वर्ण को यहाँ से ले जायें।''

महारानी देओरी ने कहा– ''जैसी आपकी इच्छा महाराज।''

''हमने सेनापति वीरधाम को कह दिया है कि वे इस स्वर्ण को गुरुदेव के आश्रम पर किसी सुरक्षित एवं गुप्त स्थान पर रख देंगे। और हाँ, इस बात को सदैव गुप्त रखियेगा।''

दोनों ने महाराज जहालिब से कहा– ''ठीक है महाराज, ये वचन है हमारा।''

उसके बाद महारानियों और पुत्रों ने महाराज जहालिब के चरण स्पर्श किए। दूसरे ही क्षण महाराज जहालिब ने भावुक होकर सबको गले लगाया। फिर महारानी देओरी और नेओली अपने पुत्रों के साथ अश्वरथ पर बैठते हैं और कुछ अधिक कहे बिना ही महाराज जहालिब को प्रणाम करके सेनापति को गुरु वेदगुरु के अत्र–तत्र–सर्वत्र वेदशाला आश्रम की ओर प्रस्थान करने की आज्ञा देते हैं।

•••

ईश्वरीय मनुष्य

दोनों महारानियों और पुत्रों के आश्रम जाने के तीन माह पश्चात् महाराज जहालिब की स्थिति अत्यंत दयनीय हो गई थी। वे निराशावादी बन गये थे। तीन माह का प्रत्येक दिवस उनके लिए कारावास के जीवन समान था। उस दुःखदकाल के दौरान महारानी द्विषी ने महाराज को अत्यंत प्रेम दिया परंतु वह प्रेम न ही महाराज के मुख पर प्रसन्नता ला सका और न ही वे महारानी देओरी और महारानी नेओली का खाली स्थान भर सकीं। प्रति दिवस महाराज को पुत्रों की याद आती थी। धीरे–धीरे वे अपनी ज्ञानेन्द्रियों पर अपना नियंत्रण खोने लगे और एक निष्क्रिय राजा बन गये। जिस कारण वे प्रजा के लिए धन का और स्वर्ण का उचित उपयोग नहीं कर पा रहे थे। और इस विकट परिस्थिति में उन्होंने एक निर्णय लिया।

•••

अपने भव्य शयन कक्ष की खिड़की से अपने महल के बाहर, गाँव की दैनिक दिनचर्या को अपनी सूक्ष्म दृष्टि से देखते हुए महाराज जहालिब ने सेनापति वीरधाम से कहा– ''सेनापति वीरधाम जी, महारानी देओरी, महारानी नेओली और पुत्रों को महल से गये लगभग तीन माह हो गये हैं। पर आज तक महारानी द्विषी को अपनी गलती की अनुभूति नहीं हुई और न ही हम महारानी देओरी, नेओली के वचन के कारण उनसे मिल सके हैं। उनके बिना हम अधिक समय तक ये राजसी जीवन नहीं जी सकते। ये जो कुछ भी हुआ है, उसके अपराधी केवल हम ही हैं। हमारे कारण महारानी देओरी और नेओली एवं हमारे पुत्र किसी गलती के बिना ही सन्यासी जीवन व्यतीत कर रहे हैं। अपनी इस गलती का पश्चाताप करने के लिए हम भी उनके समान एक सन्यासी का जीवन व्यतीत करेंगे। वहीं अयोध्या नगरी के रामनगर में जहाँ हमारी माता ने अपने जीवन के अंतिम वर्ष सन्यासिनी बनकर परम सुख के आश्रय में व्यतीत किये थे। अब तो वही स्थान हमें स्थायी शांति प्रदान कर सकता है और हमारी दुविधा का हल भी।''

''महाराज, यदि आप भी चले जायेंगे तो आमेट का और आमेट वासियों का क्या भविष्य होगा? हम सब राजा लाभ से अनाथ हो जायेंगे।''

''आप निश्चिंत रहें सेनापति। हमने नित्य प्रजा हित की सारी व्यवस्थायें कर दी हैं।''

उसके बाद महाराज जहालिब ने अपने पलंग से दो पत्र उठाये और वीरधाम को देते हुए कहा– ''ये खुलासा पत्र है और आमेट का शुभ भाग्य भी। एक पत्र आमेट की प्रजा के लिए है। दूसरा पत्र महारानी द्विषी को देना है।''

सेनापति ने अत्यंत दुःखी एवं विषाद भरे स्वर में महाराज से कहा– ''जैसी आपकी आज्ञा महाराज।''

अत्यंत भावुक होकर उन्होंने महाराज के चरण स्पर्श किये। जहालिब भी अत्यंत भावुक हो गये और उन्होंने सेनापति को गले लगाकर कहा– ''धैर्य रखो सेनापति, प्रभु श्री राम सब ठीक कर देंगे। मारो राम सबरो भलो करें। धर्मज्ञान सर्वत्र प्रबल हो। रामचरितमानस सर्वत्र प्रकट हो।''

•••

ईश्वरीय मनुष्य

महारानी द्विषी का शयनकक्ष। इस दौरान महारानी द्विषी प्रभु श्री राम की पूजा करके अपने कक्ष में दिये की थाली लेकर आती हैं और दिये को अपने कक्ष में रखते समय उन्हें एक पत्र दिखता है।

वह तुरंत ही पत्र खोलकर पढ़ती हैं– ''हे महारानी द्विषी, जहालिब का निर्दोष प्रणाम स्वीकार करें। हम अत्यंत भाग्यशाली हैं कि हमें आप जैसी सौंदर्यवान, बुद्धिमान व चरित्रवान स्त्री जीवन साथी के रूप में मिली। एक सफल प्रजापति के साथ–साथ हमने पारिवारिक कर्तव्य कर्मों को भी सर्वोत्तम स्थान प्रदान किया। हमने सदैव तीनों महारानियों को परिशुद्ध प्रेम किया, सर्वोच्च सम्मान दिया और सबका कुशलतापूर्वक ध्यान रखा और बदले में हमें आप लोगों से भी वही उच्च सम्मान व प्रेम प्राप्त हुआ। परंतु आज हम अपनी आत्मा अर्थात् अपना गाँव छोड़ने के लिए विवश हैं क्योंकि हम अपनी अन्य महारानियों और दो पुत्रों के बिना ये राजसी जीवन नहीं जी सकते। ये अशोभनीय है। वे लोग किसी गलती के बिना ही हमारी प्रसन्नता को बरकरार रखने के लिये एक सन्यासी का अतिसाधारण जीवन जी रहे हैं। और इस परिस्थिति के लिये हम किसी को अपराधी नहीं मानते हैं। यही हमारा भाग्य था। सब नियति की इच्छा के अनुसार हुआ है और आगे भी होगा। क्योंकि जीवन में किसी भी घटना का उत्तरदायी कोई भी जीव नहीं होता। घटनायें नियति और हमारे स्वयं के कर्मों से बने भाग्य अनुसार घटती हैं। हमें उन्हें प्रसन्नतापूर्वक स्वीकार करना चाहिये। जय हो आमेट की। जय माँ भारती की। धर्मज्ञान सर्वत्र प्रबल हो। रामचरितमानस सर्वत्र प्रकट हो।''

पत्र को पढ़कर महारानी को अत्यंत दुःख हुआ। उनके नेत्रों से अश्रु बहने लगे।

महारानी ने अपने मन में सोचा– ''आप धन्य हैं महाराज। आपके इस पत्र ने हमारी मृत ज्ञानेन्द्रियों को पुनः जीवंत कर दिया है। अपने व्यक्तिगत द्वेष के कारण हमसे बहुत बड़ी गलती हो गयी है। इस विचित्र आचरण और त्रुटि के लिये हमें क्षमा करें। हमारे मोह क्षेत्र का क्षय करते हुए हम आपको वचन देते हैं कि जब हमें नियतिवश आपसे मिलने का सौभाग्य प्राप्त होगा तब हम आपसे, दोनों महारानियों से और पुत्रों से क्षमा मागेंगे और हम पहले की तरह ही संयुक्त परिवार के रूप में सत्यसुखी जीवन व्यतीत करेंगे।''

•••

महाराज जहालिब के आलीशान महल के भव्य आँगन में एक ओर सेनापति वीरधाम, महारानी द्विषी और महारानी के सुरक्षाकर्मी खड़े हैं। दूसरी ओर आमेटवासी खड़े हैं।

सेनापति वीरधाम ने सबको प्रणाम किया और कहा— ''राम—राम सा आमेटवासियों।''

आमेटवासियों ने कहा— ''राम—राम सा अन्नदाता।''

वीरधाम आमेटवासियों से बोले— ''प्रिय आमेटवासियों, आज प्रातःकाल महाराज जहालिब उनके देवसत्तायुक्त मन द्वारा रचित नव उद्देश्य पूर्ति के लिये आध्यात्मिक कार्य आरंभ हेतु अयोध्या गये हैं। उनके लौट आने की अवधि अनिश्चित है। इसलिये उन्होंने जाने से पूर्व हमें एक खुलासा पत्र दिया है और कहा है कि हम आप सबके समक्ष इसे पढ़ें।''

इस अकल्पनीय घटना के विषय में सुनकर आमेटवासी आश्चर्यचकित और विचारहीन हो जाते हैं। प्रत्येक आमेटवासी को शांत अवस्था में देखकर सेनापति ने पत्र पढ़ना आरंभ किया—

''हे आमेट के सात्विक गुणी निवासियों, महाराज जहालिब का धर्मभाव पूर्ण प्रणाम स्वीकार करें। ये हमारा परम सौभाग्य था कि हमने आप जैसे धर्मनिष्ठ गाँववासियों का राजा बनकर उत्तम अर्थपूर्ण जीवन व्यतीत किया। हमारे जीवनकाल के दौरान यदि किसी भी गाँववासी को हमारी अज्ञानतावश कोई पीड़ा हुई हो तो हमें हृदय से क्षमा करें। मायावी काल के निर्देशानुसार हम आध्यात्मिक यात्रा के पथ पर पुण्यार्जन करने अकेले ही अयोध्या के रामनगर जा रहे हैं। कर्तव्य कर्मों के निरंतर प्रवाह में व्यस्त रहते चंचल मन को आत्मा के ब्रह्मस्वरूप का ज्ञान कराकर परमसत्य को उपलब्ध होना चाहते हैं। संयम, जप—तप और एकांत के शिखरस्थ फल का बहुमूल्य अनुभव करना चाहते हैं। इस रोचक और नवीन अध्याय में प्रवेश करने के पश्चात् हम हमारे आमेट की पवित्र भूमि पर कदापि लौट नहीं पायेंगे। अतः कृपया आप सब इस अनपेक्षित परिस्थिति को सदैव की तरह सहजता से आनंदपूर्वक स्वीकारें।''

यह सुनकर गाँववासी स्तब्ध रह गये। सेनापति ने आगे पढ़ा— ''हमारी शारीरिक अनुपस्थिति में हमारे पूर्वजों की अकूत धन संपत्ति और स्वर्ण का उत्तरदायित्व एवं सुरक्षा अधिकार हम महारानी द्विषी को सौंपते हैं। और हमें

हमारे पूर्वजों से भी अधिक विश्वास हमारी आत्मप्रिय महारानी द्विषी पर है कि वो इस धन संपत्ति का अर्थपूर्ण उपयोग कर इस राज्य का संचालन राजनैतिक बहुमूल्य सिद्धांतों के अंतर्गत करेंगी। जय हो आमेट की। धर्मज्ञान सर्वत्र प्रबल हो। रामचरितमानस सर्वत्र प्रकट हो।''

इन अकल्पनीय शब्दों को सुनकर समस्त गाँववासी अत्यंत दुःखी हो जाते हैं।

महारानी द्विषी को भी महाराज द्वारा लिखित इन शब्दों को सुनकर अत्यंत दुःख हुआ और अपनी अज्ञानता के आवरण में ढँकी चेतना के वश में सर्जित हुए दुष्ट विचारों के अर्थहीन अस्तित्व पर घोर पश्चाताप हुआ।

इस विषम परिस्थिति को संभालते हुए सेनापति वीरधाम ने सबसे कहा– ''गाँववासियों, जो घटना था वो घट चुका है। हम मनुष्यों का इतना सामर्थ्य नहीं कि हम अपने भाग्य को भाँप सकें। इसलिये उस पर अधिक दुःखी न हों अन्यथा ये महाराज की शुभेच्छा व अपेक्षा के विरूद्ध का आचरण होगा। इस विषम परिस्थिति को प्रसन्न होकर स्वीकारें और ये सोचें कि जीवन में कुछ और श्रेष्ठ घटने वाला है। जय हो आमेट की। धर्मज्ञान सर्वत्र प्रबल हो। रामचरितमानस सर्वत्र प्रकट हो।''

गाँववासियों ने अपने मनोबल का उत्तम सामर्थ्य दिखाते हुए इस परिस्थिति को स्वीकारते हुए कहा– ''जय हो आमेट की। धर्मज्ञान सर्वत्र प्रबल हो। रामचरितमानस सर्वत्र प्रकट हो।''

•••

महारानी द्विषी ने अपनी गलती का प्रायश्चित्त करने का निर्णय लिया है। अगले दिवस प्रातःकाल, महाराज जहालिब के महल के मुख्य प्रवेश द्वार पर महारानी साधारण वस्त्र पहन कर खड़ी हैं। कुछ ही क्षणों में सेनापति वीरधाम आते हैं और महारानी को प्रणाम करते हैं। सेनापति को प्रणाम करके महारानी द्विषी बोलीं– ''सेनापति जी, प्रायश्चित करने के लिये अब हमने ये निर्णय लिया है कि हम सदैव के लिये राजसी जीवन का त्याग करके अन्य महारानियों के समान आध्यात्म सत्ता एवं देव सत्ता प्राप्त करके सन्यासी का वैराग्य भावपूर्ण साधारण जीवन व्यतीत करेंगे और हम आपको यह आदेश देते हैं कि आज से आप हमारे पूर्वजों की अकूत धन संपत्ति से संपन्न इस राजमहल का और समूचे आमेट साम्राज्य का कुशलतापूर्वक संचालन करेंगे। आप यहाँ एक रक्षक और प्रबंधक की तरह सदैव अपना जीवन व्यतीत करेंगे और गाँववासियों की प्रत्येक शुभेच्छा पूर्ण करेंगे। आज से कोई भी आमेटवासी एवं पशु, अपनी इच्छा अनुसार इस महल और हमारे भव्य खेत क्षेत्र का उपयोग कर सकता है।''

एक और हृदयस्पर्शी घटना को घटते हुए देखकर सेनापति अत्यंत दुःखी हो जाते हैं। उन्होंने महारानी द्विषी के चरण स्पर्श करके कहा– ''हम समझ नहीं पा रहे हैं कि ये सब क्या और क्यों हो रहा है। आप सबके बिना हमारा जीवन निराशामय और एकांत हो जायेगा महारानी।''

''जो घट रहा है, उसे प्रसन्न होकर स्वीकारो सेनापति जी। यही हमारा धर्म है।''

सेनापति ने अपने अश्रु पोंछे और कहा– ''ठीक है महारानी। आज से हम एक श्रेष्ठ प्रबंधक एवं रक्षक बनकर समस्त आमेट की निष्काम भाव से सेवा करेंगे। जो श्रेष्ठ जीवनशैली महाराज की उपस्थिति में बनी रहती थी, वही सदैव अमर रहेगी। हमारे पूर्वजों के पवित्र स्वर्ण का उपयोग हम कुशलतापूर्वक करेंगे और सर्व आमेटवासियों का नित्य रूप में सुखमयी, स्वस्थ, सुरक्षित और आध्यात्मिक जीवन सुनिश्चित करेंगे। आपको, महाराज को, अन्य महारानियों और हमारे पूर्वजों को ये हमारा अमर्त्य वचन है।''

''आपका बहुत धन्यवाद वीरधाम जी। बस अब हमें आपसे एक अंतिम सहायता की आवश्यकता है।''

''आपका आदेश पालन मेरा जीवन कर्तव्य है। आदेश दें माते।''

ईश्वरीय मनुष्य

"हम अपने नये शुद्ध विचारयुक्त जीवन के सन्मार्ग पर जाने से पूर्व महारानी देओरी और महारानी नेओली से मिलकर उनसे क्षमा माँगना चाहते हैं। कृपया आप हमें उनके पास ले चलें।"

सेनापति ने कहा– "अवश्य महारानी जी।"

•••

कुछ क्षण पश्चात् सेनापति वीरधाम महारानी द्विषी के साथ आमेट गाँव की सीमा पर लूनी नदी के तट पर स्थित गुरुदेव वेदगुरु के अत्र–तत्र–सर्वत्र वेदशाला आश्रम पर पहुँचते हैं। महारानी देओरी और नेओली अपने पुत्र शुद्धल और धर्मल के साथ कुछ गायों को घास खिला रही हैं। अश्वरथ पर सेनापति और महारानी आश्रम में प्रवेश करते हैं। दोनों की दृष्टि महारानी नेओली और देओरी पर पड़ती है।

महारानी द्विषी तुरंत ही उनके निकट जाती हैं और महारानी देओरी और नेओली के चरण स्पर्श करके कहती हैं– "हे श्रेष्ठ महारानियों, मैं पुत्र प्राप्ति के मोह में लोकवासना ग्रस्त थी और मेरी दुष्टेच्छा के अशुभ फलस्वरूप हम सब भिन्न दिशाओं में बिखरे पड़े हैं। उसके लिये हमें क्षमा करें। अज्ञानता और मोह के विषैले सागर में भ्रमण कर रहे मेरे चित्त और मन को शुद्ध ज्ञान की शरण में जागृत अवस्था प्राप्त हो चुकी है। अब हम अपने पूर्ववर्ती परिशुद्ध संबंधो को धर्म और देवश्रद्धा की शरण में रखकर अखंड स्वरूप प्रदान करना चाहते हैं।"

महारानी नेओली ने द्विषी के कंधे पर हाथ रखकर उन्हें उठाते हुए कहा– "महारानी, हमारे विविधतापूर्ण भाग्य में जो लिखा था, वो तो घटना ही था। उसके लिये आप अपने आपको अपराधी क्यों मान रही हैं। हमें आपसे कभी कोई आपत्ति या द्वेष न था, न है और न होगा। आप हमारे लिये सदैव एक बहन रही हैं।"

द्विषी ने कहा– "आप दोनों धन्य हैं महारानी। आप लोगों का सुखदायी चैतन्य स्वरूप सर्वोत्तम उदारता प्राप्त है।"

उसके बाद वीरधाम ने महारानी देओरी और नेओली के चरण स्पर्श करते हुए उन्हें प्रणाम कहा और प्रत्युत्तर में दोनों ने वीरधाम से कहा– "आपका सदैव कल्याण हो।"

उसके बाद शुद्धल और धर्मल महारानी द्विषी के चरण स्पर्श करते हैं और द्विषी उन्हें एक माँ के रूप में आलिंगन करती हैं। उन्हें अपार स्नेह करती हैं।

इसी दौरान देओरी ने द्विषी से पूछा– "परंतु महारानी, आपने आभूषण रहित होकर ये साधारण वस्त्र क्यों पहने हुए हैं? और महाराज आपके साथ क्यों नहीं आये हैं?"

"अपनी गलती का पश्चाताप करने हेतु हमने सन्यासी जीवन जीने का निर्णय लिया है और हमें ये कहते हुए अत्यंत दुःख हो रहा है कि कुछ दिवस पूर्व

ईश्वरीय मनुष्य

ही महाराज ने भी राजसी जीवन का परित्याग कर दिया है और वे अयोध्या के रामनगर में आध्यात्म सागर की शरण में चले गये हैं।''

देओरी ने नेओली से कहा– ''ये तो वही स्थान है जहाँ महाराज की माताश्री ने उनके जीवन के अंतिम बहुमूल्य वर्ष एकांत में व्यतीत किये थे, एक सन्यासिनी बनकर। ब्रह्म की उत्तम उपासना करते हुए वह अदृश्य सत्ता को प्राप्त हुई थीं।''

नेओली, देओरी से बोलीं– ''हाँ, परंतु जाने से पूर्व महाराज हमसे मिलने क्यों नहीं आये?''

तब सेनापति ने कहा– ''महारानी, आप दोनों ने महाराज को वचन जो दिया था कि महारानी द्विषी की इच्छा के पश्चात् ही आप हमें मिलने आयें। और महाराज के जीवन का आमेट सिद्धांत है कि 'प्राण चाहे रहे न रहे, वचन सदैव जीवित रहना चाहिये।''

देओरी और नेओली ने दुःख व्यक्त किया।

इस बात को सुनकर महारानी द्विषी ने कहा– ''आप दोनों जन्मकाल से ही सदाचारी, संयमी, विवेकशील, दयालु, चरित्रवान और आदर्श महारानियाँ हैं। आपकी श्रेष्ठता, पवित्रता, विचारक्षमता, सभ्यता, त्याग भाव और उच्च संस्कार हम समझ नहीं सके। हमें हमारी दुष्टेच्छा और अभद्र आचरण के लिये अपने आप से घृणा हो रही है।''

महारानी नेओली, द्विषी से बोलीं– ''महारानी, जो घटना था वो घट चुका है। आप इस विषय पर अधिक न सोचें। अपने मन को अस्थिरता और शोक प्रदान न करें। प्रसन्न रहें क्योंकि प्रसन्नता आपके अद्वितीय सौंदर्य को उत्तम रूप प्रदान करती है।''

महारानी देओरी भी द्विषी से कहती हैं– ''सत्यवचन बहन। अब हमारे विचार से हमें शीघ्र ही महाराज से मिलने अयोध्या जाना चाहिये।''

द्विषी बोलीं– ''अवश्य। हम उन्हें मिलने के लिये अतिउत्सुक हैं। हम उनसे मिलकर क्षमा माँगना चाहते हैं और उन्हें पारिवारिक शांति प्रदान करना चाहते हैं।''

इसी बातचीत के बीच महर्षि वेदगुरु सूर्यदेव की पूजा समाप्त करके महारानियों के निकट आये और महारानियों से कहा– ''शुभ प्रभात देव पुत्रियों।''

तीनों महारानियों, सेनापति, शुद्धल और धर्मल ने गुरुदेव वेदगुरु के चरण स्पर्श किये और उन्हें प्रणाम करते हुए कहा– "शुभ प्रभात ब्रह्मात्मा।"

उसके बाद वेदगुरु ने महारानियों से कहा– "अब समय आ गया है कि आप लोग प्रभु श्री राम की जन्म भूमि अयोध्या के रामनगर गाँव जायें और अपने नये सुखमय जीवन का आरंभ करें।"

तीनों ने उत्तर दिया– "जी गुरुदेव। हम कुछ ही क्षणों में अयोध्या जाने के लिये प्रस्थान करते हैं। अपने बहुमूल्य मंत्रों की संगत से कल्याणकारक आशीष प्रदान कर आप हमारे जीवन के नये अध्याय को ब्रह्मसुख प्रदान करें।"

"ओम द्यौ शांतिरन्तरिक्षः शांतिः, पृथ्वी शांतिरापः शांतिरोषधयः शांतिः। वनस्पतयः शांतिर्विश्वे देवाः, शांतिर्ब्रह्म शांतिः सर्व शांतिः, शांतिरेव शांतिः सा मा शांतिरेधि। ओम शांतिः शांतिः शांतिः। "गुरुदेव ने मंत्रोच्चार करके आशीष प्रदान करते हुए कहा– "आपके समस्त कुल का नित्य कल्याण हो। समस्त विश्व का कल्याण हो।"

तीनों महारानियों ने गुरुदेव से कहा– "धन्यवाद देवता।"

उसके बाद महारानी द्विषी ने सेनापति वीरधाम से कहा– "सेनापति जी, अब आप अपने राजमहल लौटें और बुद्धिमत्ता से अपना राजसी उत्तरदायित्व निभायें।"

सेनापति तीनों महारानियों से बोले– "जी महारानी। जाने से पूर्व हम आप तीनों को ये वचन देते हैं कि आमेट की प्रजा सदैव सुखमय, सुरक्षित, शांतिपूर्ण, समृद्धिपूर्ण, धर्मशील और स्वस्थ जीवन व्यतीत करेगी।"

उसके बाद वीरधाम ने गुरुदेव वेदगुरु के चरण स्पर्श किये और उनके चमत्कारी आशीर्वाद लेकर अपने महल की ओर निकल गये। तत्पश्चात् महारानी देओरी और नेओली अपने पुत्रों को गले लगाकर थोड़ा भावुक हो जाती हैं। माता देओरी अपने पुत्रों से कहती हैं– "गुरुदेव का, सर्व पशु–पक्षियों का, मित्रगणों का और स्वयं का ध्यान रखियेगा।"

धर्मल ने कहा– "आप निश्चिंत रहें माते और अयोध्या जाने के लिये शीघ्र ही प्रस्थान करें। कदाचित् पिताश्री आपकी प्रतीक्षा कर रहे होंगे।"

इन हृदयस्पर्शी शब्दों को सुनकर देओरी और नेओली अपने पुत्रों को पुनः आलिंगन करती हैं। इस शुभकाल सुशोभित स्थिति को देखकर द्विषी का मन

विचलित हो जाता है। मन के इस भाव को दूर करने के लिये द्विषी ने देओरी और नेओली से पूछा– ''महारानी, क्या हमारे दो दिव्य पुत्र हमारे साथ अयोध्या नहीं आ रहे हैं?''

तब वेदगुरु ने द्विषी से कहा– ''नहीं पुत्री। महाराज जहालिब ने अपने पुत्रों को एक महत्वपूर्ण उत्तरदायित्व सौंपा है। इसलिये वे दोनों अपना संपूर्ण जीवन इसी आश्रम पर हमारे साथ ही व्यतीत करेंगे। इस दौरान हम आपके दोनों पुत्रों को ज्ञान के गर्भ में धारण करके इन्हें इस संसार का अनंत सुख प्रदायक वेदान्त ज्ञान देंगे, और आपके दो धर्मनिष्ठ पुत्र वह उत्तम ज्ञान समस्त आमेट, देवभूमि भारत के सर्व गाँव शहर एवं विश्व के असंख्य मनुष्यों को निःशुल्क प्रदान करेंगे। ये दो परिशुद्ध आत्मायें वेदों का कल्याणकारी चिंतन सदैव समाज तक पहुँचाते रहेंगे।''

इस सत्य को जानकर द्विषी वेदगुरु से बोलीं– ''धन्यवाद गुरुदेव।''

तत्पश्चात् महारानी द्विषी ने भावुक होकर दोनों पुत्रों को अपने गले लगाया और गर्व की भावना के साथ कहा– ''अर्थात् हमारे पुत्र कर्मक्षेत्र, धर्मक्षेत्र और ज्ञानक्षेत्र का विश्व के समक्ष सर्वोत्तम प्रस्तुतीकरण करेंगे।''

धर्मल ने कहा– ''माते, कृपया आप अतिभावुक न हों और प्रसन्न होकर अपनी नयी काल–जननीय यात्रा का शुभारंभ करें।''

उसके बाद तीनों महारानियों ने गुरुदेव को प्रणाम करके अयोध्या के लिये प्रस्थान किया।

●●●

कुछ दिवस पश्चात् तीनों महारानियाँ अयोध्या पहुँचती हैं।

प्रातःकाल उत्तरप्रदेश के अयोध्या शहर के एक प्रसिद्ध प्रभु श्री राम मंदिर पर महारानी देओरी, नेओली और द्विषी प्रभु श्री राम और माता सीता को प्रणाम करते हुए खड़े हैं। दर्शन करने और आरती लेने के बाद द्विषी ने मंदिर के पंडित से प्रणाम करते हुए पूछा— "पंडित जी, क्या आपने मरुधरा राजस्थान के आमेट के महाराज, महाराज जहालिब को यहाँ आसपास कहीं देखा है या कभी उनसे मिले हैं?"

"पुत्री, इस मंदिर पर इस संसार के कोने–कोने से असंख्य राम भक्त आते रहते हैं। और इस पवित्र भूमि एवं प्रभु के दर्शन करके चले जाते हैं। इसलिये हम किसी महाराज जहालिब को व्यक्तिगत रूप से नहीं जानते।"

तत्पश्चात् महारानी देओरी ने पंडित से कहा— "पंडित जी, क्या यहाँ निकट कोई ऐसा स्थान है जहाँ सन्यासी लोग अपना शेष जीवन व्यतीत करने आते हो?"

पंडित ने कहा— "तो वे सन्यासी का जीवन व्यतीत कर रहे हैं।"

तीनों महारानियों ने पंडित से कहा— "जी।"

वृद्ध पंडित बोले— "फिर तो वो भूमि 'रामनिवास' ही होगी। क्योंकि सन्यासियों के लिये शांतिपूर्ण, सुखमय जीवन एवं चैतन्य स्वरूप प्रदायक स्थान और तपस्या करने के लिये उससे श्रेष्ठ आश्रम और कोई नहीं हो सकता। असीम सौंदर्य से संपन्न वह आश्रम यहाँ से बहुत ही निकट है। आप मंदिर के पिछले रास्ते से चले जायें। वो आश्रम सरयू नदी के तट पर ही स्थापित है। और हमें पूर्ण विश्वास है कि वहाँ आपको आपके सन्यासी महाराज के दर्शन अवश्य होंगे।"

तीनों महारानियों ने पंडित के चरण स्पर्श किये और कहा— "आपका बहुत धन्यवाद पंडित जी। अब हम अपने महाराज के साथ मर्यादापुरुषोत्तम श्री राम के दर्शन करेंगे। जय हो प्रभु श्री राम की।"

"जय हो प्रभु श्री राम की। रामचरितमानस सर्वत्र प्रकट हो।"

और वे तीनों महारानियाँ वहाँ से आश्रम की ओर जाती हैं।

•••

और कुछ क्षण पश्चात् तीनों महारानियाँ अयोध्या नगरी के रामनगर के रामनिवास आश्रम पर पहुँचती हैं।

आश्रम की असीम नैसर्गिक सुंदरता एवं रामधरा में विद्यमान देवतत्व की पवित्र अनुभूति कराने वाले इस ईश्वरीय स्थान को एवं प्रभु श्री राम के अनन्य भक्तों को भक्ति योगमय जीवन व्यतीत करते देखकर वे तीनों महारानियाँ अत्यंत प्रभावित होती हैं। आश्रम के भीतर जाते हुए द्विषी ने देओरी और नेओली से कहा– "अत्यंत सुंदर और अतिशांत आश्रम है। ऐसा लगता है कि सत्य में इस रामनिवास आश्रम पर प्रभु श्री राम निवास करते हैं।"

देओरी बोलीं– "ये संत परंपरा एवं भक्तियोग का सर्वोत्तम प्रस्तुतीकरण करता उत्कृष्ट स्थान है। यहाँ का कण–कण मंत्रसिद्ध दर्शित हो रहा है। जो इस विश्व के सबसे बड़े कपटी, क्रूर, नीच, हिंसक, कामांध, हठी, भ्रमित और लालची मनुष्य को भी सहजता से गुणातीत और धर्मनिष्ठ बना सकता है।"

वे तीनों आश्रम के ध्यान स्थल के निकट पहुँचती हैं जहाँ कुछ लोग सरयू नदी के तट पर बरगद के एक भव्य पेड़ के नीचे ध्यानसाधना में लीन हैं। तभी नेओली की दृष्टि महाराज जहालिब पर पड़ती है जो उस भव्य वृक्ष के नीचे एक वृद्ध साधु के साथ बैठे हैं।

उन्होंने उस दिशा में इंगित करके धीमें स्वर में कहा– "वो रहे महाराज।"

महाराज को देखकर तीनों महारानियाँ अतिप्रसन्न हो जाती हैं और सामने के पेड़ के नीचे बैठकर उन्हें ध्यानपूर्वक देखते हुए उनकी प्रतीक्षा करती हैं। कुछ ही क्षणों में ब्रह्मविद्या प्राप्त ऋषि–मुनियों की ध्यानक्रियाएँ समाप्त होती हैं और प्रत्येक ध्यानकर्ता अपने–अपने नेत्र खोलते हैं। जैसे ही महाराज जहालिब अपने नेत्र खोलते हैं, उन्हें अपनी आत्मप्रिय महारानियों के दर्शन होते हैं। तीनों को एक साथ अयोध्या में देखकर उन्हें सहसा विश्वास ही नहीं होता। वे तुरंत ही अपने गुरुदेव के चरण स्पर्श करके महारानियों के निकट जाते हैं। निकट जाते ही उन्हें ज्ञात होता है कि सत्य में तीनों ही उनके समक्ष उपस्थित हैं। उन्हें अपने सामने प्रसन्न मुद्रा में देखकर महाराज अतिप्रसन्न हो जाते हैं और वे तीनों को परिशुद्ध भावपूर्ण आलिंगन करते हैं। चारों की अनंत प्रसन्नता के दौरान ही जपोरामनाम नामक गुरु वहाँ आते हैं।

तीनों महारानियाँ गुरुदेव के चरण स्पर्श करके उन्हें साष्टांग प्रणाम करती हैं। गुरुदेव जपोरामनाम उन्हें आशीर्वाद देते हुए कहते हैं– ''प्रभु श्री राम की अखंड आत्मऊर्जा आपका सदैव कल्याण करे।''

तीनों ने कहा– ''धन्यवाद गुरुदेव।''

तब महाराज जहालिब महारानियों को बताते हैं– ''देवियों, ये वही महान साधु हैं जिन्होंने कुछ वर्ष पूर्व हमारे महल पर ब्रह्म भोजन लेकर हमारे समस्त आमेट को पवित्र किया था। ये वही त्रिकालदर्शी साधु हैं जिन्होंने हमारे भविष्य को भाँप कर हमें कहा था कि हम अपनी माता के समान अयोध्या में एक सन्यासी का जीवन व्यतीत करेंगे। और ये भी कहा था कि हमारे जीवन में पुत्रों का वियोग है। हमारे पुत्र राजसी जीवन जीने नहीं अपितु सर्वकाल पूजनीय जीवन जीने के लिए इस धरा पर अवतरित हुए हैं। वे असीमित पुण्य कार्य करेंगे जो न केवल एक गाँव के लिए वरन् संपूर्ण भारत भूमि एवं विश्व कल्याण के हित के लिए फलित होंगे।''

द्विषी ने साधु से कहा– ''आप धन्य हैं साधु महाराज। आपके इस आश्रम का अलौकिक वातावरण तो हमें सहजता से ईश्वरीय शक्तियों की अनुभूति करा रहा है। यदि आप जैसे महातपस्वी गुरु या आपका कोई शिष्य समुद्र के मध्य में किसी द्वीप पर भी साधना करने बैठ जाये तो समस्त विश्व में माँस खाने वाले सारे तामसी नभचर और जलचर प्राणी नित्य रूप में शुद्ध शाकाहारी एवं अहिंसक बन जायें।''

ऋषि जपोरामनाम बोले– ''इस अमूल्य विचार के लिये आपके शुद्ध विचारसागर पूर्ण मनक्षेत्र को प्रणाम करता हूँ।''

फिर वे जहालिब से कहते हैं– ''पुत्र जहालिब, अब समय आ गया है कि हम आपको दो गुप्त सत्य बतायें। प्रथम सत्य ये कि महारानी द्विषी के मन में आपके और अन्य महारानियों के प्रति कदापि कोई द्वेष नहीं था। वे आप सबसे अत्यंत स्नेह करती थीं, करती हैं और करती रहेंगी। जो कुछ भी घटा, वो केवल नियति के वश में होकर हुआ। आप सबको अपने–अपने जीवन के अंतिम गंतव्य तक पहुँचाने के लिए द्विषी जी केवल एक आदरपूर्ण माध्यम बनी हैं। इस घटना में कोई भी उत्तरदायी नहीं था। सब नियति के शरणार्थी थे।''

तब महाराज जहालिब द्विषी से बोले– ''आपका अनंत धन्यवाद महारानी।''

यह सुनकर महारानी द्विषी बहुत प्रसन्न हुईं। उन्होंने सबसे कहा– ''हम इस घटना के माध्यम बनकर धन्य हुए।''

फिर ऋषि जपोरामनाम जहालिब से कहते हैं– ''दूसरा सत्य ये है कि आपके पूर्वजों ने सदैव प्रभु श्री राम के समान एक पत्नी व्रत की पवित्र और संयमशील विचारधारा में विश्वास रखा है। परंतु यह देवलोक मान्य नियम आपके जीवन में धराशायी हो गया। निस्संदेह आपकी दुर्लभ जीवन कुंडली आपको यशस्वी, शूरवीर, दयालु, धर्मनिष्ठ, सैद्धांतिक, पशुप्रेमी, प्रजाप्रिय राजनेता बनाने के लिये समर्थ थी। परंतु दुर्भाग्यवश कुछ नीच ग्रहों के दुष्प्रभाव में आप कामदेव के मायावी प्रभाव से परास्त हो गये और आपने एक के स्थान पर त्रिशक्ति से विवाह किया। अतः इसके प्रायश्चित हेतु आपके अनगिनत सत्कर्मों से निरंतर प्रभावित रहती आपकी शुद्धात्मा ने, अविलंब काल को प्रभावित करके आपको यह संयमशील और जितेन्द्रिय जीवन प्रदान किया। यह माया वाक़ई अद्भुत प्रस्तुतकर्ता है।''

जहालिब ने कहा– ''संभवतः कुछ नीच ग्रहों के दुष्प्रभाव से हम दूसरे सत्य से वंचित थे।''

महारानी देओरी जहालिब से बोलीं– ''महाराज, कर्मों के और ग्रहों के बंधन अनुसार जो घटना है वो घटित होता रहेगा। पर इस कारण आज हमें प्रभु श्री राम की इस पवित्र अयोध्या नगरी में अर्थपूर्ण भावी जीवन पथ प्राप्त हो गया है। अब हम यहाँ श्रेष्ठ सन्यासी के रूप में मनुष्य जीवन की असीम संभावनाओं को उजागर करके रसात्मक आध्यात्मिक जीवन व्यतीत करेंगे।''

नेओली ने भी प्रसन्न होकर स्वीकृति के साथ कहा– ''निश्चित रूप से।''

अंत में ऋषि जपोरामनाम, जहालिब और तीनों महारानियों से बोलते हैं– ''अपने राजसी जीवन का परित्याग करने के पश्चात् भी आप सबको प्रसन्न देखकर हमें आप सब पर गर्व हो रहा है। राजसी जीवन का स्थायी त्याग करना कोई साधारण कार्य नहीं है। आपके इस परित्याग के कारण जो भी पुण्य कर्म होंगे उसके उत्तरदायी केवल आप लोग होंगे। उन पुण्य कर्मों के कारण ही आप लोगों को इस ब्रह्माण्ड के सर्वोत्तम सत्यलोक के दर्शन होंगे जिसका आप स्थायी हिस्सा बनेंगे। वो पवित्र स्थान ऐसा भव्य स्थल होगा जिसकी परिकल्पना आप सब ने कदापि नहीं की होगी।''

चारों ने ऋषि जपोरामनाम को प्रणाम किया। फिर जहालिब ने गुरुदेव से कहा– ''ये हमारा अनंत सौभाग्य होगा गुरुदेव।''

ऋषि, महारानियों से बोले— ''देवियों, आज से आप सब इस रामनिवास का स्थायी हिस्सा हैं। इस स्थान पर राम नाम लेते हुए इसकी सुंदरता एवं अद्वितीय रचना का अनंत आनंद उठाते हुए अपने नए अध्याय का आरंभ करें।''

''धन्यवाद गुरुदेव।''

उसके बाद गुरुदेव अपने दैनिक कर्तव्य कार्य के लिए नदी के तट की ओर जाते हैं और तीनों महारानियाँ जहालिब के साथ उनके विश्राम गृह की ओर जाती हैं।

●●●

लूनी नदी के तट पर स्थित 'अत्र–तत्र–सर्वत्र वेदशाला आश्रम' पर गुरु धर्मल और शुद्धल सोमवासियों को उनके गौरवपूर्ण इतिहास की जानकारी देते वर्तमान के दृश्य में चैतन्य हो जाते हैं।

गुरु धर्मल सुखराज से आगे कहते हैं– ''माताओं के जाने के पश्चात् यहाँ महर्षि वेदगुरु ने हम दोनों भाइयों को अन्य शिष्यों के साथ श्रेष्ठ वेदशास्त्र और अर्थपूर्ण जीवन पद्धति की सर्वोत्कृष्ट शिक्षा दी। हम अत्यंत भाग्यशाली हैं कि हम एक धर्मज्ञ, ब्रह्मज्ञानी, ब्रह्मसत्ता एवं शास्त्रसत्ता प्राप्त कल्याणकारी गुरु आत्मा के शिष्य हैं।''

सुखराज ने गुरु धर्मल से कहा– ''निस्संदेह।''

उसके बाद शुद्धल ने सोमवासियों से कहा– ''कुछ वर्ष पश्चात् जब हम तेइस वर्ष के और महर्षि वेदगुरु जी पंचानवे वर्ष के हुए तब गुरुदेव ने आश्रम के पहले दस वर्ष के कुशल विद्यार्थियों की वेदान्त शास्त्र की परीक्षा ली। वे चाहते थे कि जो भी शिष्य सर्वश्रेष्ठ और सर्वज्ञानी शिष्य सिद्ध हो वो उनका गुरु पद स्थान प्राप्त करे और उनके समान अन्य बालकों को वेदान्त शास्त्र की सर्वोत्कृष्ट शिक्षा प्रदान करे।''

गुरु धर्मल बोले– ''और उस महाकठिन परिक्षा में हम दो भाई सर्वश्रेष्ठ शिष्य सिद्ध हुए। हमारे पास विश्व के समस्त प्रश्नों के उत्तम और सरल उत्तर उपलब्ध थे। हमारा शीर्षस्थ धर्म ज्ञान एक समान था इसलिए महर्षि ने हम दोनों भाईयों को उनके गुरु पद के लिए नियुक्त किया और उस दिवस से आज तक हम अपने विद्यार्थियों को वेद शास्त्र विद्या, योग विद्या और विश्वश्रेष्ठ मनुष्य जीवन पद्धति की बहुमूल्य शिक्षा देते आये हैं। आज गुरुदेव के और हमारे कई शिष्य विश्व के असंख्य शहरों और गाँवों में असंख्य मनुष्यों को धर्म का सत्य मार्ग दिखाते हैं, भ्रमित प्राणी को स्थिरता प्रदान करते हैं, माँसाहारी प्राणी को शाकाहारी प्राणी बनाते हैं और शरीर को स्वस्थ रखने के लिए उन्हें श्रेष्ठ योग विद्या प्रदान करते हैं। धर्म की शरण में सर्वकाल में प्रतिकूल परिस्थितियों को अनुकूल बनाने वाला ईश्वरीय मनुष्य जीवन कैसा होता है, उसका ब्रह्मज्ञान देते हैं जिससे धर्मयुक्त, अर्थपूर्ण, सैद्धांतिक एवं नैतिकतायुक्त मनुष्य जीवन का अस्तित्व स्थायी रूप में बना रहे।''

पार्थोदास ने गुरु धर्मल से कहा– ''वाकई इस ब्रह्माण्ड के सर्वाधिक मूल्यवान सत्कर्म कर रहे हैं आप और आपके शिष्य।''

गुरु धर्मल ने कहा– ''धन्यवाद।''

उसके बाद गुरु शुद्धल सोमवासियों से बोले– ''हमारे गुरु पद की नियुक्ति के कुछ दिवस पश्चात् की बात है। एक दिवस महर्षि वेदगुरु तपस्या कर रहे थे। तभी उन्हें यमराज देव की ओर से ये संदेश प्राप्त हुआ कि उनका मृत्युकाल अतिनिकट है और वे शीघ्र ही ब्रह्मलोक को प्राप्त होने वाले हैं।''

गुरु धर्मल ने आगे कहा– ''और गुरुदेव के अनात्म शरीर से उनकी आत्मा प्रस्थान करे उसके पूर्व ही उस दिवस रात्रिकाल में उन्होंने हमें एक अतिमहत्वपूर्ण बात बताई।''

सभी सोमवासी एकाग्रचित्त होकर सारा वृत्तांत सुन रहे थे।

गुरु धर्मल बोलते जा रहे थे– ''सर्वप्रथम गुरु वेदगुरु ने हमसे कहा कि इस विश्व के महान शिष्यों, आपके सर्वलोक पूजनीय पूर्वजों का जो पवित्र स्वर्ण और धन हमारी योगविद्या के स्थान के नीचे सुरक्षित पड़ा है। उसका श्रेष्ठ उपयोग किस व्यक्ति द्वारा होगा वो हमने हमारी योग शक्ति से भाँप लिया है। इस शताब्दी के अंतिम वर्षों में आपका एक ऐसे देवसत्ता प्राप्त बालक से मिलन होगा जिसका शरीर अत्यंत सुवासी होगा। उस बालक के पास एक दुर्लभ मुद्रा विद्यमान होगी। उसके कपाल पर ईश्वरीय तिलक चित्रित होगा और वो बालक सोम नामक गाँव का निवासी होगा। वही बालक आपके स्वर्ण का सर्वश्रेष्ठ समय पर, सर्वश्रेष्ठ स्थान पर, सर्वश्रेष्ठ मनुष्यों की दिव्य संगत से सर्वश्रेष्ठ उपयोग करेगा। इस स्वर्ण के उपयोग से पूर्व आपको उस श्रेष्ठ बालक को वेदशास्त्र विद्या, योगविद्या, पुराणों का सार और सर्वसिद्धियों के संपूर्ण ज्ञान को पूर्ण रूप में प्रदान करने का अनंत पुण्य भी प्राप्त होगा।''

इसके बाद गुरु शुद्धल ने सुखराज से कहा– ''और अगले दिवस प्रातःकाल के समय हमें आत्मोत्कर्ष की अलौकिक शक्तियाँ प्रदान करने वाले गुरुदेव वेदगुरु ने अपना पवित्र देह त्याग कर ब्रह्मलोक प्रयाण किया। इसी लूनी नदी के तट पर हमने गुरुदेव के नश्वर शरीर को अग्निदाह दिया और उनके शरीर के कण–कण की पवित्र राख को हमने अपने पास घड़े में सुरक्षित रखा। उस राख को हम प्रत्येक शिष्य की विद्या के प्रारम्भ के दिवस और विद्या समाप्ति के दिवस उनके कपाल पर तिलक स्वरूप लगाते हैं।''

गुरु धर्मल सुखराज से बोले– ''ये है हमारा और आपका गौरवपूर्ण और आध्यात्मपूर्ण इतिहास।''

यह सब सुनकर अतिप्रसन्न सुखराज एवं सारे सोमवासी अपने स्थान पर खड़े हो जाते हैं। सब लोगों ने गुरु शुद्धल और गुरु धर्मल को प्रणाम करते हुए कहा– ''अद्भुत इतिहास। अद्भुत परिवार। अद्भुत उपदेश। त्याग, बलिदान, देवरूपी आचरण, उत्तम विचारक्षमता और सर्वप्राणियों की भावनाओं का प्रतिक्षण सम्मान करते बहुमूल्य क्षणों का सर्वोत्तम प्रस्तुतीकरण। आपके परमश्रेष्ठ कुल के प्रत्येक मनुष्य को हमारा शत–शत प्रणाम गुरुदेव। धर्मज्ञान सर्वत्र प्रबल हो।''

गुरु द्वय बोले– ''धन्यवाद देवरूपी मनुष्यों।''

तत्पश्चात् सुखराज ने गुरु धर्मल और गुरु शुद्धल से कहा– ''आपके पूर्वज, महाराज जहालिब, उनकी तीन महारानियाँ और आप, अर्थात् आमेट के समस्त मनुष्य सर्वोपरि एवं देवपुण्य प्राप्त मनुष्य हैं। उच्च आदर्श एवं उच्च संस्कारों का भंडार है आपका आमेट परिवार। हम इस पवित्र भूमि पर आकर अतिधन्य हो गये हैं गुरुदेव। और हम ये वचन देते हैं कि हमारे पुत्र आप जैसे ब्रह्माण्डश्रेष्ठ गुरुओं से ईश्वरीय आदेशानुसार ऋषि–मुनियों और आध्यात्मिक यात्रियों द्वारा रचित संपूर्ण हिंदूशास्त्र सागर की बहुमूल्य शिक्षा अवश्य प्राप्त करेंगे। साथ ही हमारे गाँव के बालक एक ऐसे स्वर्ग समान भविष्य का निर्माण करेंगे जो संपूर्ण विश्व को मज़बूत अर्थव्यवस्था, प्रकृति अनुकूल विकास कार्य, उत्तम संस्कार एवं उच्चतम धर्मज्ञान प्रदान करेंगे। और एक दिवस ऐसा आयेगा जब संपूर्ण ब्रह्माण्ड रामराज्य समान ईश्वरीय जीवन व्यतीत करेगा। संपूर्ण विश्व सुख, शुद्ध ज्ञान और अहिंसा की नित्य शरण में होगा।''

व्रिक्षी भी गुरु द्वय से बोलीं– ''शत–प्रतिशत ऐसा ही होगा और हमारे पुत्र के साथ उनके घनिष्ठ मित्र शिम्बू और धर्मराज के चचेरे भाई सत्योम और बहन सत्लक्ष्मी भी इस श्रेष्ठ अवसर का अनंत लाभ उठायेंगे।''

गुरु धर्मल ने व्रिक्षी से कहा– ''ये हमारा देवपुण्य समान सौभाग्य होगा पुत्री।''

उसके बाद गुरु शुद्धल सोमवासियों से बोलते हैं– ''अष्टादस विद्या के अंतर्गत वेद, वेदांग, उपांग, उपवेद के ज्ञानार्जन काल दौरान हम इन्हें विद्यासागर और विचारसागर के उस दिव्यरस के दर्शन करायेंगे जिसका रसपान करने के

पश्चात् इन्हें इस ब्रह्माण्ड के उपरि तल से लेकर सूक्ष्म पाताल तक के दर्शन हो जायेंगे। इनके पास इस विश्व के प्रत्येक प्रश्न का सर्वोचित उत्तर प्राप्य होगा। और ज्ञानक्षेत्र के शीर्षस्थ चरण को प्राप्त करने के बाद पुत्र धर्मराज हमारे पूर्वजों के पवित्र स्वर्ण का उचित समय पर विश्व कल्याण एवं शाकाहार प्रचार हेतु सर्वश्रेष्ठ उपयोग करते रहेंगे।''

धर्मराज ने गुरु शुद्धल को प्रणाम किया और कहा– ''अवश्य गुरुदेव। ये अमर्त्य वचन है मेरा।''

उसके बाद पार्थोदास गुरु धर्मल से बोले– ''पर गुरुदेव, महल और राजसी सुख के त्याग के बाद के जीवन काल में तो आप यहाँ आश्रम पर थे, फिर आप अपने माता–पिता के संपूर्ण इतिहास से कैसे अवगत हुए?''

गुरु धर्मल ने उत्तर दिया– ''सेनापति वीरधाम जी के नियतकालिक संदेश और महर्षि वेदगुरु की योगविद्या के माध्यम से।''

पार्थोदास ने आश्चर्य भाव दिखाते हुए गुरु धर्मल से कहा– ''आपके उपदेशात्मक इतिहास की प्रत्येक रोचक घटना वाक़ई विशेष, प्रभावशाली और मनुष्य कल्पना से परे है गुरुदेव। आपके कुल के प्रत्येक चरित्र के जीवन दर्शन में हमें देवदर्शन हुए हैं।''

गुरु धर्मल बोले– ''धन्यवाद देवात्मा।''

सेवाराम ने सोमवासियों से कहा– ''हे देवगणों, एक रहस्यपूर्ण सत्य से आप सर्व को परिचय कराते हुए मेरे चित्त को अनंत आनंद प्राप्त हो रहा है कि हमारे धर्मगुरुओं के पावन अस्तित्व और धर्मज्ञान के नित्य प्रचार और शुभ प्रभाव से हमारे आश्रम, गाँव एवं आसपास के वन विस्तार की चींटियाँ, तिलचिट्टे, खटमल इत्यादि सर्व जीव–जंतु भी मृत पशुओं का भोजन नहीं करते। वे वनस्पति आधारित हो गये हैं। रात्रिकाल में भ्रमण करते सर्प, अजगर, नेवला, बिच्छू इत्यादि विषैले जानवरों के शरीर में विष के स्थान पर धर्मक्षेत्र और अहिंसा का अमृत रस बह रहा है। वनों में घूमते हिंसक पशु बाघ, सिंह, तेंदुआ, शियाल, जंगली बिल्ली जैसे माँसाहारी पशु भी शुद्ध शाकाहारी बन गये हैं और वे गाय, बकरी, हिरण, ऊँट, भैंस, खरगोश जैसे दयालु व अहिंसक प्राणियों के साथ सहजता और निर्भयता से खेलते रहते हैं। सर्व पशु–पक्षी, अहिंसा परमो धर्म के शरणार्थी बन गये हैं। ये सब हमारे धर्मगुरुओं की धर्मवश माया के शुभ परिणाम हैं।''

ईश्वरीय मनुष्य

धर्मराज सेवाराम से कहते हैं– "सात्विक गुणों का अद्भुत रूपांतरण और कर्मयोग का सर्वोत्तम प्रस्तुतीकरण। धन्य हैं आप सब और आपका धर्म साम्राज्य।"

गुरु शुद्धल, धर्मराज से बोले– "धन्यवाद पुत्र। समस्त विश्व को रामराज्य बनाने के लिये ऐसे अकल्पनीय एवं अतिअद्भुत कर्मों का प्रस्तुतीकरण करना अनिवार्य है।"

उसके बाद सुखराज ने गुरु धर्मल से कहा– "गुरुदेव, संभवतः भारत देश में भिन्न कालखंड में प्रकट हुए असंख्य ज्ञानावतार रूपी ऋषि–मुनियों की पवित्र आत्मायें किसी महान संकल्प को सिद्ध करने के लिये आप लोगों के ब्रह्मचरित्र और आत्मक्षेत्र में विद्यमान हैं। आपके धर्मज्ञान के प्रचंड प्रकाश के सामने करोड़ों सूर्यों का प्रकाश निम्न सिद्ध हो रहा है। आपके अत्यंत सरल, सहज, कोमल, सर्वजीव कल्याणकारक, हृदयस्पर्शी शीतल आचरण और अनंत शीतलता प्रदायक शब्दों के समक्ष, करोड़ों हिमालय पर्वतों की शीतलता निम्न सिद्ध हो रही है। आपके अखंड और प्रचंड ज्ञानप्रवाह के समक्ष, समस्त ब्रह्माण्ड के वायुमंडल का प्रवाह पराजित होता हुआ सा दिखाई देता है। आपके नेत्रप्रदेश की विराटता में हमें समस्त ब्रह्माण्ड के देवी–देवताओं, ऋषि–मुनियों, धर्मगुरुओं, वीरपुरुषों के दर्शन हो रहे हैं। ऐसे ब्रह्माण्ड के उत्तम चरित्रों की अनंत सुख प्रदायक संगत, आपका ये देवालय और आप सबका देवत्व स्वरूप छोड़ने का बिलकुल मन नहीं करता, पर सोमवासियों के सर्वोपरि उत्तरदायित्व और परमात्मा के द्वारा आयोजित उच्च संकल्पों और आदेशों को ध्यान में रखते हुए हमें सोम के लिये प्रस्थान करना होगा।"

तब गुरु धर्मल ने सुखराज से कहा– "हम आपके श्रेष्ठ भूतकाल और सर्वश्रेष्ठ भविष्य से पूर्णतः परिचित हैं महात्मन्। आपके जीवन का प्रत्येक क्षण विश्वकल्याण हेतु निर्मित है। आप जब चाहें अपने गाँव की ओर प्रस्थान करें।"

गुरु शुद्धल ने भी कहा– "पुत्र सुखराज, आपने जो बहुमान हमें प्रदान किया है वह आपके उच्च संस्कारों का शुद्ध प्राकट्य है। परंतु वास्तविक सत्य ये है कि जितनी अद्भुत प्रशंसा आपने हमारी की है उससे असंख्य गुना प्रशंसनीय तो आप, आपके सोमवासी, सोम नियामक ऋषि धर्मरामो जी और उनके परिवारजन हैं। ऋषि धर्मरामो जैसी अद्वितीय परिशुद्ध आत्मा और उनके जैसे सर्वतोभद्र उत्तम विचार इस ब्रह्माण्ड में किसी भी स्थान पर उपलब्ध नहीं। ध्यान से समझना कि 'ऋषि धर्मरामो' एक परिशुद्ध विचार हैं। उनके भीतर साक्षात् धर्मयुग विद्यमान है। उनका प्राकट्य इस ब्रह्माण्ड के बाहर ब्रह्मसरोवर में एक गाय और हाथी की संगत

में हुआ है। ऋषि धर्मरामो की अजेय अमर्त्य आत्मा वो आरंभ क्षेत्र है जहाँ से आत्मा का उद्घाटन होता है और उनको पृथ्वीलोक पर आकर्षित किया है राम नाम के नित्य स्पंदनों ने। जो पवित्र स्पंदन ऋषि जलवाय्वग्नि और देवी अक्षधरा के शरीर क्षेत्र में असंख्य मात्रा में विद्यमान थे, विद्यमान हैं और विद्यमान रहेंगे। इसी कारण ऋषि धर्मरामो, ऋषि जलवाय्वग्नि और देवी अक्षधरा के दिव्य पुत्र के रूप में भारत देश के राजस्थान राज्य में अवतरित हुए। और उन्हीं के उच्च संकल्पों के अंतर्गत हम सबका अस्तित्व दृश्यमान है। हम सब ही ईश्वरीय मनुष्यों का परिशुद्ध समुदाय हैं जो विश्व के समक्ष अहिंसा की अखंड संगत से सर्वोत्तम मनुष्य जीवनशैली का अद्वितीय उदाहरण प्रस्तुत कर रहे हैं।"

गुरु धर्मल सुखराज से कहते हैं– "एक और सत्य का प्रकाशन करें तो आज भी देवलोक के देवता और असुरलोक के असुरगण ये सोच रहे हैं कि 'ऋषि धर्मरामो' जैसी परिशुद्ध आत्मा, उत्तम चरित्रवान, जितेन्द्रिय, धर्मज्ञ, सर्वबुद्धिमान महात्मा का प्राकट्य कैसे और क्यों हुआ? ये एक अखंड रहस्य ही रहेगा।"

तब पार्थोदास, गुरु धर्मल से बोले– "बहुमूल्य सम्मान एवं रहस्यपूर्ण सत्य के प्रकाशन के लिये आपका अनंत धन्यवाद। इस विश्व का सर्वोत्तम सत्य नित्य रूप में आपको अपनी शरण में रखे।"

गुरु धर्मल ने सोमवासियों से कहा– "अनंत आभार ईश्वरीय मनुष्यों। आप सबके अमूल्य समयदान के लिये धन्यवाद। अब आप अपने गंतव्य की ओर प्रस्थान करें।"

गुरु शुद्धल ने कहा– "सेवाराम जी, इन ईश्वरीय मनुष्यों के प्रस्थान काल में इनकी उत्तम सहायता करें।"

सेवाराम बोले– "जी गुरुदेव।"

सुखराज ने गुरु धर्मल और गुरु शुद्धल से कहा– "धन्यवाद गुरुदेव। अब हम रामनवमी के शुभ दिवस पर आपके नये शिष्यों को इस पवित्र आश्रम पर छोड़ने आयेंगे और भगवद्प्राप्ति के अनंत लाभ की प्राप्ति का शुभ अवसर देंगे।"

गुरु शुद्धल बोले– "अवश्य देवगण।"

सुखराज ने गुरु धर्मल और गुरु शुद्धल से कहा– "तो गुरुदेव, अब हम सोम के लिये प्रस्थान करते हैं।"

गुरु शुद्धल ने सुखराज से कहा– ''ठीक है धर्मकोष।''

सब ने कहा– ''जय हो अत्र–तत्र–सर्वत्र वेदशाला आश्रम की। जय हो आमेट की। जय माँ भारती की। सर्वत्र रामचरितमानस प्रकट हो।''

तत्पश्चात् समस्त सोमवासी, गुरु द्वय एवं सेवाराम के चरण स्पर्श करते हैं और सोम की ओर प्रस्थान करते हैं।

●●●

रामतत्व धर्मराज का ब्रह्माण्डश्रेष्ठ जीवन प्रदर्शन

सात वर्ष पश्चात् धर्मराज, शिम्बू, सत्योम और सत्लक्ष्मी, गुरु धर्मल और गुरु शुद्धल से अष्टादस विद्या का सागर सम ज्ञान, सर्व चमत्कारी सिद्धियाँ और श्रेष्ठ मनुष्य जीवनशैली की बहुमूल्य विद्या प्राप्त करके इस संसार के प्रत्येक सत्य और सद्गुणों से युक्त होकर अपने–अपने गाँव लौटते हैं। धर्मराज और शिम्बू, सुखराज के साथ महाराज जहालिब का पवित्र स्वर्ण और धन लेकर लौटते हैं। सोम लौटते ही वे दोनों अपने पारम्परिक खेत व्यवसाय एवं जनकल्याण कार्य में जुड़ जाते हैं।

दूसरी ओर सत्योम और सत्लक्ष्मी अपने दादा वनमान सिंह के उच्च उद्देश्य अर्थात् सर्वत्र वृक्षारोपण एवं सर्वप्राणी कल्याण हेतु फल, सब्ज़ी, दुर्लभ वनस्पतियों और औषधियों की खोज करके उनकी अधिक मात्रा में वृद्धि करने के शुभ व्यवसाय व सामाजिक कार्य में जुड़ जाते हैं।

धर्मराज, शिम्बू, सत्योम और सत्लक्ष्मी अपने पारम्परिक व्यवसायों को एक ऐसे सर्वोच्च स्थान पर पहुँचाना चाहते हैं जिस स्थान पर न आज तक कोई मनुष्य पहुँच सका है और न कदापि पहुँच सकेगा। यह लोग कर्मयोग का वह उच्चतम प्रस्तुतीकरण करेंगे जिसे देखकर स्वयं परमात्मा इनके कर्मों को अपना आभूषण बनाने के लिये विवश हो जायेंगे।

अपने सर्वश्रेष्ठ कर्म, सक्रिय विवेक शक्ति और शुद्ध विचारों के द्वारा इन बालकों ने ये तो सिद्ध कर दिया है कि ये सब विश्वश्रेष्ठ बालक के अतिरिक्त सर्वश्रेष्ठ उत्तराधिकारी भी हैं जो इस संपूर्ण ब्रह्माण्ड का संपूर्ण रूप से कल्याण करने के लिये पूर्णतः सक्षम हैं।

देखना ये है कि ये देवतत्व प्राप्त सर्वोत्तम मनुष्य हमें किस विशेष ईश्वरीय जगत के दर्शन करवाते हैं।

•••

ईश्वरीय मनुष्य

धर्मराज के अपने पारम्परिक खेत व्यवसाय से पूर्णतः जुड़ने के चार वर्ष पश्चात्। मेवार राजमहल के भव्य खेत क्षेत्र के मध्यभाग पर सुखराज और व्रिक्षी वहाँ पाँच सौ वर्ष पुराने आम के वृक्ष के नीचे खड़े हैं और खेत क्षेत्र में अनाज की पैदावार का निरीक्षण कर रहे हैं। तभी धर्मराज, भगवान श्री विष्णु और उनके परम भक्त ऋषि धर्मरामो के दर्शन करके मेवार राजमहल पर लौटते हैं।

धर्मराज अपने माता–पिता के चरण स्पर्श करते हैं और कहते हैं– ''जय श्री राम।''

''जय श्री राम। आयुष्मान भव, यशस्वी भव पुत्र।'' दोनों ने आशीर्वचन कहे।

फिर सुखराज, धर्मराज से बोले– ''हमारी ओर से आपको जन्मदिवस की बहुत सारी शुभकामनायें। आपकी नित्य उपस्थिति संपूर्ण पृथ्वीलोक और अनंत कोटि ब्रह्माण्डों को स्थायी रूप में परमसुख प्रदान करती रहे।''

''अनंत धन्यवाद धर्मपालक।''

''पुत्र, आपके अथक परिश्रम, लगन, उत्साह, कर्म ऊर्जा, कर्मनिष्ठा, उच्चतम विवेक शक्ति, श्रेष्ठ बुद्धि और विशेष नीतिशास्त्र के कारण हमारे अनाज, दूध, फल और सब्ज़ी का उत्पादन सौ गुना हो गया है।''

व्रिक्षी ने भी कहा– ''वो भी केवल चार वर्षों में। अत्यंत प्रभावी कार्य किया है आपने पुत्र।''

धर्मराज बोले– ''माते, ये सब आपके शुद्ध संकल्प के कारण फलित हुआ है। ये संभव इसलिये हुआ क्योंकि आपने हमें इस पवित्र भूमि पर जन्म दिया। और पिताश्री, खेतीबाड़ी की उच्चतम कला तो हमने बाल्यावस्था से आपसे ही सीखी है। उसी बलिष्ठ अनुभव के कारण ये सब संभव हुआ है। आपका खेतीबाड़ी का उत्तम अनुभव और प्राचीन अन्न उपार्जन कला तो मेरु पर्वत के समान है। मैं तो उस पर्वत का केवल एक पौधा हूँ।''

सुखराज ने धर्मराज से कहा– ''अपने पिता को शिखरस्थ स्थान देने के लिये अनंत धन्यवाद। परंतु आपने उस विशेष कला का व्यापार वृद्धि और सार्वजनिक कल्याण हेतु सर्वश्रेष्ठ उपयोग किया है पुत्र।''

''जी पिताश्री। हमारा सदैव यही उद्देश्य रहा है कि जैविक खेती द्वारा उत्पादित हमारा उच्च गुणवत्ता का अनाज, फल, सब्ज़ी, वनस्पतियाँ हमारे सोमवासियों के अतिरिक्त हमारे परिश्रमी ग्राहकों के द्वारा देश के अत्यधिक मनुष्यों और अन्य सर्वजीवों को प्राप्त हों। मानव कल्याण कार्य के साथ–साथ हम इस देश और विश्व के निराश्रित पशुओं को भूखे पेट नहीं सोने दे सकते। पशु–पक्षियों को सुरक्षा, सात्विक भोजन, शुद्ध जल और स्वास्थ्य प्रदान करना मेरा प्राथमिक और नित्य कर्तव्य है।''

''यह कर्मयोग का सर्वोत्तम प्रस्तुतीकरण है पुत्र।''

''जी पिताश्री।''

तभी शिम्बू ने धर्मराज से कहा– ''भ्राता, संपूर्ण सोम में स्थायी नवीनीकरण कार्य करने का माहिती पत्र और संपूर्ण गाँव के सरल संचालन हेतु आपके स्वयंनिर्मित नीति–नियमों का पत्र लगभग तैयार हो गया है। बस आप अंतिम बार इसका निरीक्षण कर लें।''

सुखराज, धर्मराज से बोले– ''तो सब योजना अनुसार सिद्ध हो रहा है पुत्र।''

''जी पिताश्री। सोम के नवीनीकरण कार्य के अंतर्गत हमने विवेक के आश्रय में रहकर एक ऐसी श्रेष्ठ एवं दुर्लभ ईश्वरीय विधान दर्शित पद्धति का निर्माण किया है जिससे हमारे सोम की भूमि, विशेष रूप में अतिसुविधाजनक और सर्वप्राणी प्रिय भूमि बन जायेगी। इसके फलस्वरूप सर्वप्राणी के जीवन का असीम उत्कर्ष एवं उन्नयन संभव होगा। इस अद्वितीय पद्धति को नित्य रूप में प्रवृत्त रखने के लिये हमने कई सारे नीति–नियम भी बनाये हैं। नियमों से परिचित होने के पश्चात् प्रत्येक प्राणी की प्रत्येक साँस धर्म की शरण में होगी। और हमें यहाँ ईश्वरीय जीवन का अखंड अनुभव होगा।''

वृक्षी ने कहा– ''प्रशंसनीय विचार है पुत्र।''

''धन्यवाद माते।''

उसके बाद धर्मराज ने शिम्बू से कहा– ''भ्राता, आप समस्त सोमवासियों को शाम को साबरमती नदी के तट पर एकत्रित होने का संदेश दे दीजिये। तब तक हम पिताश्री और माता के साथ नहर के पास बैठकर गाँव के स्थायी नवीनीकरण

कार्य और हमारे अमर नियमों की सूची का अंतिम अवलोकन करते हैं।''

शिम्बू ने कहा— ''ठीक है भ्राता।''

और शिम्बू सबको प्रणाम करके वहाँ से मेवार राजमहल के मुख्य द्वार की ओर जाते हैं।

•••

शाम के चार बजे समस्त गाँववासी साबरमती नदी के तट पर एकत्रित हो जाते हैं। एक भव्य वटवृक्ष के नीचे धर्मराज और शिम्बू खड़े हैं। अन्य वट वृक्षों के नीचे समस्त सोमवासी बैठे हैं।

सर्वप्रथम धर्मराज सबको प्रणाम करते हैं और कहते हैं— ''प्रभु श्री राम की और माता सीता की जय। पवन पुत्र हनुमान जी की जय।''

समस्त सोमवासी, धर्मराज के साथ यही बोलते हैं।

तत्पश्चात् धर्मराज ने धरती को स्पर्श करके कहा— ''इस पृथ्वीलोक की प्रत्येक सजीव और निर्जीव वस्तु का रूप और नाम धारण करने वाली हे बहुमूल्य धरती माँ, आपने हम मनुष्यों और अन्य जीवों को इस पवित्र, रहस्यमयी एवं अतिसुंदर पृथ्वीलोक पर जन्म देकर हमें धन्य कर दिया है। हम शुद्ध आत्माओं पर विश्वास करके आपने एक स्थान पर जन्म दिया, उसके लिये आपका बहुत धन्यवाद। हमें सदैव अपनी पवित्र शरण में ही रखना और सदैव हम सब पर यह कृपा दृष्टि बनाये रखना कि हम सदैव आत्मासुख, मानसिक शांति और धर्मकृत्य में प्रवृत्त रहें। हमें स्थायी रूप में यहाँ शरण देने के बदले में हम आपको ये अमर वचन देते हैं कि भविष्य काल में इस सृष्टि का सर्वश्रेष्ठ जीवनकाल प्रदर्शित करते हुए इस धर्मक्षेत्र भूमि पर जो कुछ भी शुभ घटेगा वो सृष्टि के हित के लिये ही होगा। हम इस समस्त विश्व को धर्म की शरण में चलायमान रखने के लिये विश्व के समक्ष नित्य सुख प्रदान करने वाली सर्वजीव कल्याणकारी जीवनशैली का प्रदर्शन करेंगे। किसी भी प्राकृतिक संपदा को हम पीड़ा कदापि नहीं पहुँचायेंगे। जय हो सोम की। जय माँ भारती की।''

सबने धरती माँ को स्पर्श करके प्रणाम किया और कहा— ''जय हो सोम की। जय माँ भारती की।''

उसके बाद धर्मराज, सोमवासियों से बोले— ''सोम गाँव के प्रत्येक सात्विक गुणी जीव और पशु—पक्षियों को हमारा अनंत प्रणाम।''

सभी ने धर्मराज से कहा— ''प्रणाम पुत्र।''

उसके बाद पशुनाथ, धर्मराज से कहते हैं— ''पुत्र, संपूर्ण सोम की ओर से आपको जन्म दिवस की अनंत शुभकामनायें। परमात्मा आपमें स्थित उच्चतम विवेक शक्ति और धर्मशास्त्र के देव प्रकाश द्वारा इस समूचे जगत के प्रत्येक भ्रमित एवं माँसाहारी मनुष्य को सात्विक एवं विवेकशक्ति संपन्न जीवन प्रदान करें।''

242

ईश्वरीय मनुष्य

धर्मराज ने सबको प्रणाम करते हुए कहा— "धन्यवाद सोमवासियों।"

तत्पश्चात् धर्मराज बोले— "प्रिय सोमवासियों, पिछले चार वर्षों में हमारे अनाज, दूध, सब्जी, फल और अन्य वनस्पतियों के उत्पादन में सौ गुनी वृद्धि हुई है। हमारा खेत क्षेत्र भी आज सौ गुना अधिक विस्तृत हो गया है। और ये हमारे एवं ग्राहकों के लिये आर्थिक एवं शारीरिक रूप से लाभदायक परिणाम हैं क्योंकि अधिक अनाज उत्पादन एवं अधिक अनाज भंडार से अत्यधिक जीवों को इस का सर्वोचित स्वास्थ्य लाभ होगा। यदि मनुष्य शुद्ध सात्विक भोजन करेगा तो वह सही दिशा में अथक परिश्रम करेगा जिसका परिणाम शुभ ही शुभ होगा और मनुष्य के साथ—साथ पशु—पक्षियों को भी सात्विक भोजन, शुद्ध जल और स्वास्थ्य का निरंतर लाभ मिलेगा।"

पार्थोदास ने कहा— "पुत्र धर्मराज, ये सब आप ही की कुशलता और चैतन्यता का प्रमाण है।"

सभी ने कहा— "निश्चित रूप से।"

धर्मराज बोले— "धन्यवाद। हमारे खेतीबाड़ी क्षेत्र एवं अनाज उत्पादन की तीव्र वृद्धि से हम सब अतिप्रसन्न हैं। यह हमारे सामूहिक उद्यम का सर्वोत्तम फल है और हम इस अद्भुत सफलता के अनंत आनंद को व्यक्त करते हुए ये वचन देते हैं कि आज के पश्चात् मेवार राजमहल के खेतक्षेत्र में उत्पादित हो रहे अनाज के प्रति माह के उत्पादन का साठ प्रतिशत अनाज हम अपने ग्राहकों और मित्रों को सदैव की तरह बिना किसी मूल्य के ईश्वरीय प्रसाद के रूप में देते रहेंगे। जिनमें से हमारे ग्राहक अपने परिवार की आवश्यकता अनुसार अनाज रखकर शेष अनाज उनके शहर और निकट के गाँव में जाकर गरीब, सड़कवासी एवं अन्य निर्धन मनुष्यों को बिना किसी मूल्य के हाथों—हाथ देते रहेंगे। इस धर्मकार्य में कोई मध्यस्थ नहीं होगा। अतः भ्रष्टाचार नित्य रूप में सन्यास की स्थिति में रहेगा।"

"अतिसुंदर विचार।" सब ने कहा।

धर्मराज ने आगे कहा— "और हमारे प्रति माह के कुल अनाज उत्पादन का तीस प्रतिशत अनाज अपने ग्राहकों द्वारा हम संपूर्ण भारत की उन संस्थाओं को बिना किसी मूल्य देंगे जो वन्य जीवों को सुरक्षा और आवास व्यवस्था प्रदान करते हैं। शेष दस प्रतिशत अनाज का हिस्सा हम अपने गाँववासियों के लिये सुरक्षित रखेंगे और उसमें से भी यदि कुछ अनाज शेष रहता है तो वो हिस्सा हम आसपास

के निर्धन गाँववासियों में वितरण करते रहेंगे।''

पार्थोदास बोले– ''श्रेष्ठ विचार हैं पुत्र। शुद्ध अनाज, सब्जियाँ और फलों की सहज उपस्थिति से सर्व जीवों को उचित समय पर भोजन की प्राप्ति होती है। और जब आमाशय को सही समय पर भोजन की प्राप्ति होती है तब प्रत्येक जीव प्रसन्न रहता है। शुभ विचारों और कर्मण्यता के अधीन रहता है। अंततः सर्वजीव उन्नति, स्वास्थ्य लाभ और सफलता को सहजता से प्राप्त करते हैं।''

कुछ सोमवासियों ने धर्मराज से कहा– ''वाकई ये सर्वश्रेष्ठ विचार हैं। विवेक शक्ति, धर्म और ज्ञानावस्था का उत्कृष्ट प्रस्तुतीकरण।''

भिलवा ने अपनी पत्नी सुहिल्या से कहा– ''ऐसे पुण्य कार्य एवं ऐसी शुभ योजना का शुभ विचार आज तक इस संसार में किसी ने नहीं किया होगा।''

धर्मराज बोले– ''और अनाज की प्रत्येक बोरी के साथ–साथ, हम शिम्बू भ्राता द्वारा लिखित एक धर्म पत्रिका भेजेंगे। वो है 'गंगाजल पत्रिका', जिसमें हम सोमवासियों और हमारे जीवन से जुड़े, सर्वगुण संपन्न ईश्वरीय मनुष्यों की जीवनगाथा की संपूर्ण माहिति उपस्थित रहेगी। इस पत्रिका को जो भी मनुष्य पढ़ेगा उसे ज्ञान हो जायेगा कि मनुष्य को श्रेष्ठ और अर्थपूर्ण जीवन जीने के लिये क्या करना चाहिये और क्या नहीं। इस कारण हम पृथ्वीलोक पर अधिक से अधिक मनुष्यों को गुणातीत, धर्मनिष्ठ, सत्यनिष्ठ, संयमी, जितेन्द्रिय, मनोजयी और आध्यात्मिक मनुष्य बनाते रहेंगे और धर्मशरण में वे सुख की संगत से सर्वोत्तम जीवन व्यतीत करेंगे। और हमें ये पूर्ण विश्वास है कि ये शुभ कार्य करते समय हमें किसी भी विघ्न का सामना नहीं करना पड़ेगा क्योंकि सोम में सब शुभ ही होगा।''

पशुनाथ ने धर्मराज से कहा– ''उत्कृष्ट विचार है आपका पुत्र। इस पहल से असंख्य जीवों को अनंत लाभ प्राप्त होगा। इस पुण्य कर्म के सामने किसी विघ्न की इतनी क्षमता नहीं होगी कि वो इसमें बाधा बन सके।''

तभी सुखराज ने कहा– ''सत्य कहा आपने पशुनाथ जी।''

तत्पश्चात् धर्मराज ने कहा– ''प्रिय सोमवासियों, इस सर्वतोभद्र कार्य के अतिरिक्त पिछले चार वर्षों के दौरान हमने हमारे संपूर्ण गाँव का सूक्ष्मता से निरीक्षण किया और निरीक्षण करने के पश्चात् कुछ स्थितियाँ ऐसी दिख रही हैं जिसमें युग बदलाव अनिवार्य है। इसलिये हमारी इच्छा है कि हम सर्वार्थ के लिये अपने सोम का स्थायी नवीनीकरण करें। सब कुछ एक विशेष पद्धति के अनुसार

घटित होगा जिसके लिये हमें कुछ विशेष नीति–नियमों और निर्देशों का अनुसरण करना होगा। सर्व कार्य, सर्वसम्मत और सर्वसुलभ होंगे। यदि आप सब लोगों की सहमति और अनुमति होगी तो हम इस विश्व के अद्वितीय जीवनस्थल का निर्माण करेंगे।''

एक वृद्ध ब्राह्मण सुनीलक दास अत्री ने धर्मराज से कहा– ''पुत्र, आप हमें लज्जित क्यों कर रहे हैं। आपको जो भी उचित लगे आप करें। हमें सब स्वीकार्य है। क्योंकि मेवार परिवार के प्रत्येक व्यक्ति पर हम अपने आपसे अधिक विश्वास करते हैं। आप लोगों के द्वारा केवल विश्वकल्याण और सामाजिक कल्याण के कार्य ही होते आये हैं। आप सब धर्म एवं पुण्य की साक्षात् राशि हो। आप लोग चाहें तो भी आप से कोई गलत कार्य हो ही नहीं सकता।''

धर्मराज सबको प्रणाम करके बोले– ''इस बहुमूल्य सम्मान के लिये आप सबका बहुत धन्यवाद। हम भी प्रत्येक सोमवासी पर उतना ही विश्वास रखते हैं। आप सब ईश्वरीय मनुष्य हैं। सतयुग के स्थायी शरणार्थी।''

उसके बाद धर्मराज ने आगे कहा– ''अब हम आप सबको हमारे अमर नीति–नियम और गाँव नवीनीकरण की योजना से अवगत कराते हैं। तत्पश्चात् हम विकास कार्य आरंभ करेंगे जो लगभग एक वर्ष की अवधि में पूर्ण हो जायेंगे। और हमें ये विश्वास है कि इस योजना की समाप्ति के पश्चात् हमारे धर्मक्षेत्र समान सोम गाँव में हमें साक्षात् ईश्वरीय जीवन की अनुभूति होगी, जिस जीवन की कल्पना स्वयं परमात्मा ने भी नहीं की होगी। हमारे गाँव की नयी रचना देखने के पश्चात् हमारे ग्राम देवता, भूदेवी, गौदेवी, समस्त वन्य प्राणी और वनस्पति, मानव धर्म और संस्कृति के सर्वश्रेष्ठ रूप में दर्शन कर पायेंगे।''

भिलवा ने धर्मराज से कहा– ''हमें उस मंगल क्षण की व्यग्रता से प्रतीक्षा है। अब आप शीघ्र ही हमें अपने सर्वोत्कृष्ट नीति–नियमों और ग्राम नवीनीकरण की योजना से अवगत करायें।''

''अवश्य।''

यह कहकर धर्मराज धरती माँ को स्पर्श करके उन्हें प्रणाम करते हैं और कहते हैं– ''तो ये हैं हमारे शास्त्रसम्मत अमर नीति–नियम और ग्राम नवीनिकरण कार्य की माहिति–

• आज, इसी क्षण से समस्त सोमवासी, अन्य सोमवासियों, अन्य प्राणियों और इस सृष्टि की प्रत्येक वस्तु को सम्मान देकर बुलायेंगे। चाहे वो व्यक्ति और अन्य जीव हमसे आयु में बड़े हों या छोटे।

इस संसार में कोई किसी का राजा नहीं है, न कोई मालिक है और ना कोई किसी का सेवक है। प्रत्येक जीव, एक समान सम्मान का अधिकारी है क्योंकि हम सब एक ही ईश्वर के अनेक रूप हैं।

• इस सृष्टि में नारी का स्थान सर्वोपरि है। वो जननी हैं। नारी ही इस समूचे जगत की मूल आत्मा हैं, वो मूल आत्मा जहाँ से इस संसार का उदय हुआ है। उनका मूल स्वरूप निराकार है। परंतु वह नारी के रूप में हमारे आसपास किसी न किसी रूप में उपस्थित हैं। अतः नारी का सम्मान सात्विक दृष्टि की शरण में रहकर करें। नारी की रक्षा और सम्मान करने वाले प्राणी को इस विश्व का सर्वोत्तम सुख सहजता से प्राप्त हो जाता है।

• हम अपने अखंड कर्तव्य कर्म अनुसार इस सृष्टि के किसी भी जीव को पीड़ा कदापि नहीं पहुँचायेंगे। स्नेह, दया, सम्मान, ध्यान, रक्षा, धर्मादेश और सहानुभूति के शुद्ध भावों से परिपूर्ण पवित्र आचरण की शरण में रहेंगे। हम सर्वत्र शाकाहार का प्रचार करेंगे। माँसाहारी मनुष्यों को अहिंसा का पाठ पढ़ायेंगे और सरलता से न समझने वाले माँसाहारी वर्णसंकर मनुष्यों को कठोर प्रणाली से धर्मपथ पर प्रवृत्त करेंगे। इस देवभूमि भारत देश में प्रत्येक माँसाहारी होटलों को शाकाहारी होटल में परिवर्तित करेंगे। इसके लिए राजा सत्ता एवं भारत सरकार की सत्ता शक्ति की धर्मरूपी सहायता से इस उद्देश्य को अंतिम गंतव्य तक पहुँचायेंगे। और माता त्रिक्षी के द्वारा पूर्वनियोजित पशुरक्षा के सफल अभियान के अंतर्गत, मार्ग पर आकस्मिक रूप से मृत्यु को प्राप्त होते निर्दोष वन्य जीवों की विधि–विधान अनुसार अंत्येष्टि कर उन्हें जन्म मरण के बंधन से मुक्त करेंगे। राष्ट्रीय धोरी मार्ग पर भोजन प्राप्ति एवं जल प्राप्ति हेतु यहाँ–वहाँ भ्रमण कर रहे पशुओं के लिये मार्ग के आसपास स्वच्छ और सुरक्षित स्थानों पर वृक्षोमधामवासियों द्वारा निर्मित जलकुंड और भोजनस्थलों पर भोजन एवं जल की सुलभ व्यवस्था करेंगे और जो भी मनुष्य इन वन्य जीवों की मृत्यु का कारण बने हैं, उन्हें विकल्पहीन अवस्था में दण्ड देंगे।

• हमारे स्वस्थ जीवन और श्रेष्ठ जीवन निर्वाह के लिये आज तक हम बिजोला गाँव के राजा वनमान सिंह जी के महल पर निर्मित भिन्न औषधियों और दुर्लभ वनस्पतियों का उपयोग करते आये हैं। परंतु इनके अतिरिक्त हम कुछ

ऐसी दुर्लभ औषधियाँ और जड़ी–बूटियाँ प्राप्त करना चाहते हैं जिन औषधियों के चमत्कारी प्रभाव से हम सदैव स्वस्थ और दीर्घायु जीवन व्यतीत करें और हम अपनी इच्छा अनुसार अपने प्राण त्याग सकें ताकि हम लंबे समय तक पुण्य कर्म करते रहें और ज्ञानयोग, भक्तियोग, कर्मयोग और ध्यानयोग का सर्वोत्तम प्रदर्शन करते रहें। इन दुर्लभ औषधियों और जड़ी–बूटियों के संशोधन कार्य एवं उनकी प्राप्ति के लिये हम शीघ्र ही कुछ उपाय खोजेंगे।

हमें पूर्ण विश्वास है कि उन दुर्लभ जड़ी–बूटियों के प्रत्यक्ष दर्शन हमें शीघ्र ही होंगे।

• हम अपने गाँव की सीमा पर पाँच तलों का एक भव्य विश्राम गृह बनवायेंगे जिसका नाम होगा 'सोम विश्राम गृह'। ये विश्राम गृह विशेष रूप से हमारे आसपास के गाँववासियों, हमारे अतिथि, यहाँ–वहाँ भ्रमण कर रहे निराश्रय मनुष्य और हमारे ग्राहकों के विश्राम के लिये निर्मित होगा। जो भी यात्री या दर्शनार्थी हमारे गाँव से गुज़रेगा और जिन्हें विश्राम एवं भोजन की आवश्यकता होगी उन्हें इस विश्राम गृह में विश्राम एवं सात्विक भोजन करने की सुविधा निःशुल्क प्राप्त होगी।

विश्राम गृह के पीछे एक भव्य बगीचे और उसके ठीक बाजू में शुद्धजलयुक्त भव्य तालाब का निर्माण होगा। बगीचे के चारों ओर बड़े–बड़े विभिन्न वृक्षों का रोपण करेंगे। वृक्षों के नीचे बैठने के लिये आरामदायक बाँस की कुर्सियाँ भी होंगी। यात्रियों के अश्व, ऊँट या अन्य प्राणियों के विश्राम हेतु एक भव्य बगीचे का निर्माण करेंगे जिसके नीचे बैठकर वन्य प्राणी विश्राम कर सकें और दो वृक्षों के बीच उनके लिये शुद्ध पानी पीने के लिये टंकी भी निर्मित होगी।

प्रत्येक सख्त पत्थर, विभिन्न धातुओं और इस निर्माण में उपयोग होने वाली समस्त सामग्रियों का उपयोग करने से पूर्व उनके ऊपर गंगाजल डालकर उनका हवन किया जायेगा। यह प्रबंध सदैव की तरह हमारे नेनाल काका करेंगे।

इन समस्त सुविधाओं का लाभ प्रत्येक यात्री को बिना किसी मूल्य प्राप्त होगा। परंतु इन सुविधाओं की प्राप्ति के लिये सोम विश्राम गृह के अतिथियों को हमारे अमर नियमों का अनुसरण करना होगा।

जैसे कि यात्री यदि सामान सहित आता है तो उसे अपना सामान प्रवेश द्वार के बाहर ही रखना होगा। उन्हें सामान साफ़ करने के लिये एक साफ़ कपड़ा दिया जायेगा। जिससे उन्हें अपना सामान बाहरी तल से ठीक से साफ़ करना होगा।

उसके पश्चात् विश्राम गृह में प्रवेश लेने से पूर्व उन्हें संपूर्ण स्नान करना होगा। संपूर्ण स्नान अर्थात् बाल धुलाई सहित। उस व्यक्ति को हमारे गाँव में निर्मित स्वच्छ खादी के वस्त्र पहनने होंगे। स्नान करने के लिये केवल हमारी आयुर्वेदिक वस्तुओं का ही उपयोग करना अनिवार्य होगा जो बिजोला के प्रकृति महल से यहाँ आती हैं।

दाँत सफ़ाई के लिये केवल नीम और बबूल के दातून का उपयोग करना होगा। विकल्प में आयुर्वेदिक चूर्ण का उपयोग कर सकते हैं जो बिजोला से आता है।

इस स्थान पर किसी भी प्रकार के अपशब्द का प्रयोग करना निषेध है।

धूम्रपान, तम्बाकू सेवन, पानमसाला सेवन व मदिरापान करने वाले और माँसाहारी एवं अंडे खाने वाले दुर्गुणी, तमोगुणी और संस्कारहीन मनुष्यों का हमारे विश्राम गृह और गाँव में प्रवेश निषेध है।

यहाँ–वहाँ थूकना निषेध है। केवल थूकदान में ही थूकना है। थूकदान, विश्राम गृह पर एवं गाँव में प्रति सौ कदम पर स्थापित होंगे।

इन नव–विचारयुक्त पवित्र नियमों का अनुसरण करने के पश्चात् यदि कोई मनुष्य गाँव में प्रवेश करते हैं तो उन्हें किसी भी प्रकार की छोटी से छोटी वस्तु फेंकने का भी अधिकार नहीं है।

विश्राम गृह एवं संपूर्ण गाँव में ऊँचे स्वर में बात करना निषेध है। केवल धीरे से, विनम्रता से और शांति से बात करें।

क्रोध करना निषेध है।

शहर के बिगड़ैल बालकों को इस भूमि पर आने की अनुमति नहीं है क्योंकि 'हमें ये चाहिये, वो चाहिये' ऐसी अंतहीन इच्छायें और हठ रखने वाले संस्कारहीन दासों के लिये प्रवेश निषेध है। जो बालक उच्च संस्कार, धर्म, नैतिकता, पवित्र बुद्धि, संयम एवं शांति की शरण में होंगे उनका प्रवेश स्वीकार्य है।

गाँव से बाहर की एक भी वस्तु गाँव के अन्दर ले जाने की अनुमति नहीं है। चाहे वे कपड़े हों, खाने की वस्तु हो या और कुछ। अतिथियों को यहाँ सर्वोत्तम गुणवत्ता का परिशुद्ध सात्विक भोजन मिलेगा और श्रेष्ठ गुणवत्ता का सूखे मेवे का केसर युक्त दूध और मारवाड़ी लस्सी।

याँत्रिक वस्तुयें लाना निषेध है।

किसी भी मृत या क्रूरता से मारे गये निर्दोष प्राणी के कोमल शरीर के चमड़े या किसी भी प्राणी के अंग–उपांग से बनी किसी भी वस्तु का उपयोग करने वाला व्यक्ति इस भूमि पर कदापि प्रवेश नहीं कर सकता क्योंकि वह मूर्ख मनुष्य प्रचंड हिंसा का प्रचारक है।

इन अमर नियमों का अनुसरण करने के पश्चात् वो यात्री या अतिथि हमारे विश्राम गृह में प्रवेश कर सकता है और सोम गाँव की अलौकिक, अद्भुत, देवदर्शित, अद्वितीय प्रकृति का अविस्मरणीय आनंद ले सकता है।

• पीने के स्वच्छ पानी की सुविधा के लिये किसी विशेष तकनीकी सहायता लेने की आवश्यकता नहीं हैं क्योंकि हमारी पूर्व स्थापित टंकियों और भूमिगत जल संग्रह कोठियों का परिशुद्ध पानी इतना शुद्ध, पवित्र और स्वच्छ है जैसे भगवान शिव की जटा से बहता गंगा नदी का शुद्ध जल। बोलो हर–हर गंगे।

• भगवान श्री विष्णु और माता लक्ष्मी के मंदिर में उनकी प्रतिमा के निकट हम भगवान शिव, माता पार्वती, ब्रह्मदेव और सरस्वती माता की प्रतिमायें स्थापित करेंगे। उनकी मूर्तियाँ नित्य रूप में गंगाजल में स्थापित रहें, हम लोग ऐसा विशेष कुंड बनायेंगे। और कुंड में नवग्रह के नौ मणि नित्य रूप में तैरते रहेंगे। उनके आगे देवी–देवताओं को समर्पित एक अखंड दीप निरन्तर प्रज्वलित रहेगा।

• समस्त गाँव का मुख्य जीवन आधार अर्थात् जो हमारी जल संग्रह की नहर है उसके आसपास अशोक, कदम्ब, नीलगिरि, नारियल, आम, काला जामुन, सेब, अनार, केला, खुबानी, नीलबदरी, खजूर, आँवला, अंगूर, लीची, नींबू, कटहल, शहतूत, पीपल, हवन जैसे विभिन्न वृक्ष एवं तुलसी और घृतकुमारी एवं अन्य सौंदर्यवान पौधों का अधिक से अधिक मात्रा में रोपण करेंगे। जो सर्व जीवों को महत्तम शुद्ध हवा और पशु–पक्षियों को वनस्पति के रूप में सात्विक भोजन प्रदान करेंगे। वृक्ष हैं तो जीवन सुगम है अन्यथा विनाश निश्चित है।

• बारिश जल संग्रह के लिये हम बीस नयी भूमिगत टंकियाँ और पाँच भव्य कुएँ बनायेंगे। जिसमें हम वर्षा के शुद्ध जल का अधिक मात्रा में संग्रह कर सकें और उनके साथ हमारे गाँव में कुल पैंतालीस भूमिगत टंकियाँ और तेइस कुएँ हो जायेंगे। जिसका महत्तम उपयोग हमारे खेतीबाड़ी कार्य, सर्व प्राणी और वृक्षों के जीवन विकास के लिये होगा।

• गाँव के अधिक से अधिक वृक्षों की डालियों पर हम पानी और अन्न से भरे मिट्टी के पात्र लटकायेंगे और आवश्यकतानुसार उचित समय पर उन्हें बदलते रहेंगे। वृक्ष पर रसात्मक जीवन व्यतीत करने वाले पक्षी, गिलहरी और अन्य जीवों को वर्षा, ठंड और गर्मी की ऋतु में सुरक्षित आवास के लिये वृक्षों की डालियों के बीच हम बाँस के छोटे–छोटे टुकड़े भी लगायेंगे। इस सुविधा के कारण वे स्वस्थ, सुरक्षित, शांतिप्रिय, संयमशील और सुखी जीवन व्यतीत कर सकेंगे। आज तक हम ये क्रियाएँ करते ही आये हैं परंतु आज से हम सक्रिय रूप से अधिक मात्रा में करेंगे।

• हमारे घर के आंगन के कोने में एवं ऐसे अनुपयोगी स्थानों और वृक्षों के आसपास जहाँ किसी का आना जाना नहीं रहता, उन स्थानों पर हम प्रति दिवस मीठे फल, बादाम, काजू, गेहूँ और चने रखेंगे जिससे चींटी और अन्य सूक्ष्म जीव उन स्थानों पर अधिक समय तक स्थायी रूप से रह सके। वहाँ उन्हें भोजन भी मिलेगा और उन स्थानों से वे यत्र–तत्र घूमेंगे नहीं। अतः मानव भ्रमण द्वारा होने वाली हिंसा से स्वयं को सुरक्षित रख सकेंगे। इस कार्य से वे जीव हमारे पैरों के नीचे नहीं आयेंगे और उनकी अकाल मृत्यु नहीं होगी।

हमारी दी हुई भगवान जगन्नाथ की चमत्कारी चुनरी या चुनरी का टुकड़ा अवश्य ही अपने साथ रखें। या वह अपने पशु के गले में बाँध दें जिससे निश्चित रूप से हमसे किसी भी जीव की हत्या अज्ञात रूप से नहीं होगी।

• सोम की भूमि पर रहता कोई भी जीव दिवस के अस्त होने तक भूखा नहीं रहना चाहिये। प्रत्येक जीव को सात्त्विक आहार एवं सुरक्षा देना हमारा परम कर्तव्य होगा।

• साधुनाम दर्शनम् पुण्यम्। अर्थात् साधु के दर्शन मात्र से अनंत पुण्य प्राप्त होता है क्योंकि साधुगण परमात्मा का दूसरा स्वरूप हैं। इसलिए हमारे सोम गाँव से गुज़रने वाले ब्रह्मज्ञानी साधुगण और ऋषि–मुनियों के लिये साबरमती नदी के तट पर हम एक छोटे डूँगर पर ध्यानस्थली आश्रम बनवायेंगे। जहाँ वे शांति और सरलता से अपनी ध्यान साधना, तपस्या, सिद्धि प्राप्ति और सृष्टि के व्यवस्थापन एवं सुधार के लिये देवसत्ता को समर्पित विभिन्न यज्ञ करते रहें।

उनके आश्रम के निकट सोमवासियों के लिये भी एक ध्यान आश्रम बनेगा जहाँ बैठकर हम योग, प्राणायाम, कसरत और ध्यान साधना कर सकें। साधना में प्रचंड शक्तियाँ समाहित हैं। साधना करने से मनुष्य के संकल्प शीघ्रता से सिद्ध

होते हैं।

• हमारे गाँव में कुछ वृक्षों के नीचे हम पशुओं के लिये पीने के पानी के कुंड एवं स्नान कुंड बनवायेंगे जो श्वान, घोड़े, ऊँट, गाय, भैंस, बकरी, गधे, सुअर और अन्य जीवों के पीने के और स्नान करने के काम आयेंगे।

• हमारे वर्तमान अश्वरथ और ऊँटगाड़ियों के अतिरिक्त हम नये और बड़े विशिष्ट शैली के अश्वरथ, बैलगाड़ियाँ और ऊँटगाड़ियाँ बनवायेंगे और ये शुभ कार्य करेंगे हमारे लुहार और सुनार भाई लोग। इन पशुरथों के बैठने के स्थान के ऊपर एक छोटी सी बाँस की छत बनवायेंगे। एवं हमारे अश्व, बैल और ऊँट के ऊपर भी हम चाँदी की छत बनवायेंगे। इनमें से कुछ पशु खेत कार्य के लिये रखेंगे, कुछ अन्न के निर्यात कार्य के लिये, कुछ अतिथि सत्कार के लिये और कुछ हम सबके दैनिक ग्राम भ्रमण या शहर भ्रमण के लिये।

• हम भगवान श्री विष्णु और माता लक्ष्मी के मंदिर के निकट एक बड़ा सा शुद्ध शाकाहारी भोजनालय बनायेंगे जो दो भागों में निर्मित होगा। एक हमारे गाँववासियों के लिये और दूसरा पशु–पक्षियों के लिये। ये भोजनालय भूमि स्तर से दस फुट की ऊँचाई पर बनेगा। और समस्त सोमवासी अपनी–अपनी अनुकूलता के अनुसार यहाँ मध्याह्न भोजन एवं रात्रि भोजन करेंगे।

• इस गाँव में बाहरी अन्न, पानी, दूध या बाहर की कोई भी खाद्य वस्तु लाना निषेध होगा। क्योंकि हम ये नहीं जानते कि जो खाद्य वस्तु जिस व्यक्ति ने बनायी है या जो भी व्यक्ति उस वस्तु को बनाने में किसी न किसी रूप से जुड़े हैं वो शुद्ध चरित्रवान, स्वस्थ, सत्गुणी, पवित्र, सदाचारी और शुद्ध शाकाहारी हैं और वैसे भी जिन वस्तुओं को हमने बनाते हुए देखा नहीं, उन्हें खाना तो हम स्वप्न में भी नहीं सोच सकते। हम केवल वही भोजन ग्रहण करते हैं जो परिशुद्ध और शाकाहारी है।

• जल नहर के उस पार हम एक भव्य वेदशाला का निर्माण करेंगे। जहाँ इस विश्व के समस्त प्राचीन ग्रंथ उपलब्ध होंगे और हमारे वेदाचार्यों के पास इस सृष्टि के आरंभ से लेकर अंत तक की प्रत्येक घटना की संपूर्ण माहिती सत्य रूप में उपलब्ध होगी। हमारे वेदाचार्य समस्त ब्रह्माण्ड के सर्व प्रश्नों के उत्तर देने में पूर्णतः समर्थ होंगे। जो मनुष्य इस वेदशाला से परमज्ञान प्राप्त करेगा, उसे शत–प्रतिशत आध्यात्मिकता संपन्न, सुखमय, स्वस्थ, शांतिपूर्ण, अहिंसावादी और परोपकारी भावनायुक्त जीवन प्राप्त होगा।

• वेदशाला से थोड़ी दूर हम खादी एवं सूती वस्त्रों के असीम निर्माण के लिये 'अहिंसा वस्त्रम परमो धर्मम' नाम की वस्त्र उत्पादक संस्था का भव्य रूप में निर्माण करेंगे। जहाँ शाकाहार, अहिंसा परमो धर्म, शास्त्र ज्ञान और अन्य शुभ विचारों का प्रचार करने वाले अद्भुत शैली के वस्त्रों का निर्माण होगा। हम इन सात्विक वस्त्रों को समस्त विश्व में निःशुल्क निर्यात करेंगे और जो भी मनुष्य हमारे धर्मादेश चित्रित और लिखित वस्त्रों को धारण करेगा वह मनुष्य सहजता से आध्यात्म, शाकाहार, सुख, आत्मीय शांति, धर्मादेश और अहिंसा की शरण में होगा। यह मूलतः शाकाहार और पशुरक्षा परमो धर्म के प्रचार का अभियान होगा ताकि समस्त विश्व को यह ब्रह्मज्ञान हो कि पशु–पक्षी किसी के पूर्वजों की संपत्ति नहीं कि उन्हें बिना किसी कारण के निर्दयता से उठाकर अकाल मृत्यु दी जाय। जीवहत्या इस विश्व का सबसे बड़ा पाप है। यह तुच्छ कर्म अक्षम्य है।

इन सुखकर नियमों को सुनकर उपस्थित समस्त व्यक्ति अत्यंत प्रभावित हो जाते हैं और धीरे से ताली बजाते हैं।

धर्मराज पुनः कहते हैं– "और ग्राम नवीनीकरण के लिये उपयोग में आने वाली प्रत्येक वस्तु को गंगाजल से धोकर या उसके स्पर्श से पवित्र करके उनका शुद्धि यज्ञ किया जायेगा ताकि सब नित्य रूप में पवित्र रहें। प्रिय सोमवासियों, ये हैं हमारे अमर नीति–नियम और ग्राम नवीनीकरण की देव संकल्पित योजना।"

समस्त सोमवासी अत्यंत प्रसन्न लग रहे हैं और अपने स्थान पर खड़े होकर धर्मराज को नमन करते हैं।

कुछ लोग कहते हैं– "विश्वश्रेष्ठ विचार। सर्वश्रेष्ठ नियम। विचारसागर क्षेत्र का अद्भुत प्रदर्शन।"

कुछ अन्य लोगों ने कहा– "अनंत सुखकर। अद्भुत। अकल्पनीय विचार। समस्त ब्रह्माण्ड को आलोकित करने वाली विचार रूपी ऊर्जा।"

फिर सभी एक स्वर में कहते हैं– "पुत्र धर्मराज की जय। पुत्र धर्मराज की जय। जय हो सोम की। जय माँ भारती की। जय हो समस्त विश्व की। धर्मराज सर्वत्र प्रबल हो। रामचरितमानस सर्वत्र प्रकट हो।"

उसके बाद पशुनाथ ने धर्मराज से कहा– "पुत्र, आपने पुनः ये सिद्ध कर दिया कि आप ईश्वरीय गुणों से सुसज्जित सर्वश्रेष्ठ मनुष्य हैं। आपका प्रत्येक शब्द सृष्टि के हित के लिये बना है। हम आपके नीति–नियम और गाँव नवीनीकरण

की अद्वितीय माहिती जानकर अतिप्रसन्न हुए। आपके सत्कर्म एवं सुविचार, सूर्य के नेत्रों को शीतलता प्रदान करने के लिये पर्याप्त हैं।''

कृषक यक्षलोकी ने कहा– ''हे मेवार पुत्र, धर्मपुत्र, हम आपके ब्रह्माण्डश्रेष्ठ विचारों से अतिप्रसन्न हैं। और न केवल हम अपितु आपके परिशुद्ध चरित्र के सर्वतोभद्र आचरण से संभवतः देवगण, असुरगण, यक्ष, गंधर्व और सर्वप्राणी प्रभावित हुए होंगे। प्रभु श्री रामचंद्र जी की महाकृपा से आपने जैसा सोचा है सब वैसा ही निर्विघ्न सिद्ध होगा।''

धर्मराज ने सबको प्रणाम किया और बोले– ''अनंत धन्यवाद।''

वहाँ उपस्थित साधु श्री केतु विश्वराजो ने कहा– ''पुत्र सुखराज, इस नाशवान पृथ्वीलोक पर आपका कल्याणकारी प्राकट्य सर्वप्राणी के लिये सुखकर है। निस्संदेह आपका निर्माण इस समस्त विश्व का सृजन करनेवाली बहुमूल्य जलबूँद से हुआ है और वह अद्भुत चमत्कारी व रहस्यपूर्ण बूँद स्वार्थ रूप से स्वयं की अनंतता का उद्धार करने के लिये आपके अखंड और अजेय रूप के सानिध्य में विश्वोत्तम संकल्प को सिद्ध करने में व्यस्त हुई है।''

पंडित गंगेश्वर बोले– ''पुत्र धर्मराज, आपका आध्यात्मिक बल, चरित्र बल, सार्वजनिक कल्याण रूपी सत्संकल्प, पशुरक्षा परमो धर्म का अर्थपूर्ण अभियान, धर्मज्ञता, प्रचंड पुरुषार्थ और सकारात्मक विचारधारा सर्वकाल में सर्वत्र पूजनीय है। इस ब्रह्माण्ड की प्रत्येक कठोर से कठोर धातु को मिश्रित करके यदि एक महाकाय पर्वत बनाया जाये तो उसे भी आपके यह दिव्यगुण क्षण भर में धराशायी कर दें।''

बाली दादा ने कहा– ''पुत्र धर्मराज, विश्वकल्याण हेतु आपके विश्वोत्तम मनप्रदेश और हृदयप्रदेश में निरंतर उत्पादित होते रहते देवगुणी विचार सर्वकाल में सर्वलोक में सर्वप्रिय हैं। यदि इस ब्रह्माण्ड में विश्वोत्तम मनुष्य की खोज के लिये विशाल स्पर्धा की जाये, तो अनेक प्रबुद्ध मनुष्यों के सद्गुणों का भंडार और चातुर्य आपके शिखरस्थ चरित्र के सामने पराभूत सिद्ध हो।''

धर्मराज ने सभी को प्रणाम कर अत्यंत कोमल शब्दों में उत्तर दिया– ''बहुमूल्य शब्दों की प्रसारता के लिये बहुत धन्यवाद ईश्वरीय मनुष्यों। परमात्मा को सदैव प्रसन्नता प्राप्त हो वैसे सत्कर्म करने हैं हमें। परमात्मा को दुःख हो, वैसे दुष्कर्म करने के लिये हमारे पास समय नहीं है। इसलिये हम चाहते हैं कि

इस जीवन में हम इतने अच्छे पुण्य कार्य करें कि नियति और हमारे जीवन के महान लेखक विवश होकर हमें यहाँ अलौकिक जीवन प्रायः प्रदान करते रहें और प्रत्येक जन्म में सत्कर्मों का भंडार एकत्र करते रहें। एक समय ऐसा आयेगा जब संपूर्ण ब्रह्माण्ड स्थायी रूप में रामराज्य बन जायेगा, जो नित्य सुख, शांति, समृद्धि, धर्मदर्शन एवं अहिंसा का सर्वकाल श्रेष्ठ प्रतीक है।''

सब ने आँखें बंद करके कहा– ''जय श्री राम जी की।''

धर्मराज पुनः बोले– ''ईश्वरीय आदेश के अनुसार हम आज ही इस महान कार्य का शुभारंभ करेंगे और एक वर्ष के भीतर यह उत्कृष्ट योजना पूर्ण करके अगली रामनवमी के शुभ दिवस पर नये सोम के लिये महायज्ञ करेंगे।''

सब ने कहा– ''जय श्री राम जी की।''

धर्मराज ने कहा– ''अब हम धरती माँ का पुनः धन्यवाद करके अपने–अपने ब्रह्म आवास जाते हैं।''

फिर सब ने धरती माँ को स्पर्श करके, अपनी आँखे बंद कर प्रणाम करते हुए कहा– ''अंतरिक्ष में रहस्यपूर्ण अस्तित्व से अलौकिक सौंदर्य, विविधता, दिव्यशक्तियों, विचित्र माया कृत्य और असीम आकर्षणों से संपन्न महाकाय पृथ्वी माँ की जय। जय हो सोम की। जय माँ भारती की। इस ब्रह्माण्ड की प्रत्येक वस्तुओं को हमारा शत–शत नमन।''

सभी लोग सुखराज के साथ यही बोलते हैं। अंत में धर्मराज ने सबको प्रणाम किया और सब लोग अपने–अपने घर और अपने दैनिक कार्य करने के लिये प्रस्थान करते हैं।

•••

ईश्वरीय मनुष्य

रात्रि का फलाहार करके धर्मराज अपने माता-पिता के साथ बगीचे में बैठे हुए हैं। इस दौरान धर्मराज सोम के नवीनीकरण कार्य के लिये आवश्यक वस्तुओं की वह सूची बना रहे हैं जो नेनाल काका को भेजनी है।

सुखराज ने पुत्र धर्मराज से कहा- ''रामनवमी के पावन दिवस पर प्रभु श्री राम की आरती करने का अलौकिक आनंद कुछ विशेष ही होता है। प्रभु श्री राम की दिव्यात्मा से जुड़कर उनके शिखरस्थ चरित्र को धारण कर विश्व के समक्ष प्रभु के धर्मादेशों का भव्य प्रस्तुतीकरण करने का एक और अवसर मिलता है।''

''हाँ पिताश्री। आज तो हम बहुत प्रसन्न हैं। आत्मा सच्चिदानन्द स्वरूप में लीन है। क्योंकि इस शुभ दिवस पर हमने विश्व कल्याण एवं सोम ग्राम नवनिर्माण के विशेष कार्य करने का निर्णय जो लिया है। इस बार सोम ग्राम का नवनिर्माण विश्व के समक्ष ऐसा अद्भुत एवं आकर्षित करने वाला सर्वोत्तम उदाहरण प्रस्तुत करेगा जिसके परिणाम स्वरूप संपूर्ण विश्व, ग्राम सत्ता को सदैव के लिये यथास्थिति में सुरक्षित रखेगा, क्योंकि ग्राम सत्ता है तो संस्कृति है। संस्कृति है तो संस्कार है। संस्कार हैं तो सत्कर्म हैं। सत्कर्म हैं तो सुख व शांति है। यही वास्तविक जीवन है। बाकी सब तो शून्य और अर्थहीन है।''

व्रिक्षी, धर्मराज से बोलीं- ''हाँ, सत्य वचन। आज तो प्रत्येक गाँववासी अतिप्रसन्न है। और वे अपने नये सुखधाम और आनंदधाम के सुखकर दर्शन करने के लिये अतिउत्सुक हैं।''

सुखराज ने कहा- ''शीघ्र ही सबकी इच्छा पूर्ण होगी। राधे-राधे।''

उसके बाद धर्मराज ने अपनी सूची में देखकर कहा- ''पिताश्री, ये दीर्घ जीवन और अमरत्व प्रदान करने वाली संजीवनी जड़ी-बूटी का उपाय अभी भी नहीं मिल पा रहा है।''

''पुत्र, आपने कुछ ऐसी दुर्लभ व अदृश्य वस्तु के विषय में सोचा है जिसका उत्तर किसी भी मनुष्य के पास नहीं होगा।'' सुखराज बोले।

तब व्रिक्षी भी धर्मराज से कहती हैं- ''हाँ पुत्र। हमने भी इन जड़ी-बूटियों के विषय में केवल पौराणिक कथाओं में ही पढ़ा और सुना है। बाकी इनके दर्शन तो केवल स्वप्न और विचारों की शरण में थे।''

धर्मराज ने पुनः सुखराज से कहा- ''पिताश्री, बिजोलावासी तो देश के कोने-कोने में जाकर अद्भुत एवं चमत्कारी औषधियों की खोज एवं अनुसंधान कार्य करते रहते हैं। उन्हें अवश्य ही संजीवनी जड़ी-बूटी के विषय में कुछ ज्ञान प्राप्त

हुआ ही होगा।''

''नहीं। अभी तक कुछ ज्ञान प्राप्त नहीं हुआ और कदाचित् ये विचार निष्क्रिय अवस्था में ही लुप्त रहेगा। उनके गाँववासी हिमालय के कई दुर्गम पहाड़ी हिस्सों पर नहीं जा पाते हैं एवं कोई भी मनुष्य उन स्थानों पर नहीं जा सकता है क्योंकि हिमालय का कुछ भव्य विस्तार ऐसा खतरनाक रूप में निर्मित है जो अत्यंत भयजनक है। वहाँ कदम–कदम पर मृत्यु की सम्भावनायें उपस्थित हैं। वहाँ जाने के लिये अब कोई मनुष्य साहस नहीं करता क्योंकि भूतकाल में अनगिनत मनुष्यों ने अपने अस्तित्व को यमलोक को समर्पित कर दिया है। इसलिये ये तो संभव नहीं होगा।'' सुखराज बोले।

इसके बाद व्रिक्षी ने धर्मराज से कहा– ''और पुत्र, आपको इस नश्वर जगत का सत्य ज्ञान पहले से प्राप्त है। देवताओं के अतिरिक्त इस जगत में किसी को अमर रहने का पुण्य प्राप्त नहीं है। मनुष्य या कोई भी पशु यहाँ अमर नहीं रह सकता। उनकी मृत्यु निश्चित है। फिर...।''

''माताश्री हमें ये सत्य ज्ञात है और हमें जीवन में किसी भौतिकीय वस्तु प्राप्ति का मोह भी नहीं है। पर हम अपने पवित्र जीवन को इतना पसंद करने लगे हैं कि आत्मा प्रायः मन को यह संदेश देती रहती है कि हम सदैव के लिये अमर बनकर, सोम की भूमि पर रहकर सदैव असंख्य शुभ कर्म करते रहें और इस विश्व को रामराज्य बनाये रखें।''

''शुभ विचार हैं। परंतु जड़ी–बूटी को प्राप्त करना तो असंभव है क्योंकि उनकी उपस्थिति का निश्चित स्थान आज के किसी भी मनुष्य को ज्ञात नहीं है।''

''आपने सत्य कहा माते, परंतु जहाँ कोई नहीं पहुँच सकता, वहाँ ब्रह्मसत्ता प्राप्त ऋषि–मुनि और साधुगण पहुँच सकते हैं। जिस प्रश्न का उत्तर किसी भी मनुष्य के पास नहीं होता, वो देवप्रिय ऋषि–मुनियों और साधुओं के मन में सदैव विराजमान रहता है। उनके पास इस संपूर्ण जगत की प्रत्येक समस्या का समाधान होता है।''

सुखराज ने कहा– ''हाँ...''

तब व्रिक्षी ने सुखराज से प्रश्न किया– ''तो ऋषि धर्मरामो जी से पूछ लों।''

''व्रिक्षी जी, प्रत्येक ऋषि–मुनि और साधु के पास सीमित शक्तियाँ उपलब्ध होती हैं और वे अपने धर्म विषय में सर्वश्रेष्ठ, कालजयी और सर्वज्ञ होते हैं। ऋषि साम्राज्य भी इस बात को ही समर्थन देते हैं कि मृत्यु अटल है।''

तब धर्मराज ने सुखराज से कहा– ''वो तो हमें ज्ञात है पिताश्री, परंतु...।''

''हाँ पुत्र। साधुदेव और ऋषि–मुनियों की बात से हमें एक घटना याद आयी, जब हम सत्ताइस वर्ष के थे, तब हम अपने परिवार के साथ चारधाम की यात्रा पर गये थे।''

इसके बाद सुखराज उस घटना का विस्तृत विवरण देनें लगे।

''जब हम मसूरी के पास के धनौल्ती गाँव के मार्ग से गंगोत्री की ओर जा रहे थे, तब रास्ते में हमने नेत्रों एवं आत्मा को शीतलता एवं धर्मज्ञता प्रदान करने वाली एक धर्मशाला देखी, जिसका नाम था 'गंगाजल धर्मशाला'। उस धर्मशाला के नाम के नीचे एक सुवाक्य लिखा था कि 'हम केवल शुद्ध शाकाहारी मनुष्यों को ही प्रवेश देते हैं। माँसाहारी मनुष्य असुविधा के लिये क्षमा करें। उस परिशुद्ध व अद्वितीय विचारधारा के बहुमूल्य प्रदर्शन को देखकर हम आश्चर्यचकित हो गये। पिताश्री उस धर्मशाला की 'अहिंसा परमो धर्म' की विशेष प्रचारता से अत्यंत प्रभावित हुए और उन्होंने हमारी संपूर्ण यात्रा के दौरान वहीं रुकने का निर्णय लिया। उस दिवस की रात्रि को ठंड बहुत थी। हिमालय अपनी शीतलता का रौद्र स्वरूप गंभीरता से प्रस्तुत कर रहा था। जब पिताश्री और माताश्री धर्मशाला में विश्राम कर रहे थे, उस दौरान हम उस धर्मशाला के मालिक जेदाल सिंह से मिलने धर्मशाला के भव्य बगीचे में गये जहाँ पर वे गोबर की अग्नि से ताप लेकर ठंड उड़ा रहे थे। परिचय तो सुबह ही हो गया था। परंतु कुछ विशेष जानना शेष था। उस शेष जानकारी ने हमें उनका घनिष्ठ मित्र बना दिया।''

सुखराज का बोलना जारी था। उनके स्मृति पटल पर पूरा दृश्य कुछ इस तरह से जीवंत हो उठा....

सुखराज ने जेदाल सिंह के निकट जाकर कहा– ''नमस्ते देवात्मा। आपकी धर्मशाला का नाम और उसके साथ लिखा हुआ सुवाक्य बहुत ही प्रशंसनीय और प्रभावशाली है। इसके अतिरिक्त आपने धर्मशाला के प्रत्येक कक्ष पर लिखा है– 'हम शाकाहारी मनुष्यों का बहुत सम्मान करते हैं। शाकाहारी मनुष्य, धर्म की साक्षात् मूर्ति हैं। धर्मरक्षक और पशुरक्षक मानुष इस विश्व का सर्वाधिक आदरणीय पात्र है। हम इस समूचे ब्रह्माण्ड के कण–कण में प्रतिक्षण सत्कर्म, शुभविचार, परोपकार, विश्वशांति और धर्माचार का कल्याणकारी महाप्रलय देखना चाहते हैं'

अपने संपूर्ण जीवन दौरान हमने आज तक ऐसे धर्मादेश के नीति-नियमों वाली धर्मशाला कहीं नहीं देखी।''

जेदाल सिंह ने कहा- ''धन्यवाद। पर इन सुखकर संभावनाओं का प्रदर्शन तो हमारे पिताश्री गंग्यम्सरस्वते सिंह ने किया है। आज वो देवात्मा स्वयं तो इस पृथ्वीलोक पर उपस्थित नहीं हैं परंतु उनकी सर्वलोकप्रिय श्रेष्ठ विचारधारा अभी भी इस पृथ्वीलोक पर अमर रूप में उपस्थित है और सदैव रहेगी।''

''अवश्य। शत-प्रतिशत।''

''हमें शुद्ध शाकाहारियों को निःशुल्क सुविधा देने में असीम आनंद प्राप्त होता है। हम ज्ञान व धन से अधिक मनुष्य की शुद्धता, उच्च संस्कार, पशुप्रेम और पवित्रता का सम्मान करते हैं।''

''एकदम सत्य कहा आपने। हम भी शाकाहार में संपूर्ण विश्वास रखते हैं। परंतु आपको ये कैसे ज्ञात होता है कि आपके यहाँ रुका प्रत्येक यात्री शुद्ध शाकाहारी जीव है।''

''महत्वपूर्ण प्रश्न पूछा आपने। इस धर्मशाला के आरंभ के कुछ वर्ष पश्चात् की बात है। यहाँ से एक देवसत्ता प्राप्त साधु गुज़र रहे थे। जो आपकी तरह हमारी धर्मशाला का नाम और साथ के सुवाक्य को देखकर अतिप्रसन्न हुए थे। उस दौरान हम अपनी धर्मशाला के इसी आँगन में बैठे थे। हमने देखा कि वो साधु महाराज गंगाजल धर्मशाला के सामने खड़े होकर हमारी धर्मशाला को स्थिर दृष्टि से देख रहे थे।''

''फिर क्या हुआ?'' सुखराज बोले।

''साधु महाराज हमसे बोले- 'धन्य हैं आप और आपके पूर्वज। हमने संपूर्ण विश्व के अन्य किसी भी स्थान पर ऐसी अद्भुत नव-विचारयुक्त धर्मशाला नहीं देखी जहाँ केवल शाकाहारियों को ही प्रवेश मिलता है। पुत्र, आप जैसे धार्मिक और पशुप्रेमी लोगों के कारण ही पृथ्वी का संतुलन बना रहा है और वन्य जीवों की उपस्थिति सुरक्षित रही है। आप जैसे देव चरित्र के हम सदैव उपासक रहे हैं। आपकी धन्यता के लिये हम आपको कुछ देव उपहार देना चाहते हैं।''

''साधु महाराज ने क्या उपहार दिया आपको?'' सुखराज ने पूछा।

जेदाल सिंह ने सुखराज को बताया- ''हमने साधु महाराज को रोकते हुए कहा कि आप हमें कुछ दें उसके पहले हम आपसे कुछ कहना चाहते हैं। हमें

    ईश्वरीय मनुष्य

इस विश्व के लौकिक सुखों में या धनवान बनने में कोई रुचि नहीं है। हमारे पास ईश्वर आदेश के अनुसार जो कुछ भी प्राप्त है उसमें हम पूर्णतः संतुष्ट हैं। इसलिये आप हमें केवल आशीर्वाद दें जिससे हम ये सर्वोत्कृष्ट कार्य अनंत काल तक करते रहें।''

''फिर साधु महाराज क्या बोले जेदाल जी?''

''साधु महाराज ने हमसे कहा कि 'अद्भुत कर्म प्रदर्शन। मोहहीन संतुष्ट आत्मायें हमें अतिप्रिय हैं। आपका इंद्रिय अनुशासन, चिंतन की उच्चता, अंतःकरण की निर्मलता, आचरण की पारदर्शिता, भाव पवित्रता और दूरदर्शिता शिखरस्थ व अनुसरणीय हैं। आपका निर्भय एवं शास्त्रसम्मत प्राकट्य इस पृथ्वीलोक पर सर्वत्र हो रही पशुहिंसा को धराशायी करने ही हुआ है। हे ब्रह्मपुत्र, हम आपको आशीर्वाद देते हैं कि आपकी ये धर्मशाला इस सृष्टि के अंत तक अर्थात् महाप्रलय तक सक्रिय रहेगी। हर महाप्रलय के पश्चात् जब–जब पृथ्वी का नवरूप में प्राकट्य होगा, तब–तब आपकी आत्मा इसी कल्याणकारी सत्ता की शरण में प्रवृत्त रहेगी। इस सृष्टि में किसी भी जीव का ये सामर्थ्य नहीं होगा कि कोई आपके इन श्रेष्ठ उपदेशात्मक विचारों और सत्संकल्प में हस्तक्षेप कर सके। आपके सत्कर्म सदैव गतिशील रहेंगे।' उसके बाद अपनी पोटली में से कुछ दुर्लभ चमकीले रत्न निकाल कर उन्होंने हमें देते हुए कहा कि 'ये लो पुत्र। ये साधना संचित पवित्र रत्न हैं। इन रत्नों को अपनी धर्मशाला की चार दिशाओं के कोनों में तुलसी के पौधों के साथ रख देना। जिस कारण कोई भी माँसाहारी व्यक्ति चालपूर्वक आपकी धर्मशाला में प्रवेश नहीं कर पायेगा। और एक रत्न अपने रसोई घर के अन्न भंडार की अलमारी में रख देना। जिससे यहाँ आते शाकाहारी यात्रियों और आपके पशु आश्रम के दयापात्र पशुओं के लिये अन्न का भंडार कदापि कम नहीं होगा। अकूत धन और अन्न सदैव यहाँ उपलब्ध रहेगा। और हाँ, ये पवित्र रत्न केवल आपकी धर्मशाला पर ही प्रभावकारी रहेंगे।''

जेदाल आगे बोले– ''फिर हमने तुरंत ही साधु महाराज के चरण स्पर्श किये और उनसे कहा कि आप धन्य हैं साधु महाराज। आपका ये आशीर्वाद हमारे पूर्वजों के शीर्षस्थ संकल्प, सदाचार, प्रजा कल्याण और पशुसेवा जैसे विश्वश्रेष्ठ धर्मकृत्यों का सात्विक फल है। किसी ने सही कहा है, सच्चा साधु या सच्चा सद्गुरु मिल जाये तो बात सीधी परमात्मा से होती है। यह सुनकर साधु महाराज बोले कि 'पुत्र, एक बात और सुनो। चम्बा गाँव से मोल्नारी गाँव के रास्ते में गंगा नदी के पास एक खाई है जहाँ नदी की जलधारा निरंतर बहती रहती है। वहाँ हमारे भ्राता अंशहरि नाथ और हमारे अन्य साथी रहते हैं। जो हिमालय के पर्वतीय विस्तार में से कई सारी दुर्लभ वनस्पतियाँ और औषधियाँ प्राप्त करते रहते हैं। कुछ औषधियाँ

केवल हमारे निजी उपयोग के लिये हैं और कुछ औषधियाँ स्वस्थ और दीर्घायु जीवन जीने के लिये हैं। हम आपके सात्विक विचार से प्रसन्न हैं इसलिये आपको, आपके शाकाहारी यात्रियों और प्रिय पशु–पक्षियों के लिये हम स्वस्थ और दीर्घायु जीवन प्राप्ति की औषधियाँ प्रदान करेंगे। आप वहाँ जाकर इनमें से एक रत्न, भ्राता अंशहरि नाथ को प्रमाण के तौर पर दिखाइयेगा। हम उन्हें आंतरिक रूप से अपनी आध्यात्मिक शक्तियों के बल से आपका परिचय दे देंगे। वे आपको और आपके यात्रियों के लिये सदैव अमृत औषधियाँ देते रहेंगे।''

''अतिअद्भुत वृत्तांत।'' सुखराज बोले।

तब जेदाल सिंह ने कहा– ''और उस समय से हम, हमारे आत्मप्रिय पशु–पक्षी और हमारे शाकाहारी यात्री, अंशहरि नाथ जी की विशेष औषधियाँ, दीर्घायु जीवन देने वाली जड़ी–बूटियाँ, उनकी दुर्लभ औषधियों से निर्मित साबुन, बाल का तेल और दाँत सफ़ाई के चूर्ण का उपयोग करते आये हैं। इन परिशुद्ध वस्तुओं की नित्य संगत से हम देवता समान पवित्र जीवन व्यतीत कर रहे हैं। संभवतः यह जीवनशैली इस ब्रह्माण्ड की इकलौती विशेष कहानी का प्रदर्शन कर रही है। अतः अपनी इस मंगलकारी एवं परिशुद्ध जीवनयात्रा के रचनाकार को मैं कोटि–कोटि नमन करता हूँ।''

सुखराज ने जेदाल सिंह से कहा– ''वाक़ई, आत्मा का परमात्मा से साक्षात्कार कराने वाली विशेष घटना थी ये। आपका संपूर्ण परिवार सर्वकाल पूजनीय है। समस्त ब्रह्माण्ड और इसकी समस्त देवसत्ता को सहजता से आकर्षित करने वाली आपकी जीवनयात्रा का अंश बनकर मैं अनंतकाल तक धन्य हुआ।''

दृश्य–दर–दृश्य वृत्तांत बताने के बाद सुखराज अपने पुत्र धर्मराज से बोले– ''तत्पश्चात् हमने अपने–अपने निजी व्यवसाय की बातें की। उन्हें भी हमारा व्यवसाय और अमूल्य सिद्धांतों के परिसर में सृजित परोपकारी जीवन प्रणाली बहुत पसंद आयी। उस दिवस से हम बन गये श्रेष्ठ मित्र। उसी समय से जेदाल सिंह एक श्रेष्ठ मित्र के रूप में हमें गंगोत्री के मुख्य जल स्रोत से पवित्र जल घड़े में भरकर प्रतिवर्ष भेजते रहते हैं।''

त्रिक्षी ने सुखराज से कहा– ''आप दोनों की मित्रता तो महाराज सुग्रीव और प्रभु श्री राम के समान है। अटूट, प्रखर एवं धर्म और अर्थ का साक्षात् मिलन।''

ईश्वरीय मनुष्य

''धन्यवाद सुखदायिनी।'' सुखराज ने व्रिक्षी से कहा।

धर्मराज बोले– ''पिताश्री, वास्तव में ये घटना एक श्रेष्ठ संयोग थी। श्रेष्ठ मनुष्यों की ये श्रेष्ठ घटना हमें सदैव स्मरण रहेगी। इससे हमें बहुमूल्य ज्ञान प्राप्त हुआ है। मानवता और सत्कर्मों का अमूल्य भंडार प्राप्त हुआ है जो हमें अनंत काल तक इन सद्गुणों से समृद्ध रखेगा। हमें विश्वास है कि धनौल्ती जाकर हमें उन चमत्कारी औषधियों की सहज प्राप्ति अवश्य ही होगी। हम कल ही भ्राता शिम्बू और तीन अन्य गाँववासियों को धनौल्ती जाने के लिये भेजते हैं।''

सुखराज ने कहा– ''हाँ, अब तो आपका शिखरस्थ कार्य अवश्य पूर्ण होगा पुत्र क्योंकि जेदाल जी और उनके पुत्र मोनाल जी अपना कोई भी कार्य अधूरा नहीं छोड़ते।''

व्रिक्षी बोलीं– ''ईश्वर ने आपको उत्तरहीन प्रश्न का अनुपम मार्ग दे ही दिया पुत्र। अब आपकी इच्छा अवश्य पूर्ण होगी।''

''अवश्य माते।''

धर्मराज ने सुखराज से कहा– ''पिताश्री, कल प्रातःकाल हम अंबाजी के लिये प्रस्थान करेंगे। नेनाल काका के साथ कुछ दिवस वहाँ रहकर आवश्यक वस्तुओं का प्रबंध करके, उनको गंगाजल से पवित्र करके तथा शुद्धता यज्ञ करके सोम आयेंगे। तब तक आप हमारे गाँववासियों के साथ योजना अनुसार अन्य कार्यों का आरंभ कर दें।''

सुखराज ने धर्मराज को आश्वस्त किया– ''निश्चित रूप से। अगली रामनवमी को पूर्ण दिवस हम अपने नये और अमर सोम के आनंद उत्सव के लिये, श्री हरि विष्णु और माँ लक्ष्मी के मंदिर के आँगन में उन्हें समर्पित महायज्ञ करेंगे। निस्संदेह, नवीनीकरण कार्य के बाद का हमारा सोम गाँव कला, सरल व्यवसाय पद्धति, पवित्र चरित्र दर्शन, जीवन आदर्श, उत्तम जीवन कला, अपार पशुप्रेम, प्रकृति आदेशित कर्तव्य कर्म और धर्मशास्त्र का ऐसा कल्याणकारी देव भंडार बनेगा जिसका अनुसरण करके समस्त विश्व रामराज्य बन जायेगा।''

व्रिक्षी सुखराज से बोलीं– ''प्रभु श्री राम की दिव्य ऊर्जा आपके शीर्षस्थ संकल्प को सर्वोत्तम दिशा प्रदान करें।''

●●●

एक वर्ष पश्चात्। आज रामनवमी उत्सव का शुभ दिवस है। सोम का नवीनीकरण कार्य पूर्णतः संपन्न हो गया है। जैसा सोचा था, उससे कहीं अधिक श्रेष्ठ और प्रभावशाली कार्य सिद्ध हुआ है। ऐसे अलौकिक सोम ग्राम का नवीनीकरण हुआ है जिसे देखकर परमात्मा स्वयं इस गाँव का अखंड हिस्सा बनने के लिये आतुर हो जायें। कदाचित् यह स्थान समूचे विश्व का सर्वोतम ग्राम है।

ऐसा लग रहा है जैसे आज सोम गाँव की प्रत्येक जड़ व चैतन्य वस्तु अतिप्रसन्न है और नये सोम का अर्थपूर्ण आनंद उठा रही है। समस्त ब्रह्माण्ड को अपनी पवित्रता, अद्वितीय रचनात्मकता और सर्वतोभद्र सुगम व्यवस्था से आकर्षित करता सोमवासियों का नया विशेष सोम और उनकी ईश्वर के प्रति अतुलनीय श्रद्धा अद्वितीय है।

ईश्वरीय मनुष्यों के सोम गाँव में एक तरफ़ महायज्ञ हो रहा है जिसमें सोमवासियों के संग कई सारे पशु-पक्षी उपस्थित हैं। और दूसरी ओर कुछ पशु-पक्षी गाँव के भिन्न-भिन्न स्थानों पर अपने-अपने निजी आनंद में लीन हैं।

कुछ श्वान उत्तम मनोरंजक बनकर अपने नवनिर्मित भव्य स्नानगृह में सर्वसुविधाओं का पूर्ण आनंद लेते हुए, एक दूसरे के साथ अठखेलियाँ करते हुए मस्ती से स्नान कर रहे हैं। कुछ श्वान एक दूसरे के साथ आनंद से खेल रहे हैं। ऐसा लगता है जैसे इन्हें पहले से ही ज्ञात हो गया है कि इन सुविधाओं का उत्तम प्रबंध उन्हीं के लिये किया गया है।

पक्षी अपने-अपने तरीके से आनंदपूर्वक आकाश में उड़ रहे हैं और प्रसन्न होकर अपने विशेष स्वर निकालते हुए अपना असीम आनंद व्यक्त कर रहे हैं। कुछ पक्षी वृक्ष की डालियों पर बैठकर एक दूसरे के साथ सात्विक अन्न ग्रहण कर रहे हैं। कुछ पक्षी डालियों पर नाटकीय रूप में लटके हुए कुंड से पानी पी रहे हैं। परिशुद्ध प्रसन्नता का अद्वितीय शिखरस्थ प्रस्तुतीकरण। चींटी जैसे अन्य भूमिगत जीवों का जीवन भी सुरक्षित हो गया है और इस गाँव को अपना स्थायी तख्त समझकर वे सात्विक भोजन ऐसे कर रहे हैं जैसे बहुत वर्षों से सात्विक भोजन के लिये भूखे हों। उनके चेहरे पर छलकते असीम आनंद से आकर्षित होकर निस्संदेह विश्व के रचनाकार सोमवासियों को कोटि-कोटि नमन कर रहे हैं।

इस गाँव के सर्व पशु-पक्षियों की निर्दोष व सम्मोहक अठखेलियों को देखकर इस संसार का कोई भी तामसी प्रवृत्ति वाला मनुष्य भी सात्विक रूप में परिवर्तित हो जायेगा। शत-प्रतिशत। ध्यान आश्रम पर वहाँ के सुंदर आध्यात्मिक

वातावरण में कुछ साधुगण और तपस्वी, ध्यानमग्न होकर अपनी संकल्पित तपस्या और यज्ञ कर्म कर रहे हैं। गाँव को सुरक्षा प्रदान करती सारी भव्य दीवारों और खंभों पर रामायण, श्रीमद्भगवद्गीता और वेद शास्त्र के दिव्यसंदेशयुक्त चित्र और सुवाक्य चित्रित किये गये हैं जो प्रतिक्षण उच्च संस्कार, बहुमूल्य आदर्श और कल्याणकारी विचारधारा का विश्वोत्तम प्रदर्शन कर रहे हैं। गाँव के प्रत्येक जलाशय ॐ आकार में निर्मित हैं।

और दूसरी ओर, वहाँ हो रहे महायज्ञ का दृश्य भी विशेष एवं अलौकिक है। यह पारलौकिक परिस्थिति वर्तमान मनुष्य की कल्पना से परे है। कुछ लोग अपनी गाय, भैंस, बैल, बकरी, सुअर, श्वान, अश्व, गधे, हाथी, ऊँट और अन्य पशुओं के साथ यज्ञ में बैठे हैं। भगवान विष्णु और लक्ष्मी माँ के मंदिर में श्री महादेव, पार्वती माता, ब्रह्मदेव और सरस्वती माता की प्रभावशाली मूर्तियाँ भी गंगाजल में स्थापित कर दी गयी हैं। उनके चरणों में नौ ग्रह गंगाजल में निरंतर घूम रहे हैं जैसे अंतरिक्ष में घूम रहे हों। हिंदू धर्म के मुख्य तीन देवों और माताओं के चरणों में एक भव्य अखंड दिया प्रज्वलित किया गया है।

वातावरण एकदम शांत व अलौकिक है। केवल पंडित गंगेश्वर के द्वारा बोले गये पवित्र श्लोकों का स्वर सर्वत्र गूँज रहा है। इस यज्ञ के दौरान प्रत्येक सोमवासी के मुख पर ऐसे अनुकूल भाव प्रकट हो रहे हैं जैसे वो सब स्वर्ग का एक अखंड हिस्सा बन गये हों। ये लोग, सोम और सोम के प्रत्येक जीव के स्थायी सुख–शांति के लिये प्रार्थना कर रहे हैं। यज्ञ मध्यरात्रि तक निरंतरता से चलता है और जो दिये सुबह से प्रज्वलित किये गये थे वो मध्यरात्रि तक प्रज्वलित रहते हैं। हमेशा की तरह रामनवमी के इस शुभ दिवस पर रात्रि के दौरान संपूर्ण सोम दियों से जगमगा उठा है।

मध्यरात्रि के समय यज्ञ की समाप्ति होती है। यज्ञ समापन के पश्चात् पंडित गंगेश्वर बोलते हैं– ''प्रभु श्री राम जी की जय। माता सीता की जय। श्री महादेव की जय। माता पार्वती की जय। श्री ब्रह्मदेव की जय। माता सरस्वती की जय। इस ब्रह्माण्ड के सर्व देवी–देवता और दानवों की जय। जय हो ऋषि धर्मरामो की। सर्वत्र रामचरितमानस प्रबल हो।''

समस्त सोमवासी पंडित गंगेश्वर के साथ यही बोलते हैं।

तत्पश्चात् पंडित गंगेश्वर सोमवासियों से कहते हैं– ''प्रिय सोमवासियों, समस्त विश्व को आध्यात्मिक बल प्रदान करने वाला ये चमत्कारी महायज्ञ निर्विघ्न

संपन्न हुआ। इस कल्याणकारी महायज्ञ को परिशुद्ध रूप में संपन्न करने के बाद हमें पूर्ण विश्वास है कि सोम के कण-कण में धर्म की सुगंध, अमरता और पवित्रता स्थायी रूप से बनी रहेगी। सोम का प्रत्येक जीव सदैव स्वस्थ, अर्थपूर्ण, धर्माधीन और सुखपूर्ण जीवन व्यतीत करेगा और जीवन में असीमित पुण्य कर्म करता रहेगा। सोम समस्त विश्व के समक्ष अहिंसा, मन व आत्मशांति, परोपकार कर्म की उत्तम विचारधारा, सुव्यवस्थित जीवनशैली, पशुरक्षा परमो धर्म और अकल्पनीय सत्कर्मों के उत्तम उदाहरण प्रस्तुत करेगा।''

एक सोमवासी ने अपनी पत्नी से कहा- ''इसके अतिरिक्त हम सोमवासियों को और क्या चाहिये। साक्षात् ब्रह्मलोक के स्थायी अंश बन गये हैं हम।''

भिलवा ने प्रभु की जीवंत प्रतिमा की ओर देखते हुए कहा- ''प्रभु के आशीर्वाद से सब शुभ ही होवे। मारो राम सबरो भलो करें। बोलो प्रभु श्री राम की जय।''

उसके बाद पंडित गंगेश्वर धर्मराज से बोले- ''पुत्र, आपने यह महायज्ञ कराकर बहुत पुण्य प्राप्त किया है। इस यज्ञ से आपकी कीर्ति चारों दिशाओं में हवा की तरह फैल जायेगी। आप अनेक जीवों को सुखदायी, सुरक्षित, सात्विक, आनंदित, स्वस्थ और अर्थपूर्ण जीवन देने का बलिष्ठ माध्यम बने हैं और बनते रहेंगे। आप श्रीमद्भगवद्गीता आदेश अनुसार अपनी विवेकशक्ति के सदुपयोग से मन, वचन, कर्म से पवित्र रहकर विश्वश्रेष्ठ जीवन व्यतीत करेंगे।''

''धन्यवाद पंडित जी। हमारे जीवन का एक ही उद्देश्य है कि इस संसार में सर्वथा सुख, अहिंसा, पशुरक्षा और शांति नित्य रूप में उपस्थित रहे और प्रत्येक जीव सुखमयी, स्वस्थ, सुरक्षित, मनोजयी, शांतिपूर्ण, ज्ञानपूर्ण और धर्माधीन जीवन व्यतीत करे।'' धर्मराज बोले।

फिर श्री कृष्ण भक्त पुष्पादेवी माँ ने धर्मराज से कहा- ''धन्य हैं आप पुत्र। एक धर्मपुरुष की देवदर्शी विचारधारा से असंख्य जीवों का कल्याण हो रहा है। सर्वलोक प्रशंसनीय जीवनशास्त्र। आपका यह सत्तर किलोग्राम का बलवान व देवसत्ता युक्त परिशुद्ध शरीर, निस्संदेह सत्तर हज़ार अरब से भी अधिक जलचर, नभचर, भूचर, परलोक चर, पातालचर, पशु-पक्षी और जीव-जंतुओं को सहजता से सुरक्षा, स्वास्थ्य, शुद्धता, शुद्ध जल, सात्विक भोजन, सर्वऋतु में सुरक्षित आश्रय, शांतिपूर्ण, शिकारमुक्त और सुव्यवस्थित जीवन प्रदान करने में पूर्णतः सक्षम है। यह ऐसी अनिर्वचनीय माया का दुर्लभ प्रदर्शन है जिसे साकार करने का सामर्थ्य

संभवतः स्वयं परमात्मा में भी नहीं क्योंकि आपको प्राप्त यह महासत्ता, सृष्टि के निर्माण और सर्वोत्तम विचार से परे है। अतः आपका यह अक्षय और धर्मवंशी ब्रह्मचरित्र मेरे लिये अत्यंत पूजनीय है। बोलो पुत्र धर्मराज की जय। मेवार परिवार की जय।''

धर्मराज सबको प्रणाम करते हुए पुष्पादेवी माँ से बोले– ''धन्यवाद माँ। यह आपकी और आपकी प्रचंड कृष्णभक्ति का सुखद दृश्य है।''

बहुमूल्य शब्दों से सर्जित इस आत्मसुख प्रदायक वातावरण से सुखराज, त्रिक्षी, गोवाल दादा, बाली दादा, पार्थोदास, सिनोली भी अत्यंत प्रसन्न हैं और एक दूसरे की ओर हँसते हुए देखकर अपनी अनंत प्रसन्नता व्यक्त कर रहे हैं।

तत्पश्चात् पंडित गंगेश्वर ने प्रभु को चढ़ाये महाप्रसाद की ओर हाथ करते हुए सबसे कहा– ''अब कृपया आप लोग सर्व पशु–पक्षियों की कल्याणकारी संगत में इस महायज्ञ के महाप्रसाद को ग्रहण करें और इस महायज्ञ के धर्मसत्ता प्रदायक फल और रामचरितमानस को अपने भीतर आत्मसात करें।''

इसके आगे धर्मराज भी सबसे बोले– ''और इसके साथ हमें दीर्घ और स्वस्थ जीवन प्रदान करने वाली ये जड़ी–बूटियाँ भी ग्रहण करें जो उत्तरांचल के चम्बा गाँव के श्री औषधिनाथ जी की महाकृपा से और भ्राता शिम्बू और उनके साथी सोमवासियों के अथक निःस्वार्थ परिश्रम से हमें प्राप्त हुई हैं।''

इस बात से प्रसन्न होकर समस्त सोमवासी ताली बजाते हुए बोलते हैं– ''श्री शिम्बू जी की जय।''

शिम्बू और अन्य साथी सबको प्रणाम करते हैं।

तत्पश्चात् पशुनाथ ने पंडित गंगेश्वर से कहा– ''आज का दिवस हमारे लिये अत्यंत भाग्यशाली है पंडित जी। आज प्रातःकाल यज्ञ के आरंभ के पूर्व आपने हमें और हमारे पशुओं को महाराज जहालिब जी के पवित्र स्वर्ण से निर्मित अतिपवित्र और मंत्रसिद्ध नौ ग्रहों की मालायें पहनाईं जिस कारण हम सब सदैव पवित्र, धर्मनिष्ठ, आध्यात्मिक, विवेक संपन्न और सुरक्षित रहेंगे।''

भिलवा ने भी पंडित जी से कहा– ''और अब ये दीर्घायु, उत्तम बल और स्वस्थ जीवन देने वाली अमूल्य व दुर्लभ जड़ी–बूटियाँ। ऐसा लग रहा है कि

परमात्मा प्रसन्न होकर विभिन्न प्रकार के सुख उपहार दे रहे हैं।''

तब धर्मराज सबसे कहते हैं– ''इन पवित्र वस्तुओं की प्राप्ति हमें प्रभु श्री राम के मंगलकारी संकल्प एवं आशीर्वाद से हुई है। इन पवित्र वस्तुओं की मूल विशेषता से हम परिचित तो नहीं हैं पर उचित समय आने पर हमें इनकी दैवीय शक्तियों और अखंड पवित्रता का यथार्थ मूल्य ज्ञात हो जायेगा।''

तत्पश्चात् धर्मराज ने प्रभु को प्रणाम करते हुए कहा– ''हे मर्यादा पुरुषोत्तम प्रभु श्री राम, हे संस्कारों के महासागर, हे जगत के विधाता, हे धर्मरक्षक, हे दानव संहारक, समूचे प्राणी जगत को उत्कृष्ट जीवन दर्शन कराने वाले, भ्रमित को स्थिरता का मार्ग दिखाने वाले आपके श्रेष्ठ संस्कार सोम के कण–कण में सदैव बसे रहेंगे। सोम का प्रत्येक कण राम नाम में मग्न होकर सदैव के लिये शुद्ध एवं पवित्र बना रहेगा। अद्भुत सुविधाओं से संपन्न इस नवरूपी सोम गाँव को रामराज्य बनाकर समस्त विश्व को रामचरितमानस का महाप्रसाद बाटेंगे।''

पंडित गंगेश्वर बोले– ''अवश्य पुत्र।''

तत्पश्चात् सुखराज ने सबसे कहा– ''प्रिय सोमवासियों, मध्यरात्रि हो गई है। अब हम प्रभु का महाप्रसाद ग्रहण करते हैं। तत्पश्चात् अपने–अपने ब्रह्मनिवास जाकर विश्राम करेंगे।''

और समस्त सोमवासी प्रभु का महाप्रसाद ग्रहण करते हैं।

•••

तीन वर्ष पश्चात्। शाम के पाँच बजे हैं। मेवार राजमहल के अनाज के गोदाम में सुखराज, धर्मराज, बाली दादा, हुर्खीलाल और अन्य कृषक उपस्थित हैं। वे किस ग्राहक को, किस दिशा में, कितना अनाज भेजना है, उसका निर्णय कर रहे हैं।

उसी समय गोवाल दादा हाथ में एक संदेश लेकर आते हैं और सुखराज को देते हुए कहते हैं– "मेवार साहब, पंजाब के रूपनगर से विश्वोत्तम पशुप्रेमी और वनक्षेत्र रक्षक मोनाल जी का संदेश आया है।"

सुखराज संदेश हाथ में लेकर पढ़ते हैं– "उच्च संस्कारों के महासागर मेवार साहब, ब्रिक्षी देवी, धर्मराज जी एवं प्रत्येक सोमवासियों को मोनाल सिंह के परिवार की ओर से कल्याणप्रदायक प्रणाम। वास्तव में ये संदेश हम इसलिये भेज रहे हैं कि इस बार अनाज भंडार को स्वीकारने के पूर्व हमारे शाकाहारी व्यापारी मित्र, उनके लाभार्थी ग्राहक मित्र एवं पशु संरक्षण संस्थाओं के शाकाहारी प्रबंधक आपसे मिलने के लिये अत्यंत व्याकुल हैं। इसलिये हो सके तो इन्हें आप जैसे धर्मक्षेत्र सम मनुष्यों से साक्षात् मिलने का शुभ अवसर शीघ्र प्रदान करें। आपका आत्मप्रिय, मोनाल सिंह। जय माँ भारती की।"

यह संदेश पढ़कर सुखराज, धर्मराज और सब लोग अतिप्रसन्न हो गये।

धर्मराज ने कहा– "पिताश्री, यदि आपकी अनुमति हो तो क्या हम अपने प्रत्येक व्यापारी मित्र, उनके लाभार्थी ग्राहक मित्र और पशु संरक्षण संस्थाओं के प्रबंधकों को यहाँ आमंत्रित करें?"

"अवश्य पुत्र। हमें उन सत्गुणी मनुष्यों से साक्षात् मिलकर बहुत प्रसन्नता होगी, विशेष रूप से पशु संरक्षण संस्था के उन दयालु प्रबंधकों से मिलकर जो मौन पशुओं को सुरक्षित एवं अर्थपूर्ण जीवन प्रदान करके मानव धर्म का उत्कृष्ट उदाहरण प्रस्तुत कर रहे हैं।"

"सत्य कहा आपने पिताश्री। हम भी उनसे मिलने के लिये अतिउत्सुक हैं। उन्हें इस शनिवार को यहाँ आमंत्रित करने का संदेश हम आज ही तैयार कर देते हैं।"

"उचित है पुत्र।"

फिर धर्मराज ने बाली दादा से कहा– ''दादा, आप और हुर्खी काका दफ़्तर जाकर हमारे व्यापार की निजी पोथी में वर्णित व्यापारी मित्रों के नाम और निवास के पते की माहिती अनुसार उन्हें संदेश भेजने के लिये संदेश–पत्र बनाना आरंभ करें। हम इन बोरियों के साथ शास्त्रसम्मत जीवन में रूपांतरण करने में लाभदायी 'गंगाजल' पत्रिका रखकर आते हैं।''

बाली दादा बोले– ''ठीक है पुत्र।''

•••

ईश्वरीय मनुष्य

धर्मराज के अपार स्नेहयुक्त संदेश के अनुसार उनके अधिकतम शुद्ध शाकाहारी व्यापारी मित्र उनके अन्य लाभार्थी ग्राहक और पशु संरक्षण संस्थाओं के प्रबंधक शनिवार को प्रातःकाल के समय सोम विश्राम गृह पधारते हैं। सर्वप्रथम वे बाली दादा के साथ संपूर्ण सोम के भाग्योदय दर्शन करते हैं। सोम की असीम सुंदरता को देखकर एवं सोम के विश्वश्रेष्ठ, विशेष और सर्वत्र दुर्लभ नीति-नियमों और सिद्धांतों को जानकर प्रत्येक अतिथि मित्र अत्यंत प्रभावित हो जाते हैं। धर्मराज के संदेश अनुसार शाम चार बजे वे लोग सोम विश्राम गृह के सुंदर बगीचे में पहुँचते हैं।

बगीचे के मध्यभाग में पीपल का एक भव्य वृक्ष है जिसके नीचे धर्मराज, सुखराज, गोवाल दादा, पार्थोदास और कुछ सोमवासी बैठे हैं। अतिथियों के लिये पहले से ही बाँस की सुंदर और चौड़ी आरामदायक कुर्सियाँ रखी हुई हैं। बगीचे के पास एक सुंदर तालाब भी है। एकदम शांत और रमणीय वातावरण है। ऐसा अद्भुत वातावरण है जो आत्मा को महाप्रसन्न करके मन, वचन और कर्म के द्वारा सर्वोत्तम चरित्र के प्रदर्शन कराने के लिये पूर्णतः समर्थ है।

व्यापारी अतिथियों के बगीचे में प्रवेश करते ही धर्मराज, सुखराज, पार्थोदास और गोवाल दादा अपने स्थान पर खड़े हो जाते हैं और अतिथियों के महत्त्वपूर्ण आगमन का सर्वोत्तम सम्मान करते हुए, अपने अपार प्रेम और संस्कारो के भंडार हृदयक्षेत्र से उनके नित्य कल्याण का उत्तम भाव दर्शाते हुए सबको प्रणाम करते हुए कहते हैं– "शुभ प्रभात सत्युगी मित्रों। सर्वत्र सर्व का नित्य कल्याण हो।"

सब ने कहा– "शुभ प्रभात देवताओं। सर्वत्र सर्व का नित्य कल्याण हो।"

तत्पश्चात् मोनाल सबसे कहते हैं– "मित्रों, ये हैं श्री सुखराज मेवार और उनके पुत्र श्री धर्मराज मेवार, ये हैं इस गाँव के मुखिया पार्थोदास जी और मेवार राजमहल के सबसे वृद्ध व्यक्ति गोवाल दादा। संपूर्ण मेवार कुल के संस्कार भंडार।"

सोम पर पहली बार आने वाले अतिथि सीधे सुखराज, धर्मराज, गोवाल दादा और पार्थोदास के निकट आते हैं और उनके चरण स्पर्श करते हैं।

सुखराज ने सबको रोकते हुए कहा– "मित्रों, कृपया आप लोग हमारे चरण स्पर्श करके हमें लज्जित न करें।"

मध्यप्रदेश की पशु संरक्षण संस्था के प्रबंधक वानप्रस्थराजो, सुखराज से बोले– "महात्मनों, उस अद्भुत, अदृश्य, सनातन, सर्वशक्तिमान, महाबलिष्ठ और

निराकार परमात्मा के मनुष्य योनि में साकार रूप में दर्शन कर चरण स्पर्श कर हम स्वयं का कल्याण अनंतकाल तक सुनिश्चित कर रहे हैं। इस गाँव के ईश्वरीय मनुष्यों की उपदेशात्मक और जीवनसुधारक पवित्र संगत हमें इस ब्रह्माण्ड का सर्वोत्तम सुख और संस्कार प्रदान कर रही है। अतः आप जैसे देवसत्ता प्राप्त महान व्यक्तियों के विश्वउद्धारक दर्शन करके हम सब धन्य हो गये हैं। कृपया आप हमें, आपके चरण स्पर्श करने का पुण्य प्राप्त करने दें।''

मोनाल ने सुखराज से कहा– ''हाँ काका। ये लोग आपसे अत्यंत प्रसन्न और प्रभावित हैं। वे आप सबको साक्षात् ईश्वर मानते हैं।''

तब सुखराज बोलते हैं– ''देवमित्रों, आप सबका स्थान हमारे चरणों में नहीं हमारे हृदय में है।''

और सुखराज, धर्मराज और अन्य सोमवासी अपने अतिथियों के गले मिलते हैं।

उसके बाद वानप्रस्थराजो ने सुखराज से कहा– ''सुखराज जी, दुःख को सुख में परिवर्तित करने वाली, अस्थिर मन को स्थिरता प्रदान करने वाली, वासनायुक्त विकृत को आध्यात्मिक यात्री बनाने वाली ये अत्यंत मनमोहक सुवास कहाँ से आ रही है?''

आंध्रप्रदेश के वेम्पल्ला गाँव से आये कियाध्रिह वब्बु ने कहा– ''हाँ इन्द्रियों को उत्तम संयम और स्थिरता प्रदान करने वाली ऐसी अद्वितीय सुवास की अनुभूति हमने आज तक कभी नहीं की। अत्यंत आकर्षक सुवास है ये।''

तब मोनाल ने कहा– ''मित्रों, ये विशेष सुवास धर्मराज जी के शरीर से आ रही है। वो भी जन्म के समय से।''

वानप्रस्थराजो ने धर्मराज से कहा– ''धर्मराज जी, हमने आज तक ऐसा मनुष्य कभी नहीं देखा जिसके शरीर से जन्म से ही ऐसी अद्भुत सुवास आ रही हो। ये वाकई असाधारण बात है। ऐसा प्रतीत होता है कि परमात्मा की कोई विशेष कृपा है आप पर। और उस विशेष कृपा के आश्रय में कोई मायालोक आपके ब्रह्माण्डश्रेष्ठ शरीरलोक में आनंदमग्न होकर अद्वितीय सुख स्वरूप के दर्शन करा रहा है।''

उसके बाद उड़ीसा के सम्बलपुर से आये द्लानिम वानम धर्मराज से कहते हैं– ''हाँ। आप अत्यंत भाग्यशाली व्यक्ति हैं कि ईश्वर ने आपको ऐसी विशेषता दी।

आपके पुण्य कर्मों के साथ–साथ आपका शरीर भी सर्वोत्कृष्ट है। एक चमत्कारी अस्तित्व प्राप्त है आपको।''

धर्मराज सबको प्रसन्न करते हुए बोले– ''धन्यवाद। पर ये सब तो ईश्वरीय भेंट है। सब उनकी माया का सुखद परिणाम है।''

कियाध्रिह वब्बु ने कहा– ''शत–प्रतिशत।''

फिर सुखराज ने सबसे कहा– ''महात्माओं, अब आप अपना–अपना स्थान ग्रहण करें। हम आप सबके सात्विक व्यापार के संदर्भ में अनुभव सुनने के लिये अतिउत्सुक हैं।''

और मोनाल बोले– ''आइये, बैठिये।''

और सभी बाँस की कुर्सियों पर बैठ जाते हैं और सुखराज कहते हैं– ''प्रिय देवमित्रों, आपको हमारे विश्राम गृह पर और सोम दर्शन के दौरान कोई कष्ट तो नहीं हुआ न?''

उत्तर में मोनाल, सुखराज से बोले– ''काका, सोम में किसी को कोई पीड़ा नहीं हो सकती। ये तो स्वर्ग के मनुष्यों का गाँव है। आपके ग्राम दर्शन में हमें रामराज्य दर्शन हुए हैं। यहाँ का प्रत्येक कण संस्कार, संस्कृति और सत्कर्म बाँट रहा है, श्रीमद्भागवत ग्रंथ के समान शुभ विचारों का पिटारा है। यहाँ आने से पुरुषार्थ और धर्म आस्था में प्रचंडता आती है और जीवन की असीम संभावनाएँ उजागर होती हैं। मन में सत्संग रूपी बीज संचित करता है यहाँ का ब्रह्मलोकी वातावरण।''

उसके बाद धर्मराज ने गुजरात से आये कानाजी ठाकोर को पूछा– ''कानाजी काका, केम छो? अने आपणा विजयनगर ना शुं समाचार छे?''

''एकदम मज़ा मा छु पुत्र। विजयनगर में भी एकदम शांति है। और आपके उच्च कोटि के सात्विक अनाज वितरण से, विजयनगर के निर्धन लोग, निकट गाँववासी और असंख्य पशु–पक्षी अत्यंत प्रसन्न एवं कृतज्ञ हैं। आपनी आ जनसेवा बदल लोग जीवन पर्यन्त आपके आभारी रहेंगे। लाभार्थियों के वृद्ध माता पिता ने आपकी विश्वप्रसिद्धि, शिखरस्थ समृद्धि और दीर्घायु के लिये विशेष आशीर्वाद भेजा है।''

''आप और अनाज के सर्व लाभार्थियों का अनंत धन्यवाद, दादा।''

''और हाँ, आपका स्वर्गीय सोम और आपके नीति—नियम तो विशेष, प्रभावशाली और सर्वलोकप्रिय हैं। दुर्लभ और अद्वितीय। धन्य हैं मेवार साहब आप, और आपके संस्कारवान गाँववासी।''

फिर धर्मराज कानाजी से बोले— ''धन्यवाद। परंतु कृपया आप हमें साहब कहकर न बुलायें। साहब के स्थान पर श्री, आप, जी, महोदय, महात्मन् जैसे अन्य सम्मानपूर्ण शब्दों का प्रयोग करे। जैसे हमारी नियमों की सूची में वर्णित है।''

कानाजी ने उत्तर दिया— ''ठीक छे महात्मन्।''

उसके बाद उड़ीसा के द्लानिम वानम ने सुखराज से कहा— ''सुखराज जी, आपका सोमगाँव अतिसुंदर और शांति संपन्न हैं। यहाँ सत्य, सौंदर्य, सात्विकता, शुद्धता, धर्म नित्य रूप में विद्यमान हैं। आप साक्षात् ईश्वर हैं। आप निःशुल्क अनाज वितरण करके इस संसार का सर्वोत्तम कार्य कर रहे हैं। आपके इस अर्थपूर्ण कार्य से असंख्य भूखे मनुष्यों और पशुओं को अन्न का लाभ सरलता से प्राप्त होता है। जिन्हें अन्न के एक दाने की प्राप्ति के लिये बहुत संघर्ष करना पड़ता था, आज वे लोग अपने संपूर्ण परिवार के साथ आपके श्रेष्ठ गुणवत्ता के सात्विक, महाशक्ति वर्धक अनाज से दो समय का भोजन शांति से करते हैं। भोजन ग्रहण करने के पश्चात् उनकी उदराग्नि को प्राप्त हुई शांति से देवलोक तक प्रसन्नता पहुँचती है। ये सब आपकी अमूल्य संस्कृति की कृपा से घट रहा है देवता।''

सुखराज ने कहा— ''धन्यवाद मित्र। परंतु ये तो हमारा सैद्धांतिक कर्तव्य है। हम अधिक से अधिक निर्धन, असहाय मनुष्य और पशु—पक्षियों तक अपना श्रेष्ठ गुणवत्ता का परिशुद्ध अनाज पहुँचाना चाहते हैं और अधिक से अधिक मनुष्यों को गंगाजल पत्रिका प्रदान करके उन्हें श्रेष्ठ धर्मानुकूल जीवन प्रदान करना चाहते हैं।''

मोनाल के भाई टोनाल, सुखराज से बोले— ''बहुत ही अच्छे और ऊँचे विचार हैं आपके काका। ऐसा प्रतीत होता है कि संपूर्ण श्रीमद्भगवद्गीता का धर्मरस आप में प्रसन्न और सक्रिय रूप में समाहित है।''

सुखराज ने कहा— ''आपनो घणो आभार।''

फिर धर्मराज ने टोनाल से कहा— ''टोनाल भ्राता, आप बहुत समय के बाद सोम आये हैं। अब तो कुछ दिवसों तक यहाँ रहना ही पड़ेगा।''

''अवश्य रहेंगे भ्राता।''

मोनाल ने धर्मराज से कहा– ''भ्राता, अब तो टोनाल भ्राता उत्तर भारत के सारे वनों के निरीक्षण अधिकारी बन गये हैं। इन्हें वन संरक्षण के उच्चअधिकारी की सम्माननीय पदवी प्राप्त है। इनके अपार पशुप्रेम, सुगम वन संचालन पद्धति, पशुरक्षा अभियान और वन में समस्त पशु–पक्षियों के नित्य भोजन और जल सेवा प्रबंधन के प्रशंसनीय कार्य ने समस्त विश्व को आकर्षित किया है। निस्संदेह इन्होंने ब्रह्माण्ड के शरीर में अपनी विशेष कर्मगाथा और कल्याण प्रदायक स्मृति सुरक्षित कर ली है।''

धर्मराज, टोनाल से बोले– ''जी, शिम्बू भ्राता ने बताया था। कर्मक्षेत्र और धर्मक्षेत्र का सर्व सम्माननीय कर्म और विचार है पशु–पक्षियों की सेवा व रक्षा। कर्मसागर में सर्वोत्तम पद और अक्षय प्रतिष्ठा प्राप्त हुई है इन्हें।''

टोनाल ने कहा– ''अनंत धन्यवाद देवता।''

तब सुखराज, टोनाल से बोले– ''पिताश्री को भी साथ लेकर आते।''

''काका, अब पिताश्री धनौल्ती की हमारी गंगाजल धर्मशाला पर ही बैठकर संचालन करते हैं। माताश्री के देह त्याग के पश्चात् पिताश्री गंगाजल धर्मशाला पर ही रहते हैं। वे कहते हैं कि अब तो संपूर्ण जीवन वहीं व्यतीत करना है।''

''वो स्थान ही इतना पवित्र है कि उसे छोड़ने का मन न करे। वहाँ प्रत्येक क्षण सद्गुरुओं और देवताओं की संगत में व्यतीत होता है।''

फिर तुरंत ही मोनाल ने सुखराज से कहा– ''सत्य कहा आपने धर्मक्षेत्र।''

उसके बाद वानप्रस्थराजो बोले– ''सुखराज जी, आपके उच्च गुणवत्ता के सात्विक अनाज का लाभ लेकर हमारी संस्था के असंख्य पशु–पक्षी और जीव–जंतु स्वस्थ और शिकारमुक्त जीवन व्यतीत कर रहे हैं। आपके सात्विक अनाज से पशुओं को शुभ विचारधारा, उत्तम संस्कार, मित्रभाव एवं दयाभाव के सत्गुण प्राप्त हुए हैं। हिंसक पशु भी सात्विक भोजन कर रहे हैं, चाहे वो बाघ हों, शेर हों, अजगर हों, शियाल हों या तेंदुआ। इस अद्भुत और सर्वकाल पूजनीय पुण्य कार्य के लिये आपका बहुत धन्यवाद। संपूर्ण प्राणीजगत आपका आभारी रहेगा। आपका देवरूपी अस्तित्व पृथ्वीलोक पर सूर्य के समान सदैव अमर रहे।''

सुखराज ने उत्तर दिया– ''मित्र, इस कार्य से हमें असीम आनंद प्राप्त होता है। हम रचनाधर्मी हैं, धर्म के सेवक हैं। कर्मक्षेत्र को सर्वोत्तम दिशा और गति देना

हमारी आदत बन गई है।''

वानप्रस्थराजो पुनः बोले— ''जी। निस्संदेह आप धर्मज्ञ पुरुष हैं और आपके सोम के दर्शन करके हम अत्यंत प्रभावित हुए हैं। आपके गाँव में पशु–पक्षी और जीव–जंतुओं को दी गई सुखसिद्ध सुविधायें और उनके प्रति आपकी असीम सहानुभूति को हमारा शत–शत प्रणाम। आपने मौन पशुओं को सुखमयी, शांतिपूर्ण, सम्माननीय एवं सुरक्षित जीवन प्रदान करने वाली सुविधायें देकर एक ब्रह्माण्ड पुरुष होने का उपदेशात्मक उदाहरण प्रस्तुत किया है।''

सुखराज ने कहा— ''धन्यवाद। इनमें से कुछ सुविधायें हमारे गाँव में पहले से निर्मित व उपस्थित थीं परंतु इन्हें सार्वजनिक हित के लिये सर्वसुविधा संपन्न बनाया है पुत्र धर्मराज जी ने।''

तब गुजरात के जामनगर शहर से आये महातेजस्य जैन, धर्मराज से कहते हैं— ''धर्मराज जी, आपने सर्वोत्तम विचारश्रेणी का कार्य किया है। आपका आत्मबल, आत्मबोध और आत्मसंयम शिखरस्थ हैं। आपकी क्षणिक संगत में भी शिखरस्थ आनंद का साक्षात्कार होता है। ऐसा प्रतीत होता है कि जैन धर्म के संस्थापक का पवित्र अंश आप में औषधि रूप में विद्यमान है जो किसी भी प्राणी की गंभीर से गंभीर व्याधि को भी सहजता से अदृश्य कर सकते हैं।''

धर्मराज बोले— ''धन्यवाद देवमित्र। ये तो प्रत्येक मनुष्य का प्राथमिक कर्तव्य है कि वो अन्य जीवों की रक्षा करे, अहिंसा परमो धर्म के धर्म पथ पर चलकर उन्हें सुव्यवस्थित जीवन प्रदान करे।''

महाराष्ट्र के बुलदाना से आये सत्यपिर शिंदे, धर्मराज से कहते हैं— ''एकदम सच कहा आपने धर्मराज जी। और आपके अनाज के ठेलों के साथ भेजी हुई 'गंगाजल, सब पवित्र हो जायेगा' पत्रिका तो मनुष्य दल को धर्माधीन जीवन जीने के लिये बहुत सहायक है। उसे पढ़कर मनुष्य संस्कारवान बनने पर विवश हो जाता है। यह अमूल्य ज्ञान भंडारक पुस्तिका नैराश्य पर प्रहार करती है। भय और संशय को सहजता से छीन लेती है। मनक्षेत्र में परहित, परमार्थ और आत्मविकास की उत्तम परिणामोन्मुख संभावनाओं का रोपण करती है। इसके अनुसरण से अमान्य, अपूज्य, अपवित्र और अग्राह्य वस्तुयें दूर रहती हैं। विकारों की निवृत्ति होती है और उत्तम संस्कारों का जन्म। इसे पढ़कर दानव भी देवता बनने के लिये व्याकुल हो जायेंगे। ये ऐसी अद्भुत ब्रह्माण्ड कल्याणकारी पुस्तक है जैसे इसकी रचना समस्त देवताओं ने मिलकर की हो। प्रत्येक वाक्य सत्य, प्रेम, करुणा, परोपकार, पवित्रता,

धर्माचार और आत्मोत्कर्ष की शरण में मोक्षदायी अमृतपान कराता है।''

संबलपुर के द्लानिम वानम ने धर्मराज से कहा– ''एकदम सत्य कहा सत्यपिर जी ने। इसका एक श्रेष्ठ उदाहरण हम देते हैं। हमारे गाँव के कई लोग मदिरा पान, माँसाहार और स्त्री शोषण जैसे घृणित दुष्कर्म करते थे और सक्रिय रूप से वेश्यावृति के व्यापार में संलग्न थे। उन्हें बिना मूल्य के अनाज के साथ हमने आपकी 'गंगाजल' पत्रिका दी। कुछ दिवस पश्चात् उनकी पत्नियाँ प्रसन्न होकर हमारे घर आयीं। उनमें से एक स्त्री ने हमसे कहा कि हे महात्मन, आपकी उपदेशात्मक और जीवन सुधारक पत्रिका 'गंगाजल' तो हमारे लिये ईश्वर के अक्षर रूपी आशीर्वाद समान बन गई है। हम सबके पतियों ने सदैव के लिये मदिरापान का परित्याग कर दिया है। सुबह के कुल्ले से लेकर रात्रिकाल तक निरंतर मदिरापान करने वाले मेरे पति अब मुझे ये कहते हैं कि मदिरा सर्वप्रथम मनुष्य की विवेक शक्ति का नाश करती है, मनक्षेत्र को कुंठित करती है, इन्द्रियों को उत्तेजित कर उसमें आग लगाती है, शरीर के समस्त छिद्रों में चंचलता लाती है, भावनाओं और आत्मविकास पर विराम लगाती है, संबंधो को धराशायी करती है, अधर्मी, लालची, असत्यवादी और भोगविलासी यात्री बनाती है। सेहत का विनाश तो बहुत बाद में होता है।''

द्लानिम आगे बोले– ''दूसरी स्त्री हमसे कहती है कि हम मछुआरे हैं, अनाज के दुश्मन। हमारा समस्त परिवार कई पीढ़ियों से मछली और मुर्गियों का शिकार करता आया है। पर जबसे हमने और हमारे परिवारजनों ने 'गंगाजल' पत्रिका पढ़ी है, तबसे हम सबने मच्छी और मुर्गी को मारना और खाना सदैव के लिये छोड़ दिया है। अब मेरे पति कहते हैं कि हिंसा महापाप है। हत्या महापाप है। अंततः केवल स्नेह, ध्यान, सुरक्षा, धर्मशरण और पुण्यकर्म ही अर्थपूर्ण जीवन है। बाकी सब मिथ्या है। भौतिक पदार्थों में व्यर्थ में उलझे हुए मूर्ख मनुष्यों की तरह अब मैं अपने जीवन का अमूल्य समय व्यर्थ में नहीं गँवा सकता। अब तो कर्मक्षेत्र के उत्तम चरण को प्राप्त करना है। तीसरी स्त्री ने भी हमसे कहा कि आपकी पवित्र गंगाजल पत्रिका को पढ़कर हमारे पति ने कसाई का तुच्छ काम छोड़ दिया है। उनका मन पूर्ण रूप से धर्मानुकुल हो चुका है। अब वे कहते हैं कि निर्दोष पशु–पक्षियों की हत्या करना मानसिक रूप से नपुंसक मनुष्यों का कार्य है। माँसाहारी मनुष्य इस सृष्टि का सबसे घटिया, संस्कारहीन, दुर्बल, घृणित, अपवित्र, विकृत, जड़, अज्ञानी, महामूर्ख, कायर, वर्णसंकर मनुष्य है। काश! मैंने जीवन के आरंभिक काल में ही अपने तुच्छ और संकुचित मानसिकतायुक्त पूर्वजों और समाज

के मूल्यहीन व अर्थहीन आदेशों के स्थान पर आत्मनिरीक्षण कर ईश्वरीय संविधान को धारण किया होता तो मैं पहले से ही अहिंसा परमो धर्म की शरण में होता। उस स्त्री ने अंत में व्याकुल हो कहा कि अब हमारे पतिदेव ने मंगल निर्णय लिया है कि हम सब उनके काका के गाँव रणथंभोर जाकर जीवन पर्यन्त पशुपालन और खेतीबाड़ी का कार्य करेंगे।''

सभी ध्यान से यह अनुभव सुन रहे थे। द्लानिम ने बोलना जारी रखते हुए कहा— ''चौथी स्त्री ने कहा कि हमारे पति वेश्यालय चलाते थे। वे वेश्यागामी थे। उनके जीवन का अधिकतम समय वेश्याओं के साथ ही व्यतीत होता था। पता नहीं कितने जन्मों की आग संचित कर आये थे। परंतु अब तो परिस्थितियाँ शुभता की शरण में हैं। अब मेरे पति उन्हीं वेश्यालय की कुलटा स्त्रियों की सहायता से शाला शुरू करना चाहते हैं और इसके माध्यम से असंख्य लोगों को धर्म का पाठ पढ़ाना चाहते हैं। वे विश्व की सारी वेश्याओं तक एक कल्याणकारी संदेश पहुँचाना चाहते हैं कि परपुरुष के संग किया गया कुछ क्षणों का भोगविलास तुम्हें क्षणिक शारीरिक तृप्ति और अपार धन अवश्य दे देगा। परंतु जितने भी भिन्न–भिन्न पुरुषी स्पर्श तेरे शरीर को प्राप्त हुए हैं नारी, उतने–उतने जन्म तुम्हें सार्वत्रिक अपमान, अपार दुःख, अंतहीन शोषण, असाध्य रोग, पुत्र वियोग और पति वियोग में शत–प्रतिशत व्यतीत करने होंगे। कामवासना को विराम देकर अभी भी संभल जा, अन्यथा केवल दुःख और नारकीय जीवन ही तेरी नियति होगी। अंत में चौथी स्त्री ने गर्वानुभूति कराते हुए कहा कि कदाचित् हमारे पति के ये कल्याणकारी आदेश और आगामी सत्कर्म गंगाजल बनकर उनके चरित्र को पवित्र कर दें। कलयुग में सत्युगी जीवन प्रदान करने के लिये अनंत धन्यवाद महात्मन्।''

पूरा अनुभव सुनाने के बाद द्लानिम वानम ने धर्मराज से कहा— ''अंतःकरण एवं चेतना को असीम प्रसन्नता प्रदान करने वाले उन सुवाक्यों को सुनकर हमें शिखरस्थ आत्मसुख प्राप्त हुआ। धर्मराज जी, आपके पवित्र अनाज के विश्वस्तरीय महावितरण का माध्यम बनकर हम वाकई धन्य हो गये हैं। बस परमात्मा से यह प्रार्थना है कि प्रत्येक जन्म में मुझे मेवार परिवार और सोम परिवार की नित्य संगत प्राप्त हो। फिर चाहे मेरा जन्म निर्धन रूप में हो, सेवक बनकर हो या पशु बनकर।''

सब ताली बजाते हैं।

कानाजी ठाकोर प्रशंसा में द्लानिम वानम से बोले— ''क्या बात कही है। यही है गंगाजल की पवित्रता की प्रचंड शक्ति। जहाँ भी जाये सब पवित्र हो जाता है।''

उसके बाद गुजरात के बड़ौदा से आये धूमकेतु मिस्त्री ने कहा– ''वाक़ई ये सब पवित्र कर देते हैं। हमारे पड़ोस में कोठवार पटेल नाम के एक धनिक एवं प्रतिष्ठित तम्बाकू उत्पादक रहते हैं। वो पिछले पैंतालीस वर्षों से तम्बाकू का उत्पादन करते थे। बीड़ी भी बनाते थे और असीमित मात्रा में इन स्वास्थ्य हानिकारक वस्तुओं की निर्यात भी करते थे। परंतु एक दिवस उन्होंने आपकी गंगाजल पत्रिका पढ़ी और वे इतने प्रभावित, कोमल और भावुक हो गये कि उन्होंने उसी दिवस अपने कई वर्षों से अंतर्राष्ट्रीय स्तर पर स्थापित तम्बाकू उत्पादन के व्यवसाय को सदा के लिये बंद करने का प्रशंसनीय निर्णय लिया।''

धूमकेतु आगे बोले– ''उन्होंने हमसे कहा कि अब हम जैविक खेती द्वारा परिशुद्ध अन्न, फल और सब्जियों का असीम मात्रा में उत्पादन करेंगे और आपकी तरह निर्धन और ज़रूरतमंद लोगों को इन खाद्य वस्तुओं का निःशुल्क वितरण करेंगे। तम्बाकू व्यवसाय के माध्यम से तम्बाकू या धूम्रपान सेवन करने वाले जिन मनुष्यों की कर्करोग द्वारा असमय मृत्यु हुई है उस दुःखद घटना का मुख्य भागीदार होने के नाते हम उनकी आत्मा की सद्गति हेतु विधिवत धार्मिक कार्य करेंगे। इसके अतिरिक्त, राजस्थान के हनुमानगढ़ शहर में लगभग पचास हज़ार गायों को और तीस हज़ार ऊँटों को सुरक्षित एवं सुव्यवस्थित जीवन प्रदान कर रही हमारी भव्य रामलोक गौशाला पर हम असीम मात्रा में उत्तम गुणवत्ता के दुग्ध, छाछ, दही, घृत, गौमूत्र और गोबर खाद का उत्पादन करेंगे। दैनिक जीवन में निरंतर उपयोग में आने वाली इन अमूल्य वस्तुओं की निकासी समूचे भारत देश के साथ–साथ अन्य पड़ोसी देशों में भी होंगी। निर्धनों को यह अमृत सम वस्तुयें निःशुल्क प्राप्त होंगी और अन्य लोगों को सस्ते दर पर। और सभी खाद्य पदार्थों की ताज़ागी और शुद्धता को सुनिश्चित काल तक कायम रखती थैलियों और डिब्बों के बाहरी आवरण पर हम गंगाजल पत्रिका के धर्मदेशों का वर्णन करेंगे, जो असंख्य दुर्जनों के चरित्र सुधार का उत्तम माध्यम बनेंगे। अंततः, अज्ञानतावश जो पाप हमसे हुए थे उनसे मुक्त होने के लिये हम ऐसे बहुत सारे पुण्य कार्य करेंगे ताकि पाप कर्मों से भरा यह चरित्र सत्कर्मों से पवित्र हो जाये।''

धर्मराज ने सबसे कहा– ''महात्माओं, आप लोगों के सुखद अनुभव सुनकर हम अतिप्रसन्न हैं। हमें विश्वास है कि सनातन हिंदू धर्म के विश्व प्रसिद्ध देव चरित्रों के आशीर्वाद से हमारा अनाज और पत्रिका प्रत्येक देश के प्रत्येक निस्सहाय और पापी व्यक्ति तक पहुँचाकर सब पवित्र कर देंगे।''

मोनाल, धर्मराज से बोले– ''जो भी होगा, शुभ और परमश्रेष्ठ ही होगा। हम सब श्रद्धावान मनुष्य हैं। श्रद्धावान लभते ज्ञानम्। जो मनुष्य परमात्मा में पूरी श्रद्धा रखकर कर्म करता है उसका प्रत्येक लाभप्रद संकल्प सिद्ध होता है।''

उसके बाद कानाजी भी कहते हैं– ''धर्मराज जी, ये हमारे चचेरे भाई गौलब जी हैं। ये 'स्वच्छ पर्यावरण और स्वस्थ जीवन' का अभियान चलाते हैं। आपसे मिलने के लिये बहुत उत्सुक थे, इसलिये हमारे साथ आये हैं। ये आप से कुछ पूछना चाहते हैं, यदि...।''

धर्मराज त्वरित गौलब से बोले– ''अवश्य पूछो मारा गुज्जू भाई।''

गौलब ने कहा– ''नमस्ते धर्मराज जी। आपका यह आदर्श गाँव अद्भुत, सर्वानुकूल, सर्वसुविधा संपन्न और अतिसुंदर है। हमें गाँव का सादगीपूर्ण जीवन अतिप्रिय है क्योंकि गाँव, संस्कृति और संस्कार का प्रतीक हैं। इसलिये हम आज तक विजय नगर जैसे छोटे, सुंदर और शांत गाँव में ही बसे रहे हैं। परंतु हमारे संपूर्ण जीवन काल के दौरान हमने आज तक सोम जैसा धर्मानुकूल और जीवन की अंतहीन संभावनाओं को उजागर करने वाला गाँव और सोमवासियों जैसा परमश्रेष्ठ, परोपकारी, सादगीपूर्ण, उच्च संस्कारयुक्त, तार्किक रूप से उच्चता सिद्ध एवं धर्माचारयुक्त जीवन कहीं नहीं देखा। आज इस पवित्र भूमि के दर्शन करके हम अनंतकाल के लिये धन्य हो गये हैं। भ्रमित मनुष्य नगरीय आकर्षण की आड़ में अपने खेत–खलिहान छोड़कर शहर में यहाँ–वहाँ भटकते रहते हैं और स्वयं के गाँव में अन्न भंडार होने के बावजूद शहर में राशन की दुकान में पंक्तियों में खड़े दिखाई देते हैं। मंदबुद्धि का प्रस्तुतीकरण कर रहे हैं आज के गाँव के युवा। यदि उन्हें ऐसे गाँव की संस्कृति एवं संस्कार का परिचय मिल जाये तो वे ग्राम सत्ता को प्रथम प्रकाशित रूप में सुरक्षित रखने में सफलता प्राप्त कर सकते हैं। आपके संपूर्ण सोम को हमारा कोटि–कोटि प्रणाम।''

''आपका बहुत धन्यवाद गौलब जी। हमारा गाँव समूचे विश्व में ग्राम सत्ता को जीवित एवं सुरक्षित रखने में महत्वपूर्ण योगदान देगा। पर इसके साथ–साथ गाँव के युवाओं को संस्कार, संयम और मर्यादा का बटवारा नहीं होने देना चाहिये। ग्रामवासियों को मन की चंचलता, नगरीय आकर्षण और देहवासना से परे उठना होगा। उन्हें अपने मन के बाहर एक आध्यात्मिक द्वारपाल नियुक्त करना चाहिये जो शुभ और अशुभ का भेद जानकर मन द्वारा शरीर को शास्त्र सम्मत जीवन प्रदान करे। और सबसे पहले आधुनिक पदार्थों में सुख ढूँढने वाले अज्ञानी ग्रामवासियों

को अपने खेत–खलिहान और पशुधन की रक्षा करनी चाहिये क्योंकि मानसिक रूप से भिखारी, संस्कारहीन, लालची और प्रतिष्ठा की भूख के तुच्छ शरणार्थी अर्थात् शहर के घटिया धनिक व्यापारी, अपनी लालचपूर्ण और छलपूर्ण योजनाओं द्वारा ग्रामजनों से खेत–खलिहानों की भ्रष्ट सौदेबाज़ी करवाते रहे तो न रहेगा खेत, न गौशालायें, न पशुधन, न गाँव और न गाँववासी। और विकास के नाम पर होगा विनाश। इसलिये इन आगामी विषम परिस्थितियों का सख़्त विरोध और निषेध हमें बुद्धिमत्ता से करना होगा।''

यह सुनकर टोनाल ने कहा– ''शत–प्रतिशत। हम अपने समस्त व्यापार समुदाय का प्रचंड पुरुषार्थ, ग्रामसत्ता की सुरक्षा के लिये समर्पित करते हैं।''

मोनाल ने भी सहमति में कहा– ''अवश्य भ्राता। हम गंगाजल पत्रिका का दिव्य संदेश अधिक से अधिक मनुष्यों तक पहुँचायेंगे। और ये सत्य है कि जो कार्य सोमवासियों के संपर्क में आते हैं वो पवित्र और साकार हो जाते हैं।''

''धन्यवाद मित्र।'' धर्मराज ने मोनाल से कहा।

गौलब ने धर्मराज से कहा– ''यदि आप जैसा सुव्यवस्थित परोपकारी जीवन पृथ्वी का प्रत्येक मनुष्य व्यतीत करे तो हम सतयुग के समय की सुंदर पृथ्वी माँ के दर्शन पुनः कर सकते हैं।''

''शुद्ध विचार हैं मित्र। परंतु सबको बदलना तो कठिन हैं क्योंकि ये कलयुग है। इसलिये रचनाधर्मी और अलोभ चित्त के स्वामी बनकर शुभ और हितकर संभावनाओं को साकार करने के लिये हमें बस अथक परिश्रम करना है।''

फिर मोनाल, धर्मराज से बोले– ''भ्राता धर्मराज, कलयुग शब्द से याद आया कि हमारे कुछ व्यापारी मित्र इस युग में निरंतर घट रहे निंदनीय और अमान्य कृत्यों के विषय में कुछ कहना व पूछना चाहते थे।''

''निस्संकोच कहें। हम एक परिवार हैं।''

धर्मराज की यह बात सुनकर महाराष्ट्र के बुलदाना गाँव से आये सत्यपिर शिंदे बोलते हैं– ''धर्मराज जी, इन कठोर शब्दों के लिये हमें क्षमा करें पर शहरी जीवन तो बहुत ही खराब, अस्त–व्यस्त, भीड़–भाड़युक्त, गंदगीपूर्ण और अनिश्चित है। शहरवासियों को बदलना असंभव है। सब लोग मोह और माया के बंधन में स्थायी रूप से बंध गये हैं। पदार्थों में पूर्णतः संलिप्त हैं। धर्म–अधर्म का ध्यान रखे

बिना ही हर कोई अपनी प्रसिद्धि के लिये जीवन व्यतीत कर रहा है।"

गौलब ने कहा– "सत्य कहा सत्यपिर जी ने। दिन–प्रतिदिन कई शहरों में और कई गाँवों में जनसंख्या में अनियंत्रित रूप से वृद्धि हो रही है। प्रतिदिन बच्चों का जन्म तो इतनी तीव्र गति से हो रहा है जैसे पतझड़ की ऋतु के अनगिनत फूल बिखर रहे हों। ऐसा लगता है जैसे वर्ष के प्रति दिवस पर बच्चे बिखरने की बालकझड़ ऋतु आ गई हो।"

उड़ीसा के द्लानिम वानम ने कहा– "हाँ, ये तो सत्य है। जनसंख्या की वृद्धि के कारण शहर में भीड़ हो गई है। किसी भी वस्तु की प्राप्ति के लिये मनुष्य को कतार का सामना करना ही पड़ता है। जहाँ भी जाओ, खतरे ही खतरे, कतार ही कतार। जैसे खाने के लिये कतार, पीने के लिये कतार, कुछ खरीदने के लिये कतार, बेचने के लिये कतार, जन्म देने के लिये कतार, मरने के लिये कतार।"

बिहार के लोग्बिथो जुपत बोले– "हाँ। और आज का मनुष्य किसी भी देश की सरकार के कुछ अनावश्यक और व्यर्थ नियमों और कायदों के आगे–पीछे घूमते हुए, उनका अनुसरण करते हुए जीवन के मूल सत्य को जाने बिना ही अपना अमूल्य जीवन समाप्त कर देता है।"

कानाजी ने धर्मराज से कहा– "हाँ, और अभी तो पागलों का नक़ल प्रवाह चल रहा है। एक व्यक्ति जो कार्य करता है, सौ लोग उसका अनुसरण करने जाते हैं। क्षमता हो या ना हो। दिशा उचित हो या अनुचित। और इस कारण, असीम पाप कर्मों का आरंभ होता है। विनाशकाले दुर्बुद्धि जागृत।"

इतना सुनने के बाद गोवाल दादा ने सबसे कहा– "महात्मनों, इसलिये हम सोमवासियों को हमारा शास्त्रसम्मत जीवन अतिप्रिय है। हमारे सोम और सोमवासियों का मोह के साथ कोई संबंध ही नहीं है। हम संतुष्ट आत्मायें हैं। हमारा संबंध सद्गुण और सत्कर्मों से है। हम स्वतंत्र और पवित्र जीवन जीते हैं। हम स्वाधीन हैं, पराधीन नहीं। हमारे सोमवासियों को इस संसार की किसी कतार का सामना नहीं करना पड़ता क्योंकि जहाँ हम खड़े होते हैं वहाँ कतार नहीं होती। और जहाँ कतार होती हैं वहाँ हम नहीं होते।"

सभी ने सहमति ज्ञापित की– "सत्य कहा आपने गोवाल दादा। अतिउत्तम कथन।"

फिर पार्थोदास बोले– ''और हाँ मित्रों, हमारी सोम की भूमि पर केवल हमारे बनाये धर्मानुकूल नीति–नियम चलते हैं। हम पृथ्वी माँ के पुत्र हैं। हमें किसी भी देश के किसी नियम की आवश्यकता नहीं है। सोम के समस्त जीव स्वयं सर्वोच्च सत्ता हैं। और वे, सोम के बनाये हुए चरित्रविकासी और परोपकारी नियमों एवं आदेशों का ही अनुसरण करते हैं। लेकिन हमारी अखंड, अजेय, सनातन और पुरातन शासन व्यवस्था का प्राथमिक नियम है कि मन, वचन और कर्म से धर्म की शरण में रहकर सदैव पवित्र रहना। जीवन में कभी किसी का अहित न हो।''

बाली दादा ने कहा– ''और हम प्रत्येक देश की सरकार और उनके कायदे कानून का बहुत सम्मान भी करते हैं। पर मुख्य रूप से ये ध्यान रखते हैं कि जो कायदे हमारे मन, हमारी शास्त्र इच्छित जीवनशैली, मानवधर्म, प्राकृतिक संपदा, पशुधन और निर्दोष मानव समुदाय को आहत करते हैं, उन नियमों का हमारे जीवन में प्रवेश सख़्त रूप से निषेध है।''

मोनाल बोले– ''अर्थपूर्ण बात कही आपने। वैचारिक साम्राज्य का उत्तम प्रस्तुतीकरण।''

गौलब ने धर्मराज से कहा– ''अद्भुत। आज तक भ्राता कानाजी ने आप लोगों के विषय में जो भी कहा था, आप सब उस से असंख्य गुना परे हैं। इन्होंने आपकी तुलना स्वर्ण से की है। लेकिन आप सब तो विश्व को प्रकाश देने वाले विश्वगुरु सूर्यदेव के समान तेजस्वी आत्मायें हैं। आपकी तुलना इस संसार में कोई किसी से नहीं कर सकता है। आप लोगों से वार्तालाप अर्थात् अवसाद से अखंड आनंद की ओर यात्रा करना। संभवतः मानव मूल्यों की प्रतियोगिता में आप लोग देवताओं को भी परास्त कर दें। आप जैसे देवगुणी मनुष्यों को हमारा कोटि–कोटि प्रणाम।''

धर्मराज, सुखराज और अन्य सोमवासियों ने गौलब से कहा– ''आप सबरो घणो–घणो आभार। हमारे देवताओं की नित्य कृपा से ही यह सोम स्वर्ग स्थापित हुआ है। देवतत्व हम सब में प्रबल रहे।''

उसके बाद आंध्रप्रदेश के वेम्पल्ला गाँव के कियाध्रिह वब्रु कहते हैं– ''धर्मराज जी, याँत्रिक साधनों की दुनिया में आज का मनुष्य इतना खो गया है कि उसे ऐसा लगता है, ये ही सर्वश्रेष्ठ और अनुसरणीय दुनिया है। परंतु सत्य तो ये है कि छोटे से छोटे याँत्रिक साधन से लेकर भव्य यंत्र, हमें और हमारी पृथ्वी को केवल नुकसान ही पहुँचा रहे हैं। प्रत्येक यंत्र साधन अनुपयोगी गर्मी उत्पन्न करते हैं और साथ ही हमारे शरीर को अनगिनत बीमारियाँ देते हैं। जैसे

चलता–फिरता फोन, वातानुकूलन यंत्र, दूरदर्शन, कम्प्यूटर, फ्रिज अर्थात् इस संसार की अधिकाधिक याँत्रिक वस्तुयें गर्मी उत्पन्न करती हैं। ये पृथ्वी के वातावरण में सर्वत्र गर्मी की वृद्धि कर रहे हैं और पृथ्वी की सुंदरता और सुंदर अस्तित्व का नाश कर रहे हैं।''

कानाजी बोले– ''इस बात से हम बिलकुल सहमत हैं। आज के मनुष्य को ये लग रहा है कि अन्य ग्रहों पर पहुँच कर हमने बहुत बड़ी सिद्धि और प्रौद्योगिकी के विषय में बहुत प्रगति प्राप्त कर ली है। परंतु ये सब निरर्थक है। मनुष्य को जीवन जीने के लिये पृथ्वी ही इस संसार की सर्वश्रेष्ठ भेंट है।''

धर्मराज, सुखराज, पार्थोदास, गोवाल दादा और अन्य अतिथि इन रसप्रद बातों को ध्यानपूर्वक सुन रहे थे।

उसके बाद बड़ौदा के धूमकेतु मिस्त्री ने धर्मराज से कहा– ''लोगों को ज्ञात ही नहीं है कि जिन भौतिक वस्तुओं का उपयोग करके वो क्षणिक आनंद ले रहे हैं वो शरीर के लिये कितनी नुकसानदायक हैं। इस दिशा में न कोई देखता है और ना ही सोचता है। सब वैचारिक रूप से आलसी और पदार्थों की सेवा के आदी हो गये हैं।''

सुखराज ने सबसे कहा– ''ये तो वाक़ई मूर्ख मनुष्यों का विष प्रवाह है। एक मूर्ख का अनुसरण करते हुए अन्य मूर्ख भी उसी दुष्ट दिशा में जाकर वही मूर्खता करेगा और विष ग्रहण करेगा।''

धर्मराज ने सुखराज से कहा– ''पिताश्री, हमारी भाषा में ये प्रगति नहीं दुर्गति है।''

इसके बाद गौलब, धर्मराज से बोले– ''और धर्मराज जी। एक ओर आज का मनुष्य ये कह रहा है कि 'गो ग्रीन, लिव ईको लाइफ़।' अरे भाई ये किस विषय की बात कर रहे हो। एक ओर सरेआम सरकार के नियमों का उल्लंघन हो रहा है और अत्यधिक मात्रा में वृक्ष कट रहे हैं। एक ओर संस्था स्वयं वृक्षों की कटाई करके उसमें से कागज़ बनाकर समाचार पत्र और सामायिकों का विश्व भर में वितरण कर रही है। और दूसरी ओर वही संस्था 'वृक्ष बचाओ, पर्यावरण बचाओ' का झूठा अभियान चला रही है। अज्ञान के वशीभूत होकर मूर्खता और नौटंकी का प्रस्तुतीकरण कर रहे हैं ये वर्णसंकर लोग।''

कानाजी, सुखराज से कहते हैं– ''ये तो ऐसा हुआ कि एक हाथ से गायों को घास खिलाओ और दूसरे हाथ से उनका माँस खाओ।''

उसके बाद टोनाल ने धर्मराज से कहा– ''यही कलयुग की विषमता है। आज का मनुष्य औषधि के रूप में विष खाता है और ठंडे पेय पदार्थ के रूप में तेज़ाब पी रहा है। सत्य तो ये है कि अधिकतम खाद्य वस्तुओं में मृत पशुओं के अंग–उपांग, उनके खून और तेल का मिश्रण होता है। इसलिये आज के समय में शुद्ध शाकाहारी बनकर पवित्र जीवन व्यतीत करना किसी साधारण मनुष्य की क्षमता नहीं है। वो तो केवल हम जैसे दृढ़ निश्चयी, धर्मनिष्ठ, संयमी, जितेन्द्रिय और आध्यात्मिक प्राणी ही कर सकते हैं।''

पार्थोदास बोले– ''सत्य कहा आपने टोनाल जी।''

उसके बाद कानाजी ने कहा– ''धर्मराज जी, इसके अतिरिक्त पशु संहार और पशु हिंसा की समस्या भी अत्यंत गंभीर बन गई है। ये महापाप आज चरम सीमा पर पहुँच गया है। इस पृथ्वी के प्रत्येक शहर, वन और गुप्त स्थानों पर पशु संहार हो रहा है। ये घृणित व अमान्य दुष्कर्म हमें अस्वीकार्य है। समस्त पृथ्वीलोक पर मूर्ख मानव समूह द्वारा निरंतर प्रदर्शित होते रहते घृणास्पद दुष्कृत्यों और विनाशकारी विकास कार्यों के कारण प्रायः प्रकट होती रहती नयी बीमारियों को जड़ से खत्म करने हेतु या उनका क्षणिक सामना करने हेतु देश विदेश के चिकित्सक दवाइयों की अनैतिक अनुसंधान कार्य प्रणाली के दौरान निर्दोष पशुओं के कोमल, सम्माननीय और पूजनीय शरीर के साथ जो निर्दयतापूर्ण व्यवहार करते हैं वह इस समूचे ब्रह्माण्ड का सबसे बड़ा अपराध है। हे धर्मराज जी, कृपया आप इस पशु संहार और पशु हिंसा को बंद करने का कोई उत्तम उपाय बतायें।''

इसके समर्थन में गौलब ने कहा– ''सत्य कहा आपने भ्राता। कुछ दुष्ट और मानसिक रूप से नपुंसक लोग तो गाय माता जैसी अतिपवित्र व आत्मशांति प्रदायक महानिर्दोष जीव को भी शांति से जीने नहीं देते।''

पूरी चर्चा के समय धर्मराज और सुखराज एकदम शांत अवस्था में खड़े हैं और कुछ सोच रहे हैं।

उसके बाद वानप्रस्थराजो के भ्राता वनात्माराजो कहते हैं– ''धर्मराज जी, हम वानप्रस्थराजो के छोटे भाई हैं। हम अपनी पशु संरक्षण संस्था के साथ ही जुड़े हुए हैं और संपूर्ण भारत में घूमकर निस्सहाय और अस्वस्थ पशुओं को अपनी संस्था में लाकर उन्हें सुरक्षित, आनंदपूर्ण, सात्विक अन्नलाभपूर्ण और स्वस्थ जीवन प्रदान करते हैं। सर्वत्र भ्रष्टाचार की निंदनीय उपस्थिति में यह धर्म कार्य करना कठिन है, पर धर्म और अर्थ की शरण में कर्तव्यनिष्ठ बने रहकर यह देवप्रिय कर्म करते

रहते हैं। पिछले अठारह वर्षों के संघर्षपूर्ण अनुभव की बात करें तो हमारे जीवन की पशुरक्षा अभियान की यात्रा के दौरान हमने ऐसे कई स्थान देखे जहाँ निर्दयी और मनोरोगी मनुष्य पशुओं को छूरी, कुल्हाड़ी, तलवार या अन्य यंत्रों से काटकर या प्रहार करके उनकी निर्दयता से हत्या करते रहते हैं। जिस दृश्य को देखकर हमारा शरीर थर–थर काँपने लगता है। पशुओं पर किया गया प्रहार कई महीनों तक मेरे मन को उद्वेलित करता रहता है। वे पापी और तुच्छकुलीन मनुष्य, निर्दोष पशुओं की हत्या करके उन्हें अपने वाहन में कचरे की तरह फेंकते हैं और अपने नर्क समान स्थान पर ले जाकर उनके शरीर के अमूल्य अंगों को बेचकर एवं अन्य कई माध्यम द्वारा उनके शरीर का अनुचित उपयोग करते हैं।''

वानप्रस्थराजो ने दुःखी स्वर में आगे कहा– ''कुछ क्षणों की पेट की भूख और नश्वर देह को क्षणिक सौंदर्य देने की मिथ्या लालसा के कारण कोई कैसे किसी निर्दोष पशु–पक्षी के पुत्र, पुत्री, माता, पिता या संबंधी के समस्त जीवन का असामयिक विनाश कर सकता है। बड़ी–बड़ी डिग्रियाँ प्राप्त करने वाले अज्ञानी और संस्कारहीन कुल के तुच्छ मानवरूपी उत्पाद ये साधारण सी बात क्यों नहीं समझते कि किसी को मारना शास्त्रविरोधी, धर्मविरोधी और ईश्वरविरोधी कृत्य है। ये कार्य सर्वकाल में संपूर्णतः अनुचित है, अपूज्य है, अमान्य है, त्याज्य है जिसे आज तक कोई नहीं रोक पाया है। पता नहीं पशु–पक्षियों को काटने वाले घटिया मनुष्यों के माता–पिता ने संभोग के पहले कौन सा प्रचंड तामसी भोजन किया होगा या तामसी कृत्य किया होगा कि उसके दुष्परिणाम स्वरूप कसाई रूपी एवं माँसाहारी वर्णसंकर पैदा हुए। इस पशुहिंसा के विषय में सरकारें भी निष्क्रिय सिद्ध हुई हैं। क्या आपके पास इस दुष्कृत्य का कोई सहज उपचार है?''

पशु संहार के विषय में इतनी सारी कष्टदायी बातें सुनकर धर्मराज का शरीर अत्यंत लाल हो गया है। आँखों से अश्रुधारा बह रही है। परंतु चेहरे पर क्रोध नहीं है क्योंकि सोमवासियों का क्रोध से संबंध नहीं है।

धर्मराज के जीवन में पहली बार उनकी आँखो में आँसू देखकर सुखराज को दुःख हुआ और सबको देखते हुए सुखराज ने कहा– ''हमने संपूर्ण जीवन में पहली बार अपने पुत्र की आँखों में अश्रु बहते देखे हैं। हमें लगता है पुत्र को कुछ समय विश्राम की आवश्यकता है।''

तंद्रा भंग होने के कुछ क्षण बाद ही धर्मराज ने सुखराज से कहा– ''नहीं पिताश्री, हम पूर्णतः स्वस्थ हैं।''

आश्वस्त होकर धर्मराज ने अतिथियों से कहा– ''महात्मनों, आप लोगों से शुभ फलित व सकारात्मक बातें सुनकर हमारी आत्मा को अनंत आनंद प्राप्त हुआ। पर उसके साथ–साथ कष्टदायी बातें सुनकर हमें अत्यंत दुःख हुआ है। मेरी आत्मा ने इस पृथ्वीलोक पर आरंभ से लेकर अब तक पशु–पक्षियों पर घटित हुए प्रत्येक क्रूरतापूर्ण अत्याचार की तीक्ष्णता से अनुभूति कर ली है। दुःख इस बात का है कि प्रत्येक कालखंड में सत्ता में रही विभिन्न सरकारों और राजसत्ता के मानसिक रूप से नपुंसक, संस्कारहीन, विवेकहीन, संकल्पहीन, भोगविलासी और अज्ञानी सत्ताधीश दरिंदों ने ईश्वरीय संविधान के विरुद्ध जाकर कत्लख़ाने चलाने और माँसाहार करने की हिंसात्मक अनुमति कैसे दे दी। पशु–पक्षियों की नित्य सुरक्षा और संवैधानिक अधिकारों को ध्यान में रखकर सख़्त से सख़्त कानून और दंड का प्रावधान करना चाहिये। आज अनगिनत बूचड़ख़ानों से पशु–पक्षियों के रक्त की नदियाँ बह रही हैं। पशुहिंसा अत्यंत कलंकित और अशोभनीय कर्म है। भिन्न युगों के भिन्न कालखंडों में धर्मसंस्थापना अर्थे अवतरित हुए परमात्मा के सर्वधर्म के सर्व अवतारों ने अहिंसा परमो धर्म का ही पालन करने का सरल निर्देश दिया है। फिर भी अज्ञानी, जड़ और बुद्धिहीन मानव समुदाय ने अहंकार की शरण में परमात्मा के नित्य धारित आदेश का उल्लँघन कर निर्दोष पशु–पक्षियों की भावनाओं को तहस–नहस कर दिया है। हम निर्दोष पशु–पक्षियों के क्रूर संहारकों को अवश्य रोकेंगे। परंतु इस कार्य के उपाय के लिये हम उन तथाकथित मूल्यहीन मनुष्यों के बीच नहीं आना चाहते जहाँ प्रतिक्षण पाप घट रहा है। यदि अत्यावश्यक होगा तो उचित समय पर हम मायावश प्रकट होंगे। इसलिये इस समय हम आपको कुछ अर्थपूर्ण उपाय देते हैं जिसमें आपको हमारी सहायता भी करनी होगी।''

वानप्रस्थराजो ने कहा– ''इस पाप कृत्य को रोकने के लिये हम अपने प्राण भी देने के लिये तैयार हैं।''

धर्मराज ने वानप्रस्थराजो से कहा– ''नहीं मित्र। प्राण के मूल्य पर प्राण बचाया जाये, इस बात पर हम विश्वास नहीं करते। ये निरर्थक बात है। ये बलवान पुरुषों का आचरण नहीं है।''

बाली दादा ने कहा– ''हाँ। और यह भी सनातन सत्य है कि इस विश्व में जो भी मनुष्य माँसाहार, पशुहिंसा व पशु उपेक्षा करता है, वह मनुष्य चाहे इस विश्व का सर्वाधिक धनिक व्यापारी हो, अभिनेता हो, खेलजगत का सुप्रसिद्ध खिलाड़ी

हो, राजा या राजनेता हो या कोई भी उच्च पदस्थ या साधारण अत्याचारी हो, पर उनका और उनके समस्त कुल का मूल्य शून्य है। इनका चरित्र शाकाहारी वेश्या से भी तुच्छ है। निस्संदेह एक शाकाहारी निर्धन स्वयं के शुभ संस्कारों का दान देकर उन अनगिनत मूल्यहीन माँसाहारी मनुष्यों का सहजता से उद्धार कर सकता है।''

पार्थोदास ने कहा– ''और अर्थहीन रीति–रिवाज़ों की शरण में स्वयं के तथाकथित कुलदेवताओं को प्रसन्न करने की मिथ्या विचारधारा से निर्दोष पशु–पक्षियों की बलि चढ़ाने वाले कायर और मनोरोगी मनुष्यों से एक साधारण प्रश्न पूछना चाहता हूँ कि जिस परमात्मा ने दृश्य–अदृश्य में, प्राण–प्रकृति में, चर–अचर में, आकाश–पाताल में, एहलोक–परलोक में सर्वत्र सर्व प्राणियों में स्वयं को अनुभूत किया है, वह अपने ही किसी निर्दोष रूप की अमान्य बलि से कैसे प्रसन्न हो सकता है? स्वयं से प्रश्न करो, यदि परमतत्व ने परिस्थितियों को पलटकर, पशु–पक्षियों को मानव के समान नरबलि लेने का अधिकार दे दिया तो क्या मानव समुदाय अपने माता–पिता, भाई–बहन, पुत्र–पुत्री, पति–पत्नी, बंधु–बांधव, मित्र, संबंधी या अपने किसी प्रिय का असामयिक वियोग सहन कर पायेगा? नहीं, बिलकुल नहीं। क्योंकि मनोरोगी मनुष्यों के लिये स्वयं की भावनाएँ मूल्यवान और पशु–पक्षियों की भावनाएँ मूल्यहीन हैं। इसके विरोध के लिये तो वह मनोरोगी मानव समुदाय तरह–तरह के नाटक करेगा, स्वयं के हित के लिये विरोध प्रदर्शन करेगा। ये सब वर्तमान युग के मूल्यहीन मानव समुदाय का अभद्र जीवन प्रस्तुतीकरण है।''

कियाध्रिह वब्रू ने कहा– 'सत्य कहा आपने महात्मनों। सर्व निंदनीय परिस्थितियों का सटीक स्पष्टीकरण। पशुहिंसा के इस दुष्कृत्य का शमन करने के लिये हम अपने प्रचंड पुरुषार्थ से अपने अखंड संकल्प को सिद्ध करने के लिये मनोरोगी और अधर्मी मानव समुदाय को मानवता और अहिंसा परमो धर्म का सर्वोत्तम पाठ पढ़ायेंगे।''

धर्मराज ने सबसे कहा– ''पहला उपाय है, जहाँ पर भी पशु संहार और पशु उपेक्षा होती है उन स्थानों पर उपस्थित व्यक्तियों को हमारा जैविक परिशुद्ध अनाज और हमारी 'गंगाजल–सब पवित्र हो जायेगा' पत्रिका भेजो। हमारे श्रेष्ठ गुणवत्ता के विकारमुक्त परिशुद्ध अनाज का भोजन करके और पत्रिका के चरित्र सुधारक गुण पढ़कर कदाचित् उनके दुष्ट विचार, पवित्र विचार बन जायें। दूसरा मार्ग है, हमारे सोम गाँव की उत्तर दिशा की नहर के उस पार एक बड़ा सा वन है जो साबरमती नदी के तट पर ही स्थित है। लगभग अगले दो वर्षों में हम प्रत्येक पशु के लिये सौ वर्ग किलोमीटर के भूमि विस्तार में विशेष रूप से सुरक्षित और

सर्वसुविधापूर्ण वन बनायेंगे। जहाँ अधिक से अधिक पशु–पक्षी सुरक्षित, स्वस्थ, स्फूर्तिपूर्ण, आनंदमयी, शांतिपूर्ण, अहिंसामुक्त और सात्विक भोजन व शुद्ध जल की नित्य संगत में प्राकृतिक संपदा का असीम लाभ लेते हुए सुव्यवस्थित अर्थपूर्ण जीवन व्यतीत करेंगे। उस वन में हम फल, सब्ज़ियों और आयुवर्धक औषधियों का अधिक से अधिक मात्रा में रोपण करेंगे। हमारे पशु सेवकों के अखंड निरीक्षण के अंतर्गत वन के प्रत्येक पशु–पक्षी अपनी भूख के अनुसार फल, सब्ज़ियों और आयुवर्धक औषधियों का समय पर शांति से भोजन कर पायेंगे। वन निर्माण के दो वर्ष दौरान और तत्पश्चात् आपको देश–विदेश के निस्सहाय, निराश्रित, यहाँ–वहाँ भटकते हुए और अस्वस्थ पशु–पक्षियों को इस वन में सुरक्षित और अर्थपूर्ण जीवन व्यतीत करवाने लाना होगा। ये संपूर्ण वन केवल उन पशु–पक्षियों का साम्राज्य होगा, जहाँ केवल हमारे संविधान रचित नीति–नियम चलेंगे। यात्रियों के लिये प्रवेश पूर्णतः निषेध होगा।''

टोनाल ने धर्मराज से कहा– ''अर्थात् वे भी हमारे समान शुद्ध शाकाहारी बनकर आध्यात्मिक जीवन व्यतीत करेंगे।''

''जी। और उस वन में ऐसी विशिष्ट एवं अकल्पनीय सुविधायें उपलब्ध होंगी जो इस विश्व के किसी भी स्थान पर किसी भी पशु को न दी गयी हों।''

''परमश्रेष्ठ, ब्रह्माण्डश्रेष्ठ और सर्वथा सर्वप्रिय उपाय है।'' टोनाल ने धर्मराज से कहा।

फिर सबने एक दूसरे से कहा– ''बहुत ही प्रशंसनीय विचार हैं। सुरक्षा, दया और अहिंसा शास्त्र की साक्षात् ब्रह्मवाणी।''

''तीसरा उपाय भी है परंतु उसकी आवश्यकता न हो तो ही अच्छा है।'' धर्मराज बोले।

पार्थोदास ने कहा– ''और वो कौन सा उपाय है पुत्र?''

धर्मराज ने उत्तर दिया– ''क्षमा कीजिये नाना जी, परंतु वो उपाय रहस्यपूर्ण है। आशा रखता हूँ उस रौद्र स्वरूपी उपाय का उपयोग कभी न करना पड़े।''

''ठीक है पुत्र। हमें ज्ञात है कि आपके धर्माधीन नेतृत्व में सब शुभ ही होगा।''

वानप्रस्थराजो ने पार्थोदास से कहा– ''शत–प्रतिशत। मन में मंगल। तन में मंगल। और वन में भी मंगल।''

उसके तुरंत बाद टोनाल ने धर्मराज से कहा– ''धर्मराज जी, आपके परमश्रेष्ठ अद्वितीय सर्वतोभद्र विचार और उपायों से हम अत्यंत प्रभावित हुए हैं। हम आपको वचन देते हैं कि आपकी इच्छानुसार पशु–पक्षियों के सुरक्षित व अर्थपूर्ण जीवन के लिये भव्य वन बनाने में हम आपकी तन–मन–धन और आत्मा से प्रचंड सहायता करेंगे।''

''धन्यवाद मित्र।'' धर्मराज ने कहा।

मोनाल ने भी अपने भ्राता टोनाल के कंधे पर हाथ रखकर कहा– ''धन्यवाद भ्राता।''

तभी कानाजी ने उत्साहपूर्वक धर्मराज से पूछा– ''मेवार साहब, ये मेरे गुजरात के दोस्त, बका भाई बिलीमोरासे को पाँच प्रश्न पूछने हैं। समय हो तो...।''

धर्मराज ने बका भाई बिलीमोरासे से कहा– ''अवश्य मित्र। प्रश्न करो। क्योंकि उत्तरहीन प्रश्न मन को प्रक्षुब्ध रखते हैं और वह दुःख को आमंत्रण देते हैं।''

बका भाई बिलीमोरासे बोलते हैं– ''ये हिंदू धर्म के महादेवता श्री ब्रह्मा, श्री विष्णु और श्री महादेव इन त्रिदेवों का क्या वाक़ई इस जगत में अस्तित्व है। और यदि है तो विभिन्न धर्म के समुदायों द्वारा हिंदू धर्म, हिंदू एकता और हिंदुत्व को निरंतर आहत और प्रताड़ित करने वाले महामूर्खों से स्थायी सुरक्षा प्रदान करने वे प्रकट क्यों नहीं होते?''

धर्मराज बोले– ''मित्र बका भाई, भिन्न कालखंड में, भिन्न स्थानों पर, भिन्न परिस्थितियों में, भिन्न समुदायों के भिन्न विचारधारा से युक्त मनुष्यों द्वारा प्रचंड विरोधों की उपस्थिति में जब एक ही बात अखंड, अजेय, सनातन और पुरातन रूप में सम्मानपूर्वक बार–बार दोहराई जाती हो, तो समझ लो कि बात में कुछ तो सत्य है। और वैसे भी वर्तमान समय के अतिसंवेदनशील, भोगविलासी और आसुरी कामनायुक्त मानवसमुदायों के रंगीन युग में केवल हिंदू धर्म के सन्यासी व धर्मगुरु ही समस्त विश्व में हिंदू धर्म का अतुल्य सम्मानित अवस्था में प्रचंडता से ज्ञान बाँट रहे हों तो ये समझ लो कि ये सब उन्हीं श्री ब्रह्मा, श्री विष्णु और श्री महादेव की अदृश्य महाचेतना के ज्ञानावतार और ब्रह्मअंश हैं। और रही बात हिंदू एकता और हिंदुत्व को निरंतर आहत और प्रताड़ित करनेवालों की, तो हिंदू धर्म

के सन्यासी व धर्मगुरु समस्त विश्व को हिंदू धर्म का सर्वोत्तम जीवनशैली प्रदायक बहुमूल्य ज्ञान बाँटते हुए समस्त मानवजाति को सत्य, प्रेम, करुणा, अहिंसा और धर्म को धारण कर शास्त्रसम्मत जीवन जीने का आदेश देते रहते हैं। पर हिंदू धर्म के कितने लोग इस धर्मदेश का गंभीरता एवं तीक्ष्णता से पालन करते हैं। केवल चंद मुट्ठी भर लोग। वैसे तो समस्त मानव जाति व जैव संपदा हिंदू गर्भ की ही उपज हैं, परंतु फिर भी कुछ सदियों पूर्व भिन्न विचारधाराओं की शरण में उत्सर्जित हुए अन्य धर्म समुदाय के लोगों को शाब्दिक सुख प्रदान करने के लिये कहें तो जब इस विश्व का प्रत्येक हिंदू, संपूर्ण रूप से मन, वचन और कर्म से हिंदूधर्म को धारण कर अन्य वर्ण, संप्रदाय, आश्रम और देश के मानव समूह के मनक्षेत्र व आत्मधाम समक्ष हिंदूधर्म की बहुमूल्यता और आत्मसुख प्रदायक लक्षण प्रदर्शित करेंगे, तब समस्त विश्व अपने आप सर्वप्राचीन, सर्वमूल्यवान, सर्वोपरि विचारधारा संचित हिंदूधर्म को धारण करेगा। यहाँ हिंदू धर्म को इसलिये प्रखरता दे रहा हूँ क्योंकि सृष्टि के सर्जन से लेकर आज तक हिंदू धर्म को जन्म से धारण कर परिशुद्ध व उत्तम मानव जीवन, सर्वतोभद्र मानव मूल्यों, अर्थपूर्ण कर्तव्य कर्म, उच्च आदर्शयुक्त जीवनरीति, परपीड़ाहरण और धर्मरक्षा का नित्य पाठ पढ़ाने वाले ब्रह्माण्डचरित्र केवल हिंदुत्व की उपज हैं, जैसे मर्यादा पुरुषोत्तम श्री राम, श्री कृष्ण, महावीर हनुमान, श्री दत्तात्रेय, श्री परशुराम देव, श्री रामकृष्णपरमहंस, श्री आदिशंकराचार्य, श्री रंगअवधूत, श्री स्वामी विवेकानंद इत्यादि महाअवतार व महापुरुष। ऐसी गुणातीत, धर्मनिष्ठ, प्रज्ञावान, परिशुद्ध चरित्रवान, बलिष्ठ और सत्कर्मी आत्मायें अन्य धर्मदलों में दुर्लभ हैं।''

बका भाई बिलीमोरासे ने धर्मराज से कहा– ''साक्षात् ज्ञानसागर को अनंत प्रणाम। मन और आत्मा को संशय रहित उत्तर प्रदान करने के लिये धन्यवाद देवता। मेरा दूसरा प्रश्न है, प्रत्येक प्राणी जीवन में एक न एक बार अवश्य दुःख का अनुभव करता है। क्या दुःख को नित्य रूप में मृत्यु देकर, मनुष्य स्थायी रूप में सुख का अनुभव कर सकता है?''

धर्मराज, बका भाई बिलीमोरासे से पुनः बोले– ''असंभव। इस ब्रह्माण्ड में जिस किसी ने भी शरीर को धारण किया है, उसे दुःख का अनुभव करना ही पडेगा। शास्त्र वचन 'जन्ममृत्युजराव्याधिदुःखदोशानुदर्शनम'। ये ही परम सत्य है। पर हाँ, प्रकृति आदेशित, अहिंसावादी, पशुप्रेमी, हितैषी, मनोजयी, जितेन्द्रिय व आध्यात्मिक यात्री बनकर दुःख की मात्रा कम अवश्य की जा सकती है।''

''आभार देवता। मेरा तीसरा प्रश्न है कि इस विश्व का सबसे उत्कृष्ट कर्म

क्या है?''

धर्मराज ने कहा– ''वेदों और उपनिषदों का ज्ञानार्जन कर, स्वयं में स्थित आत्मा के असीम और अजेय सामर्थ्य की अनुभूति करके, स्वयं को परोपकार के कर्मसागर में शारीरिक मृत्युकाल तक मन, वचन और कर्म से निरंतर प्रवृत्त रखना। जैसे कि प्रकृति आदेशित जीवनशैली को धारण कर, स्वयं और स्वयं के समस्त परिवार के नैतिक अधिकारों को सुरक्षित कर महत्तम जीवों की प्रसन्नता का अखंड माध्यम बनना चाहिये। उदाहरण के तौर पर निर्दोष पशु–पक्षियों को सात्त्विक भोजन, जल, स्वास्थ्य के साथ सम्माननीय व सुरक्षित जीवन प्रदान करना चाहिये। निस्सहाय और निर्धन मनुष्यों की, धर्म की शरण में रहकर बुद्धिमत्तापूर्वक सहायता करनी चाहिये। धर्मविरोधी, ईश्वरविरोधी, देशद्रोही, पथभ्रष्ट और आतंकवादी मनुष्यों को धर्मज्ञान, अहिंसामूल्य और सत्कर्मों के जीवनसुधारक फल से प्रभावित कर उन्हें आध्यात्मिक यात्री बनाने में पूर्ण सहायता करनी चाहिये ताकि उनके मनक्षेत्र में पनप रहे दुष्ट विचारों और विकारों को नित्य रूप में मृत्यु प्राप्त हो। वेश्या स्त्री और देहवासना के चक्रव्यूह में अस्त–व्यस्त हुए पुरुषों को योग, प्राणायाम, देव उपासना, व्रत, नियम, उपवास जैसी संयमप्रदायक प्रवृत्तियों में व्यस्त कर मनोजयी और जितेन्द्रिय प्राणी बनाना चाहिये। किसी भी मनुष्य या प्राणी की निंदा व उपेक्षा कदापि नहीं करनी चाहिये। पशुभक्षक यानि माँस भक्षण करने वाले तुच्छ मनुष्य को उसे प्राप्त होने वाले गंभीर रोग और दुःखों से तीक्ष्णता से अवगत कराकर, निर्दोष पशु–पक्षियों के मूल्यवान जीवन का अर्थ समझाकर उन्हें अहिंसावादी बनाना चाहिये। अंत में ये कहूँगा कि सत्य, प्रेम, करुणा, परोपकार, सामूहिक उद्यम व उपासना, पशुरक्षा, धर्मज्ञान, अथक पुरुषार्थ जैसे दिव्य सद्गुणों को सदैव अपने भीतर समाहित रखना। ये सद्गुण ही जीवात्मा को अद्भुत, निराकार, महामायावी और कल्याणकारी परमात्मा को प्राप्त करने का अमूल्य माध्यम हैं।''

बका भाई बिलीमोरासे बोले– ''अनगिनत दुर्जनों को सज्जन बनने के लिये विवश करने वाले इस उत्तम उत्तर के लिये खूब आभार देवता। मेरा चौथा प्रश्न है कि इस पृथ्वीलोक पर ऐसा विशेष क्या है, जो आपको आवश्यक रूप में आकर्षित करता है?''

धर्मराज ने कहा– ''धर्मनिष्ठ, कर्तव्यनिष्ठ, विवेकशील, संयमी, श्रद्धावान, सदाचारी और अहिंसावादी माता–पिता की कल्याणकारी छत्रछाया। उसके बाद वह मनुष्य मुझे अतिप्रिय हैं जो स्वयं अन्न या जल ग्रहण किये बिना, किसी निर्दोष पशु–पक्षी को अन्न या जल प्रदान कर अपने उत्कृष्ट कर्तव्यों का प्रदर्शन करके

अपने बहुमूल्य दिवस का शुभारंभ करते हैं। उसके बाद परिशुद्ध धर्मगुरु, जो स्वयं की कामनाओं को धराशायी कर समस्त विश्व को निःशुल्क धर्मज्ञान बाँटते हैं। आगे इस ब्रह्माण्ड की वह अंतहीन प्राकृतिक संपदा जो निःस्वार्थ भाव से प्राणीजगत को समर्पित है जैसे जल, वायु, अग्नि, आकाश, धरा, पेड़, पौधे, वनस्पतियाँ, पर्वत इत्यादि। और समस्त पशु–पक्षी समुदाय।''

"धन्यवाद देवता। अब ये मेरा अंतिम प्रश्न है कि इस पृथ्वीलोक पर ऐसा क्या है जो आपको अत्यंत दुःख देता है?''

"माँसाहार, क्रोध, असत्य, अधर्म, धर्मविरोध, घृणा, कामवासना, लोभी विचारधारा और आलस जैसे दुर्गुणों से संपन्न मनुष्य और वेश्या की उपस्थिति। उसके बाद मनुष्य के शांत मन को अशांति, लोभ, क्षणभंगुर आकर्षण, नित्य चंचलता प्रदान करने वाले छलयुक्त विज्ञापन। अनावश्यक और छलयुक्त विज्ञापन सख़्त रूप से मनुष्य दल की नियंत्रित जीवनशैली को तहस–नहस कर देते हैं। जो किसी भी देश की सरकार के ढ़ीले कायदों का शर्मनाक और निंदनीय परिणाम हैं। इसके बाद सबसे बड़ा दुःख ये भी है कि इस देवभूमि भारत के महत्तम भव्य मंदिरों के दानकोष में प्रजा द्वारा धर्मभावपूर्ण मन से दिया गया असीम धन और स्वर्ण भंडार, इस देश के पशु–पक्षियों को शुद्ध भोजन, जल, स्वास्थ्य और सुरक्षित आश्रयस्थान प्रदान करने में असमर्थ सिद्ध हो रहा है। जिस मंदिर के दानकोष में अकूत धन संपत्ति संरक्षित पड़ी है उसी मंदिर के बाहर गाय, सुअर, श्वान, बिल्ली जैसे निर्दोष पशु अपनी भूख मिटाने कूड़ेदान का कचरा खाकर अपने शरीर में गंभीर रोगों को आमंत्रण देते हैं। कूड़ेदान में पड़े विषाक्त कचरे के संग भिन्न इलाकों से डाले गये भिन्न प्रकार के बासी भोजन और अनगिनत अग्राह्य वस्तुओं को ग्रहण करने वाली गायों का दूध भव्य मानव समुदाय पीता है। हमें ये बात नहीं समझ आती कि मंदिर में किसी देवता की मूर्ति के नाम पर अंधश्रद्धालु मानव समुदाय करोड़ों रुपयों का दान करेगा पर मंदिर के बाहर जो परमात्मा का पशुरूपी सौंदर्यवान अंश विद्यमान है, उनकी उपेक्षा करता है वह अज्ञानी मानवदल। ये सारी दुःखप्रदायक प्रतिकूल परिस्थितियाँ, अज्ञानी सत्ताधीशों और मंदिर के जाली संघों के छलभाव, लालच, प्रतिकूल अर्थव्यवस्था और अव्यवहारिक मूल्यों का अमान्य और त्याज्य प्रदर्शन हैं। पशु–पक्षियों की अप्रदर्शित भावनाओं को ध्वस्त करने वाले ये महापाप के असंख्य रूप, मुझे भयानक रूप से दुःख देते हैं।''

बका भाई बिलीमोरासे सीधे धर्मराज के गले लगते हैं और कहते हैं– "देवता, आप साक्षात् पुण्य, सुख और धर्मज्ञान की परमश्रेष्ठ राशि हो। आपके सानिध्य में

मेरी आत्मा और मेरे मनक्षेत्र को अद्भुत ज्ञानसुख प्राप्त हुआ है। मेरे प्रत्येक जन्मों के सत्कर्मों के फलस्वरूप मैं इस विश्व के रचनाकार से यह नम्र विनती करता हूँ कि आपको उस निराकार और अखंड परमात्मा का स्थान मिले और आपके सर्वतोभद्र विचारों का नित्य रूप में इस ब्रह्माण्ड में साक्षात्कार हो। आप जैसा अद्वितीय धर्मराजचरित्र सर्वत्र प्रबल हो।''

धर्मराज और सोमवासी अत्यंत भावुक हो जाते हैं।

और वहाँ उपस्थित अतिथिदल ताली बजाते हुए कहते हैं– ''सर्वत्र धर्मराजचरित्र प्रबल हो। सर्वत्र धर्मराजचरित्र प्रबल हो।''

कई दुर्लभ एवं अर्थपूर्ण प्रश्नों के विश्वोत्तम उत्तर जानकर अत्यंत प्रभावित हुए गुजरात राज्य के जामनगर शहर से आये महातेजस्य जैन ने धर्मराज से कहा– ''हे धर्मक्षेत्र, सत्य के गर्भ से प्रदर्शित हुए उत्तम उत्तरों और उपदेशों को जानकर आज मेरा समस्त कुल धन्य हुआ। ज्ञानोदय के इस बहुमूल्य अवसर पर मैं भी अपने परिवार में घटी एक रहस्यपूर्ण घटना से आप सबको अवगत कराना चाहता हूँ।''

धर्मराज ने कहा– ''उस रहस्यमयी घटना को निस्संकोच उजागर करें मित्र।''

महातेजस्य जैन ने धर्मराज से कहा– ''पिछली अमावस्या की रात्रि में मेरी धर्मपत्नी रुश्वा को एक विशिष्ट स्वप्न आया था। उस स्वप्न में उसे अंतरिक्ष में किसी गुलाबी ग्रह के दर्शन हुए। उस समूचे ग्रह पर गुलाबी रंग के विराट समुद्र का शासन था जिसके मध्य भाग में एक नीले रंग का महाकाय पर्वत स्थित था। उस पर्वत के शिखर पर श्री ब्रह्माण्डन्यायशास्त्र नाम के एकमात्र तपस्वी विराजमान थे और उनके समक्ष पृथ्वीलोक के असंख्य पशु–पक्षी, मनुष्य और जीव–जंतुओं की आत्मायें न्याय माँग रही थीं। सर्व आत्मायें एक स्वर में यह कह रही थीं कि समस्त पृथ्वीलोक पर विभिन्न देशों के आपसी संघर्ष, मतभेद, अहंकार, साम्राज्यवाद और शत्रुता के कारण अनेक स्थानों पर प्रतिशोध और बलप्रदर्शन की आड़ में आधुनिक शस्त्रों और युद्ध यंत्रों के अविरत भीषण प्रयोगों से हमें अकाल मृत्यु क्यों प्राप्त हुई? देश विदेश के आपसी प्रतिशोध, अहंकार और बलप्रदर्शन का हम दूर–दूर तक कोई हिस्सा नहीं थे। फिर हमारे स्वतंत्र भ्रमण के दौरान हम पर औचक मृत्यु का आक्रमण क्यों? क्या यही है वसुधैव कुटुंबकम की परिभाषा? हमें न्याय चाहिये, न्याय के देवता।''

महातेजस्य जैन ने आगे कहा– ''और फिर पसीने से लथपथ मेरी धर्मपत्नी रुश्वा बिस्तर से उठकर घर के मंदिर में जाकर निःशब्द अवस्था में खड़ी रही। कुछ क्षणों की देवमूर्तियों की संगत में जब उसके भय का अवसान हुआ तब उसने यह रहस्यमयी घटना मुझे विस्तार से बतायी। इस दर्दनाक सत्य को जानकर मैं भी कुछ क्षणों के लिये निःशब्द हो गया। अभी भी उन असंख्य पशु–पक्षी, मनुष्य और जीव–जंतुओं की आत्माओं की न्याय याचनाएँ मेरे कानों में और मन में सत्य और न्याय की उपलब्धि के लिये भ्रमण कर रही हैं। इस विषम परिस्थिति को लेकर आपका क्या मंतव्य है?''

धर्मराज ने कहा– ''बलप्रदर्शन, धन लालच, राजसत्ता लोभ, साम्राज्य विस्तार, वाणिज्य विस्तार और अखंड प्रभुत्व की अर्थहीन लालसा के अंतर्गत हो रहा यह भ्रष्ट हिंसात्मक प्रदर्शन सर्वथा निंदनीय है। जिस प्रक्रिया की परिणति शोक, भय, अकालमृत्यु, व्यथा, प्राकृतिक संपदा का विनाश, सत्यानाश, जड़ता, वियोग, दुःख और अधर्मराज हो वह सर्वकाल में निंदनीय, अमान्य, अपूज्य और त्याज्य है। हिंसा से कभी किसी ने किसी को नहीं जीता। आदिकाल से आज तक इस पृथ्वीलोक पर प्रदर्शित हुए प्रत्येक युद्ध और अनैतिक आक्रमणों ने केवल महाविनाश को आमंत्रण दिया है। इस धरा पर जितने भी महापुरुष, धर्मपुरुष, संत, प्रबुद्ध और धर्मावतार प्रकट हुए थे उन सब ने यही धर्मादेश दिया है कि अहिंसा, धर्माचार, परोपकार, संयमिता और दयाभाव जैसे उत्तम सद्गुणों को धारण करने से ही शांतिपूर्ण, अहिंसक और यथार्थ मानव जीवन प्राप्त होता है। युद्ध कदापि किसी समस्या का समाधान नहीं कर सकता। युद्ध केवल संबंधों को धराशायी करता है। युद्ध इस विश्व का सबसे बड़ा शत्रु है, इसलिये मैं इस समस्त पृथ्वीलोक पर सर्व प्रकार के अस्त्र–शस्त्र और युद्ध साधनों का अग्निसंस्कार करना चाहता हूँ, ताकि इस अज्ञानता की विषाक्त फ़सल से किसी निर्दोष प्राणी और प्राकृतिक संपदा को असामयिक मृत्यु प्राप्त न हो।''

धर्मराज के उत्तर से प्रभावित हो महातेजस्य जैन ने कहा– ''धर्म, सत्य, प्रचंड पुरुषार्थ और अहिंसा की अखंड संगत से आपका अजेय और शीर्षस्थ धर्म चरित्र समस्त विश्व को अपार सुख देने में पूर्णतः समर्थ है। आपके मुख से प्रकट हुए सत्सिद्ध शब्दों ने मेरी आत्मा को भरपूर बल और आत्मविश्वास प्रदान किया है, जो अनेक प्राणियों का धर्मपूर्वक कल्याण करने में मेरी अनंतकाल तक सहायता करेंगे। ब्रह्माण्ड के उस परम श्रद्धेय रचनाकार से प्रार्थना करता हूँ कि आपका

विश्व उद्धारक चरित्र सर्वकाल में सर्वोत्कृष्ट पद पर अजेय रूप में सिद्ध रहे।''

धर्मराज ने महातेजस्य जैन से कहा– ''आत्मा को परमसुख प्रदान कर रहे इन बलिष्ठ और सम्माननीय शब्दों के लिये धन्यवाद मित्र।''

इस विशेष वार्तालाप से वहाँ उपस्थित प्रत्येक सत्पुरुष प्रभावित होकर धर्मराज से कहते हैं– ''धर्मक्षेत्र श्री धर्मराज मेवार की जय। विश्वश्रेष्ठ कल्याणकारी सत्ता श्री धर्मराज मेवार की जय।''

उसके बाद धर्मराज सबसे कहते हैं– ''वर्तमान काल में समस्त पृथ्वीलोक पर प्रदर्शित हो रही अनेक शुभ-अशुभ घटनाओं के संबंध में हमारे मध्य हुए फलदायी वार्तालाप को परिशुद्ध एवं उपदेशात्मक प्रसंग बनाने के लिये अनंत धन्यवाद देवमित्रों। मेरे जीवन सुधारक नियमों और निर्देशों को उच्च सम्मान देने के लिये भी आप सबका खूब खूब आभार। वाक़ई आज आप सबसे एक साथ मिलकर हमें बहुत अच्छा लगा। आप सब वो धर्मनिष्ठ और परोपकारी मनुष्य हैं जिन्होंने अनगिनत निर्धन और असहाय जीवों की प्रसन्नता का कारण बनकर हमें धन्य किया है। आज आप लोगों के कारण ही हमने भव्य वन बनाने का एक और शुभ निर्णय एवं शिखरस्थ संकल्प लिया है। वचन देता हूँ कि उस दुर्लभ वन में ऐसी विशिष्ट और मंगलकारी घटनायें घटेंगी जो इस संसार में कभी नहीं घटीं।''

सब प्रसन्न होकर तालियाँ बजाते हैं।

फिर कानाजी ने धर्मराज से कहा– ''हमें उस शुभ अवसर की व्यग्रता से प्रतीक्षा है हुकुम।''

धर्मराज कहते हैं– ''हमें भी काका।''

उसके बाद सुखराज सभी से बोले– ''तो मित्रों, जो शुभ कार्य हम करने वाले हैं उसकी अनंत प्रसन्नता को व्यक्त करने के लिये आज यहाँ हम सब एक साथ रात्रि भोजन करेंगे। कल प्रातःकाल से आरंभ होगा हमारा विश्वश्रेष्ठ वन निर्माण कार्य। आप लोग अपने-अपने गाँव और शहर जाकर योजनानुसार अपने परमश्रेष्ठ कर्तव्य कर्मों का आरंभ करें। और टोनाल जी और नेनाल जी भ्राता की सहायता से हम यहाँ विश्वश्रेष्ठ वन का निर्माण करेंगे। जैसे-जैसे योजनानुसार वन निर्माण कार्य पूर्ण होता जायेगा, वैसे-वैसे हम आपकी सहायता से असहाय पशुओं को हमारे वन में रहने के लिये लाते रहेंगे। संपूर्ण वन निर्माण के पश्चात् इस स्थान पर सपरिवार मिलेंगे। और हमारे भव्य वन का परम आनंद लेंगे।''

सत्यपिर शिंदे ने सुखराज से कहा– ''उस विश्वोत्तम अवसर का अभूतपूर्व हिस्सा बनना हमारा परम सौभाग्य होगा महात्मा।''

वानप्रस्थराजो ने भी सुखराज से कहा– ''हाँ सुखराज जी। और आज से हम सब इस संसार के अधिकतम जीवों की रक्षा करके उन्हें परिशुद्ध गुणवत्ता के बलवर्धक अनाज का भोजन प्रदान कर सुखी, स्वस्थ, सुरक्षित, सम्माननीय और शांतिपूर्ण जीवन प्रदान करेंगे।''

सुखराज, वानप्रस्थराजो से कहते हैं– ''निश्चित रूप से मित्र।''

सभी इस बात पर अपने सकारात्मक भाव प्रकट करते हैं।

इसके बाद सुखराज ने अपने सभी व्यापारी मित्रों से कहा– ''मित्रों, आपके मनोबल, संस्कार और चारित्रिक श्रेष्ठता से हम सब अतिप्रसन्न हैं। इसलिये आज रात्रि को हम, आमेट के महाराज की नौ ग्रहों की मंत्रसिद्ध मालायें आप सबको भेंट देंगे, जो सदैव आपको शुद्ध, आध्यात्मिक, प्रबुद्ध, अजेय एवं सुरक्षित रखेंगी।''

आगे धर्मराज बोले– ''और रात्रि भोजन के समय, हम आप सर्व को कुछ विशेष जड़ी–बूटियाँ भी देंगे, जिन्हें ग्रहण करने के पश्चात् आप सब स्वस्थ और दीर्घायु जीवन व्यतीत करेंगे और कई सदियों तक अपने पुण्य कर्म करते रहेंगे।''

इस बात को सुनकर सारे अतिथि अतिप्रसन्न हो जाते हैं। वे सब लोग भूमि की शरण होकर, भूमि को और सोमवासियों को नमन करते हैं और कहते हैं– ''जय हो सोम की। जय माँ भारती की। सर्वत्र धर्मराजचरित्र प्रबल हो। सर्वत्र रामचरितमानस प्रबल हो।''

सोमवासी भी उन्हें प्रणाम करके कहते हैं– ''सर्वत्र रामचरितमानस प्रबल हो।''

यह सुनकर वानप्रस्थराजो, सुखराज से कहते हैं– ''आज हमें पूर्ण रूप से ज्ञात हो गया कि इस सोम की सत्कर्मभूमि पर प्रत्येक जीव को वो प्राप्त होता है जो इस संसार के किसी भी स्थान पर प्राप्त नहीं होता और न कभी होगा। धन्यवाद सोमवासियों। आपका बहुत धन्यवाद।''

उसके बाद सुखराज ने सबसे कहा– ''तो मित्रों, अब सँध्याकाल हो चुका है। समय का सम्मान करते हुए अभी हम यहाँ से प्रस्थान करते हैं। आप लोग अपने विश्राम गृह पर जाकर तरोताज़ा हों। हम सब रात्रि के भोजन के समय यहाँ मिलते हैं।''

कानाजी ने सुखराज से कहा– ''ठीक छे।''

और कुछ समय बाद ही रात्रि भोज सोम विश्राम गृह के भव्य बगीचे पर होता है। जहाँ प्रत्येक सोमवासी और सुखराज के प्रत्येक व्यापारी मित्र उपस्थित हैं। वे सब एक साथ सात्विक भोजन कर रहे हैं। भोजन के दौरान प्रत्येक अतिथि विशिष्ट जड़ी–बूटी ग्रहण कर रहे हैं। भोजन के पश्चात् सुखराज अपने अतिथि मित्रों को नौ ग्रहों की अभिमंत्रित मालायें पहनाते हैं, जिन्हें पहनकर उनके व्यापारी मित्र प्रफुल्लित हो जाते हैं और बदले में वे नतमस्तक होकर उनका धन्यवाद करते हैं।

•••

        ईश्वरीय मनुष्य

दो वर्ष पश्चात्। धर्मराज के वचन व उच्च संकल्प के अनुसार, सर्वत्र सुख शांति वन का योजनानुसार निर्माण कार्य संपन्न हो गया है। धर्मराज ने इस सुंदर और भव्य वन का नाम 'सर्वत्र सुख शांति वन' रखा है। आज रामनवमी का शुभ दिवस है। और मध्यरात्रि से संपूर्ण सोम एवं सर्वत्र सुख शांति वन अनंत दियों से चमक रहे हैं। ऐसा अद्भुत दृश्य दृश्यमान हो रहा है जैसे प्रभु श्री राम का लंकेश पर विजयी होकर अयोध्या लौटने पर दैदीप्यमान अयोध्या का अलौकिक दृश्य हो। संपूर्ण सोम गाँव और वन के समस्त मार्ग सुंदर फूलों से अतिसुशोभित हैं। यह दृश्य भक्तियोग, सामूहिक उपासना और सामूहिक उद्यम की उत्कृष्ट प्रस्तुति है।

सर्वत्र सुख शांति वन के प्रभु श्री राम जी के मंदिर के आँगन में धर्मराज, सुखराज, व्रिक्षी, नेनाल, ईश्वती, सत्लक्ष्मी, पार्थोदास, सिनोली, भिलवा, सुहिल्या, शिम्बू, बाली दादा, गोवाल दादा, वनमान सिंह, वायुमी, मोनाल, कुछ सोमवासी और सुखराज के व्यापारी खड़े हैं।

प्रत्येक व्यक्ति सूर्य की पहली किरण की प्रतीक्षा कर रहा है। जैसे ही सूर्य की पहली किरण सर्वत्र सुख शांति वन सहित संपूर्ण धरातल पर पड़ती है, धर्मराज उद्घाटन रूप में दीप प्रज्वलित करते हैं और सब उद्घोष करते हैं— ''प्रभु श्री राम की जय। माता सीता की जय। ऋषि धर्मरामो की जय। सर्वत्र सुख शांति वन की जय। सूर्यदेव की जय।''

इस दौरान प्रभु की मूर्ति के समक्ष सोम गाँव में उत्पादित होते प्रत्येक फल, सब्ज़ी, अन्न, औषधियाँ और वनस्पतियाँ प्रभु को प्रसाद रूप में चढ़ाने के लिये रखे गये हैं।

सर्वप्रथम धर्मराज समस्त गाँववासियों एवं अतिथिगणों के समक्ष सूर्यदेव का आह्वान करते हुए कहते हैं— ''श्री सूर्यदेव वयं नमः। इस समूचे ब्रह्माण्ड के सर्वप्रथम साक्षी सूर्यदेव को हमारा कोटि–कोटि प्रणाम। सर्वप्रथम हम सूर्यदेव का स्मरण इसलिए कर रहे हैं क्योंकि इस ब्रह्माण्ड के निर्माण के लिये सर्वप्रथम प्रकाश की आवश्यकता थी। सूर्यदेव समस्त ब्रह्माण्ड के सर्वप्रथम गुरु हैं। वह ब्रह्माण्ड के निर्माण काल के साक्षी हैं। सतयुग, त्रेतायुग, द्वापरयुग और कलयुग के साक्षी हैं। समस्त देवताओं और दानवों के साक्षी हैं। इस ब्रह्माण्ड में घटी हर शुभ–अशुभ घटना के साक्षी हैं। सूर्यदेव सबसे पुरातन तत्व हैं। इन्हीं के कारण इस विश्व को प्रकाश प्राप्त होता है एवं इस समस्त विश्व का जीवन संभव होता

है। उनकी विधिवत् आराधना करने से एवं उनकी शरण में जाने से इस ब्रह्माण्ड की अलौकिक शक्तियाँ प्राप्त होती हैं। पुण्य प्राप्त होता है। अमरत्व प्राप्त होता है। जन्म–मरण का सर्वोचित अर्थ प्राप्त होता है। सर्वपवित्र गंतव्य की प्राप्ति होती है। अतः हे सूर्यदेव, जब तक इस ब्रह्माण्ड में आपका सुखकर प्रकाशवान अस्तित्व है, तब तक इस विश्व को सुख, शांति, समृद्धि, स्वास्थ्य, शुद्धता, अहिंसा, पशुप्रेम, मानवता, धर्मज्ञता प्रदान करते रहें। हे अनंत कल्याणकारी सत्ता, हम सब पर अपनी कृपा दृष्टि निरंतर बनाये रखियेगा। जय श्री सूर्यदेव।''

सब लोग कहते हैं– ''जय श्री सूर्यदेव।''

उसके बाद धर्मराज, धुनराम से कहते हैं– ''धुनराम जी, अब कृपया आप अपनी मधुर धुन से वन के प्रत्येक पशु और पक्षी को मंदिर के आँगन में बुलायें ताकि उनकी सुखवर्धक उपस्थिति के पश्चात् हम प्रभु श्री राम की महाआरती कर सकें।''

धुनराम ने धर्मराज से कहा– ''जी धर्मराज जी।''

और धुनराम, प्रभु श्री राम और माता सीता का नाम लेते हुए अपनी मधुर धुन बजाना आरंभ करते हैं। इस मधुर धुन को सुनकर वन के समस्त पशु सभी दसों दिशाओं से आनंदपूर्वक प्रभु के मंदिर के बगल के फूलों से सुसज्जित आँगन में आते हैं जो विशेष रूप से पशुओं के लिये बनाया गया है। और वे निर्दोष भाव से अपना शिखरस्थ भक्तिभाव प्रदर्शित करते हुए अपना–अपना स्थान शांति से ग्रहण कर लेते हैं। पक्षी भी शीघ्र ही इस अलौकिक क्षण का अभूतपूर्व आनंद लेने के लिये प्रभु के आँगन में आकर वृक्षों की डालियों पर अपना स्थान ग्रहण कर लेते हैं।

इस अकल्पनीय, अद्भुत एवं पारलौकिक दृश्य को देखकर वहाँ उपस्थित प्रत्येक देवगुणी मनुष्य आश्चर्यचकित हो जाता है।

एक मनुष्य कहता है– ''वाह क्या अलौकिक दृश्य है।''

दूसरा कहता है– ''अद्भुत। अविश्वसनीय। अकल्पनीय। ब्रह्माण्डश्रेष्ठ दृश्य।''

उसके बाद वनमान सिंह ने धुनराम से कहा– ''धुनराम जी, आपकी धुन वाकई अत्यंत मधुर है। इन्द्रियों का वशीकरण करने वाली है, वासनाओं को वशीभूत एवं भस्मीभूत करने वाली है। मन को शुभ विचार प्रदान करने वाली, मुख को पवित्र

वाणी प्रदान करने वाली, कानों को समुद्र समान दिव्य ज्ञान की श्रवण शक्ति प्रदान करने वाली, नेत्रों को सकल विश्व की पवित्रता के दर्शन कराने वाली, आत्मा को निराकार परमात्मा से जोड़ने वाली है। इसे सुनकर तो इस संसार का कोई भी जीव प्रभावित हो जायेगा।''

सत्योम ने नाना वनमान सिंह से कहा– ''परम सत्यवचन नाना जी।''

धुनराम ने सबसे कहा– ''धन्यवाद देव बंधुओं। आप सबनो घणो–घणो आभार।''

उसके बाद सुखराज ने प्रभु की मूर्ति को एकटक पूर्ण श्रद्धा से देखते हुए कहा– ''हे प्रभु, हे ब्रह्माण्डश्रेष्ठ चरित्र। हमारे संपूर्ण सोम गाँव, सर्वत्र सुख शांति वन के प्रत्येक जीव एवं समस्त विश्व की ओर से आपको जन्म दिवस की अनंत शुभकामनायें। आपका अदृश्यरूपी कल्याणकारी अस्तित्व, अजेय परमचरित्र और सर्वसद्गुणों से संपन्न आपकी महाकल्याणकारी गाथा इस समूचे विश्व को नित्य रूप में प्रकाशित एवं अनंत सुख प्रदान करते रहें। हे अनिर्वचनीय महाकल्याणकारी सत्ता, इस समूचे विश्व को नित्य रूप में अहिंसा और धर्म की शरण में रखना।''

सबने कहा– ''बोलो प्रभु श्री राम जी की जय। माँ सीता की जय।''

धर्मराज प्रभु की मूर्ति को अत्यंत प्रेमभाव से देखते हुए बोले– ''प्रभु, आपके सर्वश्रेष्ठ मानव जीवन की सर्वश्रेष्ठ जीवननीति–रीति, अजेय राजधर्म, सर्वोत्तम पवित्र चरित्र, जीवन की असीम संभावनाओं का साक्षात्कार कराने वाले आपके धर्माधीन उपदेश और आपकी परहित समर्पित त्याग भावना जैसे सर्वप्रिय सद्गुणों के आचरण से ही हम सोमवासियों को अर्थपूर्ण जीवन प्राप्त हुआ है। बस अपने आशीर्वाद से हमें इस सोम की पवित्र भूमि पर हमारे ईश्वरीय जीवन से अखंड रूप में जोड़े रखना।''

कुछ सोमवासियों ने प्रभु की मूर्ति को देखते हुए कहा– ''सदैव के लिये प्रभु।''

सुखराज ने कहा– ''प्रभु, आपकी परमकृपा से इस वन का संपूर्ण निर्माण कार्य तीन माह पूर्व ही सफलतापूर्वक पूर्ण करके बसंत पंचमी के पवित्र दिवस पर वन वास्तुशास्त्र प्रक्रिया और अजेय गति प्रदायक महायज्ञ भी कर लिया था। पर, हमारी पूर्व निर्धारित इच्छानुसार हम इस वन का सक्रिय रूप से आरंभ आज

रामनवमी के शुभ दिवस पर करना चाहते थे। इसलिये आपकी महाआरती करने के पश्चात् ये वन पूर्ण रूप से नीति–नियमानुसार सक्रिय हो जायेगा। अनंतकाल के लिये।''

इतना कहने के पश्चात् सब लोग आँखे बंद करके प्रभु को प्रणाम करते हैं।

फिर सुखराज, धर्मराज से बोले– ''पुत्र, अब हम पुरी के श्री शास्त्रनाथ जी के दिये हुए पवित्र शंख बजाकर महाआरती का आरंभ करते हैं।''

''जी पिताश्री।''

इस दौरान संपूर्ण सोम और सर्वत्र सुख शांति वन एकदम शांत अवस्था में हैं। मनोजयता और इन्द्रियों के पूर्ण संयम का दुर्लभ व आकर्षक प्रदर्शन। पंडित गंगेश्वर जी सोम गाँव के श्री नारायण मंदिर पर और धर्मराज, सुखराज, शिम्बू नेनाल और बाली दादा सर्वत्र सुख शांति वन के श्री राम मंदिर पर शंख बजाते हैं।

शंख की मधुर ध्वनि संपूर्ण सोम और वन के कोने–कोने में सुनाई देती है। यह ध्वनि समस्त सोम गाँव एवं समस्त वन के कण–कण को ब्रह्मानुभूति प्रदान करने के लिये पर्याप्त है।

शंखनाद के बाद वन में सुखराज और गाँव में पंडित गंगेश्वर बोलते हैं– ''प्रभु श्री राम की जय। माता सीता की जय।''

प्रत्येक उपस्थित व्यक्ति जयघोष करते हैं और उसके बाद शुरू होती है महाआरती। अद्भुत एवं ब्रह्माण्डश्रेष्ठ महाआरती।

अनगिनत परिशुद्ध चरित्रों द्वारा प्रदर्शित यह ब्रह्माण्डश्रेष्ठ महाआरती अनोखा आकर्षण उत्पन्न कर रही है। समूचे विश्व को भ्रमित करनेवाली प्रचंड रूप माया स्वयं ही अपनी कर्मगति को विराम देकर राम नाम की चरित्र प्रशंसा के विशेष कार्य में यहाँ सम्मिलित हुई है। निस्संदेह सोम गाँव और सोमवासियों की असीम पवित्रता ने ही स्वयं माया को सम्मोहित किया है।

इस महाआरती की समाप्ति के पश्चात् सुखराज और पंडित गंगेश्वर अपने–अपने पूजा स्थान पर एक साथ बोलते हैं– ''प्रभु श्री राम की जय। माता सीता की जय। ऋषि धर्मरामो की जय।''

सभी यही जयघोष दोहराते हैं।

इस दौरान वन का प्रत्येक पशु–पक्षी शांति से अपने स्थान पर बैठकर प्रभु की मूर्ति को ध्यानपूर्वक देख रहा है।

उसके बाद धर्मराज ने श्री राम मंदिर के पंडित श्री हनुमानराम से कहा– "चलिये पंडित जी, पहले सबको प्रसाद बाँट देते हैं, फिर सबको वन दर्शन करवाते हैं।"

पंडित हनुमानराम ने धर्मराज से कहा– "ठीक है पुत्र।"

वहाँ सोम गाँव के श्री नारायण मंदिर पर आरती समाप्ति के पश्चात् पंडित गंगेश्वर, कुछ सोमवासी और सुखराज के कुछ व्यापारी मित्रों को प्रसाद बाँटकर मंदिर के आँगन के पास बैठे कुछ पशु–पक्षियों के लिये महाप्रसाद रखते हैं। सब लोग आनंदपूर्वक राम प्रसाद ग्रहण करते हैं।

सर्वत्र सुख शांति वन के प्रभु श्री राम मंदिर पर आरती समाप्ति के पश्चात् पंडित हनुमानराम, सुखराज, धर्मराज, नेनाल, ब्रिक्षी, सत्योम, सत्लक्ष्मी, वनमान सिंह और पार्थोदास वन के प्रभु श्री राम मंदिर के आँगन में उपस्थित प्रत्येक रामभक्त को प्रसाद बाँटते हैं और मंदिर के दूसरे प्राँगण में बैठे अनगिनत पशु–पक्षियों के लिये महाप्रसाद रखते हैं।

श्री राम मंदिर पर महाप्रसाद ग्रहण करने के पश्चात् धर्मराज, धुनराम से कहते हैं– "धुनराम जी, सबने प्रभु के दिव्य प्रसाद को ग्रहण कर लिया है। अब अपनी वो मधुर धुन बजायें जिसे सुनकर पशु–पक्षी वन के अपने–अपने निज क्षेत्र पर चले जायें।"

धुनराम बोले– "जी धर्मराज जी।"

और धुनराम पशुओं को अपने–अपने निज क्षेत्र में वापस भेजने के लिये भिन्न धुनें बजाते हैं।

उस विश्वश्रेष्ठ धुन को सुनकर समस्त पशु और पक्षी धीरे–धीरे वन में अपने निज क्षेत्र की ओर जाते हैं।

इस अद्भुत दृश्य को देखकर बका भाई बिलिमोरासे ने कहा– "अद्भुत दृश्य।

अतिअद्भुत। विश्वश्रेष्ठ पशु प्रशिक्षण का प्रशंसनीय प्रदर्शन। सख्त आत्मउद्योग और धर्मप्रयोग द्वारा उत्सर्जित मानवीय सामर्थ्य का विश्वोत्तम प्रदर्शन।''

कानाजी ठाकोर भी बोले– ''अकल्पनीय। सर्वसिद्धि संपन्न मनुष्यों द्वारा कर्म साम्राज्य और विचारक्षेत्र का अमृतप्रदायक दृश्य। देवसत्ता सिद्ध सोमवासियों द्वारा रचित यह पारलौकिक दृश्य हमारी आत्मा को अनंत काल तक सुखी रखने के लिये पर्याप्त है।''

उसके पश्चात् वानप्रस्थराजो ने धर्मराज से कहा– ''धर्मराज जी, इस पारलौकिक घटना को देखकर हम नवनिर्मित वन देखने के लिये अतिव्याकुल हो गये हैं। आप शीघ्र ही हमें वनदर्शन करायें।''

धर्मराज ने सबसे कहा– ''तो चलिये, हमारे स्वर्गीय वन के दर्शन करते हैं।''

सब ने उत्साहित होकर कहा– ''जी।''

फिर व्रिक्षी, सुखराज से बोलीं– ''सुखराज जी, हम स्त्रियाँ यहाँ रुकती हैं और सबके लिये मध्याह्न भोजन की व्यवस्था करती हैं।''

सुखराज ने उत्तर दिया– ''ठीक है व्रिक्षी जी।''

व्रिक्षी, सिनोली, वायुमी, ईश्वती, सत्लक्ष्मी और अन्य स्त्रियाँ विश्राम गृह के पास चले जाते हैं।

उसके बाद नेनाल, सुखराज से बोले– ''भ्राता, हम गोवाल दादा और बाली दादा के साथ मेवार राजमहल पर जाते हैं और अन्नदान के लिये अन्न की बोरियाँ तैयार करते हैं।''

सुखराज ने नेनाल से कहा– ''ठीक छे भ्राता।''

और गोवाल दादा, बाली दादा और नेनाल मेवार राजमहल पर जाते हैं।

उसके बाद धर्मराज सबको श्री राम मंदिर के आँगन के निकट अपने वन घर की ओर ले जाते हैं जो साबरमती नदी के किनारे पर बनाया गया है। वहाँ पहुँचकर वे सबसे कहते हैं– ''ये है हमारे पशु बंधुओं को सर्वसुविधा देने वाले पशुसेवा दल के प्रत्येक उद्यमी मनुष्य का निवास स्थान।''

यह सुनकर सत्यपिर शिंदे ने धर्मराज से कहा– ''एकदम उचित स्थान पसंद किया है। मंदिर के पास और नदी के किनारे। अतिसुंदर। सोमगाँव और वनक्षेत्र में सहज आवागमन एवं सरलतापूर्ण जीवन निर्वाह के लिये अतिउपयुक्त स्थान है।''

वह स्थान सबको बहुत अच्छा लगा।

सत्योम ने वनमान सिंह से कहा– ''वाक़ई, अतिसुंदर है। सर्वप्राणी रुचिकर स्थान।''

वनमान सिंह ने पौत्र सत्योम से कहा– ''हाँ।''

कानाजी, गौलब से बोले– ''विश्राम गृह के चारों ओर वृक्ष ही वृक्ष हैं। बहुत बढ़िया।''

फिर धर्मराज ने कहा– ''धन्यवाद दादा। आइये।''

और फिर पशुसेवा दल के मनुष्यों के निवास स्थान से थोड़ी दूर चलकर धर्मराज सबसे कहते हैं– ''ये हैं हमारे फल, सब्ज़ी और वनस्पतियों के क्षेत्र। यहाँ हमारे सोम गाँव की तरह प्रत्येक फल, सब्ज़ी, वन औषधियाँ और वनस्पतियाँ उपलब्ध हैं।''

कियाध्रिह वब्रु ने धर्मराज से कहा– ''यहाँ के ताज़े फल, सब्ज़ी, औषधियों और वनस्पतियों को देखकर ऐसा लगता है जैसे स्वयं ईश्वर ने इनका ब्रह्मरोपण किया हो।''

धूमकेतु मिस्त्री ने कियाध्रिह वब्रु से कहा– ''वाक़ई सारी वनस्पतियाँ विशिष्ट एवं अत्यंत तरोताज़ा हैं।''

उसके बाद वनमान सिंह, धर्मराज से कहते हैं– ''ये बहुत अच्छा कार्य किया है आपने। पशु-पक्षियों को प्रकृति का अमूल्य आहार भेंट दिया है आपने।''

धर्मराज ने उन्हें उत्तर दिया– ''जी धन्यवाद। पर अभी तो हम केवल समुद्र के किनारे पर खड़े हैं। संपूर्ण समुद्र पार करना शेष है। आइये।''

वनमान सिंह ने हँसते हुए धर्मराज से कहा– ''चलिये।''

उसके बाद धर्मराज, फल और सब्ज़ियों के निकट स्थित गाय, भैंस और बकरियों के भव्य तबेले पर पहुँचते हैं और सबसे कहते हैं– ''ये है हमारा तबेला। कुछ गाय, भैंसें हम सोम गाँव से लाये हैं। कुछ गाय, भैंसें और बकरियाँ आप लोगों

द्वारा लाये गये हैं और कुछ हमारे अन्य गाँव और शहरवासी मित्रों द्वारा। यहाँ पर प्रति दिवस पाँच लाख लीटर दूध का उत्पादन होता है। इस दूध को गरम करके उसमें केसर, तुलसी, इलायची, सूखा मेवा और अन्य औषधियाँ मिश्रित करके हम प्रत्येक पशुओं के लिये रखे गये बर्तनों में नियमित रूप से डालते रहेंगे और पक्षियों के लिये पेड़ की डालियों पर लटकाये गये उनके भोजन कुंडों में।"

फिर धूमकेतु बोले– "यहाँ के पशु बहुत भाग्यशाली हैं कि उन्हें श्रेष्ठ कोटि के पोषणयुक्त दूध का सेवन करने का स्थायी लाभ मिल रहा है।"

गौलब भी धर्मराज से कहते हैं– "शत–प्रतिशत। यदि आपने ये पहल नहीं की होती तो इनमें से अधिकतम पशु आज भी शहर एवं अन्य गाँवों में अभक्ष्य कचरे को भोजन के रूप में खाते होते। भोजन प्राप्ति के लिये राजकीय धोरीमार्ग, रेलपटरी और अन्य असुरक्षित स्थलों पर अकाल मृत्यु के भय से भ्रमण करते हुए असंख्य पशुओं को यहाँ संपूर्ण सुरक्षाधाम प्रदान किया है आप लोगों ने। इस विश्वश्रेष्ठ कार्य के लिये आपको साधुवाद।"

धर्मराज ने गौलब से कहा– "मित्र, ये पशुजगत का कल्याणकारी वन निर्माण आप सबकी निःस्वार्थ सहायता से ही संभव हुआ है।"

सबने धर्मराज को प्रणाम करके प्रसन्नता का भाव व्यक्त किया।

उसके बाद शिम्बू सभी से कहते हैं– "और ये हैं पीने के शुद्ध जल की चार भव्य टंकियाँ। पानी को शुद्ध करके हम इन टंकियों में भरते रहेंगे। जिसमें लगभग पचास लाख लीटर जल संग्रह होता है।"

तब गुजरात के कानाजी, शिम्बू से बोले– "तबेला के साथ–साथ पानी की टंकियाँ भी भव्य बनायी हैं आपने।"

गौलब ने कानाजी से कहा– "और भ्राता, इस तबेले के उस पार जो तालाब का निर्माण किया है, वो कितना सुंदर दिख रहा है। साक्षात् क्षीर सागर समान।"

साथ–साथ कुछ लोगों ने भी कहा– "हाँ। वाकई सुंदर तालाब दिख रहा है।"

अब टोनाल सभी से बोले– "ये तालाब, इस वन और वन्य जीवों की आवश्यकतानुसार बनाया गया है। ये तो छोटा तालाब है। इस के अलावा दो

तालाब और भी हैं। एक वन के लगभग मध्यभाग में स्थित है, जो थोड़ा बड़ा है। उसका उपयोग सारे पशु मीठा जल पीने के लिये करते हैं। और एक तालाब वन के बहुत भीतर है, जो अतिभव्य है। हमारे वन में पानी की इतनी सुविधा है कि यदि अगले दस वर्ष तक वर्षा न होवे और अकाल पड़े तो भी हम अगले दस वर्ष तक इस पानी से पूरे वन की प्यास बुझा सकते हैं।''

गौलब ने टोनाल सिंह से कहा– ''ये तो वाक़ई प्रभावशाली कार्य किया है आपने। यहाँ पर प्रस्तुत कर्म और दृश्य, समस्त ब्रह्माण्ड के लिये उपदेशात्मक और अनुसरणीय हैं। सत्य में जल ही जीवन का मुख्य आधार है। इस संसार का कोई भी जीव, अन्न और फल के बिना जी सकता है परंतु जल बिना नहीं।''

मोनाल ने कहा– ''सत्य कहा आपने देवबंधु। और ये तो इस अलौकिक वन की केवल शुरुआत है। अभी तो ऐसा बहुत कुछ विशेष देखना शेष है। ऐसा प्रदर्शन होने वाला है जो मृत्युलोक में दुर्लभ है।''

बिहार के लोगबिथो जुपत मोनाल से बोले– ''तो चलिये। हम वो सब कुछ दुर्लभ देखने के लिये बहुत उत्सुक हैं।''

धर्मराज ने सबसे कहा– ''आइये।''

उसके बाद सब तबेले से थोड़ा दूर जाते हैं। आगे धर्मराज इशारा करके बताते हैं– ''ये हैं हमारे सौरऊर्जा यंत्र, जो सूर्य की गर्मी से ऊर्जा प्राप्त करके ऊर्जा का संग्रह करते हैं। आवश्यकतानुसार हम इसकी ऊर्जा का उपयोग वन में करते हैं। परंतु रात्रि प्रकाश के लिये तो हम लालटेन का ही उपयोग करते हैं।''

वनमान सिंह धर्मराज से बोले– ''वन जैसे भव्य एवं घने स्थान पर ये तो अत्यावश्यक है। इस यंत्र द्वारा संग्रह की हुई विद्युतशक्ति वन में आपातकालीन अवस्था में किसी भी समय काम आ सकती है।''

धर्मराज ने कहा– ''इसीलिये ये सुविधा हमने रखी है।''

सौरऊर्जा के यंत्रो का स्थान दिखाकर धर्मराज ने सबसे कहा– ''अब यहाँ से हम वन के पशु निवासक्षेत्र में प्रवेश करेंगे जो लगभग यहाँ से दो हज़ार कदम दूर है और हमारे मंदिर, तबेले और ऊर्जायंत्र के स्थान की विपरीत दिशा में है। अर्थात् इस वन की पूर्वोत्तर दिशा में। आइये।''

और सब लोग पशु निवासक्षेत्र की ओर चल देते हैं।

उस क्षेत्र में प्रवेश करने के पश्चात्, उस मार्ग के आसपास का विस्तार देखते हुए धर्मराज सबको बताते हैं– ''ये मार्ग खासतौर पर हम मनुष्यों के लिये है। ये मार्ग इस वन के अंतिम भाग तक बनाया गया है। इसके माध्यम से हम भिन्न पशुओं के निजी क्षेत्र में जाकर उन्हें जल, फल, सब्ज़ी, दूध और अन्य सात्विक आहार सहजता से दे सकते हैं।''

पार्थोदास ने आगे कहा– ''ये मार्ग बड़े जैसलमेरी पत्थरों के उपयोग से बहुत ही पक्का बनाया गया है। इसे अनंतकाल तक खंडित नहीं किया जा सकता है।''

फिर धर्मराज ने बताया– ''और यहाँ से आप सबको भिन्न पशु अपने अपने निजी भव्य निवासक्षेत्र में दिखाई देंगे। ये देखिये, ये है हमारे हाथियों का निवासक्षेत्र, वो है हमारे श्वान का निवासक्षेत्र और आगे खरगोश का।''

इस दौरान कुछ देशी श्वान, हाथी और खरगोश धर्मराज और उनके अतिथि मित्रों के निकट आते हैं और धर्मराज और उनके अतिथि मित्र उन्हें अपार स्नेह करते हैं। कुछ पशु पेड़ पौधों से फल, सब्ज़ी और वनस्पतियाँ ग्रहण कर रहे हैं।

उसके बाद मोनाल सबसे कहते हैं– ''प्रत्येक पशुओं के निजी निवास क्षेत्र में तुलसी, आँवला, कुछ फल, कुछ सब्जियाँ, वनस्पतियाँ और अन्य खाने योग्य वृक्ष बड़ी मात्रा में उपलब्ध हैं जो सर्व ऋतुओं के भयानक व भिन्न रूपों को ध्यान में रखकर समस्त पशुओं के लिये सरल भोजन प्राप्ति हेतु रोपे गये हैं।''

उड़ीसा के द्लानिम वानम ने पशुओं को स्नेहपूर्वक एक संबंधी के नाते देखते हुए कहा– ''बहुत ही भव्य क्षेत्रफल है और समस्त पशु, एकदम शांत, सुशील, जितेन्द्रिय, संस्कारी एवं कोमल स्वभावी लग रहे हैं।''

धर्मराज बोले– ''जी। वास्तव में हमारे पशुओं को संस्कार प्रशिक्षण के माध्यम से चतुर, दयावान व आज्ञावान पशु बनाने का उत्तरदायित्व टोनाल जी के भूतकाल के घनिष्ठ मित्र मिशान जी और वीरभीम जी के पास है। वे दोनों बहुत ही कुशल पशु प्रशिक्षक हैं। पशु प्रशिक्षण विषय में वे इतने कुशल हैं कि यदि बाघ, तेंदुआ, सिंह, भालू जैसे अन्य हिंसक प्राणियों के मुख में हाथ डालकर भोजन खिलायें तो भी वह हिंसक प्राणी बिना प्रहार किये भोजन ग्रहण कर लेते हैं। इन दोनों पशु प्रेमियों का पशु प्रेम श्री राम और हनुमान जी के पवित्र संबंध के समान शिखरस्थ

है। प्रत्येक पशु-पक्षी को मिशान जी और वीरभीम जी के शरीरक्षेत्र में कल्याण व सुरक्षाप्रदायक देवता के दर्शन होते हैं। और प्रत्येक पशु-पक्षी ये सरलता से समझ लेता है कि उनके सानिध्य में इस विश्व का कोई भी प्राणी या अशुभ शक्ति उन्हें आहत नहीं कर सकती।"

धर्मराज के बाद शिम्बू ने भी कहा– "और धुनराम जी की मधुर धुन से पशु-पक्षियों को परिचित एवं प्रभावित करवाने की कठिन प्रक्रिया में भी उनका ही महत्वपूर्ण योगदान है।"

मध्यप्रदेश के वानप्रस्थराजो ने धर्मराज को बताया– "इन विश्वप्रसिद्ध पशुप्रेमी व्यक्तियों से तो हम परिचित हैं। हम उनसे पंजाब में मिले थे। पहले वे पशु-पक्षियों के बहुत ही कुशल प्रशिक्षक थे। परंतु पशु प्रशिक्षण देने के कुछ वर्ष पश्चात् तो उन्होंने सन्यास ले लिया था। फिर यहाँ कैसे?"

टोनाल सिंह ने वानप्रस्थराजो को उत्तर दिया– "आप सत्य कह रहे हैं मित्र। परंतु जब हम सबने उन्हें हमारे वन निर्माण के विश्वश्रेष्ठ लक्ष्य के विषय में बताया तो वे शीघ्र ही अपने सन्यास को त्याग कर इस कार्य को पूर्णता प्रदान करने के लिये तैयार हो गये। और अब तो उन्होंने सरल सन्यासी जीवन त्याग कर आध्यात्म ज्ञान की शरण में एक सक्रिय मनुष्य बनकर इस वन में स्थायी रूप से रहने का निर्णय भी ले लिया है।"

वानप्रस्थराजो बोले– "बहुत ही प्रसन्नता की बात है ये। मिशान जी और वीरभीम जी पशुओं के बहुत ही कुशल प्रशिक्षक हैं। वे किसी भी पशु-पक्षी को अपने इच्छित स्वभाव में परिवर्तित कर देते हैं।"

सत्योम ने टोनाल से पूछा– "परंतु वे हैं कहाँ?"

टोनाल ने बताया– "प्रभु श्री राम की महाआरती की पूर्णाहुति के तुरंत बाद वे धुनराम जी के साथ वन के सबसे खतरनाक खाईक्षेत्र में पक्षियों को शेष प्रशिक्षण देने गये हैं।"

यह सुन सब आश्चर्यचकित हो जाते हैं।

और कियाध्रिह वब्बु ने टोनाल से उत्सुकतावश पूछा– "वे लोग खाई में जाकर भी प्रशिक्षण देते हैं?"

''हाँ। और खाई के अतिरिक्त महाकाय डूँगरों पर भी जाते हैं और पशु–पक्षियों सहित अन्य जानवरों को भी प्रशिक्षण देते हैं।''

तब कियाध्रिह वब्बु ने सुखराज से कहा– ''अद्भुत। अविश्वसनीय। मनुष्यता का सर्वोत्तम प्रस्तुतीकरण। एक सन्यासी का कुछ ही क्षणों में अपने सुस्थापित जीवन को त्याग कर खतरनाक वनों में घूमकर, निर्दोष पशु–पक्षियों को विभिन्न ऋतुओं में निरंतर सेवा एवं प्रशिक्षण प्रदान करना किसी साधारण मनुष्य के सामर्थ्य में नहीं है। वाक़ई यहाँ सब विशेष और सर्वश्रेष्ठ घटनायें घट रही हैं। यहाँ के लोग कर्मप्रयोगी और विचारप्रयोगी प्राणी हैं। हर क्षण हर पात्र नवीनता का प्रदर्शन करता है। परमात्मा आप सबका नित्य कल्याण करें।''

फिर धर्मराज, कियाध्रिह वब्बु से बोले– ''महात्मन, हमने कहा तो था कि यहाँ ऐसी पारलौकिक घटनायें घटेंगी जो इस संसार में कहीं भी नहीं घटी होंगी।''

वानप्रस्थराजो ने धर्मराज से कहा– ''एकदम सत्य कहा था आपने।''

धर्मराज उनसे फिर बोले– ''जी। और अभी भी बहुत कुछ शेष है। आइये।''

सब ने कहा– ''जी।''

थोड़ा आगे जाकर धर्मराज सबसे कहते हैं– ''यहाँ समस्त पशुओं के निवास एवं भ्रमण क्षेत्र के किनारों पर आपको बहुत सारे छोटे–छोटे कुंड दिखाई देंगे। इस वन के अधिकतम हिस्सों में स्वर्ण से निर्मित नलिकाओं के माध्यम से कुछ कुंडों में हम दूध डालते हैं, कुछ में फल रस और कुछ में जल। प्रत्येक निवास क्षेत्र के अंतिम भाग में आपको बहुत सारे स्नानकुंड भी दिखाई देंगे जो पशुओं के शरीर के आकार के अनुसार निर्मित किये गये हैं। वे लोग जब चाहें अपनी मस्ती में स्नान कर सकते हैं। उसके बाद स्नानकुंड के बाजू के घास पर लोटकर वे अपने शरीर को सुखा भी सकते हैं।''

टोनाल ने पशु निवास क्षेत्र के एक भाग की ओर उँगली के माध्यम से इशारा करते हुए सबसे कहा– ''प्रत्येक पशु के निजी निवास एवं भ्रमण क्षेत्र में विश्राम गृह भी बनाये गये हैं। जो भूमि स्तर से तीस फुट की ऊँचाई पर निर्मित हैं। इन गृहों के भीतर वर्षाकाल, ग्रीष्मकाल और शीतकाल में सुरक्षित एवं स्वस्थ रहकर सारे पशु प्रत्येक ऋतु का असीम आनंद लेते हुए आराम से जीवन यापन करेंगे।''

ये सब देखते हुए वनमान सिंह, सुखराज से बोले– ''सुखराज जी, आपके पुत्र और टोनाल जी ने बहुत ही निपुणता से ये वन बनाया है।''

सुखराज प्रसन्नता से कहते हैं– ''वाक़ई, हम भी इनकी उत्कृष्ट बुद्धि के सुखद परिणाम से बहुत ही प्रभावित हैं। हम निःशब्द हो गये हैं। हमारे शब्द भी इस कार्य की प्रशंसा करने के लिये निम्न कोटि के सिद्ध होंगे।''

धर्मराज ने सुखराज से नतमस्तक होकर कहा– ''धन्यवाद धर्मसागर।''

उसके बाद धर्मराज सबसे बोलते हैं– ''ऐसे पशु विश्राम गृह इस वन में भिन्न–भिन्न स्थानों पर बनाये गये हैं।''

सब ने उत्तर में कहा– ''अत्यंत सुविधाजनक विश्राम गृह हैं। ये युगश्रेष्ठ दयाभाव है।''

उसके बाद धर्मराज, अन्य सोमवासी और अतिथि मित्रों के साथ वन के और भीतर चले जाते हैं। उस दौरान लोगबिथो जुपत ने कहा– ''पक्षियों को भी आपने सोम गाँव की तरह ही विशेष सुविधायें दी हैं।''

धर्मराज ने उत्तर दिया– ''जी। पशुओं के समान पक्षी भी परमात्मा का अद्वितीय रचनात्मक प्रदर्शन हैं। वे भी इस धर्मधरा की अमूल्य धरोहर हैं। इसलिये पक्षियों के लिये हमने वन में कई सारे वृक्षों पर जलकुंड, अनाजकुंड और बाँस की लकड़ियाँ लगाई हैं। और चींटी–मकोड़े जैसे सूक्ष्म जीवों के लिये उपयुक्त स्थानों पर अनाज के दाने, सुखे मेवे और मीठे फल रखे जायेंगे।''

वानप्रस्थराजो बोले– ''आप प्रत्येक जीव का विशेष ध्यान रखते हैं। उनका सम्मान करते हैं। उन्हें मनेच्छा, भावना और आवश्यकतानुसार श्रेष्ठ सुविधायें देते हैं। ये वाक़ई प्रशंसनीय और सर्वश्रेष्ठ काम है। धर्मशास्त्र के अनुसार आप विश्व के समक्ष कर्मयोग, भक्तियोग और ज्ञानयोग का सर्वश्रेष्ठ प्रस्तुतीकरण कर रहे हैं।''

धर्मराज ने उनसे कहा– ''धन्यवाद प्रकृति रक्षक।''

उसके बाद वन में थोड़ा और भीतर जाकर धर्मराज ने सबसे कहा– ''अब तक आपने भिन्न पशुओं को उनके भिन्न निवास एवं भ्रमण क्षेत्र में देखा। परंतु ये है वन का भव्य वनक्षेत्र जो वन के मध्यभाग में स्थित है और बहुत खुला है।''

''इस खुले वनक्षेत्र के भीतर अनेक पशुओं के निजी आवास क्षेत्र हैं।'' टोनाल ने सबसे कहा।

फिर धर्मराज बोले– ''हाँ। इस भव्य और खुले वनक्षेत्र में, वन की चारों दिशाओं से समस्त पशु एक साथ घूमने निकलेंगे। इस भव्य वन क्षेत्र में प्रत्येक सौ कदम पर आपको भिन्न पशुओं के हूबहू पुतले दिखेंगे। जिनके हाथों में भिन्न प्रकार के ताज़ा फल और ताज़ा सब्ज़ियाँ रखी जाती हैं। इस क्षेत्र में घूमते–फिरते प्रत्येक पशु को ये पुतले देखकर ऐसा लगेगा कि ये अन्य पशु हैं, जो शांत मुद्रा में खड़े हैं और हमें पीड़ा नहीं पहुँचा रहे हैं। बल्कि स्नेहपूर्वक आदर दे रहे हैं। इसलिये इनके निकट जाने से कोई आपत्ति नहीं है। इस विचार के साथ वह पशु, अन्य पशु के पुतले के निकट निर्भयता से जायेगा, उसके हाथों से फलाहार भोजन करेगा। इसी सोच से वे फल और सब्ज़ी को खाने के आदी हो गये हैं।''

सत्योम ने धर्मराज से कहा– ''बहुत ही उत्कृष्ट विचार हैं भ्राता। इससे वे सात्विक भोजन के आदी हो जायेंगे और समस्त पशु, अन्य पशुओं के पुतलों को देखकर एक दूसरे से परिचित हो जायेंगे और एक दूसरे के प्रति स्नेह रखेंगे न कि क्रोध। अंततः पशुओं के मध्य मित्रता जन्म लेगी और वे एक दूसरे के घनिष्ठ मित्र बन जायेंगे। न शिकार, न दुःख। केवल सुख।''

मोनाल, सत्योम से बोले– ''हाँ, इसी विचार से यह उत्तम कार्य किया है हमने।''

गुजरात के कानाजी ने धर्मराज से कहा– ''सत्य में, यहाँ निवास कर रहे सर्व पशु–पक्षी बहुत भाग्यशाली हैं कि इन्हें इस संसार की सर्वश्रेष्ठ सुविधायें मिल रही हैं।''

''सच में काका। जो सुविधायें स्वर्ग में भी दुर्लभ होंगी, वो यहाँ सहजता से उपलब्ध हैं।'' मोनाल ने कानाजी से कहा।

अचानक बका भाई बिलिमोरासे ने चित्रों को देखकर धर्मराज से कहा– ''और ये विभिन्न दृश्यों से संपन्न उत्कृष्ट चित्र, चित्रकार पशुनाथ जी और उनके कुशल शिष्यों के बनाये लगते हैं?''

धर्मराज ने कहा– ''जी। ये उनकी ही उत्कृष्ट और अद्वितीय कला है। अधिकतम चित्र स्नेहभाव दर्शाते हैं। इन चित्रों में प्रत्येक पशु एक दूसरे के साथ

ईश्वरीय मनुष्य

स्नेहपूर्वक खेल रहे हैं और पशु जीवन का यथार्थ आनंद ले रहे हैं। यदि शुरुआत के समय में कोई हिंसक पशु, किसी अन्य पशु का शिकार करने का प्रयत्न करेगा तो उसी क्षण हमारे वनरक्षक मनुष्य ऊँची ध्वनि में बर्तन खटखटायेंगे और कहेंगे कि हिंसा पाप है। विवेक, मानसिक शांति, चरित्रशुद्धि, ध्यान, वात्सल्य, परोपकार और जीवरक्षा के सद्गुणों की संगत ही वास्तविक जीवन है। इन बर्तनों की तीव्र ध्वनि से वो हिंसक पशु डर जायेंगे। इस घटना के प्रायः घटने के पश्चात् हिंसक पशु शिकार की गलतियाँ कदापि नहीं दोहरायेंगे।''

कानाजी ने धर्मराज से कहा– ''वाह। क्या विशिष्ट विचार हैं आपके। अद्भुत आयोजन। आपके वन के सुख शांति प्रदायक नीति–नियम और जीवन रीतियों की उपस्थिति से ये तो निश्चित है कि इस वन का प्रत्येक पशु संस्कारी, अहिंसक, हितैषी, आज्ञाकारी और सात्विक पशु बन जायेगा। वे सब सुखमयी, शांतिपूर्ण, स्वस्थ और स्नेहपूर्ण जीवन व्यतीत करेंगे।''

सुखराज ने कानाजी से कहा– ''निश्चित रूप से काका।''

उसके बाद सत्योम, धर्मराज से बोलते हैं– ''और वो सामने दीवारों पर जो चित्र लगे हैं, वहाँ शौचालय बनाया लगता है।''

''हाँ भ्राता। ऐसे शौचालय तो बहुत सारे बनाये हैं। चलिये दिखाते हैं आप सबको।''

यह बोलकर धर्मराज सब लोगों को वन के भीतर दायीं ओर ले जाते हैं जहाँ पर पशुओं के लिये एक बड़ा सा शौचालय बनाया है।

''ये है पशुओं का शौचालय। इस वन में कुल पाँच सौ शौचालय हैं जो वन के भिन्न स्थानों पर बनाये गये हैं। प्रत्येक शौचालय का भूमि स्थल ढलान वाला है। जब पशु यहाँ मल निकालते हैं तो समय–समय पर हमारे वनरक्षक पानी से उनके मल को मलसंग्रह गृह में डाल देते हैं जिसे बायोगैस यंत्र में डालकर हम गैस उपार्जन के लिये सदुपयोग करते हैं।'' धर्मराज ने बताया।

मोनाल ने आगे कहा– ''और इस वन के प्रत्येक शौचालय के चारों ओर अधिक से अधिक मात्रा में मोगरा, पारिजात, गुलाब और केवड़ा जैसे सुगंध फैलाने वाले कई सारे पेड़ रोपे गए हैं जो प्रत्येक क्षण आसपास सुगंधित वातावरण का निर्माण करते रहेंगे।''

गौलब इतना सुनकर मोनाल से बोले– "अद्भुत। वाक़ई ये प्रशंसनीय विचार है। उत्तम मानसिकता का अतिसफल प्रयोग।"

उसके बाद शिम्बू सभी से कहते हैं– "और वो हैं जल संग्रह के लिये पाँच बड़ी सी टंकियाँ। प्रत्येक टंकी में लगभग पचास लाख लीटर जल का संग्रह होता है। शुभ वर्षाकाल में वर्षाजल का संचय इन्हीं टंकियों में किया जाएगा।"

इस बात पर कानाजी ने धर्मराज से कहा– "और वो पानी की सुंदर नहर समस्त वन में जल के सरल उपयोग हेतु बनायी लगती है।"

धर्मराज कहते हैं– "हाँ दादा। आओ, नहर के दर्शन कराता हूँ आप सबको।"

कानाजी बोले– "हाँ ज़रूर।"

पानी की नहर के निकट जाने के बाद धर्मराज बोले– "कानाजी दादा, यहाँ दो नहर और पाँच टंकियाँ बनायी हैं। और इस नदी तट के निकट ही बनाई हैं क्योंकि जब भारी वर्षा से नदी का जल उसके सामान्य स्तर से बढ़ जाये तब नदी के नीचे रखी बड़ी नलिका द्वारा एक नहर में और भूमिगत टंकियों में पानी का संग्रह होता है। ये पानी कपड़े और चाँदी की सूक्ष्म जालियों से शुद्ध होकर नहर और टंकी में संग्रहित होता है। एक नहर में पीने के पानी का संग्रह होता है। और ये नहर अपने सोम गाँव की नहर के आकार से आधी है क्योंकि वन में कई छोटे–बड़े तालाबों की सुविधा है ही।"

उसके बाद वनमान सिंह धर्मराज से कहते हैं– "नहर का निर्माण करके आपने बहुत अच्छा किया। जितना अधिक जल का संचय कर सकें, उतना ही हमारा जीवन सरल और सुखमय होता है। जल अमूल्य संपदा है। ब्रह्म की अमृत रचना है जिसकी संगत से संपूर्ण प्राणी जगत चलायमान है। इसलिये इसका योजनाबद्ध संग्रह करना अत्यावश्यक है।"

सत्यपिर शिंदे भी बोले– "धर्मराज जी, आपने धर्म–अर्थ–काम को ध्यान में रखकर बहुत सोच–समझकर इस वन का निर्माण किया है। आने वाली पीढ़ियाँ आपको युगों–युगों तक स्मरण कर आपकी सर्वोत्तम जीवनशैली का अनुसरण करेंगी। संभव है कि भविष्य में साक्षात् परमात्मा भी आपको देवलोक के संचालनकर्ता के रूप में नियुक्त कर दें।"

ईश्वरीय मनुष्य

सर्वत्र सुख शांति वन
राम मंदिर
अमृत अ

धर्मराज ने उत्तर में कहा– ''जी धन्यवाद। इस महान कार्य में टोनाल जी, मोनाल जी, नेनाल जी काका, शिम्बू भ्राता, हमारे सोमवासी, समस्त बिजोला परिवार और टोनाल जी के सन्यासी साथियों का अभूतपूर्व योगदान है। ये सब इन सबकी अपार सहायता से संपन्न हुआ है।''

आगे चलने पर वन के और भीतर जाते समय वानप्रस्थराजो ने कहा– ''धर्मराज जी, आपका वन तो इतना स्वच्छ है कि वृक्ष का पत्ता भी इस भूमि पर गिरने की चेष्टा नहीं करेगा। इतना स्वच्छ वन हमने आज तक किसी भी देश में नहीं देखा। स्वास्थ्य एवं स्वच्छता के आदर्श हैं आप, आपका वन और आपका समस्त गाँव। और ऐसे सद्गुणी क्षेत्र में सुख, संपत्ति, दीर्घायु, आध्यात्मिकता, आत्मशांति, चरित्रशुद्धता, दया भाव सदैव विराजमान रहते हैं।''

सत्योम ने धर्मराज से कहा– ''और इस वन की आबोहवा में कुछ ऐसी चमत्कारी बातें हैं जो यहाँ के कण–कण में आध्यात्मिकता और पवित्रता के दर्शन करा रही हैं।''

धर्मराज ने सत्योम से कहा– ''धन्यवाद भ्राता। ये सब परमात्मा की शुभ संस्कार रूपी भेंट हैं।''

इस समय सभी लोग एक बड़े डूँगर के निकट पहुँच गये हैं। लगभग पाँच सौ फुट ऊँचे इस डूँगर पर ध्यान स्थल का निर्माण किया गया है।

धर्मराज ने सबको बताया– ''इस डूँगर के ऊपर हमारे पशुओं का ध्यान स्थल है। जो सौ फुट लंबा, पाँच सौ फुट ऊँचा और दो सौ फुट चौड़ा है। डूँगर के ऊपर ध्यान स्थल पर जाने के लिये आस–पास चौड़े रास्ते भी बनाये हैं। आइये ऊपर चलते हैं।''

और सब लोग टेढ़े मार्गों से चलकर ऊपर जाते हैं।

ऊपर पहुँचते ही दलानिम वानम ने भव्य वन का अलौकिक दृश्य देखते हुए कहा– ''वाह, क्या अलौकिक दृश्य है। इस स्थान से तो हमें समूचे वन, साबरमती नदी की असीम सुंदरता और सोम के दर्शन होते हैं। अद्भुत।''

वानप्रस्थराजो ने कहा– ''और वायु और वृक्षों के निरंतर मिलन से उत्पन्न होती ये मधुर ध्वनि, शरीर के कण–कण में अमृतमय ताज़गी भर रही हैं।''

कानाजी ने कहा– "अद्भुत दृश्य। ईश्वरीय दृश्य। देवसत्ता की कल्याणकारी संगत द्वारा उत्कृष्ट सृजन।"

सुखराज ने धर्मराज से कहा– "पुत्र, आप लोगों ने प्रत्येक कार्य को अत्यंत श्रद्धापूर्वक, गंभीरता एवं निपुणता से पूर्ण किया है। हम अत्यंत प्रभावित हैं। देवताओं को आकर्षित करने वाला आप सबका पराक्रम सराहनीय है।"

धर्मराज ने कहा– "धन्यवाद धर्मराज सर्जक।"

पार्थोदास बोले– "इस सुंदर वन के सृजन से आज इस संसार के समस्त देवी–देवता और दानवों को भी असीम प्रसन्नता हो रही होगी।"

उसके बाद शिम्बू ने सबसे कहा– "इस डूँगर के सामने की दिशा में देखिये। वहाँ हमने राम बाँध का अखंड निर्माण किया है। समस्त बाँध का परिवेष्टन, कोटा के विश्व प्रसिद्ध सख्त पत्थरों से किया हुआ है। उसमें लगभग दो सौ अरब लीटर शुद्ध जल का संचयन होता है। उस जल समृद्ध बाँध में से हम निकटवर्ती गाँव, शहर और वनक्षेत्रों की प्राथमिक आवश्यकतानुसार जलप्रदाय करेंगे।"

गौलब ने शिम्बू से कहा– "बेमिसाल और अतिसम्माननीय कार्य प्रदर्शन। अरावली पर्वत श्रृंखला के मध्य में निर्मित यह शुद्ध जल अमृत भंडार, असंख्य सदियों तक असीम जीवों को शारीरिक शीतलता प्रदान करने के लिये पूर्णतः समर्थ है।"

वानप्रस्थराजो ने धर्मराज से कहा– "और उसके निकट कुछ बड़ा महल जैसा भी है।"

धर्मराज बोले– "वो राम बाँध के निकट पशुओं के लिये बनाया गया सर्वसुविधा पूर्ण भव्य विश्राम गृह है। वह विश्राम गृह इतना आलीशान है जिसके सामने देश–विदेश के राजा और राजनेताओं के भव्य निवास स्थान भी राई बराबर लगें।"

वानप्रस्थराजो ने धर्मराज से कहा– "निर्दोष पशु–पक्षियों के कल्याण के विषय में आज कौन ऐसा सोचता है। सब अपनी तुच्छ वासनाओं की पूर्ति और क्षणिक सम्मान की प्राप्ति के पीछे पड़े रहते हैं। धर्मावतारों को छोड़कर इस विश्व के सारे विश्वप्रसिद्ध धनाढ्य राजाओं के जीवन भर किये गये सर्व सत्कर्म, आपके सत्कर्मों के आगे राई बराबर हैं। वे राजा लोग अपनी प्रतिष्ठा, सम्मान, राजशाही,

प्रसिद्धि, भोगविलास और लोकप्रशंसा वासना को जीवित व सुरक्षित रखने के लिये अपनी भव्य हवेलियाँ और राजगृह किराये पर देकर उन्हें कब्रिस्तान समान माँसाहारी होटलों में परिवर्तित करके आंशिक रूप से शर्मपूर्ण जीवन जी रहे हैं। और आप अकूत धन–संपत्ति होते हुए भी भोगविलासी जीवन का परित्याग कर समस्त विश्व को धर्म और अहिंसा के सत्यपथ पर लाने के लिये ब्रह्माण्डश्रेष्ठ जीवन जी रहे हैं। आपके सत्कर्म और आपका विश्वकल्याणकारक विचार साम्राज्य इतना शिखरस्थ, बलिष्ठ और उच्च कोटि का है कि अंतरिक्ष के भी ऊपर इस विश्व का जो सबसे ऊँचा स्थान है, वो स्थान आपके चरणों में परास्त होकर प्रसन्नतापूर्वक आपके पैरों को प्रचंड बल दे रहा है। आप जैसे महान सत्कर्मी सत्ताधीशों का यह निःस्वार्थ भावपूर्ण कर्मराज्य, कर्मयोग का बहुमूल्य उदाहरण है।''

बका भाई बिलिमोरासे ने कहा– ''वानप्रस्थराजो जी सत्य कह रहे हैं। हमने अपने देश–विदेश के भ्रमणकाल के दौरान असंख्य धनाढ्य मनुष्यों द्वारा छल, कपट, अनीति, प्रचंड लालच, लोकवासना, प्रसिद्धि, दुराचार और हत्या की भ्रष्ट संगत से साम्राज्य और वाणिज्य का विस्तार करते हुए देखा है। परंतु आपका यह सर्वतोभद्र ईश्वरीय साम्राज्य पूर्णतः शुद्ध और शास्त्र सम्मत है। असंख्य निर्दोष जीवों को वास्तविक व नित्य सुख प्रदान करता आपका यह धर्मसाम्राज्य अनेक देवालयों के लिये शिखरस्थ आदर्श है।''

तत्पश्चात् सत्योम ने ध्यानस्थल को ध्यानपूर्वक देखते हुए कहा– ''इस वन के पशुओं के लिये वाक़ई सुंदर ध्यान स्थल बनाया है आपने। आप जैसे धर्मपुरुष के पास असीमित नेतृत्व क्षमता है। एक गाँववासी होने के बावजूद आप विश्वकल्याण के लिये कर्म कर रहे हैं। और दूसरी ओर देश के लोभी राजनेता, धनाढ्य और मानसिक रूप से नपुंसक धर्मविरोधी प्रजा, राममंदिर और हिंदू धर्मादेशों की उपेक्षा करके राजनीति की रोटियाँ सेंकते रहते हैं। काश उन मूर्ख राजनेताओं के स्थान पर आप जैसे कुशल कालसंवर्धक मनीषी को राजसत्ता प्राप्त हो तो शीघ्र ही इस देश के साथ–साथ समूचे विश्व का अखंड कल्याण हो जाये।''

धर्मराज ने उत्तर दिया– ''आप सबकी मेरे प्रति यह देवतुल्य प्रशंसा संभवतः समस्त विश्व को आकर्षित कर रही है। अनंत आभार देवात्माओं। और रही बात राजनीति की, तो उस गंभीर विषय पर हम बाद में विमर्श करेंगे।''

पशुओं के ध्यान स्थल के विषय में माहिती प्रसार करते हुए धर्मराज ने सबसे कहा– ''और इस सुंदर ध्यान स्थान को और सुशोभित और शुद्ध करता है ये अमृत

समान जल। जिसमें पवित्र गंगाजल, दुर्लभ औषधियाँ और तुलसी के पत्ते मिश्रित हैं। प्रवेश मार्ग के अतिरिक्त इस स्थान के चारों किनारों पर ये जल भरा हुआ है।''

आगे शिम्बू ने बताया– ''और पशु यहाँ आकर सबसे पहले ये पवित्र जल पीते हैं जिसके ग्रहण मात्र से वे शरीर में शांति, शुद्धता, अंतःकरण शुद्धि और आध्यात्मिक उच्चता का अनुभव कर सकें।''

फिर धर्मराज ने सबसे कहा– ''अब हम आपको इस ध्यान स्थल के पास एक विशिष्ट स्थान के दर्शन कराते हैं। आइये।''

सब ने कहा– ''जी देवता।''

उसके बाद सब डूँगर से नीचे उतरते हैं और नदी की दिशा की ओर जाते हैं। वहाँ पर नवीन स्थापत्यकला का अद्वितीय प्रस्तुतीकरण कर रहा एक भव्य कक्ष है। उसके प्रवेश द्वार पर धर्मराज सबके साथ पहुँचते हैं।

उस कक्ष के प्रवेश द्वार को खोलकर धर्मराज कहते हैं– ''ये है अमृत आत्मागृह स्थान। और ये है गंगाजल कुंड। हमारे वन के प्रत्येक जीव एवं सोमवासी के देहत्याग के पश्चात् उनके शरीर को साबरमती नदी के किनारे अग्निदाह देकर उस अमूल्य जीव के शरीर की राख को शरीर की रीढ़ की मुख्य हड्डी सहित हम इस गंगाजल कुंड में मिश्रित करेंगे। और इस राख मिश्रित पवित्र गंगाजल को मिट्टी के साथ मिश्रित करके नये बीज के साथ हम नये वृक्ष और पौधों का यहाँ रोपण करेंगे। इस तरह उस पवित्र शरीर की आत्मा एक पवित्र वृक्ष बनकर इस वन में कई दशकों या सदियों तक जीवन व्यतीत करेगी और किसी न किसी रूप से इस वन और वन्यजीवों के लिए लाभदायी बनी रहेगी। ये प्रक्रिया सदैव सक्रिय रहेगी। अनंत काल तक।''

सब धर्मराज के शब्दों को सुनकर आश्चर्यचकित हो गये हैं।

अचरज से भरे सुखराज ने धर्मराज से कहा– ''वाह पुत्र, क्या विचार है। अद्भुत और अकल्पनीय विचार। ऐसा प्रतीत होता है कि सारे देवता और धर्मगुरुओं ने अपना सुखकर वैचारिक साम्राज्य आपको अर्पित कर दिया है।''

कानाजी ने धर्मराज से कहा– ''ऐसे श्रेष्ठ विचार कैसे आते हैं आपके मन साम्राज्य में?''

दलानिम वानम ने कहा– ''एक तरफ़ इस कलयुग में निन्यानवे प्रतिशत लोग अपने अनियंत्रित, लालची, उद्विग्न, कामवासनायुक्त, चंचल और संशयी मन के कारण औषधि आधारित जीवन जी रहे हैं। और दूसरी तरफ़ यहाँ सोमगाँव के लोग मनोजयी और जितेन्द्रिय बनकर सत्कर्मों का पिटारा लेकर घूम रहे हैं। निस्संदेह यहाँ की अनुकूल परिस्थितियाँ आप सबके अखंड आत्मविश्वास, ब्रह्माण्डश्रेष्ठ संस्कार, अद्भुत आत्मसंयम, उच्चतम आध्यात्म बल और सर्वोच्च सकारात्मकता का सर्वोत्कृष्ट परिणाम हैं।''

वानप्रस्थराजो ने धर्मराज की ओर देखते हुए कहा– ''आप विवेक के आश्रय में बुद्धि का सर्वश्रेष्ठ उपयोग करते हैं। आप सर्वश्रेष्ठ विचारक एवं अनंत कल्याणकारी सत्ता हैं। आपके प्रसारित सत्कर्म, धर्मग्रंथ समान उपदेशात्मक हैं। कल्याणबोधक, ज्ञानवर्धक, चरित्रसुधारक, बलवर्धक हैं।''

धर्मराज ने सबको प्रणाम करते हुए कहा– ''आप सबनो घणो–घणो आभार।''

उसके बाद धर्मराज ने सबसे कहा– 'तो मित्रों, ये है हमारा अलौकिक वन। वैसे तो ये बहुत ही भव्य है परंतु जो मुख्य स्थान आपको दिखाने थे, वो यही हैं।''

उसके बाद धूमकेतु मिस्त्री ने धर्मराज से कहा– ''ऐसा विशिष्ट वन, आज तक इस संसार में न कभी था, न है और न कभी बनेगा। ये केवल आप जैसे युगश्रेष्ठ मनुष्यों की क्षमता का सर्वजीव कल्याणकारी उत्पाद है। आप जैसे युगश्रेष्ठ मनुष्य इस पृथ्वीलोक पर लाखों वर्षों में एक बार जन्म लेते हैं। आप जैसे ईश्वरीय मनुष्यों के ब्रह्माण्डश्रेष्ठ जीवनदर्शन का एक छोटा सा अर्थपूर्ण हिस्सा बन कर हम धन्य हो गये हैं धर्मसागर।''

सबने धर्मराज से कहा– ''निश्चित रूप से हम धन्य हो गये हैं।''

धर्मराज ने सबको पुनः प्रणाम करते हुए कहा– ''धन्यवाद।''

उसके बाद कानाजी, धर्मराज से बोले– ''धर्मराज जी, इस बार हम सब कुछ दिवसों के लिये यहाँ सोम में रुकने वाले हैं। इसलिये इस वन के शेष भाग का आनंद शांति से और पूर्ण रूप से लेंगे।''

सबने कहा– ''हाँ, सब साथ मिलकर अखंड आनंद उठायेंगे।''

धर्मराज ने सबसे कहा– ''हम भी यही चाहते हैं।''

इस दौरान सब लोग अतिप्रसन्न दिख रहे हैं।

इस सबके बाद सुखराज कहते हैं– "प्रिय आत्मजनों, मध्याह्न भोजन लेने का समय हो रहा है। इसलिये अब हम वन विश्रामगृह पर जाते हैं। वैसे भी सोम की देवियों ने देवप्रिय सात्विक भोजन का प्रबंध कर लिया होगा। मध्याह्न भोजन करके हम मेवार राजमहल जाते हैं क्योंकि आज रामनवमी के शुभ दिवस पर आसपास के गाँववासियों को ढेर सारा अन्न भेंट देना है।"

वानप्रस्थराजो ने सुखराज से कहा– "हम भी आपके साथ चलते हैं और साथ मिलकर अन्नदान और पशुचारा देंगे।"

विश्रामगृह जाते समय लोगबिथो जुपत ने बका भाई बिलिमोरासे से कहा– "अन्नदान के संबंध में हमें प्रभु श्री राम स्मरण आते हैं। वे एक महान अन्नदाता थे।"

बका भाई बिलिमोरासे बोले– "ये भी तो हमारा रामराज्य ही है। धर्मराज जी का धर्मराज्य।"

और सब प्रसन्नता से वन की सुंदरता का अलौकिक आनंद लेते हुए विश्राम गृह जाते हैं और आत्मप्रिय पशु–पक्षियों के साथ ब्रह्मभोजन करते हैं।

•••

लगभग छह माह पश्चात्।

सर्वत्र सुख शांति वन में सब घटनायें धर्मरामो और धर्मराज की इच्छानुसार सुव्यवस्थित रूप में घट रही हैं। सोम गाँव के साथ–साथ समूचे भारत देश का उत्कर्ष हो रहा है। समस्त सोम और सर्वत्र सुख शांति वन में सर्वत्र सुख शांति है। वन में पिछले कुछ माह के दौरान असंख्य पशु–पक्षियों ने गुणवान, आध्यात्मिक, शौर्यवान, दयावान एवं आत्मदर्शी पशु बनने की तालीम भी प्राप्त कर ली है और धर्मराज की इच्छानुसार आज प्रत्येक पशु अन्य पशुओं के साथ मिलकर सात्विक भोजन करते हैं। सारे पशु–पक्षी निर्भय होकर साथ में खेलते हैं। प्रत्येक जीव स्वस्थ, सुरक्षित, उपदेशात्मक, सुखमयी, अर्थपूर्ण और शांतिपूर्ण जीवन व्यतीत कर रहा है।

सुबह के ग्यारह बजे हैं। ठंड की ऋतु है। ठंडी हवा चल रही है। सोम के इस पर्वतीय विस्तार में ठंड अपना स्वाभाविक रंग दिखा रही है। इस दौरान मध्यप्रदेश के धार जंगल के भयानक, खूँखार और भोगविलासी डकैत सर्वीनाश लप्पत डाकू अपने तीर–कमानधारी साथियों के साथ इस वन से गुज़र रहे हैं।

सर्वीनाश लप्पत डाकू अपने विशेष साथी घोरकाली से कहते हैं– ''घोरकाली, आज ठंड बहुत है। और पिछले तीन दिवसों से हमने अच्छा शिकार भी नहीं किया है। आज तो बढ़िया शिकार करके अपनी प्रचंड भूख मिटानी है।''

घोरकाली ने कहा– ''जी सरदार। जब से हम अपने धार जंगल से निकले हैं, तब से कोई अच्छा शिकार नहीं मिला है। शराब, शबाब और कबाब की प्राप्ति के लिये इन्द्रियाँ अत्यंत व्याकुल एवं उत्तेजित हो गयी हैं।''

घोरकाली के भ्राता पतनकाली ने सरदार से कहा– ''इस घने वन में तो हमें अवश्य ही कोई अच्छा शिकार प्राप्त होगा।''

सर्वीनाश लप्पत डाकू ने कहा– ''पतनकाली, हम कुछ क्षणों के लिये इस वृक्ष के नीचे विश्राम करते हैं। आप अपने साथियों के साथ जाकर बड़े पशु का शिकार कर लाओ। अब हम अधिक समय तक भूखे नहीं रह सकते।''

तब घोरकाली ने कहा– ''जी सरदार। हम शीघ्र ही बड़े पशु का शिकार करके आपके समक्ष उपस्थित होंगे।''

''हाँ। और भोजन के पश्चात् हम शीघ्र ही रानकपुर की ओर प्रस्थान करेंगे क्योंकि जैसे–जैसे हम रानकपुर के निकट आ रहे हैं, वैसे–वैसे हमें पास के बाली गाँव के राजा किशन सिंह के अमूल्य स्वर्ण ज़ेवरात की याद आ रही है। पिछली बार हम अपनी योजना में बुरी तरह से असफल हुए थे। पर इस बार हम किशन सिंह का अमूल्य स्वर्ण लेकर ही अपने धार जंगल वापस लौटेंगे। और धार जाकर माँस, मदिरा और विश्व सुंदरियों की आनंददायक संगत में स्वर्ग तुल्य आनंद उठायेंगे क्योंकि सर्वीनाश लप्पत एक बार जो चाहता है, उसे घटित होना ही पड़ता है।''

पतनकाली बोले– ''ऐसा ही होगा सरदार। हम लौटें तब तक आप अपनी इन्द्रियों को कृपया शांत रखें। अन्यथा आपकी इन्द्रियों की प्रचंडता हमारे ठीक–ठाक शांत मन को कुरुक्षेत्र का रण बना देती है।''

घोरकाली ने कहा– ''हाँ सरदार, आप थोड़ा राम नाम या रावण नाम स्मरण करें। हम शीघ्र ही माँसाहारी भोजन की व्यवस्था करके लौटते हैं। आप यहाँ विश्राम करें।''

सर्वीनाश लप्पत ने अपने साथियों से कहा– ''ठीक है। राम नाम ही ले लेता हूँ, रावण का नाम बाद में।''

और दोनों भ्राता अपने अन्य साथियों के साथ वन में शिकार की खोज में जाते हैं। उन्होंने बहुत संघर्ष किया परंतु शिकार के लिये वन में कोई पशु नहीं मिला। तब घोरकाली ने अपने साथियों से कहा– ''अरे साथियों, ये कैसा पशुहीन वन है? यहाँ तो शिकार करने के लिये कोई बड़ा पशु ही नहीं है। कहीं ये किसी मायावी शक्ति का दुस्साहस तो नहीं।''

पतनकाली ने कहा– ''भ्राता, कलयुग में वो मायावी शक्ति दुर्लभ है। और वैसे भी बहुत देर हो चुकी है, सरदार हमारी प्रतीक्षा कर रहे होंगे। इसी असफल अवस्था में वापस लौटते हैं नहीं तो सरदार अपना रावणरूप दिखायेंगे।''

''बार–बार रावण का नाम लेकर क्यों रावण को बदनाम कर रहा है मूर्ख। एक बार बिचारे ने अशुभकाल में गलती क्या कर दी, सदियों से पीछे ही पड़े हैं सब। और उसकी बुराई को बार–बार स्मरण करते हैं। अरे भाई, श्री राम जी से मृत्यु पाकर वो धन्य हो गया था। और बाद के जन्मों में उसने प्रभु श्री राम आदेशित बहुत सारे पुण्य कर्म किये होंगे। अब संकुचित मानसिकता का तुच्छ

प्रदर्शन बंद कर।''

''अच्छा भ्राता, आप तो ऐसे ज्ञानी बनकर बात कर रहे हो, जैसे आप बड़े रामभक्त हो। दो–चार अच्छी बात कहने से सत्य और चरित्र नहीं बदल जाता।''

इस दौरान अन्य साथी ने घोरकाली को ऊँची आवाज़ में कहा– ''घोरकाली जी, यहाँ आइये।''

साथी की आवाज़ सुनकर घोरकाली और पतनकाली उसी दिशा में अपने साथी के निकट गये। वहाँ उन्होंने वन विस्तार में लंबी दीवारें देखीं जो सर्वत्र सुख शांति वन की थीं और उस संपूर्ण दीवार के ऊपर लिखा था–'जय श्री राम, जय श्री राम, सर्वत्र रामचरितमानस प्रबल हो'।

घोरकाली ने अपने साथियों से कहा– ''वन विस्तार में इतनी लंबी दीवारें। प्रतीत होता है कुछ विशेष एवं सुगम परिस्थितियाँ दृश्यमान होने वाली हैं।''

पतनकाली ने दीवार की ओर देखते हुए कहा– ''लगता है किसी राम भक्त ने ये दीवार बनाई है।''

घोरकाली ने अपने साथियों से कहा– ''इन लंबी दीवारों के भीतर कदाचित् हमें उदरप्रिय शिकार मिलेगा। एक काम करो, उस नीम के वृक्ष पर चढ़ जाओ और भीतर देखो कोई पशु है या नहीं।''

पतनकाली और अन्य साथी दो भिन्न वृक्षों पर चढ़ गये और वन में देखा तो उन्हें बहुत सारे पशु दिखे।

एक साथी ने कहा– ''घोरकाली जी, हमारा परिश्रम सार्थक हुआ। यहाँ पर बहुत सारे पशु हैं और वो भी बहुत स्वस्थ और आकर्षक। हम अभी जाते हैं और पशु का शिकार करके आते हैं।''

घोरकाली ने पतनकाली से कहा– ''भ्राता, आप भीतर क्या देख रहे हो? आपके नेत्र प्रदेश स्थिर क्यों हैं? शीघ्र ही हमारे साथी के साथ उस ओर जाओ और मस्त शिकार कर लाओ।''

अन्य साथी, पशु का शिकार करने के लिए दीवार के ऊपर चढ़ने का प्रयास करें, उसके पूर्व पतनकाली ने घोरकाली से कहा– ''भ्राता, ये कैसा दुर्लभ और मायावी वन है। ये कैसे पशु हैं, जो जंगली होकर भी सात्विक भोजन कर रहे हैं।''

"भ्राता, हमें उससे क्या मतलब। हमें सात्विक भोजन नहीं करना है।"

"भ्राता, कृपया आप पेड़ पर तो चढ़ें, वन की पारलौकिक परिस्थिति को देखें, जाँचे और बाद में निर्णय लें।"

घोरकाली ने पतनकाली से कहा— "ठीक है।"

घोरकाली वृक्ष पर चढ़े और वन में ध्यानपूर्वक देखा और कहा— "ये क्या है? वन्य पशुओं के लिये इतनी सारी स्वर्ग तुल्य सुविधायें। मन, वचन और कर्मों को स्थिरता प्रदान कर रहे ऐसे अलौकिक प्राकृतिक स्थान में ऐसी अकल्पनीय सुविधाओं की उपस्थिति। असत्य की चट्टानों को सहजता से धराशायी करने वाला ये अविश्वसनीय दृश्य निस्संदेह इस शरीर को प्रचंडता से आकर्षित कर रहा है। और वो तो देखो, वे हिंसक प्राणी सत्य में ताज़ा फल ही खा रहे हैं और कुछ आम रस पी रहे हैं। कलयुग के शेर ने घास—फूस खाना कबसे चालू कर दिया है। वाकई अविश्वसनीय और दुर्लभ दृश्य है।"

एक अन्य साथी ने घोरकाली से कहा— "घोरकाली जी, वहाँ दूर गाय और भैंसों का तबेला लगता है। और कुछ सौंदर्यवान और ओजस्वी पुरुष वहाँ से पशुओं के लिये दूध भर कर ला रहे हैं।"

"क्या बात है। वन में तबेला भी है। किसी आध्यात्मिक यात्री का निर्माण कार्य लग रहा है।" घोरकाली ने अपने मन में कहा।

पतनकाली ने कहा— "भ्राता, वहाँ देखिये। उस तालाब के किनारे गाय, हाथी, श्वान, ऊँट, तेंदुआ, भालू, श्वान, बिल्ली, गरुड़, बाज़, चील, गिद्ध और अन्य पशु—पक्षी भी हैं जो मनोजयी होकर निर्भयता से एक ही पंक्ति में जल पी रहे हैं।"

घोरकाली ने अपने साथियों से कहा— "अद्भुत और सर्वलोक प्रिय वन है। और एकदम स्वच्छ भी है। इस वन में स्वास्थ्य, शुद्धता, सुरक्षा, जल संरक्षण, भोजन प्रबंध सहित आध्यात्मिक भाव का गंभीरता से ध्यान रखा गया है।"

एक साथी ने घोरकाली से कहा— "और घोरकाली जी, वहाँ देखिये, जंगली तेंदुआ आम के पेड़ पर से आम तोड़ कर खा रहा है।"

घोरकाली बोले— "ये कैसा मायावी वन है? किस युगपुरुष ने इसे बनाया है? माँसाहारी पशु सात्विक भोजन कर रहे हैं, वो भी स्वयं।"

ईश्वरीय मनुष्य

ड़ार,
, छल,
गों का
बल,
रण है.
आमर

पतनकाली ने कहा– "और हम मनुष्य जंगली, निर्दयी और हैवान बनकर माँसाहारी भोजन कर रहे हैं?"

घोरकाली ने संकोच दिखाते हुए अपने साथियों से कहा– "जी। आप लोग यहाँ रुकें, मैं शीघ्र ही सरदार की मनोदशा का आकलन कर उनके साथ लौटता हूँ।"

और कुछ ही समय में घोरकाली अपने सरदार सर्व्वीनाश लप्पत को लेकर आते हैं।

"सरदार, कृपया इस नीम वृक्ष पर चढ़ें और इस विशेष वन के दर्शन करें।" पतनकाली ने कहा।

तब सर्व्वीनाश लप्पत डाकू ने कहा– "अरे साथियों, आपका सरदार भूखा और बलहीन है। फिर आप लोग अपने दुर्बल सरदार को वृक्ष पर क्यों चढ़ा रहे हो?"

घोरकाली ने कहा– "आवश्यक है सरदार। हमारी आपसे नम्र विनती है।"

एक अन्य साथी ने कहा– "इसके भीतर देखकर कदाचित् आपकी अनियंत्रित और तामसी भूख, संयमी और सात्विक बन जाये।"

सर्व्वीनाश लप्पत डाकू ने थकान का भाव दिखाते हुए घोरकाली से कहा– "ठीक है।"

सर्व्वीनाश लप्पत डाकू, नीम वृक्ष पर चढ़े और वन के भीतर कुछ समय तक ध्यानपूर्वक देखकर अपने साथियों से बोले– "साथियों, ये क्या है? मलयुग में सतयुग का निर्माण। मेरा मतलब कलयुग में सतयुग का निर्माण। ऐसी दैवीय संपदा युक्त घटना हमने आज तक अपने जीवन में कदापि नहीं देखी। आज के समय में कोई एक मनुष्य अन्य मनुष्य की खबर तक नहीं लेता। और यहाँ इतने सारे पशु एक साथ, एक वन में इतनी सारी अलौकिक सुविधाओं का अनंत लाभ ले रहे हैं। वो भी सात्विक और शुद्धबलवर्धक भोजन के साथ। भरपूर शुद्ध प्रेम बँट रहा है यहाँ। कहीं परमात्मा पृथ्वीलोक पर तो रहने नहीं आ गये।"

घोरकाली ने उत्तर दिया– "सरदार, इस अकल्पनीय व्यवस्था को देखकर हम भी आश्चर्यचकित हो गये थे। इसीलिये आपसे वृक्ष पर चढ़ने का आग्रह किया।"

सर्वीनाश लप्पत ने मुस्कुराते हुए घोरकाली से कहा– "कभी–कभार आप लोग अनपढ़ होकर भी बुद्धिमानों का काम कर देते हो। अच्छा लगा।"

पतनकाली ने कहा– "सब आप ही की सीख का परिणाम है सरदार।"

अन्य साथी सरदार से बोला– "सरदार, वहाँ मार्ग के पास कुछ लिखा है। हम निकट जाकर देखकर आते हैं।"

पतनकाली ने अपने साथी से कहा– "अरे रूक। अनपढ़ कहीं के। तुझे पढ़ना तो आता नहीं, निकट जाकर क्या सरदार–सरदार पढ़ेगा।"

सर्वीनाश लप्पत ने ध्यान से देखा और कहा– "अबे ख़ामोश। बार–बार सरदार को बीच में नहीं लाने का। हमारी अयोध्या वाली सबसे पहली पत्नी ने हमें बहुत कुछ सिखाया था। इसलिये शांति रखो, हम पढ़ते हैं। 'सर्वत्र सुख शांति वन'। वाह क्या नाम है। ये सौभाग्यशाली पशु लोग वाक़ई सर्वत्र सुख और शांति के साथ प्रकृति का सर्वोच्च सम्मानित अर्थपूर्ण जीवन व्यतीत कर रहे हैं। और हम सर्वत्र विनाश और अशांति प्रसारण का कलंकित जीवन व्यतीत कर रहे हैं। ये लोग योगी का जीवन जी रहे हैं और हम प्रचंड भोगी का।"

पतनकाली ने कहा– "क्या करें सरदार, हमारे नाम के समान हमारा जीवन भी वैसा ही विकृत बन गया है।"

सरदार ने पतनकाली से कहा– "हम इस विशेष वन के मालिक या प्रबंधक से अभी मिलेंगे। अभी इसी समय।"

अन्य साथियों ने ठिठोली की– "सरदार, आप तो दुर्बल थे। अब शिकार का क्या करें?"

"अभी शिकार के विचार का शिकार कर लो।"

तभी पतनकाली ने कहा– "उचित कहा सरदार। चलिये, वन के मालिक या प्रबंधक से मिलते हैं और रसहीन जीवन को थोड़ा रसपूर्ण जीवन बनाते हैं।"

"हाँ, चलो।"

इसके बाद सर्वीनाश लप्पत अपने साथियों के साथ दीवार का अनुसरण करते हुए चलते हैं और वन के प्रवेश द्वार पर पहुँच जाते हैं। द्वार पर पहुँचते ही सर्वीनाश लप्पत वन का नाम पढ़ते हैं– "सर्वत्र सुख शांति वन। हमने सही पढ़ा था।"

 ईश्वरीय मनुष्य

एक साथी ने कहा– ''हाँ सरदार। आप तो ज्ञानी डकैत हैं।''

फिर सरदार सर्वीनाश लप्पत ने आवाज़ लगाई– ''भीतर कोई है। अरे महात्मन् कोई भीतर है क्या?''

आवाज़ सुनकर कुछ ही क्षणों में शिम्बू और धर्मराज स्वयं द्वार खोलकर बाहर आते हैं।

धर्मराज सर्वीनाश लप्पत से बोले– ''राम–राम सा महाशय। कहिये, हम आपकी क्या सहायता कर सकते हैं।''

उसके बाद सर्वीनाश लप्पत ने धर्मराज से कहा– ''महात्मन्, इस सर्वलोक प्रिय वन का महासर्जक कौन है? किसने बनाया है ये विशेष, विश्वश्रेष्ठ, अभूतपूर्व और सुंदर मायापूर्ण वन?''

शिम्बू ने उत्तर दिया– ''जी ये धर्मराज जी मेवार हैं। सब इन्हीं की शिखरस्थ कल्पना, रचना और देवदर्शी मार्गदर्शन के अनुसार सर्जित हुआ है। हम सब आध्यात्मिक यात्री हैं। शास्त्र कहते है कि 'आध्यात्म स्वभाव उच्यते।' बस उसी आध्यात्म की शरण में यह अलौकिक जीवन जी रहे हैं।''

सर्वीनाश लप्पत ने धर्मराज के चरण स्पर्श किये और कहा– ''आप धन्य हैं महात्मन्। धन्य हैं। आपका यह देवरूपाय चरित्र समूचे विश्व को धर्म, सत्कर्म और अर्थ का अनंत प्रकाश प्रदान करने वाला है।''

''धन्यवाद मित्र। भीतर आकर शांति से बैठें। फिर वात करते हैं।''

''नहीं–नहीं, भीतर बाद में आयेंगे। पहले हमारा छोटा सा, बुरा सा, चरित्र प्रदर्शन कर लें।''

धर्मराज ने पूछा– ''कौन हैं आप लोग?''

सर्वीनाश लप्पत ने धर्मराज से कहा– ''हम मध्यप्रदेश के धार जंगल के एक विश्वप्रसिद्ध, पराक्रमी, अजेय डाकू सर्वीनाश लप्पत हैं। और ये हमारे साथीगण हैं। भेद बड़ा है हम में। हम दानव प्रकृति के हैं और आप देवता प्रकृति के। वास्तव में हम बाली गाँव के धनाढ्य राजा किशन सिंह का स्वर्ण लूटने के लिये इस वन से गुज़र रहे थे। तीन दिवस से भूखे थे। इसलिये भोजन रूपी पशु शिकार की खोज

में थे। उस दौरान आपके विशेष वन को देखा और हम अत्यंत प्रभावित हो गये।''

घोरकाली ने भी धर्मराज से कहा— ''हाँ। और वन्य जीवों के प्रति आपका अपार स्नेह और आपकी अनंत सहानुभूति को देखकर हम अतिप्रसन्न हुए हैं। ऐसे सत्कर्म देवताओं की शरण में होते हैं। सर्वकाल प्रिय जीवनशैली है ये। सभ्यता का सर्वोत्तम प्रदर्शन कर रहा है आपका देवरूपी मानव समुदाय। मानव जीवन का सहजता से उत्थान करने वाले इन मंगल दृश्यों से अनंत प्रसन्नता प्राप्त हुई है हमारी आत्माओं को। संभवतः हमारी आत्मायें सतयुग में छलांग लगाने का प्रयास करने जा रही हैं। यहाँ प्रसन्नता के कारणों की सूची बहुत लंबी है, इसलिये व्याकुल होकर अभिव्यक्त करने का प्रयास कर रहे हैं।''

धर्मराज ने घोरकाली से कहा— ''धन्यवाद बंधु।''

और फिर उन्होंने डाकू से कहा— ''सर्वीनाश जी, अब कृपया आप लोग भीतर आयें। हम आपको श्रेष्ठ गुणवत्ता का उत्तम पोषणयुक्त, बलवर्धक, संस्कार प्रदायक और शुद्धचरित्र का निर्माण करने वाला शुद्ध भोजन करवाते हैं। बस, आपको हमारे कुछ अमर नीति–नियमों का पालन करना होगा।''

डाकू ने धर्मराज को प्रणाम करते हुए कहा— ''नहीं महात्मन्। हम आपकी पवित्र भूमि को अपवित्र नहीं बनाना चाहते हैं। हम माँसाहारी हैं अर्थात् थे। हम बड़े शिकार की खोज में थे। परंतु आपके वन में माँसाहारी पशुओं को सात्विक भोजन करते हुए देखकर हम आश्चर्यचकित और अशुभविचारमुक्त हो गये। इसके अतिरिक्त हम मदिरापान भी करते हैं। विश्व की अनगिनत बेहतरीन सुंदरियों के संग रंगरेलियाँ भी मनाई हैं। अपराधों की सूची बहुत लंबी हैं। परंतु नियति की माया तो बड़ी चतुर है। आज किस दिशा में जाना था और किस दिशा में अवतरित हुए। शायद कुछ समय पहले थोड़ा राम नाम जप रहा था इसलिये अचानक रामचरितमानस प्रकट हो गये। अब हम भी इसी क्षण से माँसाहार का परित्याग करते हैं और आज के पश्चात् केवल सात्विक भोजन ही करेंगे।''

''सरदार, आपके भीतर धर्मज्ञान का प्राकट्य हो चुका है। अब हम भी आपके साथ माँसाहार का परित्याग करते हैं।'' सभी साथियों ने समवेत स्वर में कहा।

''मित्रों, बहुत ही श्रेष्ठ निर्णय लिया है आप लोगों नें। ये शरीर तो इस ब्रह्माण्ड की अमूल्य भेंट है। इस पवित्र शरीर को माँसाहार करके अपवित्र नहीं करना चाहिये। पशु हत्या महापाप है। ये पवित्र पेट है कोई कब्रिस्तान नहीं, जहाँ

मृत पशु–पक्षियों का माँस भंडार एकत्र किया जाये।'' धर्मराज ने सभी को उत्तर दिया।

शिम्बू सर्व्वीनाश लप्पत डाकू से बोले– ''और सनातन शास्त्र भी हमें अहिंसा परमो धर्म का पालन करने का पवित्र आदेश देते हैं। इस संसार के किसी भी जीव की हत्या करना, उनकी उपेक्षा करना या उन्हें हानि पहुँचाना महापाप और मूर्खता है। हिंसा, मनुष्य के वास्तविक स्वभाव का विपरीत कर्म है। काम ऐसे उत्तम कोटि के करिये जिससे परमात्मा आकर्षित हो जायें।''

सर्व्वीनाश लप्पत डाकू ने कहा– ''महात्मन, धर्म और श्रेष्ठता के विषय में हम अज्ञानी हैं।''

तब धर्मराज ने कहा– ''तो ज्ञान प्राप्त कीजिये। क्योंकि सुख और शांति, शस्त्र के उपयोग से नहीं बल्कि शास्त्र के उपयोग से प्राप्त होते हैं। शस्त्र जीवन का विनाश करते हैं और शास्त्र जीवन का विकास। इसलिए आध्यात्मिक यात्री बनिये। एक बात अपने मन में ठीक से सुरक्षित कर लीजिये कि धर्म से अर्जित किया हुआ धन ही जीवन का असली अर्थ है। अधर्म से अर्जित किया हुआ धन तो अनर्थ है।''

इस उपदेश का सम्मान करते हुए डाकू के साथी तीर कमान निकालकर कूड़ेदान में रख देते हैं।

शिम्बू ने आगे कहा– ''और जीवन में किसी आदर्श पुरुष को प्रस्थापित किया है या नहीं?''

सर्व्वीनाश लप्पत ने शिम्बू से कहा– ''हाँ, हाँ महात्मन्, वो हैं विश्वप्रसिद्ध अभिनेता शातमुख ख्वान और अभिनेत्री खरीना खपूर। मेरे अलावा भी इनके करोड़ों प्रशंसक हैं।''

धर्मराज ने सर्व्वीनाश लप्पत से कहा– ''नाम तो पहली बार सुने हैं। तो क्या ये लोग सर्वोत्तम जीवनचरित्र का प्रदर्शन करते हैं?''

सर्व्वीनाश लप्पत ने शिम्बू से कहा– ''हाँ, हाँ बहुत धनवान हैं। विश्व के करोड़ों लोग इनका सम्मान करते हैं। उनके साथ एक फोटो खिंचाने के लिये प्रशंसक कई घंटो तक यहाँ–वहाँ भटकते रहते हैं।''

घोरकाली ने सर्वीनाश लप्पत से कहा– ''सरदार, वो सम्मान मिथ्या है। और यहाँ पर बात सर्वोत्तम जीवनचरित्र के प्रदर्शन की हो रही है।''

सर्वीनाश लप्पत ने घोरकाली से कहा– ''तुझे सब मिथ्या लगता है, तो तू ही बता दे की सत्य क्या है।''

घोरकाली ने धर्मराज से कहा– ''महात्मन्, हमारे सरदार जिन अभिनेता और अभिनेत्री की बात कर रहे हैं, वे लोग किसी भी दृष्टिकोण से अनुसरण करने के लायक नहीं। इन दोनों कलाकारों के साथ–साथ फिल्मक्षेत्र से जुड़े असंख्य निर्दयी, लालची, अहंकारी, संस्कारहीन और तुच्छ लोग सार्वजनिक स्थानों पर बड़े गर्व से माँसाहार करते हैं। बेहद मदिरापान करते हैं। और शर्म की बात तो ये है कि अपने आपको फिल्मक्षेत्र में टिकाये रखने के लिये ये लोग फिल्मी परदे पर अनगिनत परपुरुष और परस्त्रियों के साथ शारीरिक संबंध दर्शाते हुए अश्लीलतापूर्ण दृश्यों का अमान्य प्रदर्शन करते हैं। और मूर्ख मानव समुदाय उपेक्षा करने वाले दृश्यों पर सीटियाँ बजाते हैं।''

धर्मराज ने सर्वीनाश लप्पत से कहा– ''अत्यंत शर्मनाक, निंदनीय और घृणास्पद प्रदर्शन। अरे सर्वीनाश जी, अहिंसा और अधर्म का प्रचार करने वाले ऐसे तामसी गुणी चरित्रों को कोई आदर्श बनाता है क्या? आदर्श बनाना है तो प्रभु श्री राम को, श्री भगवान बुद्ध को, श्री ऋषभ देव को, श्री कृष्ण या श्री हनुमान जैसे धर्मनिष्ठ, सत्गुणी और ब्रह्माण्डश्रेष्ठ चरित्रों का चयन करें जो सत्य को धारण कर परम सत्य का प्रदर्शन करते हैं।''

शिम्बू ने पुनः कहा– ''हाँ। और ये जो नेत्रप्रदेश और मनक्षेत्र हैं न, वो जड़ हैं। नवीनता के ग्राहक हैं। प्रत्येक क्षण ये अनगिनत चरित्र, पदार्थ, चित्र, विचार, संकल्प, इच्छाओं और शुभ–अशुभ घटनाओं का संचय करते रहते हैं। और अनगिनत वस्तुओं और विचारों के भंडारण से मन निरंतर भ्रमित रहता है। धर्म, संस्कार और संयम के अभाव में मन, शुभ चरित्र का निर्माण नहीं कर पाता। इसलिये शांति से बैठकर सोचिये। आत्ममंथन के माध्यम से स्वयं को जानिये। इस विश्व के सबसे शुभ और उत्तम विचारों को प्राप्त करिये। निस्संदेह आप स्वयं का और अन्यान्यों का कल्याण करने में समर्थ हो जाएँगे।''

सर्वीनाश लप्पत ने धर्मराज से कहा– ''उत्तम उपदेश के लिये धन्यवाद धर्मक्षेत्र। अब हम निश्चित रूप से शुभ और उत्तम विचारों की संगत में आज

से अर्थात् अभी से धर्मपथ अपनायेंगे।''

घोरकाली ने कहा– ''सरदार, इतना सारा परिवर्तन? वो भी कुछ ही क्षणों में?''

''घोरकाली, यदि भटके हुए यात्री को उसकी जीवन यात्रा के दौरान सच्चा मार्गदर्शक मिल जाये तो उस यात्री को मार्गदर्शक के धर्मोपदेश एवं मार्गदर्शन को स्वीकार लेना चाहिये। अन्यथा वो यात्री सदा के लिये यहाँ–वहाँ भटकता ही रहेगा। संशय में रहेगा। और वैसे भी जिस तरह की कल्याणकारी घटना और अनुकूल परिस्थितियों को हमारे नेत्रों ने देखा है, उसे देखकर इस संसार का कोई भी डकैत हिंसा, पाप, व्यभिचार और माँसाहार का त्याग कर देगा।''

पतनकाली ने सरदार से कहा– ''निश्चित रूप से सरदार। संभवतः, रामायण कथा के लेखक महर्षि वाल्मीकि भी पहले रत्नाकर नामक डाकू ही थे जिन्हें धर्मज्ञान ने पवित्र मनुष्य एवं सर्वकाल प्रसिद्ध सर्वश्रेष्ठ लेखक बना दिया था।''

घोरकाली बोले– ''नियति की माया कभी भी किसी के भी जीवन चरित्र को बदल सकती है।''

फिर सर्वीनाश लप्पत ने धर्मराज से कहा– ''इसलिये इसी क्षण हम एक और निर्णय लेते हैं कि आज तक हमने जितना स्वर्ण और धन लूटा है, उस धन से हम निर्धन और असहाय जीवों की सहायता करेंगे। अधिक से अधिक मनुष्य और अन्य जीवों को हिंसा, मद्यपान एवं माँसाहार के महाविनाशी पापकर्म से दूर करेंगे।''

''महाशय, आज आपके मुख से अच्छे शब्द निकल रहे हैं। इसलिये नियति भी यही चाहती है कि आपके भीतर जो कोमलह्रदयी, आध्यात्म भावयुक्त व्यक्तित्व छिपा है, वो संपूर्ण चेतना से जागृत हो और असीमित पुण्य कर्म करने का आरंभ करे।''

''अवश्य। हम आज से ही इन शुभ कार्यों का आरंभ करेंगे।''

धर्मराज, शिम्बू से बोलते हैं– ''भ्राता, 'गंगाजल पत्रिका' की कुछ प्रतियाँ लें आयें, हम इन्हें देना चाहते हैं।''

''जी भ्राता।''

उसके बाद धर्मराज, सर्वीनाश लप्पत डाकू से बोलते हैं— ''महात्मन्, हम आपके इस आकस्मिक चरित्र परिवर्तन से प्रसन्न हुए हैं। इसलिये हम आपको एक अमूल्य वस्तु देना चाहते हैं।''

''धन्यवाद धर्मराज जी।''

उसी दौरान शिम्बू गंगाजल पत्रिकायें लेकर आ जाते हैं और धर्मराज को देते हैं।

वे पत्रिकायें सर्वीनाश लप्पत और उनके साथियों को देकर धर्मराज बोले— ''ये है हमारी गंगाजल पत्रिका, जो सब पवित्र कर देती है।''

गंगाजल पत्रिका को देखते हुए सर्वीनाश लप्पत डाकू कहते हैं— ''धन्यवाद। गंगाजल, सब पवित्र हो जायेगा। अर्थात् ये पत्रिका पढ़ने से हम भी पवित्र हो जायेंगे।''

धर्मराज उत्तर में बोले— ''हाँ। इस पत्रिका में हम सोमवासियों और हमारे जीवन से जुड़े प्रत्येक देवगुणयुक्त व्यक्तियों के उपदेशात्मक जीवन का स्वर्णाक्षर वर्णन है। भारतीय मानव दर्शन का उत्तम उदाहरण प्रस्तुत करती है ये पवित्र पत्रिका। हाल ही में हमने इस पत्रिका का नवीनीकरण किया है। इसे पढ़ने के पश्चात् आपको ज्ञात हो जायेगा कि इसका उच्चतम मूल्य क्या है और ये पत्रिका क्या चमत्कार कर सकती है?''

आगे शिम्बू कहते हैं— ''और इसे पढ़ने के पश्चात् आपको धर्मशास्त्र का महत्तम ज्ञान भी प्राप्त हो जायेगा। लोक अनुभव के आधार पर इस पत्रिका में इतना सामर्थ्य है कि यह रोगी को निरोगी, दुर्बोध को सुबोध, अज्ञानी को ज्ञानी, भ्रमित को स्थिर करने के लिये पूर्णतः सक्षम है।''

इसके बाद सर्वीनाश और उनके साथियों ने धर्मराज और शिम्बू के चरण स्पर्श किये।

और सर्वीनाश लप्पत ने धर्मराज से कहा— ''हमें ये अमूल्य वस्तु उपहार में देने के लिये आपका बहुत धन्यवाद। हम ईश्वर के आभारी हैं कि आज हमें आप जैसे ईश्वरीय मनुष्यों से मिलने का शुभ अवसर प्राप्त हुआ।''

पतनकाली ने धर्मराज से कहा— ''आज आप जैसे गुणवान और आध्यात्मिक मनुष्यों से मिलकर हम धन्य हो गये हैं। धनवान होकर भी अनंतकाल से मानसिक

रूप से दुःख के समुद्र में तैर रहे थे। लेकिन अब आपने सुख के समुद्र के दर्शन करा दिये।"

सर्वीनाश लप्पत पुनः बोले– "धर्मराज जी, अब हम यहाँ से अपने गंतव्य की ओर प्रस्थान करते हैं क्योंकि हम शीघ्र ही अपने पुण्य कर्मों को आरंभ करना चाहते हैं। नियति ने चाहा तो पुनः अवश्य मिलेंगे।"

धर्मराज ने प्रसन्न मुद्रा में कहा– "सर्वत्र सुख शांति वन, आपका सदैव स्वागत करेगा मित्रों।"

सर्वीनाश लप्पत डाकू ने धर्मराज और शिम्बू को प्रणाम करते हुए कहा– "धन्यवाद।"

उसके बाद धर्मराज ने सर्वीनाश लप्पत से कहा– "और कृपया अपना नाम परिवर्तन शीघ्र कर दीजिये। अशुभ नाम रखोगे तो दुर्गुण प्राप्त होंगे। और शुभ नाम रखोगे तो सद्गुण प्राप्त होंगे।"

"अवश्य महाशय। हम शीघ्र ही सबके शुभ नामकरण कर देंगे।"

धर्मराज ने कहा– "धन्यवाद।"

तभी एक वन संरक्षक कुछ फल–सब्ज़ियाँ एक टोकरे में और दो घड़ों में जल और दूध भर के लाते हैं और सर्वीनाश लप्पत और उनके साथियों को देते हैं।

धर्मराज कहते हैं– "महात्मन्, यहाँ से जाने से पूर्व कृपया हमारे वन का सात्विक भोजन स्वीकारें। भीतर नहीं तो यहाँ बैठकर इसे शांतिपूर्वक ग्रहण करें क्योंकि अतिथि ईश्वर समान होते हैं। उनका यथार्थ रूप से सत्कार करना हमारा नैतिक कर्तव्य है।"

उत्तर में सर्वीनाश लप्पत बोले– "जैसी आपकी इच्छा महात्मन्। आपके पवित्र वन का परिशुद्ध भोजन करके हम अपने बिगड़ैल उदर को पवित्र कर देते हैं। भोजन करने से पूर्व हम एक बात बताना चाहते हैं कि आप जैसे धार्मिक, रचनाधर्मी, अजेय चरित्रसिद्ध एवं आध्यात्मिक मनुष्यों के कारण ही ये निराधार पृथ्वी और अन्य ग्रह नक्षत्र अपना संतुलन बनाये हुए हैं। अन्यथा पापियों के शर्मनाक बोझ से ये सब न जाने कबके पाताल लोक के लावा समुद्र में अदृश्य हो चुके होते।"

पतनकाली ने सर्वीनाश लप्पत से विनोदपूर्वक कहा– "सरदार, धार्मिक मनुष्यों की संगत में धार्मिक शब्दों का पिटारा खुल गया है आज।"

तभी धर्मराज, सर्व्वीनाश लप्पत से बोले– "संगत से गुण आत हैं, संगत से गुण जात हैं। इस सत्य को सार्थक कर दिया आपने। अब आप यहाँ शांति से बैठकर मध्याह्न भोजन करें। तत्पश्चात् अपने गंतव्य की ओर प्रस्थान करें। शीघ्र मिलेंगे। प्रणाम।"

सर्व्वीनाश लप्पत ने उत्तर दिया– "प्रणाम देवता। जय हो सर्वत्र सुख शांति वन की। सर्वत्र रामचरितमानस प्रबल हो।"

धर्मराज और शिम्बू ने हल्की हँसी के साथ सर्व्वीनाश से कहा– "जय हो सर्वत्र सुख शांति वन की। सर्वत्र रामचरितमानस प्रबल हो।"

और धर्मराज और शिम्बू अपने पूर्वनियोजित कार्य हेतु वन में जाते हैं और वनरक्षक वहाँ खड़े रहते हैं जहाँ सर्व्वीनाश लप्पत डाकू अपने साथियों के साथ वन के पारलौकिक प्राकृतिक सौंदर्य का असीम आनंद उठाते हुए सात्विक भोजन कर रहे हैं।

●●●

एक माह पश्चात्। दोपहर के समय। सर्वत्र सुख शांति वन के पशुओं के खुले वनक्षेत्र में नीम के एक भव्य वृक्ष के नीचे दो खाटों पर सुखराज, शिम्बू, धर्मराज, पार्थोदास और दो वनरक्षक बैठे हैं और आँवला खा रहे हैं। उनके निकट के वृक्षों के नीचे हाथी, श्वान, तेंदुआ, वानर, हिरण, ऊँट, सिंह और बाघ बैठे हैं। उनके आसपास कुछ आँवले पड़े हैं, कुछ उनके बीज पड़े हैं, कुछ आधे खाये हुए आँवले पड़े हैं। उस वृक्ष की डालियों पर कुछ पक्षी भी बैठे हैं।

सुखराज ने आँवला खाते हुए पार्थोदास से कहा– ''आज इन पशुओं के साथ खेलकर अभूतपूर्व आनंद प्राप्त हुआ। अद्वितीय सृजनात्मकता का प्रतीक है पशुजगत।''

''वाक़ई मिशान जी और वीरभीम जी ने पशुओं को उच्चकोटि का प्रशिक्षण दिया है। इन पशुओं की स्थिर मनोदशा और आत्म नियंत्रण, कलयुग के भ्रमित मनुष्यों से लाखों गुना उत्तम है।''

धर्मराज भी पार्थोदास से बोले– ''हाँ, नाना जी। इन पशु–पक्षियों की निर्दोष संगत दुःखनाशक और स्नेहवर्धक है। ईश्वर ने इन पशु–पक्षियों को कितना सुंदर और विशेष आकार में बनाया है। अद्भुत कलाकार और रचनाधर्मी हैं इस प्रकृति के नियंता।''

तभी शिम्बू ने धर्मराज से कहा– ''हृदय और मन आदेश देता है कि प्रत्येक क्षण इन्हें देखते ही रहें और इनसे अपार स्नेह प्राप्त करते रहें।''

इतना कहकर धर्मराज और शिम्बू वहाँ से खड़े होते हैं और बाघ, श्वान, हाथी, हिरण, तेंदुआ, सिंह, ऊँट, वानर सबके शरीर पर स्नेहपूर्वक हाथ फिराते हैं। पशु स्नेहपूर्वक धर्मराज और शिम्बू का स्नेह स्वीकारते हैं। इस दौरान पार्थोदास आँवले के बीजों को वृक्ष के निकट पड़ी कचरा पेटी में डालते हैं और सुखराज से कहते हैं– ''सुखराज जी, कल पुष्कर घाट पर जो अन्न, फल, सब्ज़ी और वनस्पतियाँ ले जानी हैं, उसकी तैयारी हो गयी है न?''

''कल रात्रि को ही सारी तैयारी कर दी थी। क्योंकि गतवर्ष की देव दीवाली पर हमने एक ब्रह्म साधु को अखंड वचन जो दिया था कि इस वर्ष हम तीन लाख साधुओं और ब्राह्मण देवताओं को ब्रह्मभोजन करवायेंगे। इसलिये ये तो करना ही था।'' सुखराज बोले।

पार्थोदास ने सुखराज से कहा– ''हाँ, इस वर्ष भी ब्रह्मदेव के अनन्य भक्तों को भोजन करवाकर हम धन्य हो जायेंगे। और हमारे ये सत्कर्म हम इस समूचे जगत के पशु–पक्षियों को समर्पित करेंगे ताकि उन्हें स्वस्थ, शांतिपूर्ण, सुरक्षित, सम्माननीय, सर्वसुविधासंपन्न उत्कृष्ट सात्विक जीवन प्राप्त होता रहे।''

''सत्य कहा आपने।''

तभी धर्मराज ने सुखराज के निकट आकर कहा– ''पिताश्री, यदि संभव हो तो हम बिजोला से सत्योम भ्राता और सत्लक्ष्मी बहन को भी साथ ले चलते हैं।''

''ये तो संभव नहीं होगा पुत्र, क्योंकि प्राप्त संदेशानुसार सत्योम जी और सत्लक्ष्मी जी पन्द्रह दिवस के लिये आपणा राजस्थान में रणक्षेत्र की यात्रा पर वनस्पतियों की खोज और संशोधन कार्य हेतु गये हैं। आप तो जानते हैं कि आपकी तरह वे भी अपने नाना के प्रकृति श्रेष्ठ उद्देश्य को अथक परिश्रम और गंभीरता से पूर्ण कर रहे हैं।''

धर्मराज ने कहा– ''हाँ, उनके प्रकृतिप्रकाशक कर्म उनके अथक परिश्रमी चरित्र के समान सर्वोपरि हैं। उनके सत्कर्मों की प्रशंसा तो अनंत आकाश से लेकर पाताल लोक तक होती है।''

शिम्बू ने कहा– ''प्रकृति का निरंतर सौंदर्य बढ़ाने वाले उनके शिखरस्थ कर्म समस्त ब्रह्माण्ड को आलोकित और आकर्षित करने में पूर्णतः समर्थ हैं।''

पार्थोदास ने कहा– ''वाक़ई...।''

उसके बाद सुखराज ने धर्मराज से कहा– ''पुत्र, अब हम महल पर जाते हैं। कल पुष्कर जाने से पूर्व कुछ शेष कार्य पूर्ण कर लेते हैं।''

धर्मराज ने सुखराज से कहा– ''ठीक है पिताश्री।''

फिर सुखराज और पार्थोदास अपने–अपने घर जाते हैं। धर्मराज, शिम्बू और वनरक्षक वन के फल, सब्ज़ी और औषधि क्षेत्र की ओर निकल पड़ते हैं। वृक्ष के नीचे बैठे पशु भी उनके पीछे–पीछे जाते हैं।

•••

ईश्वरीय मनुष्य

अगले दिवस धर्मराज, सुखराज, व्रिक्षी, पार्थोदास, सिनोली, शिम्बू, बाली दादा और कुछ सोमवासी अश्वरथों के साथ पुष्कर पहुँचते हैं। प्रातःकाल का समय है। पुष्कर के विश्वप्रसिद्ध ब्रह्मदेव के मंदिर पर देश के कोने-कोने से असंख्य भक्त अपनी प्रचंड आस्था का सत प्रदर्शन करने आये हैं। और अपनी मनेच्छा और संकल्प पूर्ति हेतु इस पवित्र स्थान के दर्शन लेकर धन्य हो रहे हैं। इस दौरान सोमवासी भी ब्रह्मदेव के मंदिर के आँगन में भक्तों के साथ खड़े हैं।

दर्शन करके वहाँ उपस्थित प्रत्येक भक्त कहता है– ''परमपिता श्री ब्रह्मदेव की जय। माता सरस्वती देवी की जय।''

दर्शन के पश्चात् सारे सोमवासी मंदिर के बाहर आते हैं।

तभी पार्थोदास के घनिष्ठ मित्र मुनुदास वहाँ पर आते हैं और सोमवासियों से कहते हैं– ''शुभप्रभात सोमवासियों।''

''शुभप्रभात।'' सबने कहा।

मुनुदास, सोमवासियों से आगे बोले– ''आप लोग शीघ्र ही हमारे साथ पुष्कर घाट चलिये। पता चला है कि इस बार यहाँ हिमालय से एक महाज्ञानी, महातपस्वी, त्रिकालज्ञानी और सर्वसिद्धि संपन्न ऋषि महर्षि ब्रह्मवेद जी आये हैं। लोग कहते हैं कि उनके नेत्रों में करोड़ों पृथ्वियों के साक्षात् दर्शन होते हैं। भूत, वर्तमान और भविष्य, तीनों काल उनके अधीन रहते हैं। कभी वर्तमान को अदृश्य कर भूतकाल को प्रकट करते हैं, कभी वर्तमान और भूतकाल अदृश्य कर भविष्य को प्रकट करते हैं। कभी तीनों कालों को अदृश्य कर विश्व को शून्य काल में ले जाते हैं। पता नहीं किस अजेय महामाया को धारण किया है उन्होंने, एक बार तो उन्होंने पूरे समुद्र को सूर्य ग्रह में अदृश्य कर दिया। कभी सूर्य को जल ग्रह बनाकर दिखाते हैं तो कभी पृथ्वी को लावाग्रह बनाकर। कई भक्तों ने तो ये तक कहा है कि उनके मस्तक में आज्ञाचक्र स्थान पर इस विश्व के प्रत्येक जीव क्रमशः दृश्यमान होते रहते हैं। संभवतः देवताओं का पूरा साम्राज्य उनके शरीर में विद्यमान है। और रसप्रद बात ये है कि उनके साथ उनके दो महातपस्वी साथी ऋषि भी हैं। भारत और अन्य देशों के कोने-कोने से आये साधु महाराजों की प्रायः विनती के पश्चात् महर्षि ब्रह्मवेद के साथी साक्षत्वर ऋषि और पुण्यत्वर ऋषि इस पुष्कर झील के रामघाट पर महर्षि ब्रह्मवेद के रहस्यपूर्ण जीवन और उनकी प्रखर आध्यात्मिक सद्धरता से सबको अवगत करा रहे हैं। इस कल्याणकारी अवसर को हमें छोड़ना नहीं चाहिये। चलिये।''

सुखराज ने मुनुदास से कहा– ''अवश्य।''

मुनुदास सभी से बोले– ''तो आइये हमारे साथ।''

और वे लोग ब्रह्मदेव के मंदिर से पुष्कर झील के किनारे पर चलते हुए रामघाट की ओर चल पड़ते हैं।

●●●

ईश्वरीय मनुष्य

पुष्कर के पवित्र तालाब के किनारे चलते हुए सुखराज, मुनुदास से कहते हैं– ''प्रतिवर्ष देव दीपावली के अवसर पर त्रेतायुग के इस पुष्करतीर्थ पर असंख्य भक्तों को एक साथ देखकर हमें ईश्वरीय शक्ति का अनुपम अनुभव होता है।''

धर्मराज भी बोले– ''हाँ पिताश्री। और इन भक्तों की ईश्वर के प्रति अमर श्रद्धा के कारण ही ये स्थान पवित्र बना हुआ है।''

मुनुदास ने धर्मराज से कहा– ''पुत्र, भक्तों की ईश्वर में रही अखंड श्रद्धा से ही धर्मसत्ता का कल्याणकारी अस्तित्व विद्यमान है। और धर्म के अस्तित्व से ही हमारा अस्तित्व। इसलिये ये प्रथा तो अमर ही रहेगी।''

पार्थोदास ने कहा– ''सत्य कहा आपने मित्र।''

इस दौरान वे लोग पीपल के उस वृक्ष के पास पहुँचते हैं जहाँ साक्षत्वर ऋषि और पुण्यत्वर ऋषि, कुछ साधुओं और अन्य भक्तों के समक्ष बैठे हैं। मुनुदास की पत्नी लक्ष्मीवती भी वहाँ उपस्थित हैं। मुनुदास सोमवासियों के साथ लक्ष्मीवती के पास प्रथम पंक्ति में बैठ जाते हैं। उसके बाद लक्ष्मीवती और मुनुदास ने ऋषि पुण्यत्वर और ऋषि साक्षत्वर को प्रणाम किया। फिर दोनों ऋषि, महर्षि ब्रह्मवेद के समस्त ब्रह्माण्ड को सुख देने वाले अतिरसप्रद, चमत्कारी, अविस्मरणीय और दैवीय कर्म संचित श्रेष्ठ जीवन के विषय में कहना आरंभ करते हैं।

पुण्यत्वर ऋषि बोलते हैं– ''ब्रह्मदेव प्रभु की जय हो। प्रिय भक्तों, सर्वप्रथम हम आप सबको एक दिव्यसंदेश देते हैं। जीवन में चाहे कुछ भी हो जाये, अपने मन को सदैव शांति, प्रसन्नता और धर्म की शरण में रखना क्योंकि आनंद, आत्मा का मूल स्वभाव है और आनंद से विलग या विमुख होना, दुःख को आमंत्रण देना है। जीवन में निरंतर सत्संग करते रहना चाहिये। संस्कार प्रदायक हिंदू ग्रंथो का श्रवण करते रहना चाहिये। क्योंकि हिंदू ग्रंथो के गर्भ से अमृत का संचार होता है। भय की निवृत्ति होती है। असीम आनंद की उपलब्धि होती है। जीवन को अर्थपूर्ण दिशा मिलती है। उत्सव का सर्जन होता है। माधुर्य की प्राप्ति होती है और हमारा जीवन धन्य हो जाता है। पहले स्वयं का कल्याण करो, तब जाकर दूसरों का कल्याण करने में सामर्थ्यवान बनोगे। जीवन में असत्य को कदापि न धारण करना, न समर्थन करना अन्यथा अनंत काल तक दुःख और शोक के दलदल में जलते रहोगे। इस नश्वर शरीर को ही सर्वस्व मानकर उसे विविधतापूर्ण नश्वर पदार्थों के भंडारण से सुख प्रदान करने का मिथ्या प्रयास मत करना, क्योंकि जीवन का परम सत्य और प्रसन्नता कोई वस्तु सापेक्ष नहीं है। शरीर के स्थान पर अमर्त्य आत्मा पर ध्यान केन्द्रित करो। और वह ब्रह्मरूपी आत्मा या अदृश्य चेतना ही अखंड

सत्य है, जिसकी इच्छा और प्रेरणा से मन चलता है। प्राण हलन चलन करते हैं। उस चेतना के कारण ही इस वाणी में शक्ति है। वह ब्रह्म ही है, श्रवण का श्रवण, मन का मन, वाणी की वाणी, प्राण का प्राण, चक्षु का चक्षु। उस ब्रह्म के अस्तित्व से ही यह संपूर्ण विश्व विविध नाम और रूपों में चलायमान और दृश्यमान रहता है। इसलिये जीवन के परम सत्य को जानने के लिये उस अमर्त्य आत्मा की ही उपासना करनी चाहिये। सर्वत्र रामचरितमानस प्रबल हो।''

मुनुदास ने कहा– ''समस्त प्राणीजगत का उद्धार करने वाले यह उपदेश सर्वलोकप्रिय है।''

साक्षत्वर ऋषि ने सबसे कहा– ''अब हम अपने विश्वप्रसिद्ध वेदज्ञानी गुरु के जीवनचरित्र के संक्षिप्त में दर्शन कराते हैं। हमारे वेदज्ञानी गुरु महर्षि ब्रह्मवेद जी जन्म से ही विशिष्ट, विश्वश्रेष्ठ विचारक, रचनाधर्मी, धर्मप्रयोगी, कर्मप्रयोगी, अविश्वसनीय चमत्कार प्रदर्शक, जीवजगत के उद्धारक और विश्वश्रेष्ठ महाज्ञानी धर्मपुरुष रहे हैं। जन्मकाल से ही धर्म उनकी साँसों में निरंतर विद्यमान है। आज उनकी आयु कितनी है, कोई नहीं जानता। परंतु हमारे गुरुओं के गुरु के कथन पर विश्वास करें तो महर्षि ब्रह्मवेद जी अठारहवीं सदी के आरंभिक काल में उत्तरांचल प्रदेश स्थित मसूरी शहर के निकट कलसी गाँव में दिखे थे। जहाँ उनका जन्म भी हुआ था। वहाँ उन्होंने अपने जीवन का आरंभिक समय प्रकृति की प्रत्येक क्षण की गतिविधियों का तीक्ष्णता से निरीक्षण करते हुए व्यतीत किया था। वे बाल्यावस्था से ही वेदज्ञान को अतिस्नेह करते थे, वे वेदज्ञान की प्राप्ति में ही अपना जीवन व्यतीत करते थे। लगभग एक वर्ष में उन्होंने संपूर्ण वेदशास्त्र को स्पष्टता से कंठस्थ कर लिया था। वे एक संपूर्ण वेदांती आत्मा हैं। कदाचित् इसीलिये उन्होंने विवाह भी नहीं किया। उन्हें बाल्यावस्था से ही ताबीज़, अँगूठियाँ और विशिष्ट मंत्रसिद्ध मालाओं का संग्रह करना बहुत पसंद था। उनके जीवन काल के दौरान उनके सर्वतोभद्र कर्म प्रदर्शन और दुर्लभ वैचारिक श्रेष्ठता के अनुसार उन्हें अनगिनत साधु, गुरु और ऋषिदेवों के द्वारा कई सारे विशिष्ट ताबीज़, अँगूठियाँ और मंत्रसिद्ध मालायें प्राप्त हुई थीं। संपूर्ण वेदज्ञान की प्राप्ति करने के पश्चात् एक दिवस उन्होंने कलसी गाँव में एक वेदशाला शुरू की। जिसका नाम था– 'वेद–जीवन का सत्य मार्ग'। एक वेदगुरु के रूप में कलसी गाँव के प्रत्येक निवासी उन्हें सर्वश्रेष्ठ और सर्वशक्तिशाली ब्रह्मस्वरूप गुरु का सम्मान देते थे। इस संसार में ऐसा कोई भी प्रश्न नहीं जिसका उत्तर उनके पास न हो। और यदि वे किसी मनुष्य के मस्तक पर तिलक करें तो उसे मोक्ष प्राप्त हो जाता है।''

उसके बाद पुण्यत्वर ऋषि बोले– ''वेदशाला के आरंभ के कुछ वर्ष पश्चात् की बात है। उस वर्ष महर्षि के कुछ मेधावी शिष्यों ने वेदशास्त्र की दो वर्ष की शिक्षा

338*ईश्वरीय मनुष्य*

पूर्ण की थी। पर शिक्षा पूर्ति के दूसरे ही दिवस कुछ ऐसा विशेष घटा, जिसका उत्तरहीन रहस्य आज भी परलोक के पिटारे में सुरक्षित है।''

एक साधु ने उनसे पूछा– ''ऋषिदेव, ऐसा क्या घटा था?''

तब ऋषि साक्षत्वर ने सबसे कहा– ''शिक्षा की पूर्णाहुति के अंतिम दिवस ऋषि ब्रह्मवेद ने अपने शिष्यों से कहा...''

इतना कहकर उन्होंने भूतकाल के दृश्यों को सभी के सामने कुछ इस तरह प्रस्तुत करना शुरू किया कि उपस्थित लोगों को वह सारा घटनाक्रम चलचित्र की तरह घटित होता हुआ दिखाई देने लगा–

###

भूतकाल के दृश्य में अपने मेधावी शिष्यों की वेदज्ञान की शिक्षा पूर्णाहुति के अंतिम दिवस पर महर्षि ब्रह्मवेद अतिप्रसन्न लग रहे हैं। कलसी गाँव से बहती यमुना नदी के किनारे पर स्थित महर्षि ब्रह्मवेद की वेदशाला 'वेद–जीवन का सत्य मार्ग' के अलौकिक आँगन का पवित्र और असीम सौंदर्य, आत्मा को विश्वश्रेष्ठ सुख प्रदान कर रहा है।

महर्षि ब्रह्मवेद अपने मेधावी शिष्यों से कहते हैं– ''आत्मप्रिय शिष्यों, आज हम अतिप्रसन्न हैं क्योंकि आज एक विशेष संयोग है। नौ का संयोग। आज से अठारह वर्ष पूर्व हमने इस वेदशाला का शुभारंभ किया था। अर्थात् अठारह के अंको का योग नौ होता है। इन अठारह वर्षों में प्रति दो वर्ष की शिक्षा की अवधि में हमने नौ सौ शिष्यों को वेदज्ञान दिया था। नौ सौ का योग भी नौ होता है। आज तारीख भी नौ है। माह भी नौवाँ है। और इस वर्ष एवं सदी का योग भी नौ होता है। इस विशेष संयोग को आजीवन स्मरण रखने के लिये, हम आप सबको एक विशेष और पवित्र ताबीज़ बाँधते हैं। जो हमारे गुरुदेव और ऋषिदेवों ने हमें दिये थे। ये कोई साधारण ताबीज़ या जड़ वस्तु नहीं हैं। विश्व के सर्वशक्तिशाली और सर्वज्ञानी पंडितों ने इन्हें सूक्ष्म देवमंत्रों, हिंदू धर्म के संपूर्ण रस धन और इस मायावी जगत की चमत्कारी दिव्यशक्तियों के ब्रह्माण्ड कल्याणकारी तत्वों से निर्मित किया है। इसमें देवताओं की सूक्ष्म सत्ता नित्य रूप में विद्यमान है। जिसकी संगत से इस पृथ्वीलोक पर एवं समस्त ब्रह्माण्ड में हमारे वेद और उपनिषद अनंतकाल तक समस्त प्राणीजगत का कल्याण करते रहेंगे।''

और फिर महर्षि ब्रह्मवेद अपने बाजू में पड़ी पोटली में से कुछ ताबीज़ निकालते हैं और शिष्यों के निकट जाकर उनसे कहते हैं– ''हम अपने हाथों से

आप सबके गले में ये मंत्रसिद्ध ताबीज़ पहनाते हैं।''

महर्षि ब्रह्मवेद शिष्यों के गले में ताबीज़ पहनाते हैं और प्रत्येक शिष्य उनके चरण स्पर्श करते हैं।

शिष्य इशोवास्य ने ब्रह्मवेद से कहा– ''धन्यवाद गुरुदेव। ये ताबीज़ अलौकिक एवं अतिसुंदर है। लगता है इसे परलोक से आयात किया गया है।''

अन्य शिष्य रामधन ने कहा– ''और इसमें सूर्य के तेज के समान चमक रहा ये नीला हीरा तो अतिसुंदर है। यह प्रकाश हमारी बुद्धि को बुद्धत्व प्रदान कर रहा है। इसे धारण करके मेरा समस्त कुल धन्य हुआ देवता।''

अन्य शिष्य बोले– ''इस पवित्र ताबीज़ के लिये धन्यवाद गुरुदेव। आपकी दैवीय सत्ता सूर्य की आयु तक इस ब्रह्माण्ड में विद्यमान रहे।''

तब महर्षि ब्रह्मवेद ने शिष्यों से कहा– ''धन्यवाद शिष्यों, ये हमारा परम सौभाग्य और मानवीय कर्तव्य है। और हाँ, इन्हें सुरक्षित सत्ता में रखना। हमारे गुरुदेवों ने हमें बाल्यावस्था के नौ वर्षों के दौरान ऐसे नौ ताबीज़ दिये थे, जो हमने आज तक अपने पास सुरक्षित रखे हैं।''

शिष्यों ने गुरु को पुनः प्रणाम किया और कहा– ''अवश्य देव साम्राज्य।''

उसके बाद महर्षि ब्रह्मवेद शिष्यों से पुनः बोले– ''तो शिष्यों, आज आप सबका इस शाला में अंतिम दिवस है। और कल प्रातःकाल हम उत्तरकाशी, ऋषिकेश और हरिद्वार के दर्शन के लिये पदयात्रा पर निकलेंगे। उस दौरान हमें कुछ पारलौकिक दृश्य और कुछ अद्वितीय चरित्रों के अकल्पनीय परिस्थितियों में दर्शन होंगे। मानव जीवन की असीम संभावनाओं का प्रचंड प्रकाश प्राप्त होगा। जो हमारे मनोबल, आत्मबल और आध्यात्मिक सद्दृढ़ता को अजेय शिखरत्व प्रदान करेंगे। हमारे अंतर्मन के दिव्य संदेश अनुसार हमारी प्रबल इच्छा है कि इस यात्रा में हमारे साथ शिष्य इशोवास्य, रामधन, धर्मसागर, शीतसागर और देवसाम्राज्य सम्मिलित हों।''

अपने गुरु के मन की बात जान शिष्य रामधन ने व्याकुल हो महर्षि ब्रह्मवेद से कहा– ''ये हमारा परम सौभाग्य होगा गुरुदेव।''

शिष्य इशोवास्य भी बोले– ''इस मंगलकारी यात्रा पर हम पाँचों शिष्य आपके साथ अवश्य आयेंगे गुरुदेव।''

महर्षि ब्रह्मवेद ने उन पाँचों शिष्यों से कहा– ''तो ठीक है शिष्यों, आप अपने

परिवारजनों को यह संदेश दे दें। हम कल प्रातःकाल यहाँ से अपनी धर्मयात्रा का आरंभ करेंगे। और लगभग एक माह पश्चात् वापस लौटेंगे। बाकी तो जैसी मारा राम री इच्छा।''

पाँचों शिष्य बोले– ''जी गुरुदेव।''

और अगले दिवस प्रातःकाल महर्षि ब्रह्मवेद की धर्मयात्रा आरंभ होती है। यमुना नदी के भव्य तट पर पहुँचते ही शिष्य इशोवास्य ने महर्षि ब्रह्मवेद से कहा– ''गुरुदेव वहाँ देखिये। एक समतल नाव पड़ी है। जिसके ऊपर लिखा है–अहिंसा ही ब्रह्माण्डश्रेष्ठ धर्म है। आध्यात्मिक यात्री और शाकाहारी मनुष्यों के लिये निःशुल्क सेवा। माँसाहारी मनुष्य और वेश्या के लिये प्रवेश निषेध है। राम की भक्ति और चरित्र ही सत्य है।''

मन को भिन्न विचारक्षेत्र में प्रवेश कराकर, असीम प्रसन्नता बाँटने वाले इन प्रभावशाली शब्दों को पढ़कर महर्षि ब्रह्मवेद बोले– ''प्रशंसनीय विचारधारा और सत्य चरित्रवान का धर्मप्रचार रूपी प्रदर्शन। अब तो हम इसी धार्मिक नाविक की नाव का उपयोग करेंगे।''

दूसरे ही क्षण उस नाव का मालिक अपने मिट्टी के घर से बाहर आता है और ऋषि के चरण स्पर्श कर उनसे कहता है– ''राम–राम सा देवता। कहिये कहाँ जाना है?''

''आयुष्मान भव पुत्र। आपका नित्य कल्याण हो।''

''आभार देवता।''

''क्या नाम है आपका पुत्र?''

''सत्यजल।''

''सत्यजल, शुभ नाम है। और शुभ नाम की शरण में विचारक्षेत्र भी शुभ है। लेकिन ऐसी शास्त्रसम्मत धर्मप्रचार रूपी विचारधारा की संगत में ठीक–ठाक धन तो कमा लेते हैं न?''

''देवता, वैसे धन अर्जन करने में हमें कोई विशेष रुचि तो नहीं है परंतु ग्रहों के शुभाशीष के कारण धन अर्जन करने में सौभाग्यशाली रहे हैं। क्योंकि नाविक के रूप में हम केवल आध्यात्मिक यात्रियों की सेवा करते हैं। यदि मूल व्यवसाय की बात करें तो यहाँ से सौ कदम की दूरी पर हमारा रोगनाशक वनस्पतियों और औषधियों का भव्य खेत है। हम अपनी भिन्न वनस्पतियाँ, उत्तराखंड के कई सारे

चिकित्सकों को बिना किसी मूल्य देते रहते हैं। परंतु कभी–कभार कोई धनी व्यक्ति हमारा पता जानकर हमें बहुमूल्य भेंट एवं बड़ी राशि में दान देते रहते हैं। उसमें से अधिकांश धन का उपयोग हम नदी के उस पार स्थित रामजी के मंदिर पर निर्धन भक्तों को भोजन करवाने में करते हैं। और उन्हीं के साथ हम और हमारे परिवार वाले भी भोजन करते हैं। इसी नाव में हम मंदिर के उस पार जाते हैं और औषधियों का आयात करते हैं।''

महर्षि ब्रह्मवेद ने नाविक सत्यजल से कहा– ''क्या बात है। आज आप जैसे ईश्वरीय मनुष्य के दर्शन करके हम धन्य हो गये। आप असंख्य रोगियों की पीड़ायें दूर करके और असंख्य भक्तों को भोजन करवा कर मानव जगत का श्रेष्ठ पुण्य कर्म कर रहे हो। ईश्वर आपको सुखी, स्वस्थ, समृद्धिपूर्ण, शांतिपूर्ण, धर्मयुक्त जीवन नित्य रूप में प्रदान करें।''

नाविक सत्यजल ने उनके चरण स्पर्श किये और उनसे कहा– ''धन्यवाद गुरुदेव।''

''आपका सदैव कल्याण हो पुत्र।''

''गुरुदेव, अब ये बतायें कि हम आपको कहाँ ले जायें। क्योंकि मध्याह्न भोजनकाल के बाद आज हमें हिमाचल प्रदेश के नहान गाँव जाना है। बीमार पशुओं की सारवार के लिये।''

''अभी तो नदी के उस पार जाना है। बाकी मारा राम री इच्छा।''

और महर्षि ब्रह्मवेद अपने शिष्यों के साथ नाव में बैठकर नदी के उस पार जाने के लिये निकलते हैं।

नदी के मध्य भाग में पहुँचते ही महर्षि ब्रह्मवेद को एक द्वीप पर हिमालय पर्वत का कोई अनोखा गुप्त स्थान दिखता है। उस पारलौकिक स्थान पर कामधेनु गायों का एक झुंड, एक विशाल अखंड दीपक की ओर एकटक देख रहा है। आश्चर्य की बात ये है कि उस दीपक की लौ त्रिशूल आकार की है। इस माया सर्जित दृश्य के मर्म को गंभीरता से जानने का प्रयास कर रहे महर्षि ब्रह्मवेद ने कहा– ''ओम नमो भगवते वासुदेवाय। ओम नमः शिवाय। ओम श्री ब्रह्मदेवाय नमः।''

और पलक झपकते ही वह अनोखा गुप्त स्थान अदृश्य हो जाता है। दूसरे ही क्षण महर्षि ब्रह्मवेद कहते हैं– ''वो जो अद्भुत, अखंड, निराकार, सनातन, पुरातन, शाश्वत, परमशुद्ध और सर्वशक्तिशाली अदृश्य अस्तित्व है, वो निरंतर

अपनी अनिर्वचनीय माया की संगत से भिन्न दृश्यों द्वारा समस्त प्राणीजगत को उसमें आस्था रखने के लिये प्रेरणा देता रहता है। उस परमतत्व के निकट जाकर और इस विश्व के सर्वोत्तम सार को जानकर, मैं न केवल स्वयं का बल्कि समस्त ब्रह्माण्ड के अर्थपूर्ण जीवन का सत्य जानने के लिये समर्थ पात्र बनने जा रहा हूँ। चलो नाविक, अब हमें नदी के उस पार छोड़ दो। वहाँ से हम सीधे हिमालय जायेंगे।''

शिष्य इशोवास्य ने ब्रह्मवेद से कहा– ''गुरुदेव, हम सब भी उस परमतत्व के परम जीवनसार को धारण करना चाहते हैं।''

ऋषि ब्रह्मवेद, शिष्यों से बोले– ''आप लोगों की विश्व हितकर संगत के कारण ही हम उस परमतत्व के निकट जा रहे हैं। अतः आपकी प्रतिभाशाली और मंगलकारी संगत ही हमारा आध्यात्मिक उद्धार और आत्मोत्थान करवा रही है।''

अन्य शिष्य रामधन ने महर्षि ब्रह्मवेद से कहा– ''आप में कुछ तो विशेष बात है गुरुदेव। आपमें कोई विशेष गुरुत्वाकर्षण बल छिपा है जो प्रायः देवसत्ता को आकर्षित करता है।''

''शिष्यों, ये सब देवमंत्रों का महाखेल है। सारे ग्रहों को हमारे अधीन करवाने में उस अदृश्य देवसत्ता का प्रखर योगदान है।''

और वे लोग नदी के उस पार पहुँच जाते हैं।

नाविक सत्यजल ने महर्षि ब्रह्मवेद से कहा– ''आप जैसे वेदांती सत्पुरुषों की सन्निधि में मेरी आत्मा को जो आध्यात्मिक सुख और आत्म ऊर्जा प्राप्त हुई है वह मेरे जीवन की सबसे मूल्यवान संपत्ति है। अनंत धन्यवाद देवताओं।''

महर्षि ब्रह्मवेद ने कहा– ''बंधु, आपकी संगत से हमें भी अपार आत्म ऊर्जा प्राप्त हुई है।''

सत्यजल ने कहा– ''आभार धर्मक्षेत्र।''

उसके बाद महर्षि ब्रह्मवेद, यमुना नदी के जल को हाथ में लेकर बोले– ''हे यमुना माते, हम वेदशास्त्र के कुशल वेदगुरु ब्रह्मवेद महर्षि, प्रत्येक दिशा, समस्त देव साम्राज्य एवं हमारे पूर्वजों को साक्षी मानते हुए ये प्रतिज्ञा लेते हैं कि वेदशास्त्रों के आधार पर लिये विश्वकल्याण के शिखरस्थ संकल्पों की पूर्ति के लिये हम हिमालय के एक ब्रह्मस्थल पर जाकर घोर तपस्या करेंगे। हम उस ब्रह्मस्थल के परमवंश का परमज्ञानी यात्री बनकर प्रचंड दैवीय शक्तियों को संचित करके

इस विश्व में से आसुरी शक्तियों और विकृत तत्त्वों को सदैव के लिये अदृश्य कर देंगे। और ऐसी विकारमुक्त परिशुद्ध जीवनशैली की रचना करेंगे जिसमें केवल संस्कारी प्राणियों का हितकर अस्तित्व होगा। संयमी और मात्राजड़ित विश्व। हम इस समस्त विश्व को असीम सुख देना चाहते हैं। असत्य को समर्थन देने वाले दुर्बुद्धि मनुष्यों को सत्य धारण करवाना चाहते हैं। आतंकी मन को, वेश्याओं की उग्र इन्द्रियों को, भ्रष्ट शासन और शासनकर्ताओं को, भोगविलासी दानव तत्त्वों की अतृप्त वासनाओं को और मानव मन को निरंतर भ्रमित करने वाले पदार्थों के प्रचंड आकर्षण को कठोरता से परम शांत करना चाहते हैं। हम इस विश्व के प्रत्येक जीव को हिंदुत्व का शिखरस्थ सार प्रदान करना चाहते है। लालच, ईर्ष्या, छल, दुष्ट विचारधारा और अपवित्र दृष्टि का क्षय करना चाहते हैं। मानव समुदाय के आपसी संबंधों में और मानव समुदाय एवं पशुजगत के संबंधों में पारदर्शिता और घनिष्ठता लाना चाहते हैं क्योंकि हम अमूल्य संबंधों को सरलता से धराशायी होते हुए नहीं देख सकते। हम इस विश्व को जातिवाद के भवरोग से मुक्त कराना चाहते हैं और समस्त पृथ्वीलोक के प्रत्येक मानव और पशु के घर के आँगन में कम से कम एक तुलसी का पौधा रोपना चाहते हैं ताकि पवित्र और स्वस्थ जीवनदायिनी तुलसी के सुखप्रदायक अस्तित्व से प्रत्येक जीव पवित्रता, निर्भयता, संयम, शुभ विचारधारा और शास्त्र सम्मत कर्मों की शुभ संगत में अर्थपूर्ण जीवन व्यतीत करे। हम प्रत्येक प्राणी के जीवन में उच्च आदर्शों की स्थापना करना चाहते हैं। जीवन में आदर्शों की छत्रछाया अत्यंत आवश्यक है क्योंकि जो लोग किसी आदर्श पर खरे नहीं उतरते, वे इस जगत के हर क्षणिक आकर्षण पर धराशायी होते हैं। हम ये सारे अद्वितीय पराक्रमी कार्य केवल आपके आशीर्वाद और कृपा दृष्टि से ही सिद्ध करेंगे जलदेवता।"

और फिर महर्षि ब्रह्मवेद ने यमुना जल को अपने मस्तक पर लगाकर कहा— "जय हो यमुना माते। जय श्री राम जी की।"

नाविक सत्यजल ने कहा— "गुरुदेव, हम प्रभु श्री राम के भक्त हैं। हम प्रभु से प्रार्थना करेंगे कि आपकी प्रतिज्ञा शीघ्र पूर्ण हो।"

"धन्यवाद महात्मन्। और क्या हमारे लिये एक कार्य करोगे?"

"अवश्य गुरुदेव।"

"कलसी गाँव में हमारी 'वेद—जीवन का सत्य मार्ग' नाम की वेदशाला है। जिसके पड़ोस में हमारे भूतपूर्व शिष्य धर्मानंद जी रहते हैं। कृपया आप उनसे मिलकर कहें कि गुरुदेव ने अनिर्धारित काल के लिये कैलाशधाम में रहने का

निर्णय लिया है। उनका लौटना असंभव है। ये आकस्मिक निर्णय विश्व को सर्वोत्तम चरित्र, उच्च विचार, प्रचंड पुरुषार्थ, कल्याणकारी संतसत्ता और दुर्लभ ब्रह्माण्डश्रेष्ठ जीवनशास्त्र प्रदान करने लिया है। इसलिये उन्होंने आपको वेदशाला के गुरु बनने का आदेश और दायित्व दिया है। और प्रत्याभूति के स्वरूप उन्हें हमारी ये विशेष माला दीजियेगा।''

''अवश्य। हम यहाँ से सीधे वहाँ जायेंगे। तत्पश्चात् हम नहान गाँव जायेंगे।''

''और हाँ, उन्हें ये भी कहना कि जब इन पाँचों शिष्यों के माता–पिता उनके विषय में पूछने आयें तो उन्हें बतायें कि उनके पुत्र वेदशास्त्र और ब्रह्मानुभूति का विशेष ज्ञान प्राप्त करने, मोक्ष प्राप्ति और विश्वकल्याण के लिये एक ऐसे अदृश्य धाम पर चले गये हैं जहाँ से वापस लौटने की अवधि अनिश्चित है। इसलिये कृपया आप उनकी प्रतीक्षा न करें।''

''जैसी आपकी आज्ञा गुरुदेव। मृत्युलोक के इस नश्वर शरीर को प्राप्त वैचारिक स्वायत्तता और कर्म स्वतंत्रता का सर्वोत्तम उपयोग कर रहे हैं आप लोग। कोटि–कोटि नमन करता हूँ उन देवगुणी माता–पिता को, जिन्होंने विश्व को आकर्षित करने वाले आप जैसे ब्रह्माण्डश्रेष्ठ चरित्रों को जन्म दिया।'' नाविक ने कहा।

तब ऋषि ब्रह्मवेद ने नाविक से कहा– ''अनंत धन्यवाद सत्यजल जी। अब हम अपने गंतव्य की ओर अविलंब प्रस्थान करते हैं। नियति ने चाहा तो पुनः मिलेंगे। जय हो यमुना माता की। जय श्री राम जी की। जय हो माता सीता की।''

नाविक ने गुरु के चरण स्पर्श किये और कहा– ''जय हो यमुना मैया की। जय श्री राम जी की। जय हो माता सीता की।'' और गुरु अपने गंतव्य की ओर जाते हैं और नाविक वेदशाला की ओर।

ऋषि साक्षत्वर और ऋषि पुण्यत्वर की वाणी के द्वारा रचे गये भूतकाल के दृश्य अचानक समाप्त हो गये।

उसके पश्चात् साक्षत्वर ऋषि ने पुष्कर घाट पर आये साधुओं से और अन्य भक्तों से कहा– ''और उस दिवस के पश्चात् लगभग दो सदी तक भव्य हिमालय के पर्वतों के बीच, गुप्त ब्रह्मस्थलों पर महर्षि ब्रह्मवेद और उनके पाँच मेधावी शिष्यों ने ऋषि परंपरा आदेशित उच्चतम ध्यानावस्था प्राप्त कर घोर तपस्या की। इस दौरान उन्होंने इस सृष्टि की विशिष्ट लौकिक–पारलौकिक शक्तियाँ और जड़ी–बूटियाँ

प्राप्त की, जिन्हें आज तक कोई प्राप्त नहीं कर सका। वे बीसवीं सदी के अंत तक कहीं नहीं दिखे थे। पर इक्कीसवीं सदी के आरंभिक वर्षों में महर्षि ब्रह्मवेद को ये लगा कि संकल्प की पूर्ति के संदर्भ में उन्हें जो कुछ प्राप्त करना था वो प्राप्त कर लिया है और उनका उद्देश्य पूर्ण होने का योग्य समय भी निकट था। इसलिये अपने उद्देश्य को पूर्ण करने के लिये वे अन्य पवित्र स्थान पर जाने के लिये निकले। वह स्थान था उत्तरप्रदेश का आध्यात्मिक यात्रियों का गढ़, गढ़मुक्तेश्वर। वो केवल साधु और ऋषि–मुनियों के लिये बनाया गया अतिसुंदर ध्यानस्थल है। जहाँ हम दो साधुओं का जन्म हुआ है। महर्षि ब्रह्मवेद की घोर त्रुटिहीन तपस्या से संपूर्ण गढ़मुक्तेश्वर के धन्य आश्रमवासी अत्यंत प्रभावित हो गये थे और उन्हें जीवन के परमसत्य और परमसार का ब्रह्माण्डसुख ज्ञान भी प्राप्त हुआ। उस आश्रम पर हम दोनों ने महर्षि ब्रह्मवेद की निःस्वार्थ सेवा की और फलस्वरूप आश्रम के प्रबंधक ने हमें महर्षि ब्रह्मवेद जी के जीवन सेवक बनने का असीम सौभाग्य प्रदान किया। आज से एक सप्ताह पूर्व तक महर्षि ब्रह्मवेद जी वहीं पर ध्यान में लीन थे। पर संकल्पित ध्यानसाधना की पूर्णाहुति के दिन रात्रिकाल दौरान उन्हें एक स्वप्न आया। स्वप्न में उन्हें रंगीले राजस्थान के तीर्थधाम पुष्कर का आकर्षक दृश्य दिखाई दिया।''

फिर ऋषि पुण्यत्वर बोले– ''और अगले दिवस महर्षि ब्रह्मवेद जी ने रंगीले राजस्थान के त्रेतायुग के तीर्थधाम पुष्कर आने का निर्णय लिया। क्योंकि वे सदैव ऐसे ही स्थान पर ध्यान और तपस्या करते हैं जहाँ उन्हें शुद्धता, यथार्थ सामूहिक उपासना और असीम पवित्रता का अनुभव हो और जहाँ श्रद्धावान भक्तों का निरंतर प्रवाह बहता रहता हो।''

तभी एक नागासाधु अंतरिक्षकालीशक्ति देव ने पूछा– ''और वे पाँच मेधावी शिष्य कहाँ गये?''

ऋषि पुण्यत्वर ने उत्तर दिया– ''वे पाँच मेधावी शिष्य इस पृथ्वीलोक और अंतरिक्ष के पाँच भिन्न स्थानों पर अदृश्य सत्ता के रूप में विश्वकल्याण के सर्वोत्तम कर्म का प्रदर्शन करने ध्यान समाधि में लीन हैं। प्रथम शिष्य, ऋषि रामधन जी हिंद महासागर के एक अज्ञात द्वीप पर जाकर समुद्रीजल में आध्यात्मिक ज्ञान का प्रवाह मिश्रित करके समस्त एशियाई महाद्वीप के प्रत्येक प्राणी का चरित्र सुधार करने, आध्यात्मिक बल प्रदान करने, शाकाहार का प्रचंड प्रचार करने और सनातन हिंदू धर्म को ब्रह्माण्डप्रसिद्धि प्रदान करने के महान कार्य में व्यस्त हैं। और यहाँ के निकटवर्ती हिंसावादी देशों में हिंसक, जड़ और आतंकी मनुष्यों के मन में अपनी दिव्य शक्तियों के माध्यम से धर्माचार के विचार डालकर सत्य, प्रेम, करुणा, अहिंसा, शुद्ध आचरण के भाव प्रकट करवाकर इस समस्त

भौगोलिक परिसर में शांतिपूर्ण जीवन प्रदान करने का महान कार्य भी कर रहे हैं। दूसरे शिष्य, ऋषि इशोवास्य उत्तरी प्रशांत महासागर और दक्षिणी प्रशांत महासागर के मध्यभाग में स्थित एक अज्ञात द्वीप पर जाकर समुद्रीजल में आध्यात्मिक ज्ञान का प्रवाह मिश्रित करके दोनों महासागरों और निकटवर्ती देशों की समस्त जैव संपदा को अपनी दिव्यशक्तियों के माध्यम से स्वस्थ, शुद्ध, विवेकशील, अहिंसावादी और संयमी जीवन प्रदान कर रहे हैं। और साथ में प्राकृतिक स्रोतों को देश–विदेश के असामाजिक तत्वों और गंदगीप्रसारक मानव समुदाय से बचाते हुए उन्हें सुरक्षित, शुद्ध और प्रकृति निर्मित मूल अवस्था में स्थायी रखने का अनूठा महान कार्य कर रहे हैं। तीसरे शिष्य, ऋषि धर्मसागर जी उत्तरी एटलांटिक महासागर और दक्षिणी एटलांटिक महासागर के मध्यभाग में स्थित एक अज्ञात द्वीप पर जाकर समुद्रीजल में आध्यात्मिक ज्ञान का प्रवाह मिश्रित करके दोनों महासागरों और निकटवर्ती देशों की समस्त जैव संपदा को स्वस्थ, शुद्ध, अहिंसावादी और संयमी जीवन प्रदान कर रहे हैं। और विनाश को आमंत्रण देने वाले प्रकृति विरुद्ध के मानवदर्शित तुच्छ विकास कार्यों पर विराम लगा रहे हैं। चौथे शिष्य, ऋषि शीतसागर जी अंटार्कटिका खंड के मध्यभाग में स्थित एक अज्ञात द्वीप पर जाकर समुद्रीजल में आध्यात्मिक ज्ञान का प्रवाह मिश्रित करके समस्त जैव संपदा को अपनी दिव्य शक्तियों के माध्यम से स्वस्थ, शुद्ध, अहिंसावादी और संयमी जीवन प्रदान कर रहे हैं। यहाँ आने वाले मानवदल को अपनी दिव्यशक्तियों के माध्यम से मानसिक शांति, विवेकशक्ति, धर्मश्रद्धा और संयम प्रदान कर यहाँ के अलौकिक सौंदर्य को बरकरार रखने का देवदर्शित कार्य कर रहे हैं। और पाँचवे शिष्य, ऋषि देवसाम्राज्य जी इस पृथ्वीलोक से बहुत दूर अंतरिक्ष में अतिभव्य देवालय के निकट एक अज्ञात शीतग्रह के स्वामी बनकर, समस्त ब्रह्माण्ड की प्रत्येक गतिविधियों का निरीक्षण करते हुए, अहिंसा और शाकाहार की शरण में सर्वत्र शुभ परिस्थितियों का निर्माण कर रहे हैं। वे इस ब्रह्माण्ड के प्रत्येक ग्रह, नक्षत्र, तारा समूह और ऐसे अनंत कोटि ब्रह्माण्ड के हितैषी और धर्मसेवक बनकर इस समस्त विश्व के अलौकिक सौंदर्य का अखंड आनंद ले रहे हैं। संपूर्ण विश्व के देव, असुर, मानव समुदाय, पशुजगत सहित समस्त जीवों को सत्य, प्रेम, करुणा, शाकाहारी जीवन, धर्मनिष्ठा, अहिंसा परमो धर्म के धर्मपथ को नित्य रूप में धारण करने का निर्देश देते रहते हैं। वे समस्त मानवजाति को वेदशास्त्र के ज्ञानप्रकाश से परिचित करवाना चाहते हैं। वे दिशाहीन शरीरों को धर्मपथ की दिशा में गतिशील रहने का आदेश देते हैं। क्योंकि दिशा सही है तो दशा ठीक होगी। अन्यथा दुर्दशा की शरण में ध्वस्त होना पड़ेगा। और सबसे विशेष और आकर्षित करने वाली बात ये है कि ये पाँचों ऋषि, जिन ग्रह और द्वीपों पर स्थायी रूप में विराजमान हैं, उन ग्रह और द्वीपों के बाहरी दीवारी आवरण पर इन्होंने अपनी दिव्यशक्तियों के उपयोग

ऋषि देवसाम्राज्य
(अंतरिक्ष में)
ऋषि रामधन
(हिन्द महासागर)
वेदांत शास्त्र
रामचरितमानस
गंगाजल पत्रिका
ऋषि इशोवास्य
(उत्तरी और दक्षिणी
प्रशांत महासागर)
ऋषि शीतसागर
(अंटार्कटिका खंड)
भगवदगीता
ऋषि धर्मसागर
(उत्तरी और दक्षिणी
एटलांटिक महासागर)

से अतिप्रभावशाली रूप में बड़े-बड़े अक्षरों में श्रीमद्भगवद्गीता, रामचरितमानस, संपूर्ण वेदांतशास्त्र और वर्तमान के कुछ ईश्वरीय मनुष्यों की विश्वश्रेष्ठ सर्वतोभद्र जीवन गाथाओं का अखंड चित्रण किया है ताकि आने वाली पीढ़ियाँ अनंत काल तक विश्व के सर्वोत्तम ज्ञान और धर्मयुक्त अर्थपूर्ण जीवन के मर्म का अनुसरण करती रहें। तो ये हैं हमारे महान देवालयों के कर्मपथ।''

एक साधु शिवप्रसन्नात्मा, ऋषि पुण्यत्वर से बोले- ''अद्भुत, रोचक, आदर्शपूर्ण और अद्वितीय इतिहास है महर्षि ब्रह्मवेद जी और उनके ब्रह्माण्डश्रेष्ठ शिष्यों का। शिखरस्थ बौद्धिक स्तर का सर्वोत्तम प्रदर्शन। ब्रह्माण्ड के उत्कृष्ट काल के उत्कृष्ट मनुष्यों के विशेष जीवन की अभूतपूर्व घटनाओं के मंगल दर्शन करवाने के लिये आपका अनंत आभार। ये जो कल्याणकारी परिस्थितियों का असीम विस्तार निर्मित किया गया है, वह हमें सहजता से ईश्वरीय सत्ता के असीम सामर्थ्य की आत्मशांति प्रदायक अनुभूति करा रहा है।''

फिर सुखराज ने कहा- ''वेदांत ज्ञान का सर्वोत्तम स्थानों पर सर्वोत्तम उपयोग और हितकर प्रयोग कर रहे हैं आपके देवगुरु लोग। परमात्मा आपकी और आपके देवगुरुओं की प्रत्येक प्रबल इच्छा प्राथमिकता से पूर्ण करें।''

ऋषि पुण्यत्वर सुखराज से कहते हैं- ''धन्यवाद धर्मक्षेत्र।''

अन्य भक्त शाकाहारीदास ने ऋषि साक्षत्वर से कहा- ''हाँ। और महर्षि ब्रह्मवेद जी के रोचक इतिहास के अनुसार तो उनकी आयु लगभग तीन सौ वर्ष के आसपास की होगी?''

साक्षत्वर ऋषि बोले- ''जी। परंतु वे लगते हैं केवल पैंतीस या चालीस वर्ष के।''

एक अन्य साधु अधर्मविनाशीकाया ने सबसे कहा- ''ऐसे अलोभ चित्त के महान युगश्रेष्ठ महर्षि के जीवन दर्शन करके हम सब धन्य हो गये।''

उसके तुरंत बाद ऋषि पुण्यत्वर और ऋषि साक्षत्वर अपनी आँखें बंद करते हैं और कुछ समय बाद अपनी आँखें खोलते हैं और कहते हैं- ''जय हो महर्षि ब्रह्मवेद की। कल्याण हो संपूर्ण ब्रह्माण्ड का।''

और फिर वे दोनों अपने-अपने स्थान पर खड़े होते हैं।

उसके बाद साक्षत्वर ऋषि सबसे बोलते हैं- ''प्रिय भक्तों, हम सबके कल्याण का आरंभ हो चुका है। महर्षि ब्रह्मवेद जी कुछ समय पश्चात् पास के धर्मलीला

मैदान में उपस्थित होंगे क्योंकि उन्हें कई सारे ईश्वरीय मनुष्यों के सत्संकल्पों को तीव्र गतिशीलता प्रदान करनी है। वहाँ वे हम सबके साथ ब्रह्मभोजन का असीम लाभ भी लेंगे। तब तक आप सब लोग अपने कर्तव्य कार्य निष्ठा से पूर्ण करें।''

और सब लोग दोनों ऋषियों को प्रणाम करके कहते हैं– ''जी ऋषिवर।''

उसके बाद सुखराज, दोनों ऋषियों को प्रणाम करके बोले– ''हम ब्रह्मभोजन की तैयारी करने जाते हैं ऋषिवर।''

तब दोनों ऋषियों ने हँसते हुए सुखराज को प्रणाम किया।

•••

कुछ ही देर बाद। रंगीले राजस्थान के अलौकिक प्राकृतिक सौंदर्य से परिपूर्ण शहर पुष्कर के पुष्कर घाट के निकट का खुला धर्मलीला मैदान, जहाँ चारों ओर घने वृक्ष हैं। थोड़ी दूर वृक्षों की नित्य संगत निभा रहे रेत के बड़े-बड़े टीले भी हैं। इस भव्य मैदान में विभिन्न वृक्षों के नीचे तीन लाख से अधिक भक्त बैठे हैं। समस्त सोमवासी, मुनुदास, उनकी पत्नी और अन्य साथीगण, ब्रह्मा जी के सारे भक्तों को सात्विक भोजन परोसते हुए ब्रह्मभोजन का लाभ दे रहे हैं। इस दौरान अपनी अपेक्षाओं की पूर्ति होते हुए देख यहाँ उपस्थित प्रत्येक व्यक्ति अतिप्रसन्न दिख रहा है।

कुछ लोग वहाँ पीपल के वृक्ष के नीचे बैठे महर्षि ब्रह्मवेद गुरु को स्थिर दृष्टि से देखते हुए, उनके दिव्य स्वरूप का असीम लाभ लेते हुए ब्रह्मभोजन कर रहे हैं। अपने शिखरस्थ संकल्प की सफलता से पूर्ति होते हुए देखकर सुखराज मेवार अपने मानवीय अस्तित्व पर गर्व कर रहे हैं। धीरे-धीरे सभी लोग भोजन करके अपने-अपने भोजन पात्र कचरा पेटी में डालकर भिन्न वृक्षों के नीचे विश्राम करने लगते हैं।

भोजन कार्यक्रम के समापन पश्चात् सोमवासी, मुनुदास और लक्ष्मीवती, ऋषि पुण्यत्वर और ऋषि साक्षत्वर के साथ महर्षि ब्रह्मवेद के पास आते हैं। सोमवासियों को अपनी ओर आते हुए देख महर्षि ब्रह्मवेद अपने स्थान पर खड़े हो जाते हैं और सबको प्रणाम करके कहते हैं— ''आज इस पवित्र स्थान पर हमारे साधुगण एवं असंख्य अनन्य भक्त इस संसार के सर्वोत्तम गुणी ईश्वरीय मनुष्यों के द्वारा ब्रह्मभोजन का लाभ लेकर धन्य हो गये। आपके कल्याणकारी आगमन से यहाँ के आत्मा समूह और प्राकृतिक संपदा अनुग्रहित हुए। आप सोमवासियों के अप्रतिम वैचारिक साम्राज्य को और मेरु पर्वत सम सत्कर्मों को कोटि-कोटि प्रणाम।''

सब ने महर्षि ब्रह्मवेद के चरण स्पर्श किये।

फिर सुखराज, महर्षि ब्रह्मवेद से कहते हैं— ''धन्य तो हम सब हुए हैं ऋषिवर। आप इस पृथ्वीलोक पर देवताओं का साक्षात् स्वरूप हैं। सर्वशक्तिमान आत्मा के सानिध्य में आपका यह चमत्कारी शरीर विश्वकल्याण के महान संकल्पों का धारक है। आपका प्रचंड पुरुषार्थ, वेदांतज्ञान और परोपकारी विचारधारा, समुद्र के समान विराट है। आप और आपके शिष्यों द्वारा इस विश्व को जो कल्याणदान, ज्ञानदान और कर्मदान प्राप्त हुआ है उसके लिये समस्त विश्व और देव समुदाय

आपके ऋणी रहेंगे। इस विश्व को अर्थपूर्ण जीवन पद्धति से जीने का बहुमूल्य विचार देने के लिये धन्यवाद। आपके सर्वतोभद्र कल्याण के संकल्प के माध्यम से आप इस विश्व को जो शिखरस्थ सम्मान, दयाभाव और अपार सहानुभूति दे रहे हैं, ये विचारधारा, शास्त्रप्रेम, जीवदया और ईश्वरीय आचरण, इस विश्व के सबसे मूल्यवान अलंकार हैं। अंततः आप जैसे महातपस्वी, महाशक्तिशाली, देवरूपी ज्ञानक्षेत्र के दर्शन करके हम और हमारे पूर्वज धन्य हुए।''

यह सुनकर महर्षि ब्रह्मवेद, सोमवासियों से बोले– ''अमूल्य शाब्दिक प्रशंसा के लिये धन्यवाद पुत्र। लेकिन आप सबका अस्तित्व भी कुछ कम नहीं है। हमने अपनी योगशक्ति से आप सबके दिव्य जीवन के सूक्ष्मता से दर्शन किये हैं। आप जैसे दयालु, स्नेही, धार्मिक, आध्यात्मिक, परोपकारी, पशुप्रेमी, धर्मप्रयोगी, कर्मयोगी, रचनाधर्मी, परिपूर्णतावादी एवं सर्वगुण संपन्न मनुष्य हमने आज तक किसी लोक में नहीं देखे।''

धर्मराज ने महर्षि ब्रह्मवेद से कहा– ''धन्यवाद गुरुदेव।''

महर्षि ब्रह्मवेद सोमवासियों से कहते हैं– ''हम शीघ्र ही अपने अपूर्ण कार्य पूर्ण करके आपके पवित्रधाम सोमगाँव और महातपस्वी ऋषि धर्मरामो जी के दर्शन करेंगे। तत्पश्चात् हमारे जीवन का नया अध्याय आरंभ होगा।''

पार्थोदास ने ऋषि ब्रह्मवेद को उत्तर दिया– ''ये समस्त सोमगाँव का परम सौभाग्य होगा ब्रह्मचरित्र।''

महर्षि ब्रह्मवेद ने अपने चेहरे पर मद्धिम मुस्कान बिखेरी और अपनी आँखे बंद कर लीं। उसके बाद उन्होंने अपने दोनों हाथ मसले और तत्क्षण उनके हाथ में कुमकुम प्रकट हो गया। उस कुमकुम से महर्षि ने धर्मराज के कपाल पर तिलक किया।

धर्मराज के पश्चात् उन्होंने सुखराज, व्रिक्षी, शिम्बू, पार्थोदास, सिनोली, बाली दादा, दो अश्व सवार, मुनुदास और उनकी पत्नी का भी तिलक किया। सबने महर्षि ब्रह्मवेद के पुनः चरण स्पर्श किये।

महर्षि फिर मुस्कुराए और सबसे बोले– ''आप सबका सदैव कल्याण हो। आपके सर्व शिखरस्थ संकल्प निर्विघ्न सिद्ध हों और आप सदैव सबका कल्याण करते रहें।''

ईश्वरीय मनुष्य

''धन्यवाद गुरुदेव।'' धर्मराज ने महर्षि ब्रह्मवेद से कहा।

महर्षि ब्रह्मवेद ने पुनः सोमवासियों से कहा– ''प्रिय सोमवासियों, हम सबके निर्धारित सत्कर्मों की सूची बहुत लंबी और विराट है। इसलिये कालदेव का सम्मान करते हुए हमें उन्हें प्रचंड गतिशीलता देनी है। इसलिये आप सब लोग पास की पुष्कर धर्मशाला में कुछ समय विश्राम करके अपने कर्तव्य कर्म प्रवृत्त रखें। तत्पश्चात् हम अपने–अपने गंतव्य की ओर प्रस्थान करते हैं।''

सुखराज ने कहा– ''जी धर्मलोक।''

फिर सोमवासी, महर्षि ब्रह्मवेद और साथी ऋषियों के साथ थोड़ा विश्राम करते हैं।

●●●

लगभग चार माह पश्चात्। धर्मनगरी सोमगाँव की सीमा पर स्थित सोम विश्रामगृह के बगीचे में महर्षि ब्रह्मवेद और उनके साथी ऋषि, ऋषि साक्षत्वर और ऋषि पुण्यत्वर प्रवेश करने जा रहे हैं।

अनगिनत दिव्यशक्तियों, सत्कर्मों के भंडार, उच्च आदर्श, धर्मज्ञता और शुद्धता से परिपूर्ण सोम की कल्याण भूमि पर प्रथम चरण रखते ही महर्षि ब्रह्मवेद जी को सोम की अखंड व अपार पवित्रता, भूमिगत दैवीय सत्ता, आध्यात्मिक प्राणियों के दुर्लभ समुदाय की उपस्थिति और भूमि की स्थायी शुद्धता की आत्मसुख प्रदायक अनुभूति होती है।

वे मन में कहते हैं– ''जैसा सोचा था, उससे अत्यधिक पवित्र और शुद्ध है ये धर्मभूमि। सत्कर्मों और धर्मशास्त्र का विराट समुद्र है ये देवस्थल। देवताओं का सामर्थ्य यहाँ नित्य रूप में विद्यमान है। सत्य, प्रेम, करुणा, धर्मशास्त्र सम्मान, प्रचंड पुरुषार्थ, सर्वतोभद्र विचारधारा, आत्मविश्वास, देवश्रद्धा, आध्यात्मिक परिवेश, उच्च आदर्श, विश्व कल्याण भाव और पुण्यकर्म यहाँ नित्य रूप में विद्यमान हैं। ऐसा लगता है कि इस भूमि का कण–कण उसकी पवित्रता और शुद्धता का अखंड आनंद ले रहा है। वृक्षों के बिखरे हुए सूखे पत्ते भी इसकी पवित्रता के आनंद में मग्न हैं। इस गाँव का प्रत्येक कण ब्रह्मानुभूति कर चुका है। इस भूमि का एक सुलभ आकर्षण है। शरीर की चेतना शक्ति यह चाहती है कि जीवन का शेष समय अब यहीं व्यतीत करें, हमारे महातपस्वी मित्र ऋषि धर्मरामो जी के साथ।''

तभी ऋषि पुण्यत्वर महर्षि ब्रह्मवेद से बोले– ''सत्य वचन गुरुदेव। देवात्माओं की इस चमत्कारी भूमि के स्पर्श से मेरा समस्त कुल धन्य हुआ।''

ऋषि साक्षत्वर ने भी कहा– ''शत–प्रतिशत।''

और वे तीनों सोम की भूमि को स्पर्श करते हुए कहते हैं– ''जय हो सोम की, जय माँ भारती की। कल्याण हो समस्त ब्रह्माण्ड का।''

उसके बाद ऋषि ब्रह्मवेद अपने साथी ऋषियों से बोले– ''ऋषिगण, हमारे धर्म अनुसार स्नान करने के पश्चात् हम सर्वप्रथम श्री हरि विष्णु और माता लक्ष्मी के दर्शन करेंगे। तत्पश्चात् हम मित्र धर्मरामो जी के पवित्र ध्यानस्थल पर जायेंगे।''

साक्षत्वर ऋषि ने महर्षि ब्रह्मवेद से कहा– ''जैसी आज्ञा गुरुदेव।''

और वे तीनों ऋषि विश्रामगृह में स्नान करने जाते हैं।

•••

ऋषि धर्मरामो ने अपनी योग शक्ति द्वारा उनकी पवित्र ध्यानभूमि पर सर्वत्र अतिसुवासी फूल बिछाये हुए हैं। सर्वत्र त्रिशूल आकार के दीप प्रज्वलित हैं। ये अनगिनत मायावी दीप, असंख्य विभिन्न फूल एवं इस स्थान का कण—कण व्याकुलता से जीवन के परमसत्य को प्रदर्शित करते ब्रह्मचरित्र महर्षि ब्रह्मवेद की प्रतीक्षा कर रहा है।

इस दौरान महर्षि ब्रह्मवेद, ऋषि साक्षत्वर और ऋषि पुण्यत्वर धर्मरामो के निकट आते हैं।

ऋषि धर्मरामो श्री हरि का नाम लेते हुए अपने प्रतिमा स्वरूप से लौकिक रूप में प्रकट होकर अपनी मायापूर्ण धन्य भूमि और मायावी पीपल के वृक्ष को नमन करते हैं। उसके बाद वे अपने स्थान पर खड़े होते हैं और महर्षि ब्रह्मवेद के चरण स्पर्श करके उनसे कहते हैं— ''इस ब्रह्माण्ड के परमसत्य और परमसार को धारण करने वाले ब्रह्माण्डश्रेष्ठ शरीर को मेरा कोटि—कोटि प्रणाम। आपका शिखरस्थ चरित्र, समस्त ब्रह्माण्ड का सौंदर्य है। समस्त विश्व को अपार सुख और धर्मज्ञान का प्रकाश, प्रसाद रूप में बाँटने वाले हे महान ऋषिवर, आप जैसे महाज्ञानी, देवसत्तायुक्त, धर्मज्ञ, विश्वकल्याणकारक, शक्तिशाली ऋषियों का सोम में स्वागत है। आप सबके दर्शन करके हम और हमारी सोम भूमि अनंतकाल के लिये धन्य हुई।''

तब महर्षि ब्रह्मवेद ने ऋषि धर्मरामो से कहा— ''हे विश्वश्रेष्ठ उपासक, हे संयम और दयाभाव के महासागर, सच में धन्य तो हम हुए हैं आपके पवित्र सोम पर आकर। ये वो पवित्र भूमि है जहाँ साक्षात् श्री हरि विष्णु, माँ लक्ष्मी, आप जैसे नारायण के अनन्य भक्त और सोम के ईश्वरीय मनुष्य बसते हैं। आपका आत्मउद्योग अंतहीन है। आपके विश्वकल्याणकारी संकल्प के सामने बड़े—बड़े पर्वत भी राई समान हैं। आपके त्रुटिहीन संकल्प, समस्त ब्रह्माण्ड के विकारों को ध्वस्त करने के लिये पूर्णतः समर्थ हैं। आपकी ही महामाया से सर्जित ये सोम गाँव और यहाँ के आध्यात्मिक प्राणी धर्म की शरण में विश्व का सर्वश्रेष्ठ जीवन प्रदर्शित कर रहे हैं। ऐसे सात्विकगुणी मनुष्य और ऐसी धर्मधरा के दर्शन किसी भी युग और काल में प्रकट नहीं हुए हैं। आपका यह सोमकाल विश्व का उत्तम स्वर्णिम काल है।''

ऋषि धर्मरामो ने महर्षि ब्रह्मवेद से कहा— ''अनंत धन्यवाद ऋषिवर।''

इस दौरान ऋषि साक्षत्वर और ऋषि पुण्यत्वर, ऋषि धर्मरामो के चरण स्पर्श

करते हैं और कहते हैं– ''रामचरितमानस सर्वत्र प्रकट हो।''

ऋषि धर्मरामो ने ऋषियों से कहा– ''आइये, बैठिये।''

और वे चारों धर्मक्षेत्र, पीपल के वृक्ष के नीचे बैठते हैं।

ऋषि धर्मरामो ने ऋषियों से कहा– ''आखिरकार हमारे मन के आमंत्रण का सम्मान कर आप लोग यहाँ सहर्ष प्रकट हो ही गये।''

महर्षि ब्रह्मवेद, ऋषि धर्मरामो से बोले– ''विश्वकल्याण के शिखरस्थ संकल्पों को अंतिम गंतव्य तक पहुँचाना जो है।''

फिर ऋषि धर्मरामो ने ऋषियों से पूछा– ''कैसी लगी आपके भक्त की सोम धर्मनगरी?''

महर्षि ब्रह्मवेद, ऋषि धर्मरामो से बोले– ''हे कल्याणसागर, आपके सर्वकालश्रेष्ठ मायावी सोम गाँव और इस पवित्र एवं सुंदर ध्यानस्थल को देखकर हम बहुत प्रसन्न हुए हैं। आपके सोम गाँव की दुनिया का सर्वसुविधासंपन्न निर्माण तो स्वर्ग तुल्य है। यह ध्यानस्थल तो साक्षात् ब्रह्मस्थल है। आज के अशांत युग में आपका यह परमशांतिपूर्ण स्थल हमें हिमालय के ब्रह्मस्थल का स्मरण करा रहा है जहाँ हमने दो सदियों तक ब्रह्म उपासना की। वाक़ई आपकी सृजनात्मकता और कल्पनाशक्ति अद्वितीय है। यहाँ का कण–कण प्रसन्नतापूर्वक सुख बाँट रहा है।''

उसके बाद पुण्यत्वर ऋषि ने इस मायावी स्थान को ध्यानपूर्वक एवं प्रेमपूर्वक देखते हुए कहा– ''सब मायावी है। अलौकिक दृश्य है यहाँ का। ब्रह्म तत्व का साक्षात् प्रमाण। जड़ता को अदृश्य कर, शुभ विचारों की निरंतर खेती बोये रहता है यह स्वर्गीय स्थल।''

ऋषि धर्मरामो ने तीनों ऋषियों से कहा– ''धन्यवाद देवगणों। ये सब श्री हरि की कृपा है।''

उसके बाद महर्षि ब्रह्मवेद, धर्मरामो से कहते हैं– ''मित्र, इस विशिष्ट गाँव में आकर, शरीर की चेतना शक्ति यह चाहती है कि जीवन का शेष समय यहीं व्यतीत करें। आप जैसे अनन्य रामभक्तों के संग सत्संग करते हुए, धर्म का प्रचार करते हुए।''

''अवश्य ऋषिवर। ये संपूर्ण सोम एवं भारत माता का सौभाग्य होगा।''

तब ऋषि साक्षत्वर ने ऋषि धर्मरामो से कहा– ''विश्वकल्याण के लिये आपने यहाँ ईश्वरीय मनुष्यों की संगत से अद्भुत धर्मसाम्राज्य की रचना की है। आपका और हमारे जीवन का मूल उद्देश्य परोपकार है। दुःख की बात ये है कि अन्य गाँव, शहर और देशों में अधिकतम लोग अविवेक, अधर्म और अज्ञान की शरण में शराब, शबाब और माँसाहार के विनाशकारी आकर्षण में लिप्त हैं। ये दुर्गुण मनुष्य को दुर्लभ मानव जीवन के मूल उद्देश्य से दूर रखते हैं।''

ऋषि धर्मरामो बोले– ''उन अधर्मी मूर्ख मनुष्यों को सुधारने का अथक प्रयास चालू है।''

इस दौरान सुखराज और धर्मराज, ऋषि धर्मरामो के ध्यानस्थल पर आते हैं और महर्षि ब्रह्मवेद और उनके साथियों को एक साथ देखकर अतिप्रसन्न हो जाते हैं।

सुखराज और धर्मराज तुरंत ही महर्षि ब्रह्मवेद और उनके दो अनुयायी ऋषियों के चरण स्पर्श करते हैं और कहते हैं– ''प्रणाम ऋषिवर, सोम में आपका स्वागत है। आपकी दिव्य चेतना शक्ति से संपूर्ण सोम लाभान्वित हुआ।''

महर्षि ब्रह्मवेद बोले– ''संपूर्ण विश्व का नित्य कल्याण करते रहो पुत्रों।''

उसके बाद धर्मराज और सुखराज, ऋषि धर्मरामो के चरण स्पर्श करते हैं। ऋषि धर्मरामो के अत्यंत तेजोवान शरीर को ध्यानपूर्वक देखते हुए सुखराज ने कहा– ''देवता, जीवन में पहली बार आपको प्रत्यक्ष रूप में देख रहे हैं। आपका यह अत्यंत तेजोवान और ब्रह्माण्डश्रेष्ठ सौंदर्यवान शरीर सर्वलोक प्रशंसनीय है। आपका अकाल शारीरिक प्राकट्य अनंत सुख प्रदायक है देवता।''

धर्मराज भी ऋषि धर्मरामो से बोले– ''ऐसा प्रतीत हो रहा है कि समस्त देवसत्ता और वैश्विक सौंदर्य आप में विद्यमान है।''

ऋषि धर्मरामो ने धर्मराज और सुखराज से कहा– ''आयुष्मान भव पुत्रों। परंतु प्रकट तो होना ही था क्योंकि महर्षि ब्रह्मवेद, ऋषि साक्षत्वर और पुण्यत्वर ऋषि जैसे विश्व के धुरंधर ऋषिवरों का आज यहाँ आगमन जो होना था। इसीलिये कल हमने आप दोनों को मनीय आदेश द्वारा संपूर्ण सोम गाँव को भगवान श्री विष्णु के मंदिर के पास एकत्रित होने की सूचना दी थी। और हाँ, एक बात सदैव स्मरण रखना कि ये हमारी मायावी सोम नगरी है। सत्कर्मों से परिपूर्ण चमत्कारों का प्रदर्शन स्थल। यहाँ कभी भी कुछ भी शुभ हो जाता है। सत्य कहा न?''

धर्मराज बोले– ''हाँ। बहुत कुछ शुभ होता है यहाँ, जो कि मानव समुदाय और देवों की कल्पना से परे है।''

ऋषि धर्मरामो ने कहा– ''हाँ। हमें मानव जीवन की अंतहीन संभावनाओं का प्रदर्शन करते रहना है।''

उसके बाद सुखराज, ऋषि धर्मरामो से कहते हैं– ''अवश्य ऋषिवर। अंतहीन संभावनाओं के प्रदर्शन के लिये आपकी पूर्व निर्धारित योजनानुसार प्रत्येक सोमवासी अपने निर्दोष पशुओं के साथ भगवान श्री विष्णु के मंदिर के आँगन में शीघ्र ही उपस्थित होंगे।''

''ठीक है पुत्र। हम चारों ऋषिवर मंदिर पहुँचते हैं और समस्त सोमवासियों को विश्वकल्याण हेतु हमारे महत्वपूर्ण उद्देश्यों से अवगत कराते हैं।''

''जैसी आज्ञा देवता।''

फिर सुखराज और धर्मराज, ऋषियों को प्रणाम करके वहाँ से जाते हैं।

उसके बाद महर्षि ब्रह्मवेद, ऋषि धर्मरामो से कहते हैं– ''ऋषिवर, हम आपके आगामी उद्देश्य का आरंभ करने के लिये और उसका अमूल्य हिस्सा बनने के लिये अतिउत्सुक हैं।''

''हम भी अतिउत्सुक हैं।'' ऋषि धर्मरामो ने कहा।

उसके बाद चारों ऋषिवर आँखें बंद करके मन में कहते हैं– ''ओम नमो भगवते वासुदेवायः, ओम नमो महालक्ष्मीः नमः। ''ओम द्यौ शांतिरन्तरिक्षः शांतिः, पृथ्वी शांतिरापः शांतिरोषधयः शांतिः। वनस्पतयः शांतिर्विश्वे देवाः, शांतिर्ब्रह्म शांतिः सर्व शांतिः, शांतिरेव शांतिः सा मा शांतिरेधि। ओम शांतिः शांतिः शांतिः।''

•••

ईश्वरीय मनुष्य

भगवान श्री विष्णु और माता लक्ष्मी के मंदिर में ऋषि धर्मरामो, महर्षि ब्रह्मवेद, पुण्यत्वर ऋषि, साक्षत्वर ऋषि और पंडित गंगेश्वर, भगवान श्री विष्णु, माँ लक्ष्मी, भगवान शिव, माँ पार्वती, परमपिता ब्रह्मदेव और माँ सरस्वती को प्रणाम करते हुए मंत्रोच्चार कर रहे हैं। इस दौरान समस्त सोमवासी प्रत्येक पशु के साथ मंदिर के आँगन में आँखें बंद किये हुए खड़े हैं। ब्रह्माण्डश्रेष्ठ धर्मगुरुओं के विश्वकल्याणकारी सानिध्य में यहाँ के समस्त मनुष्य एवं पशु–पक्षी प्रसन्न मुद्रा में दिख रहे हैं।

कुछ समय पश्चात् चारों ऋषिवर प्रभु को प्रणाम करते हुए बोलते हैं– ''परमपिता श्री ब्रह्मदेव की जय। माता सरस्वती की जय। श्री नारायण की जय। माँ लक्ष्मी की जय। भगवान शिव की जय। माँ पार्वती की जय।''

वहाँ उपस्थित प्रत्येक व्यक्ति यही पवित्र शब्द बोलते हैं। इसके बाद चारों ऋषि और पंडित गंगेश्वर मंदिर के आँगन में आते हैं। समस्त ब्रह्माण्ड को सुख, शांति, प्रेम, एकता, अखंडता और धर्मज्ञानरूपी प्रकाश बाँटने वाले तेजोवान ब्रह्मचरित्रों के साक्षात् दर्शन करके अनंत प्रसन्नता की अनुभूति करते हुए प्रत्येक सोमवासी ने उन्हें प्रणाम किया और कहा– ''ऋषि धर्मरामो जी की जय, महर्षि ब्रह्मवेद जी की जय, ऋषि साक्षत्वर जी की जय, ऋषि पुण्यत्वर जी की जय। धर्मक्षेत्रों को कोटि–कोटि नमन।''

तत्पश्चात् ऋषि धर्मरामो, सोमवासियों से कहते हैं– ''प्रत्येक सोमवासी का सदैव कल्याण हो। प्रत्येक भारतवासी का सदैव कल्याण हो। सर्वत्र शाकाहार का प्रचार हो। समस्त ब्रह्माण्ड का सत्य, शांति और स्नेह के सानिध्य में नित्य कल्याण हो। जय हो सोम की। जय माँ भारती की। जय हो समस्त सृष्टि की।''

आगे चित्रकार पशुनाथ ऋषि धर्मरामो से बोले– ''हे सोम गाँव के नियंता, आपका अलौकिक सशरीर प्राकट्य अनंत प्रसन्नता प्रदायक है। आपका यह अत्यंत तेजोवान, बलवर्धक, ज्ञानवर्धक, महनीय और ब्रह्माण्डश्रेष्ठ अस्तित्व, समस्त सोमगाँव को आपके अपार सृष्टिप्रेम की अनुभूति करा रहा है। अंतरिक्ष में विराजमान सर्वशक्तिशाली ग्रह सूर्य के केन्द्र में स्थित मूल बीज का प्रचंड अंश आपके संपूर्ण शरीर के कण–कण में विद्यमान है। जिसके फलस्वरूप आप इतने सामर्थ्यशाली हैं कि आपकी सहज इच्छा मात्र से आप समस्त ब्रह्माण्ड के विकारों का, छल क्षेत्र और अहंकार क्षेत्र का क्षण भर में क्षय कर दें।''

पार्थोदास ने भी ऋषि धर्मरामो से कहा– "हे विश्वकल्याणकारी आत्माखंड, इस पृथ्वीलोक के सर्वजीवों को सुख, शांति, सुरक्षा, स्वास्थ्य, सात्विक भोजन, सम्मान, प्रेम और धर्माधीन जीवन प्रदान करने की आपकी निःस्वार्थ भावना सर्वलोकप्रिय है। आपके मनरचित ईश्वरीय मनुष्यों के प्रशंसक और अनुयायी विश्व भर में बढ़ रहे हैं। आपके आध्यात्मिक बल की ऊर्जा इतनी प्रचंड और पवित्र है कि आपकी संगत में विषैले पशु–पक्षी अमृतगृह बन जायें। आपके स्पर्श मात्र से लावा समुद्र, क्षीर सागर बन जाये। दीमक, निवृत्त हो जाये। आज आपका यह अकाल प्राकट्य अनंत सुख प्रदान कर रहा है देवता।"

तब ऋषि धर्मरामो बोलते हैं– "धन्यवाद ईश्वरीय मनुष्यों। पर मेरे अकाल प्राकट्य का मूल कारण हैं ब्रह्माण्डश्रेष्ठ महापुरुष महर्षि ब्रह्मवेद जी, जिनमें समस्त देवसत्ता नित्य रूप में विद्यमान है।"

उसके बाद बाली दादा ने कहा– "महर्षि ब्रह्मवेद जी, आप जैसे वेदांतशास्त्र के सर्वज्ञानी ऋषि और आपके महातपस्वी साथी ऋषियों ने सोम गाँव में आकर समस्त सोम को सदैव के लिये धन्य कर दिया है। आपके प्राकट्य ने इस भूमि को ऐसी अद्भुत दिव्यता एवं धर्मज्ञता प्रदान की है जिसकी सहायता से हम सोमवासी संपूर्ण प्राणीजगत का नित्य कल्याण करेंगे। विशेष रूप से विश्व के प्रत्येक पशु–पक्षी को सुरक्षा, स्वास्थ्य, आश्रय और सात्विक भोजन प्रदान करके।"

गोवाल दादा ने भी आगे कहा– "और आपके शिखरस्थ संकल्प, अखंड उपासना, उच्च विचारधारा और शास्त्र सम्मत संस्कारों के वैश्विक प्रसारण से समस्त विश्व आपका ऋणी हुआ है।"

प्रशंसा की गति को और आगे बढ़ाते हुए पशुनाथ ने कहा– "आप सबकी विश्वकल्याणकारक शिखरस्थ विचारधारा समस्त पृथ्वीलोक के सर्व देशों के सर्व समुदायों की वैचारिक क्षमता से असंख्य गुना श्रेष्ठ और अर्थपूर्ण है।"

यह सुनकर सारे ऋषियों ने सोमवासियों को प्रणाम किया और फिर महर्षि ब्रह्मवेद, सोमवासियों से बोले– "आत्मप्रिय सोमवासियों, हमारी शिखरस्थ प्रशंसा करने के लिये धन्यवाद। पर वास्तव में हम सब एक ही धर्मवृक्ष की डालियाँ और पत्ते हैं। जिस धर्मवृक्ष का निर्माण इस विश्व को सत्यसुख, प्रेम, दयाभाव, धर्मज्ञान, परमआनंद और आत्मिक शांति प्रदान करने हुआ है। आपके संस्कार और सद्गुण भी सर्वोपरि, अतुलनीय एवं शास्त्र सम्मत हैं। इस जगत के समस्त विकार आपकी संगत से सत्कर्म बन जाते हैं। इस ब्रह्माण्ड में आप जैसे संयमी, करुणानिधान,

पशुप्रेमी, मनोजयी, जितेन्द्रिय, आध्यात्मिक, विवेकशील, प्रबुद्ध और प्रचंड पुरुषार्थी दुर्लभ हैं।''

तब ऋषि पुण्यत्वर, सोमवासियों से कहते हैं– ''वाकई उत्तम संस्कारों की प्रचंड विद्युतशक्ति आप सब में विद्यमान है। जो भी आपकी संगत में आता है, पूर्णतः पवित्र हो जाता है।''

प्रत्येक सोमवासी ने चारों ऋषियों को पुनः प्रणाम किया।

तत्पश्चात् महर्षि ब्रह्मवेद, सोमवासियों से बोले– ''प्रिय सोमवासियों, अब कल्याण के कपाट खोलते हुए काल के आदेशानुसार समय आ गया है कि आज हम आप सबको ऋषि धर्मरामो जी के दो महान उद्देश्यों से पूर्ण रूप से अवगत करायें।''

''जी ऋषिवर।'' पशुनाथ ने कहा।

ऋषि ब्रह्मवेद आगे बोले– ''अपने अठारहवें जन्म दिवस पर महायज्ञ करते समय ऋषि धर्मरामो जी ने अपने मानसपट पर भारत एवं संपूर्ण पृथ्वीलोक के दुःखदायी भविष्य को देखा था। जिसमें पृथ्वीलोक के अधिकतम स्थानों पर माँसाहार, पशु–संहार, क्रूरता, ईर्ष्या, कपट, कामुकता, भ्रष्टाचार, रोगाचार, छल, भोगविलास और हिंसा उच्च स्तर पर पहुँच जायेंगे। आज उस स्थिति का आरंभ हो चुका है। इसलिये भारत एवं समस्त पृथ्वीलोक के अशुभ भविष्य को शुभ बनाने के लिये इन्होंने ये संकल्प लिये थे कि वे अगले निन्यानवे वर्षों तक यहाँ घोर तपस्या करेंगे और सोम की भूमि को इतना पवित्र कर देंगे कि एक समय यहाँ पवित्रलोक के सर्वशक्तिमान मनुष्य शत–प्रतिशत धर्मयुक्त जीवन व्यतीत करेंगे, जो देवभूमि भारत और उसके असंख्य जीवों के कल्याण के लिये असीम सत्कर्म करेंगे। जिनके जीवन से प्रेरणा लेकर या उनकी दिव्यता का लाभ लेकर कलयुग के अधिकतम दुष्ट मनुष्य अवश्य सुधर जायेंगे और देवभूमि भारत के भविष्य को शुभ बनायेंगे। एक दिवस समस्त विश्व भारतीय संस्कृति का अनुसरण करेगा।''

ऋषि धर्मरामो ने सोमवासियों को संबोधित किया– ''और आज इस पवित्र भूमि पर इस संसार के सर्वश्रेष्ठ देवसत्ता प्राप्त मनुष्य हमारे समक्ष उपस्थित हैं। जिन विश्वश्रेष्ठ मनुष्यों की हमने कल्पना की थी, आप सब उनसे बहुत परे हैं। पशु–पक्षी सहित आप सब में शुभ संस्कारों, धर्मज्ञान और कोमल आचरण का सागर विद्यमान है। आप सब धर्मरक्षक हैं। आपकी धर्माधीन जीवनशैली समस्त विश्व

को आकर्षित कर रही है। आप सबके सत्कर्म, अनगिनत जीवों को सुखी, पवित्र और हिंसामुक्त जीवन प्रदान कर रहे हैं और हमारे मूल अभियान के अंतर्गत आप सबने विश्व के अत्यधिक मनुष्यों को दयाभाव का सर्वोत्तम पाठ पढ़ाकर शाकाहारी जीवन प्रदान किया है, जिस कारण हमारा प्रथम उद्देश्य पूर्ण हुआ। इसका उपहार हम सोमवासियों को रामनवमी के शुभ दिवस पर देंगे। इस सोम को मायावी एवं ईश्वरीय सोम बनाकर।''

इसके आगे ऋषि ब्रह्मवेद ने सोमवासियों से पुनः कहा– ''और दूसरा उद्देश्य ये था कि जो दानवरूपी जड़ मनुष्य नहीं सुधरते हैं, उन्हें हम भिन्न माध्यमों से, सच्ची मानवीयता और श्रेष्ठ मानव जीवन का यथार्थ अर्थ समझायेंगे। उन्हें स्वर्ग–नर्क, सुख–दुःख, पाप–पुण्य, धर्म–अधर्म, सत्य–असत्य का सर्वोचित अर्थ समझायेंगे। इनकी वास्तविकता से उन्हें पूर्ण रूप से अवगत करायेंगे, जिससे वो दुष्ट मनुष्य निश्चित रूप से सुधर जायेंगे ताकि धर्म का कल्याणकारी अस्तित्व, बलिष्ठ शासक के रूप में विद्यमान रहे।''

इस बात को सुनकर सब लोग ताली बजाते हैं।

यह सुनकर धर्मराज ने ऋषियों से कहा– ''ऋषिवर, नये उद्देश्य के आरंभ पूर्व आज हम उन समस्त व्यक्तियों का पुनः धन्यवाद करते हैं जो हमारे जीवनकाल में हमारे संपर्क में आये और जिन्होंने हमारे उच्च लक्ष्य सिद्ध जीवन को सर्वश्रेष्ठ, गतिशील, सफल, विशेष, आनंदमय और अर्थपूर्ण बनाया।''

पशुनाथ भी कहते हैं– ''हम उन श्रेष्ठ मनुष्य रूपी देवगणों के सदैव आभारी रहेंगे।''

उसके बाद महर्षि ब्रह्मवेद सभी से बोले– ''सोमवासियों, आपके अमूल्य जीवन के साथ जुड़े उन सत्गुणी मनुष्यों का हम भी धन्यवाद करते हैं जो इस संसार के लौकिक सुखों का परित्याग करके इस सृष्टि की रक्षा कर रहे हैं। विवेक शक्ति का बेहतरीन उपयोग करके अर्थपूर्ण जीवन जी रहे हैं। और किसी न किसी रूप में भारत भूमि के असहाय एवं निर्धन जीव और श्रेष्ठ मनुष्यों की सहायता कर रहे हैं।''

ऋषि धर्मरामो ने पुनः कहा– ''जैसे आमेट के महाराज जहालिब और उनकी तीनों महारानियाँ, जिन्होंने नियति का सम्मान करते हुए सन्यासी जीवन आनंदपूर्वक

ईश्वरीय मनुष्य

स्वीकार किया एवं उनके दो सर्वश्रेष्ठ प्रतिभाशाली पुत्र गुरु शुद्धल और गुरु धर्मल, जो अपना संपूर्ण जीवन असंख्य शिष्यों को वेदशास्त्र और विश्वश्रेष्ठ मनुष्य जीवन कला रीति का ज्ञान, बिना किसी मूल्य के देने में व्यतीत कर रहे हैं।''

फिर महर्षि ब्रह्मवेद ने सबसे कहा– ''अंबाजी के नेनाल जी, जो अपने पिताश्री के समान आज भी सोमवासियों को पवित्र धन और शुद्ध वस्तुयें प्राप्त करवाते हैं और वो भी महान शिल्पकार मनुष्य शिकोरानल के द्वारा। बिजोला के महाराज वनमान सिंह जी और उनका समस्त गाँव, जो भारत भूमि पर अधिक से अधिक मात्रा में फल–सब्ज़ी, सूखे मेवों के वृक्ष, विशिष्ट औषधियों, वनस्पतियों और अन्य वृक्षों का निरंतर रोपण करते रहते हैं जिससे असंख्य जीवों को विकट परिस्थितियों में अमृत समान लाभ होता रहता है।''

बात को आगे बढ़ाते हुए ऋषि धर्मरामो बोले– ''उसके बाद, धनौल्ती गाँव के दयावान एवं कल्याणधाम श्री जेदाल सिंह जी। जो उनके पिताश्री के द्वारा निर्माण की गई विशिष्ट नीति–नियमों और देवदर्शी आदर्शों युक्त पवित्र स्थली स्थित 'गंगाजल धर्मशाला' का कई वर्षों से प्रशंसनीय संचालन करते आये हैं। जिस कारण उत्तरांचल में आने वाले अधिक से अधिक तीर्थयात्री शाकाहार के प्रति जागरूक हो रहे हैं और शाकाहार को सम्मानपूर्वक अपनाते हैं। फिर पार्थोदास जी के मित्र नुयिदास जी, जो बिलारा गाँव में पार्थोदास जी द्वारा निर्मित वृक्षोमधाम का अभूतपूर्व संचालन कर रहे हैं। आज उनके कारण वृक्षोमधाम के समस्त निवासी जो पहले सड़कवासी थे, वो आत्मज्ञानी एवं कुशल कृषक बनकर आज सक्रिय रूप से खेत कार्य कर रहे हैं और उनके अथक परिश्रम के पश्चात् आज वे अधिकतम अन्न, फल और सब्ज़ियों का उपार्जन कर रहे हैं। जिसका लाभ इस देश के अनगिनत गाँवों के असंख्य निर्धन और असहाय जीवों को आवश्यकतानुसार प्राप्त हो रहा है।''

फिर महर्षि ब्रह्मवेद ने कहा– ''और देवगढ़ के शिवकाल राम जी। जो गंगा नदी, उनसे मिलती प्रत्येक नदी और अन्य जल स्रोतों की शुद्धता और उसके पवित्र अस्तित्व के यथार्थ निर्वाह के लिये नौ वर्ष के शिवताण्डव और महायज्ञ के संकल्प के सानिध्य में आज भी शिव भगवान की कुटीर में रहकर भगवान शिव की तपस्या कर रहे हैं। अद्भुत योगदान। अद्भुत भारतीय मानस दर्शन का प्रस्तुतीकरण। देवप्रिय जीवन दर्शन।''

फिर ऋषि धर्मरामो ने सोमवासियों से कहा– ''इन सारे ईश्वरीय मनुष्यों का और ऐसे अनंत ईश्वरीय मनुष्यों का हम संपूर्ण ब्रह्माण्ड की ओर से धन्यवाद करते

हैं। ये संपूर्ण संसार, प्रत्येक सोमवासी एवं उनके विश्वउद्धारक जीवन से जुड़े उन प्रत्येक व्यक्तियों का सदैव आभारी रहेगा क्योंकि आप लोग वो मनुष्य हैं जो सृष्टि की प्रत्येक वस्तु को स्नेह करते हैं और सम्मान के साथ उनकी रक्षा करते हैं।''

तब पार्थोदास, धर्मरामो से बोले– ''धन्यवाद ऋषिवर।''

''संकल्प हमारा था। परंतु वो पूर्ण हुआ और होगा श्री हरि की कृपा और आप जैसे अनंत ईश्वरीय मनुष्यों के निःस्वार्थ अन्नदान, श्रमदान और अक्षरदान से''– ऋषि धर्मरामो यह कहकर आगे बोले– ''प्रिय सोमवासियों, आप लोगों ने अपने संपूर्ण जीवन काल में, अतिशुद्ध मनुष्य बनकर विवेक के आश्रय में असीम पुण्य कर्म किये हैं। इसलिये अब हम अपने दूसरे संकल्प को सिद्ध करने के लिये नये महारसप्रद अध्याय का आरंभ करेंगे। अगली रामनवमी के शुभ दिवस पर। परंतु इस शुभ कार्य के आरंभ पूर्व, पुत्र धर्मराज को अयोध्या की सरयू नदी के तट पर जाकर एक विशेष कार्य करना होगा।''

''आज्ञा ऋषिवर। आप बस कार्य बतायें, वो शीघ्र ही पूर्ण होगा।'' धर्मराज ने ऋषि धर्मरामो से कहा।

''पुत्र, आपको राम देश अयोध्या की सरयू नदी के तट पर जाना होगा। वहाँ पहुँचकर सर्वप्रथम आपको उस पवित्र नदी में स्नान करके, नये वस्त्र पहनकर श्री राम जी के मंदिर पर जाकर प्रभु के दर्शन करने होंगे। उसके बाद उस मंदिर के निकट में एक छोटा सा डूँगर है जिसके पास पीपल का एक प्राचीन वृक्ष है। इस स्थान से लगभग कोई विशेष रूप से परिचित नहीं है। उस स्थान पर आपको हमारी माता अक्षधरा और पिता जलवाय्वग्नि जी के देव दर्शन होंगे। वे कई दशकों से वहाँ पर श्री हरि विष्णु और माता लक्ष्मी का नाम जपते हुए पवित्र जल और पवित्र मिट्टी को साक्षी मानकर घोर तपस्या कर रहे हैं। वो पवित्र जल और मिट्टी, प्रभु श्री राम, माता सीता और भगवान श्री कृष्ण के पृथ्वीलोक पर व्यतीत किये जीवन के प्रत्येक स्थान का प्रसाद हैं जो हमारे माता–पिता ने उन स्थानों से स्वयं प्राप्त किया था।''

''पुत्र धर्मराज, आपको उस स्थान पर जाकर हमारे माता–पिता के आशीर्वाद प्राप्त करने होंगे। तत्पश्चात् उनके मध्य में रखे दो घड़ों को नमन करके उनमें से थोड़ी मात्रा में पवित्र जल और पवित्र मिट्टी अपने भिन्न घड़ों में भरनी होगी। अंत में हमारे माता–पिता के देवाशीष संग आपको शेष जल और मिट्टी के साथ सोम वापस लौटना होगा। इस कार्य की पूर्ति से माता–पिता को मोक्ष की प्राप्ति के

साथ–साथ श्री हरि विष्णु और माँ लक्ष्मी की नित्य रूप में सेवा करने का मंगल अवसर प्राप्त होगा।"

"ठीक है ऋषिवर।"

इसके बाद महर्षि ब्रह्मवेद ने सोमवासियों से कहा– "और रामनवमी के शुभ दिवस पर प्रातःकाल के समय हम अपनी योगविद्या से मनरचित यज्ञ के माध्यम से अमरत्व की जड़ी–बूटियों से उत्पन्न हुआ धुआँ, संपूर्ण सोम और वन के कण–कण में फैलायेंगे। वो चमत्कारी धुआँ वायु के साथ सोम और वन के कण–कण में एवं प्रत्येक जीव के शरीर के संपर्क में आयेगा। जिसके स्पर्श मात्र से संपूर्ण सोम और वनक्षेत्र अमर बन जायेगा और प्रत्येक जीव अपनी इच्छानुसार अपना देह त्याग कर सकेगा।"

कुछ सोमवासी एक दूसरे की ओर आनंदपूर्वक देखते हैं और महर्षि ब्रह्मवेद एवं ऋषि धर्मरामो को प्रणाम करते हैं।

महर्षि ब्रह्मवेद आगे कहते हैं– "इस पवित्र धुएँ की मायावी शक्ति के कारण हमारे सोम गाँव और वनक्षेत्र को हम लोग एवं हमारे जीवन से जुड़े हुए प्रत्येक ईश्वरीय मनुष्य के अतिरिक्त और कोई नहीं देख पायेगा। ये स्थान अन्य पृथ्वीवासियों के लिये अदृश्य स्थान बना रहेगा। उन्हें सोम गाँव एवं वन के स्थान पर केवल बड़े–बड़े पहाड़ और वृक्ष दिखेंगे। जिसके ऊपर या आसपास आने का साहस कोई भी मनुष्य कदापि नहीं कर पायेगा। और यदि कोई आयेगा तो केवल हमारी इच्छानुसार आयेगा। ईश्वरीय मनुष्यों को हमारी ओर से ये छोटी सी भेंट होगी।"

फिर सुखराज ने महर्षि ब्रह्मवेद को नमन करते हुए कहा– "हे ईश्वर, हम सोमवासियों को इस अलौकिक जीवन का अभिन्न हिस्सा बनाने के लिये आपका बहुत धन्यवाद। आपका संकल्प शत–प्रतिशत सिद्ध होगा।"

ऋषि धर्मरामो, सुखराज से बोले– "पुत्र, आप जैसे सर्वगुण संपन्न मनुष्यों के लिये यही जीवन उचित है।"

कुछ सोमवासियों ने ऋषि धर्मरामो को प्रणाम करते हुए कहा– "धन्यवाद ईश्वर।"

उसके पश्चात् महर्षि ब्रह्मवेद ने सबसे कहा— "और पुत्र धर्मराज के अयोध्या से लौटने के पश्चात् सर्वप्रथम हम उस पवित्र जल और मिट्टी को प्रभु श्री राम को अर्पित करेंगे। और उनकी महाआरती पूर्ण होने के पश्चात् हम सब श्री हरि विष्णु का ध्यान धरेंगे। इस दौरान हमारा सोम और सर्वत्र सुख शांति वन, धर्मरामो जी की कल्पना अनुसार ईश्वरीय और मायावी स्थल बन जायेंगे। सोम और वन के प्रत्येक कार्य प्रवृत्त रहेंगे। मात्र रूप नया होगा। भव्य मायावी रूप।"

ऋषि धर्मरामो पुनः बोले— "और तत्पश्चात् दूसरे उद्देश्य का आरंभ होगा। हालाँकि इस दूसरे उद्देश्य को हमने केवल विकल्प के तौर पर रखा था। यह सोचकर कि प्रेम, करुणा, सत्य प्रदर्शन और धर्मज्ञान प्रचार की सहायता से सब सुधर जायेंगे। परंतु हमारे अथक और त्रुटिहीन प्रयासों के बाद भी जो जड़, संस्कारहीन, विकृत मानव समूह नहीं सुधरा है और वह अज्ञानी समुदाय अहंकार द्वारा अधर्म का प्रचार कर रहा है, उन्हें हम कठोरता से स्वर्ग और नर्क, सुख और दुःख, धर्म और अधर्म, पाप और पुण्य, सत्य और असत्य का सही भेद और सही अर्थ स्पष्ट रूप में समझायेंगे।"

फिर महर्षि ब्रह्मवेद ने प्रसन्नता से कहा— "हमारे नये उद्देश्य का प्रभावशाली नेतृत्व पुत्र धर्मराज करेंगे। हम और ऋषि धर्मरामो जी उनकी ही तपःस्थली पर रहकर केवल मार्गदर्शक की भूमिका निभायेंगे, जिससे हमारा आगामी उद्देश्य सही दिशा में गतिशील रहे और शीघ्रकाल में सिद्धि प्राप्त हो।"

ऋषि धर्मरामो आगे बोले— "और यहाँ के पशु और पक्षियों के जीवन का संचालन, हमारे साथी ऋषि अपने सोम गाँव के ध्यानस्थल पर बैठकर अपनी योगविद्या द्वारा करेंगे क्योंकि हमारे शीर्षस्थ उद्देश्य को पूर्ण करने में उनका योगदान अतिमहत्त्वपूर्ण होगा।"

धर्मराज ने प्रभु की मूर्ति की ओर देखते हुए कहा— "धन्यवाद प्रभु। जैसा सोचा था, वैसा ही प्राप्त हुआ। अब हम आपकी इस पवित्र भूमि से सदैव जुड़े रहेंगे और अनंत काल तक धर्म और अहिंसा की शरण में रहकर विश्वकल्याण हेतु सर्वश्रेष्ठ कार्य करते रहेंगे।"

इस दौरान समस्त सोमवासी शांत मुद्रा में खड़े हैं और श्री हरि विष्णु और माँ लक्ष्मी की अतिसुंदर मूर्तियों को प्रणाम करते हुए उन्हें स्नेहपूर्वक देख रहे हैं। उसके बाद ऋषि धर्मरामो ने सोमवासियों से कहा— "प्रिय सोमवासियों, अब हम

पुत्र धर्मराज और पुत्र शिम्बू को अयोध्या भेजते हैं। उस महान कार्य की पूर्ति के पश्चात् ही हम अपने नये उद्देश्य का आरंभ करेंगे। तब तक आप सब अपने कर्तव्य कर्म करते रहें।''

कुछ सोमवासी, ऋषि धर्मरामो से बोले– ''अनंत आभार ऋषिवर।''

उसके बाद धर्मराज ओर शिम्बू अपने माता–पिता और ऋषियों के चरण स्पर्श करके आशीर्वाद लेते हैं। फिर महर्षि ब्रह्मवेद, धर्मराज और शिम्बू से कहते हैं– ''आयुष्मान भव पुत्रों। आपका मार्ग प्रशस्त हो।''

''धन्यवाद।'' दोनों ने कहा।

●●●

प्रथम उद्देश्य के अंतिम चरण में ऋषि धर्मरामो के आदेशानुसार रामनवमी के दो दिवस पूर्व प्रातःकाल ही धर्मराज शिम्बू और सारथी अपने अश्वरथ में अयोध्या की सरयू नदी के तट पर पहुँचते हैं। सर्वप्रथम वे सरयू नदी में स्नान कर और नये वस्त्र पहनकर प्रभु श्री राम के मंदिर जाकर उनके दर्शन करते हैं। तत्पश्चात् वे लोग मंदिर से दूर एक डूँगर के पीछे एक एकांत स्थल पर पीपल के एक वृक्ष के पास जाते हैं जहाँ ऋषि जलवाय्वग्नि और देवी अक्षधरा, श्री हरि विष्णु और माँ लक्ष्मी की तपस्या कर रहे हैं। उन दोनों को प्रत्यक्ष रूप में देखकर धर्मराज, शिम्बू और सारथी अतिप्रसन्न हो जाते हैं। सोमवासियों की दिव्य उपस्थिति की अनुभूति होते ही ऋषि जलवाय्वग्नि और अक्षधरा 'ओम विष्णवे नमः। ओम विष्णवे नमः', कहते हुए अपनी आँखे खोलते हैं।

आँखे खोलते ही वे दोनों पीपल के पवित्र वृक्ष, पवित्र जल और मिट्टी के दो घड़ों को नमन करते हैं। उन्हें नमन करते हुए वे श्री विष्णु श्लोक बोलते हैं—

''शांताकारं भुजगशयनं पद्मनाभम् सुरेशम्,

विश्वाधारम गगनशदसं मेघवर्ण सुभांगम्,

लक्ष्मीकांतम कमलनयनं योगीभिर्ज्ञानगम्यम्,

वंदे विष्णु भवभयहरं सर्वलोकैकनाथम्।''

इस दौरान धर्मराज, शिम्बू और सारथी, अश्व के साथ शांत मुद्रा में ऋषि जलवाय्वग्नि और देवी अक्षधरा की ओर देखते हुए उन्हें प्रणाम करते हैं। श्री हरि विष्णु का महाश्लोक बोलने के पश्चात् ऋषि जलवाय्वग्नि और देवी अक्षधरा धर्मराज, शिम्बू, सारथी और अश्व को देखते हैं। अपने पुत्र धर्मरामो द्वारा रचित ईश्वरीय मनुष्यों के ब्रह्मचरित्र दर्शन करके वे अतिप्रसन्न हो जाते हैं।

वे अपने स्थान पर खड़े होकर सोमवासियों से कहते हैं— ''श्री रामचरितमानस सर्वत्र प्रकट हो। श्री विष्णुराज सर्वत्र प्रबल हो।''

धर्मराज, शिम्बू और सारथी ने कहा— ''श्री रामचरितमानस सर्वत्र प्रकट हो। श्री विष्णुराज सर्वत्र प्रबल हो।''

तत्पश्चात् ऋषि जलवाय्वग्नि बोले— ''भारतीय संस्कृति के सर्वोत्तम प्रदर्शकों का इस पवित्र स्थान पर स्वागत है।''

तुरंत ही वे सब ऋषि जलवाय्वग्नि और माता अक्षधरा के चरण स्पर्श करते हैं।

तत्पश्चात् धर्मराज, ऋषि जलवाय्वग्नि और देवी अक्षधरा से कहते हैं— "हे महान ऋषि धर्मरामो के देवगुणी माता–पिता, हम धर्मराज, संपूर्ण सोम की ओर से आपके सर्वजीव कल्याणकारी अस्तित्व, आपकी प्रचंड ईश्वर श्रद्धा, अपार धैर्य, विश्वश्रेष्ठ संकल्प और धर्मप्रचार को कोटि–कोटि नमन करते हैं। विश्व के लौकिक सुखों का परित्याग करके आपने ज्ञानयोग, कर्मयोग, भक्तियोग और ध्यानयोग का जो स्पष्ट और उपदेशात्मक प्रदर्शन किया है उससे समस्त विश्व धन्य हुआ।"

ऋषि जलवाय्वग्नि बोले— "कल्याण हो संपूर्ण भारत का एवं संपूर्ण सृष्टि का।"

"धन्यवाद देवप्रिय।"

फिर देवी अक्षधरा ने धर्मराज से कहा— "कई दशकों के पश्चात् अपने प्रिय सोमवासियों को प्रत्यक्ष रूप में देखकर आत्मा को अपार प्रेम, सम्मान और सूर्य सम तेज प्राप्त हुआ।"

शिम्बू, देवी अक्षधरा से कहते हैं— "असीम दिव्यशक्तियों, विश्वश्रेष्ठ संस्कार और समस्त जगत के कल्याणपूर्ण ज्ञानभंडार से परिपूर्ण आप दोनों के शरीर क्षेत्र से जो प्रचंड आत्मिक ऊर्जा हमें प्राप्त हो रही है, वह अनंत काल तक हमें धर्मज्ञ बनाकर विश्व का कल्याण करने के लिये पर्याप्त है।"

देवी अक्षधरा बोलीं— "आपके शब्द स्पष्ट रूप से सिद्ध होंगे। सर्वत्र राम की अजेय माया प्रबल हो।"

तत्पश्चात् ऋषि जलवाय्वग्नि, धर्मराज से कहते हैं— "पुत्र धर्मराज, जिस कार्य सिद्धि हेतु आप यहाँ प्रकट हुए हैं वो कार्य पूर्ण करें और अपने गंतव्य की ओर शीघ्र ही प्रस्थान करें ताकि आप लोग परसों रामनवमी के दिवस प्रातःकाल सोम गाँव पहुँच सकें और सर्वलोक को आकर्षित करने वाला कार्य पूर्ण करके नये मायावी और रहस्यपूर्ण अध्याय का आरंभ करें।"

"अवश्य धर्मसाम्राज्य।"

उसके पश्चात् शिम्बू धर्मराज को दो खाली घड़े देते हैं। देवी अक्षधरा और ऋषि जलवाय्वग्नि ने धर्मराज के पास से एक–एक घड़ा लिया। भगवान श्री

विष्णु का नाम जपते हुए ऋषि जलवाय्वग्नि अपने मिट्टी भरे घड़े से उस घड़े में अतिपवित्र मिट्टी भरते हैं और दूसरे घड़े में देवी अक्षधरा पवित्र जल भरती हैं। तत्पश्चात् धर्मराज, शिम्बू और सारथी उन दोनों घड़ों को नमन करके ऋषि जलवाय्वग्नि और माता अक्षधरा के चरण स्पर्श करते हैं। अश्व ने भी सभी को नमन किया।

तब ऋषि जलवाय्वग्नि ने धर्मराज, शिम्बू, सारथी और अश्व से कहा– ''आयुष्मान भव पुत्रों। आप लोग धर्मनिष्ठ बनकर समस्त विश्व को अनंत सुख बाँटते हुए सदैव सर्वश्रेष्ठ जीवन व्यतीत करते रहेंगे। आपके सत्कर्म समस्त ब्रह्माण्ड के बहुमूल्य अलंकार सिद्ध होंगे। इस मृत्युलोक के अत्यधिक जीव आपके धर्मादेशों का अनुसरण करेंगे और जो मानव समुदाय जड़ हैं उनके सुधार या सीख के लिये आप उन्हें स्वर्ग और नर्क के मायापूर्ण दर्शन करायेंगे। पुत्र धर्मरामो का दूसरा उद्देश्य भी प्रथम उद्देश्य की तरह वैचारिक क्रांति लायेगा। पर इस बार का नया चित्र, जड़ मानव समुदाय को भयभीत कर तामसी गुणों का क्षय करके नीतिपूर्ण जीवन बनायेगा।''

सभी ने ऋषि जलवाय्वग्नि और देवी अक्षधरा से कहा– ''धन्यवाद।''

तत्पश्चात् धर्मराज ने ऋषि जलवाय्वग्नि और देवी अक्षधरा से कहा– ''मेरे सत्कर्मों का दुर्ग समान साम्राज्य आपको प्राप्त हो। और वह आपको नित्य रूप में श्री विष्णुलोक की प्राप्ति कराये।''

ऋषि जलवाय्वग्नि और देवी अक्षधरा ने धर्मराज से कहा– ''धन्यवाद पुत्र।''

इस दौरान ऋषि जलवाय्वग्नि और माता अक्षधरा भावुक होकर धर्मराज, शिम्बू, सारथी और अश्व को गले लगाते हैं और एक दूसरे के समक्ष विश्वशुद्ध प्रेम प्रकट करते हैं।

तब धर्मराज ने ऋषि जलवाय्वग्नि और माता अक्षधरा से कहा– ''हे ईश्वरीय मनुष्यों, आपके पवित्र आलिंगन ने हमें प्रभु श्री राम और भगवान श्री कृष्ण के समस्त जीवनकाल से अवगत कराकर उनके देवगुणों से संपन्न कर दिया है। अब ये ब्रह्मचरित्र अनंत काल तक पवित्र रहकर असंख्य पुण्य कर्म करते रहेंगे। यह सब आपकी निर्मल और प्रचंड तपस्या का अतिशुभ फल है।''

देवी अक्षधरा, धर्मराज से बोलीं– ''न केवल हमारी, परंतु हमारे जैसे अनगिनत देवभक्त और धर्मनिष्ठ ऋषि–मुनियों की प्रचंड और प्रामाणिक तपस्या के कारण हम सबका धार्मिक जीवन सार्थक हुआ है।''

ऋषि जलवाय्वग्नि ने भी धर्मराज से कहा– ''हम और हमारे साथ हमारे संकल्प से जुड़े अनगिनत ऋषि–मुनियों और धर्मनिष्ठ मनुष्यों ने इस पृथ्वीलोक के आरंभ से लेकर अब तक जितने भी धर्मावतार, राजा, ऋषिगण, साधुगण, अघोरी, धर्मगुरु और उत्तम मनुष्य इस पृथ्वी पर अलौकिक रूप में प्रकट हुए थे, उनके संपूर्ण जीवनकाल, आध्यात्मिक उपलब्धि और ज्ञान भंडार से अवगत होकर, उन सारी देवगुणी आत्माओं से प्रचंड साधना के माध्यम से संपर्क कर, उनसे आशीर्वाद और अलौकिक शक्तियाँ प्राप्त कर इस प्रथम संकल्प को सिद्ध किया है और इस साधना प्रक्रिया के दौरान हमारा संपर्क अनगिनत भूत–प्रेतों से भी हुआ था। जिन्हें हमने अतृप्त वासनाओं के दलदल से निकालकर मुक्ति प्रदान की। आज उनमें से कई आत्मायें विदेशों में जन्म लेकर हिंदू धर्म, पशुसेवा और शाकाहार का प्रचार करने के विश्वश्रेष्ठ कार्य में व्यस्त हैं।''

''उत्तम। प्रचंड साधना का सर्वोत्तम परिणाम। आप लोगों की मनोदशा अत्यंत स्वस्थ, सात्विक, शुद्ध और स्थिर है क्योंकि तपस्या, गंभीरता और पुरुषार्थ सापेक्ष है।''

''धन्यवाद पुत्र। कालदेवता के निर्देशानुसार सोम का साम्राज्य आपकी व्यग्रता से प्रतीक्षा कर रहा है।'' ऋषि जलवाय्वग्नि ने धर्मराज से कहा।

तब धर्मराज, शिम्बू और सारथी, पीपल के वृक्ष को नमन करते हुए कहते हैं– ''त्रिलोक पांते श्री हारे विष्णु भगवान की जय। माँ लक्ष्मी की जय। धर्मसाम्राज्य ऋषि जलवाय्वग्नि और माता अक्षधरा की जय। जय हो अयोध्या की। जय माँ भारती की।''

और फिर धर्मराज, शिम्बू, सारथी और अश्व वहाँ से प्रस्थान करते हैं।

•••

रामनवमी का दिन। ऋषि धर्मरामो का पवित्र ध्यानस्थल। ध्यानस्थल के एक शिखरस्थ स्थल पर महर्षि ब्रह्मवेद और ऋषि धर्मरामो आँखें बंद किये हुए श्री हरि को समर्पित मंत्रोच्चार कर रहे हैं। उनके समक्ष हो रहे मायायज्ञ की अग्निधारा एक ॐ आकार का रूप धारण करके समस्त सोम गाँव और सर्वत्र सुख शांति वन के कण–कण को स्पर्श कर प्रत्येक जड़ और चैतन्य वस्तु को अमृतपान करा रही है। यह अलौकिक दृश्य ऋषि धर्मरामो और महर्षि ब्रह्मवेद की प्रचंड, शिखरस्थ और त्रुटिहीन योगविद्या का अभूतपूर्व प्रदर्शन है। संभवतः इस अद्वितीय माया को आकाशमार्ग से देख रहे देवता भी आश्चर्यचकित और अत्यंत आकर्षित हैं।

कुछ समय पश्चात् महर्षि ब्रह्मवेद और ऋषि धर्मरामो अपनी आँखें खोलकर बोलते हैं– ''जय हो प्रभु श्री राम की। जय हो माँ सीता की। समस्त सृष्टि का धर्म की शरण में नित्य रूप में कल्याण हो।''

तब ऋषि धर्मरामो से महर्षि ब्रह्मवेद बोले– ''ऋषिवर, हमारे इस पवित्र मायायज्ञ के मायावी धुएँ के स्पर्श मात्र से सोम एवं वन का प्रत्येक कण अमर हो गया है। अपरिचित व्यक्तियों के लिये, सोम और वन का स्थान पूर्ण रूप से अदृश्य स्थान बन गया है। अब यहाँ जो भी पारलौकिक घटनायें घटेंगी, वो केवल प्रभु श्री राम के आशीर्वाद से और हमारी इच्छानुसार ही घटेंगी। अब धर्म और धर्मात्माओं का अमर अस्तित्व, सोम और वन में अखंड रूप में विद्यमान रहेगा।''

''हाँ ऋषिवर। और इस महत्वपूर्ण कार्य को सिद्धि प्रदान करने के लिये आपका अनंत धन्यवाद।''

महर्षि ब्रह्मवेद पुनः बोले– ''मित्र ये तो हमारा परम कर्तव्य है। हमने तो इस पृथ्वीलोक पर प्रकट होने से पहले ही ये सोच लिया था कि आप जैसे धर्मपुरुषों की सर्वयुग संगत में इस बार कुछ ऐसा अप्रतिम और प्रभावशाली काम करेंगे कि धर्म और देवता अनंत काल तक हमारे अधीन रहें। बार–बार धर्म–अधर्म की उलट–पलट से मुक्त होकर, प्रचंडता से धर्म और सत्कर्मों का ऐसा विश्व आकर्षक प्रदर्शन करेंगे कि आत्मा के उत्पादक भी ये प्रण ले लें कि अगली बार भूल से भी अधर्मियों का उत्पादन न हो। और वैसे भी ये तो केवल आरंभ है क्योंकि कई दशकों की घोर तपस्या से जिन दुर्लभ अलौकिक शक्तियों को हमने प्राप्त किया है, उनका सर्वश्रेष्ठ और प्रचंड उपयोग तो अभी शेष है। आज तक उनका उपयोग कम ही हुआ है। आज के पश्चात् संपूर्ण भारत भूमि पर असीमित पुण्य कार्य और अविश्वसनीय चमत्कार घटने वाले हैं और भारी मात्रा में समर्थकों को प्राप्त करना

है ताकि जनदल के बहुमत से विश्व के भिन्न देशों में प्रवेश कर, वहाँ के असाध्य मानसिक रोगों और माँसाहार के विश्वतुच्छ विचारों को समाधि की श्रेणी में अदृश्य कर सकें।''

''निश्चित रूप से आत्मज। विश्वकल्याण के संकल्प आधारित हमारी घोर तपस्या के दौरान पृथ्वीलोक के कोने–कोने से हमसे जुड़े उन असंख्य ऋषि मित्रों और असंख्य मायावी पक्षियों को भी अपनी संचित मायावी शक्तियाँ प्रदर्शित करने का सुलभ अवसर आ गया है।''

महर्षि ब्रह्मवेद ने ऋषि धर्मरामो से फिर कहा– ''और हमारे दैवीय शक्ति प्राप्त पवित्र पक्षी तो आपके इस मायावी वृक्ष के पवित्र फल, सब्ज़ी और सूखे मेवे को ग्रहण करके और भी शुद्ध, शक्तिशाली, अहिंसक, शुभचिंतक, विघ्नहर्ता, जीवरक्षक, विवेकशील और आज्ञाकारी बन गये हैं।''

''हाँ ऋषिवर। प्रकृति के विनाश ने उनके आचरण को गंभीरता से बदल दिया है। संकोच के सानिध्य में असहाय बने इन निर्दोष पक्षियों ने हमारे निर्देशों का गंभीरता से पालन किया है। अब वे भी हमारे विश्वश्रेष्ठ संकल्प को पूर्ण करने के लिये व्याकुल हैं। अब वे अपनी निर्दोष भावनाओं का सरेआम कत्ल करने वाले जड़ और दानवी मनुष्यों को गंभीरता से धर्म और अधर्म, पाप और पुण्य, हिंसा और अहिंसा का यथार्थ अर्थ बड़ी सूक्ष्मता से समझायेंगे। हमारे विश्वोत्तम आयोजन के अंतर्गत वे साम, दाम, दंड और भेद को धारण कर मानवदल की जड़ता को नर्क की खाई में फेंक देंगे।''

''हाँ। सत्य को एकदम स्पष्ट रूप में प्रस्तुत किया आपने मित्र।''

दूसरे ही क्षण ऋषि धर्मरामो अपनी आँखे बंद करते हैं। उन्हें ज्ञात हो जाता है कि पुत्र धर्मराज शीघ्र ही सोम में प्रवेश करने वाले हैं।

और तब वे महर्षि ब्रह्मवेद से कहते हैं– ''हे कालजयी मित्र, पुत्र धर्मराज शीघ्र ही हमारे माता–पिता से प्राप्त हुए पवित्र रामकृष्णजल और रामकृष्णमिट्टी के साथ सोम में प्रवेश करेंगे। इसलिये अब हम श्री हरि के मंदिर पर जाकर उनकी प्रतीक्षा करते हैं।''

''ठीक है ऋषिवर। वैसे भी ऋषि पुण्यत्वर और ऋषि साक्षत्वर, समस्त सोमवासियों के साथ वहाँ पहुँच ही गये होंगे।''

ऋषि धर्मरामो कहते हैं— ''शीघ्र चलिये ऋषिवर। आज का दिवस हमारे संपूर्ण जीवन का सर्वश्रेष्ठ और महारसप्रद दिवस है क्योंकि आज प्रभु श्री राम के विश्वश्रेष्ठ चरित्र जन्मोत्सव दिवस पर मानव जीवन और देव साम्राज्य के पास उपलब्ध असीम संभावनाओं का एक और दुर्लभ प्रदर्शन होने वाला है।''

और दोनों कल्याणधाम श्री हरि का नाम जपते हुए श्री हरि के मंदिर की ओर जाते हैं।

•••

श्री हरि विष्णु के मंदिर के आँगन में ऋषि धर्मरामो, महर्षि ब्रह्मवेद, ऋषि पुण्यत्वर और ऋषि साक्षत्वर, समस्त सोमवासियों के समक्ष खड़े हैं। सभी सोमवासी अतिप्रसन्न दिख रहे हैं और वे धर्मराज की व्यग्रता से प्रतीक्षा कर रहे हैं। इस दौरान पुत्र धर्मराज और शिम्बू, पाँच महाकाय गायों के साथ और सारथी अपने अश्वरथ के साथ मंदिर की ओर आ रहे हैं। महाकाय गायों को देखकर सोमवासी आश्चर्यचकित हो जाते हैं। ऋषि धर्मरामो और महर्षि ब्रह्मवेद उन पाँच महाकाय गायों को गंभीरता से ध्यानपूर्वक देखते हैं। ऋषिगणों के निकट आकर धर्मराज, शिम्बू और सारथी, भगवान श्री विष्णु और माता लक्ष्मी के दर्शन करते हैं। तत्पश्चात् वे सभी चारों ऋषियों के चरण स्पर्श करते हैं और कहते हैं– "जय श्री राम जी की।"

ऋषि धर्मरामो और महर्षि ब्रह्मवेद ने उन्हें आशीर्वाद देते हुए कहा– "जय श्री राम जी की। आप सबका सदैव कल्याण हो।"

फिर धर्मराज सारे गाँववासियों से कहते हैं– "प्रभु श्री रामचंद्र जी के इस विश्वश्रेष्ठ चरित्र जन्मोत्सव दिवस पर समस्त ब्रह्माण्ड को काटि–कोटि नमन। हमारे समस्त सत्कर्मों के फल स्वरूप हम परब्रह्म से प्रार्थना करते हैं कि वे समस्त विश्व के प्रत्येक प्राणी को अद्भुत रामचेतना का चरित्र अंश प्रदान करें। अतः सर्वत्र रामचरितमानस प्रकट हो।"

ऋषि धर्मरामो बोले– "परमात्मा आपके प्रत्येक संकल्प को सहजता से सिद्धि प्रदान करें।"

तब धर्मराज और शिम्बू दोनों ऋषियों को अयोध्या से लाये पवित्र रामकृष्णजल और रामकृष्णमिट्टी के दो घड़े देते हैं। ऋषि धर्मरामो और महर्षि ब्रह्मवेद दोनों घड़ों को हाथ में लेकर नमन करते हैं। ऋषि पुण्यत्वर और ऋषि साक्षत्वर भी दोनों घड़ों को नमन करते हैं और चारों ऋषि एक साथ बोलते हैं– "जय हो महर्षि जलवाय्वग्नि की, जय हो देवी अक्षधरा की। श्री विष्णुराज सर्वत्र प्रबल हो।"

ऋषियों के साथ समस्त गाँववासी यही दोहराते हैं।

"इस पवित्र कार्य को अतिउत्साहपूर्वक एवं प्रचंड श्रद्धा के साथ शीघ्रता से पूर्ण करने के लिये आप सबका एवं हमारे प्रिय अश्वराज का बहुत धन्यवाद।" ऋषि धर्मरामो ने धर्मराज, शिम्बू और सारथी से कहा।

"ये तो हमारा परम कर्तव्य एवं सौभाग्य है ऋषिदेव।" धर्मराज ने कहा।

इस दौरान पाँचों महाकाय गायें ऋषि धर्मरामो और महर्षि ब्रह्मवेद के निकट आकर उनके हस्त चाटती हैं।

धर्मराज ने ऋषि धर्मरामो से कहा– "ऋषिदेव, इन पाँच महाकाय गायों के दर्शन हमें वनथंभोर राष्ट्रीय उद्यान के बाहरी मार्ग पर हुए। गंभीर आश्चर्य की बात ये है कि जहाँ ये पाँच गायें बैठी थीं, उनके ठीक बगल में बाघ और बाघिन अपने छोटे बच्चों के साथ खेल रहे थे। किसी को किसी का भय नहीं था। फिर हमने गायों को घास और शेर के परिवार को गुड़ और बाजरे की रोटियाँ खिलायीं। अंत में इन्हीं गायों का दूध निकाल कर बाघ, बाघिन और उनके शावकों को भी पिलाया। फिर यहाँ आने के लिये निकल पड़े। बात आश्चर्यपूर्ण है, पर चमत्कार और माया की संगत में सत्य है। ये पाँचों गाय, काफी देर तक हमारे पीछे–पीछे चलती रहीं। फिर हमने सोचा कि हम इन्हें सोम पर ले आयें।"

ऋषि ब्रह्मवेद ने गायों के नेत्रों में ध्यान से देखकर धर्मराज से कहा– "घटना तो वाक़ई रहस्यपूर्ण है। पर सत्य ये है कि ये सब असाधारण गायें हैं। इन महाकाय गायों की आँखों में देखकर हमें ऐसा लग रहा है कि हम इनसे भली–भाँति परिचित हैं।"

महर्षि ब्रह्मवेद उन पाँच महाकाय गायों के मस्तकों को स्पर्श करते हैं और सबसे कहते हैं– "ये तो वाक़ई असाधारण और महाप्राचीन गायें हैं। एक गाय रामसत्य हैं जो रामराज्य के अस्तित्व काल में प्रभु श्री राम के महल की दूध शोभा थी। वह रामप्रिय थीं। दूसरी हैं कृष्णसत्य, जो श्री कृष्ण के अस्तित्व काल में मथुरा का अलंकार थी। वह कृष्णप्रिय थीं जिसके दूध, मक्खन, छाछ, दही और घृत का असीम उपयोग भगवान श्री कृष्ण और उनके असंख्य भक्तों ने किया था। तीसरी हैं बुद्धसत्य, जो कपिलवस्तु में महाराज सिद्धार्थ के महल की शोभा थीं और भगवान श्री बुद्ध की आत्मप्रिय। चौथी हैं शिवसत्य, जो नंदी का वंश हैं। और पाँचवी हैं हनुमानसत्य। ये गाय त्रेतायुग से लेकर आज तक निरंतर रूप में भिन्न–भिन्न स्थानों पर प्रकट और अदृश्य होकर भ्रमण करती रहती हैं। इन पाँचों गायों का एक ही स्थान पर अचानक प्रकट होना, वो भी रामनवमी के दिवस। इसका अर्थ ये हुआ कि वह जो अदृश्य, निराकार, महाकाय और सनातन परब्रह्म हैं, वह रसपूर्वक हमें अपनी महामाया के रहस्यपूर्ण दर्शन कराने हेतु उत्सुक हैं।"

ऋषि धर्मरामो ने कहा– "जब असंख्य धर्मनिष्ठ मनुष्यों का समुदाय एक बहुमूल्य संकल्प की सिद्धि के लिये निष्ठापूर्वक एकत्रित होता है, तब उनके

सामूहिक उद्यम से उत्सर्जित सत्कर्मों के प्रचंड प्रवाह से प्रभावित होकर देवसत्ता भी अपना योगदान देने के लिये तरह–तरह की रहस्यमयी घटनायें सर्जित करती है।"

गायों के मुख पर कोमलता से स्पर्श करते हुए महर्षि ब्रह्मवेद, ऋषि धर्मरामो से कहते हैं– "ऋषिवर, आज के शुभ अवसर पर ये पवित्र गायें माता के रूप में इस पवित्र स्थान पर आयी हैं। ये बहुत ही शुभ संकेत है।"

"निश्चित रूप से ऋषिवर। इस संसार के किसी भी शुभ कार्य के पूर्व यदि किसी मनुष्य या अन्य पशु को गाय माता के दर्शन होते हैं तो इससे बड़ा शुभ संकेत और कोई नहीं हो सकता। क्योंकि ये विश्व का सबसे पवित्र और आदरणीय पशु है जिसका शांत आचरण और बलवर्धक दूध अनंतकाल से प्राणीजगत का कल्याण करता आया है और करता रहेगा। और ये पाँच महाकाय गायें तो साक्षात् ईश्वरीय प्रसाद हैं, इनकी संगत से तो सारे सोमवासी और पशु–पक्षी धन्य हो जायेंगे। आज से ये पाँच महाकाय गायें हमारे सोम की स्थायी पात्र बन गई हैं।"

इस दौरान पार्थोदास पाँचों गायों को प्रेमपूर्वक अपने पास बिठाते हैं।

फिर पशुनाथ ने ऋषि धर्मरामो से कहा– "देवता, यह अकल्पनीय और मायावी घटना हमारी आत्मा को शिखरस्थ प्रसन्नता प्रदान कर रही है। समस्त विश्व को सुख और संस्कार बाँटने वाला ये जो रहस्यपूर्ण जीवन हम सबको प्राप्त है कदाचित् यह देवताओं के लिये भी दुर्लभ है।"

ऋषि धर्मरामो बोले– "ये सब शास्त्र सम्मत कार्यों के त्रुटिहीन प्रदर्शन का फल है। ये सत्य सदैव स्मरण रखना कि सुख का मूल है धर्म। धर्म का मूल, अर्थ। अर्थ का मूल, राज्य। राज्य का मूल, कर। कर का मूल, पुरुषार्थ और मानव हैं। पुरुषार्थ का मूल, संस्कार हैं। संस्कार का मूल, ज्ञान। ज्ञान का मूल ईश्वर हैं। ईश्वर का मूल, विचार। विचार का मूल, शून्य है और शून्य का मूल, ब्रह्म।"

तत्पश्चात् महर्षि ब्रह्मवेद ने ऋषि धर्मरामो से कहा– "मानवजीवन का उद्धार करने के लिये अपने ज्ञानकोष से बहुत प्रभावशाली उदाहरण देते हैं ऋषिवर।"

"आभार देवता। अब उस ब्रह्म की महामाया का प्रदर्शन करने का समय निकट है। सर्वप्रथम हम, इस पवित्र रामकृष्णजल और रामकृष्णमिट्टी को प्रभु को अर्पण करते हैं।"

''ठीक है।'' महर्षि ब्रह्मवेद ने कहा।

और महर्षि ब्रह्मवेद, ऋषि धर्मरामो, ऋषि पुण्यत्वर, ऋषि साक्षत्वर और पंडित गंगेश्वर, प्रभु को रामकृष्णजल और रामकृष्णमिट्टी अर्पण करते हैं।

इस दौरान सारे सोमवासी निरंतर जयकार करते हैं– ''प्रभु श्री राम जी की जय। प्रभु श्री राम जी की जय... ।''

जयकारों के साथ–साथ सुखराज शंख बजाते हैं। शंख की मधुर ध्वनि संपूर्ण सोम और सर्वत्र सुख शांति वन के कण–कण में सुनाई देती है।

और फिर आरंभ होती है विश्वश्रेष्ठ चरित्र, सद्गुणों के महासागर, मर्यादा पुरुषोत्तम प्रभु श्री राम को समर्पित महाआरती। सोम गाँव के ईश्वरीय मनुष्य और पशुदल द्वारा भक्तियोग का प्रचंड और परिशुद्ध प्रदर्शन।

इसी दौरान कुछ सोमवासी वन में स्थित प्रभु श्री राम के मंदिर में भी महाआरती कर रहे हैं। कुछ समय पश्चात् प्रचंड आस्थायुक्त सामूहिक महाआरती संपन्न होती है और सब लोग प्रभु को नमन करते हुए कहते हैं– ''प्रभु श्री राम जी की जय। प्रभु श्री राम जी की जय। सर्वत्र रामचरितमानस प्रकट हो।''

उसके बाद महर्षि ब्रह्मवेद ने सोमवासियों से कहा– ''प्रिय सोमवासियों, जीवन में एक सत्य को सदैव धारण किये रखना। 'श्रद्धावान लभते ज्ञानम'। इस विश्व के किसी भी कोने में, किसी भी प्राणी द्वारा, पूर्ण श्रद्धापूर्वक जब किसी देवीय सत्ता को स्मरण किया जाता है, तब वह परब्रह्म शत–प्रतिशत भिन्न रूपों में आकर्षित होकर भक्त को ज्ञान, सकारात्मक ऊर्जा, संस्कार, बल, बुद्धि और सुरक्षा प्रदान करता है। शर्त ये है कि भक्ति छलरहित होनी चाहिये। और मेरे अंगत अनुभव की बात करूँ तो मैंने अपने शिखरस्थ संकल्पों की सिद्धि अर्थ प्रभु श्री राम की ही उपासना की थी। उनके आशीर्वाद से मैंने उनके चरित्र को पूर्ण रूप से अनुभूत किया है। वह श्री राम चेतना प्रतिक्षण मेरे शरीर में धर्म, ज्ञान, सकारात्मक ऊर्जा, विवेक, संस्कार, बुद्धि, वैराग्य और बल के रूप में विद्यमान रहती है। राम, भारत की मूल आत्मा हैं। विश्व का सर्वोत्तम चरित्र हैं। राम ही धर्म, सत्य, प्रेम, करुणा, अहिंसा, वैराग्य, शुभ संस्कार, शाकाहार, पशुप्रेम, संयम, विवेक, शौर्य और आत्मविश्वास का उद्गम स्थान हैं। इसीलिये हम उनको समर्पित ये आरती करते हैं ताकि चंचल मन स्थिर करके उनकी आरती करने से सद्गुणों की शरण और प्रभावशाली जीवन प्राप्त हो। अब चमत्कारों का प्रदर्शन करने से पूर्व एक आदेश

देता हूँ कि प्रभु श्री राम में अपनी आस्था प्रचंड रखना। बेकार की जड़ वस्तुओं में व्यस्त मत रहना।''

महर्षि ब्रह्मवेद के इस दिव्य संदेश को सुनकर समस्त सोमवासी ताली बजाते हैं और कहते हैं– ''धर्मक्षेत्र महर्षि ब्रह्मवेद की जय। सर्वोत्तम संस्कारप्रदेश महर्षि ब्रह्मवेद की जय।''

और महर्षि ब्रह्मवेद, सोमवासियों से पुनः बोले– ''अब हम सब यहाँ शांति से बैठकर श्री हरि विष्णु और माँ लक्ष्मी का ध्यान धरते हैं। हमने अपने अंतर्मन से सर्वत्र सुख शांति वन के मंदिर के आँगन में उपस्थित सब लोगों को ध्यान में बैठने का निर्देश दे दिया है। कुछ समय पश्चात् हम स्वयं आप सबको हमारे मायावी सोम और सर्वत्र सुख शांति वन के अकल्पनीय नवरूप को आप सबके मानसपट में अनुभूत करायेंगे। अंत में आप सबको अपने शरीर में ईश्वरीय दिव्यता की विशेष अनुभूति होगी। तत्पश्चात् हम सब स्वयं अपनी आँखें खोलेंगे और उसके बाद आरंभ होगा हमारा दूसरा उद्देश्य, 'स्वर्ग या नर्क, कर्म का अंतिम मार्ग।''

यह सुनकर धर्मराज, महर्षि ब्रह्मवेद से कहते हैं– ''ऋषिवर, प्रत्येक सोमवासी उस मायावी क्षण की व्यग्रता से प्रतीक्षा कर रहा है।''

और वहाँ उपस्थित समस्त प्राणी मन में प्रभु का नाम स्मरण करते हुए अपने स्थान पर बैठकर अपनी आँखें बंद करके श्री हरि विष्णु और माँ लक्ष्मी के ध्यान में लीन हो जाते हैं और संपूर्ण सोम गाँव परमशांति और ब्रह्म उपासना की शरण में समाधिस्थ हो जाता है।

इस दौरान सर्वत्र सुख शांति वन के समस्त पशु और पक्षी, वन में प्रभु श्री राम और माता सीता के मंदिर के पास के भव्य आँगन में शांत मुद्रा में बैठे हैं। ऐसा लगता है जैसे वे भी ब्रह्म उपासना कर रहे हैं।

कुछ क्षण पश्चात् धीरे–धीरे सोमगाँव और सर्वत्र सुख शांति वन ऋषि धर्मरामो और महर्षि ब्रह्मवेद की इच्छानुसार मायावी स्थान में परिवर्तित होते हैं।

जैसे ही सोम गाँव और सर्वत्र सुख शांति वन पूर्णतः मायावी रूप धारण कर लेते हैं वैसे ही ऋषि धर्मरामो और महर्षि ब्रह्मवेद अपनी अद्वितीय दिव्यशक्तियों के माध्यम से प्रत्येक सोमवासी और पशु–पक्षी को उनके मानसपट में सोम और वन के दर्शन कराना आरंभ करते हैं।

सभी अपने मानसपटल पर देखते हैं कि संपूर्ण सर्वत्र सुख शांति वन मायावी रूप का हो गया है। वन का प्रत्येक नीले रंग का मकान, एक मायावी प्रकाश से चमक रहा है। फल और सब्ज़ियों की पूर्व आयोजित संगत के साथ—साथ, वन्य प्राणियों को स्वस्थ जीवन प्रदान करने वाले सात्विक आहार के प्रयोजन के लिये संपूर्ण वन में तुलसी, बेल, आँवला, घृतकुमारी, नीलबदरी, मुलेठी, हल्दी, पत्थरचट्टा, मीठानीम, लेमनग्रास, पुदीना, बेहड़ा, नागमोथा, ब्राह्मी, अश्वगंधा, शिलाजीत, सौंफ, बादाम, अंजीर, किशमिश, खजूर, अखरोट के सैकड़ों पेड़—पौधे, विराट और अतिस्वस्थ रूप में प्रकट हुए हैं। वन की भूमि अर्थात् मिट्टी का रंग भी श्वेत बन गया है। प्रत्येक वृक्ष अतिसुंदर और अतिभव्य बन गया है। पानी की नहरें, तालाब और नदी का जल इतना स्वच्छ हो गया है कि नदी के ऊपरी तल से भूमि स्तर तक की प्रत्येक वस्तु स्पष्ट रूप में देखी जा सकती है। प्रत्येक जलसंचय स्रोत के भूमिस्तर पर रामचरितमानस, श्रीमद्भगवद्गीता, वेदांतशास्त्र और गंगाजल पत्रिका के चित्रांकन सहित बड़े—बड़े अक्षरों में लेखन वर्णित है।

सर्वत्र सुख शांति वन की अग्नि दिशा में पाताललोक में भव्य स्वर्ग और नर्क का निर्माण किया गया है। जहाँ ऋषि धर्मरामो के दूसरे उद्देश्य को गंभीरता से प्रस्तुत किया जाना है।

संपूर्ण सोम गाँव और वनक्षेत्र की सीमा रेखा पर चारों ओर पाँच हज़ार फुट उँचाई के अतिभव्य पर्वतों की श्रृंखला दृश्यमान हो रही है। महाकाय पर्वतों की श्रृंखला की अखंड उपस्थिति से देश—विदेश के अपरिचित मनुष्यों का प्रवेश असंभव है। इन पर्वतों के उस पार धरातल के किनारे पर नहर का निर्माण हो चुका है जिसकी गहराई पाँच सौ फुट है। संपूर्ण सोम गाँव और वनक्षेत्र के प्रत्येक पर्वत पर एक विशाल जलकुंड विद्यमान है जो सर्व ऋतुओं में पशु—पक्षियों की प्यास बुझाने में पूर्णतः सक्षम है। और इस गाँव और वन के समूचे विस्तार के ऊपर के आकाश मार्ग में ऋषि धर्मरामो के माया प्रस्थापन द्वारा ऐसी दिव्यशक्तियाँ निरंतर भ्रमण करेंगी जिनके कारण ध्वनि प्रदूषण एवं वायु प्रदूषण फैलाता कोई भी वायुयान इस दिशा से गुज़र नहीं पायेगा।

सर्वत्र सुख शांति वन की सीमा रेखा से बीस किलोमीटर दूर, भव्य विस्तार में एक विशालकाय ब्रह्मा महल का निर्माण हो चुका है। विश्व के सबसे बड़े इस मायावी महल में विभिन्न अभियान अंतर्गत विभिन्न क्षेत्रों के कार्यस्थल बनाये गये हैं। कोई अभियान बंद कक्ष में कार्यरत होगा तो कोई अभियान खुले कक्ष में। कोई अभियान भूगर्भ कक्ष में कार्यरत होगा तो कोई अभियान वायुमंडल में। सोमवासी

आगे देखते हैं कि इस महाकाय महल के विभिन्न कार्यस्थलों की माहिती क्या है।

''देव माया वन''

अंतरिक्ष के देवालयों में निवास करते देवता प्रत्येक अमावस्या के दिवस 'देव माया वन' में निवास करने आयेंगे। अपने निवास काल के दौरान वे हमारे दिव्य पशु–पक्षियों के साथ खेलेंगे और काल आयोजन के अनुसार हमारे साथ बैठकर इस विश्व के रहस्यमय अस्तित्व और इसकी अनिर्वचनीय माया के संदर्भ में हमें गहनता से माहिती देंगे। प्रत्येक अमावस्या के दिवस वे हमारे समक्ष विश्व के मायावी निर्माण का एक रहस्य या भेद प्रस्तुत करेंगे और प्रत्येक दैवीय मुलाकात के अंत में वे हमें अंतरिक्ष के भिन्न ग्रहों, उपग्रहों, तारागणों, नक्षत्रों या अन्य लोक की मूल गर्भ धातु से निर्मित एक माया रत्न देंगे। इस मायारत्न को अपने मस्तक पर स्पर्श करने से हमें हमारे मानसपट पर उन ग्रहों, उपग्रहों, तारागणों, नक्षत्रों या अन्य लोक के स्पष्ट रूप में मायावी दर्शन होंगे। यह घटना इस विश्व में दुर्लभ होगी।

''लावा माया कुंड''

लावा माया कुंड की गहराई साधारण ज़मीन स्तर से दो सौ किलोमीटर है और वर्गाकार रूप में लंबाई एक किलोमीटर है। इस लावा कुंड में समस्त विश्व के द्वारा त्याग किये जाते मल, मूत्र, थूक, पसीना, वीर्य, ज़हरीले रसायन, आकस्मिक रूप से मृत्यु को प्राप्त हुए मानव या पशु–पक्षियों के शारीरिक अंश, रक्त या पृथ्वीलोक पर मानव निर्मित प्लास्टिक या अन्य कठोर या नरम धातु की वस्तुयें इस लावा कुंड में अदृश्य काल को प्राप्त होंगी। समुंदर, अज्ञात द्वीप या अन्य स्थलों पर असंख्य मात्रा में एकत्रित हुए मानव सर्जित कचरे का इस लावा माया कुंड में पूर्ण रूप में क्षय होगा। क्योंकि यह पृथ्वीलोक सुंदरता और स्वच्छता प्रिय है।

''ब्रह्माण्ड कुंडली''

ब्रह्माण्ड कुंडली एक ऐसा स्थल है जिसमें देवताओं द्वारा प्राप्त किये गये ब्रह्माण्ड ज्ञान का रहस्य रस एकत्रित करके हम लिखित रूप में सुरक्षित रखेंगे। एक दिवस ऐसा आयेगा जब ब्रह्माण्ड कुंडली कक्ष में ब्रह्माण्ड के मस्तक से लेकर पाताल गर्भ के अस्तित्व, गतिविधियाँ और अंत के संदर्भ में स्पष्ट रूप में ज्ञान उपलब्ध होगा।

''अनंत श्वेत मानव''

अनंत श्वेत मानव, एक विशेष प्रकार का मानव है। जिसका शारीरिक क्षेत्र वर्तमान के कलयुग के मानव से दुगना है। शरीर का वर्ण दूध सम श्वेत है। जिसकी विशेष रचना ऋषि धर्मरामो और महर्षि ब्रह्मवेद ने अपनी विवेकशक्ति, कल्पनाशक्ति और अलौकिक शक्तियों के सर्वोत्तम उपयोग से की है। अनंत श्वेत मानव न तो स्त्री है न पुरुष। न इसमें कोई काम वासना है और न कोई दुर्गुण। यह जीव निर्गुण, शुद्ध और जन्म से ब्रह्मज्ञान सिद्ध है। इसका शरीर केवल जलपान से ही कार्यरत और जीवित रहता है। भोजन मुक्त है यह प्राणी। न रोग, न पीड़ा। केवल माया निर्देशित प्राकट्य। इस मानव की रचना समुद्र गर्भ में बैठकर समुद्र गर्भ का संचालन करने के लिये की गयी है।

''समुद्र गर्भ''

सोमवासियों के अथक परिश्रम और अनगिनत विनती पूर्ण प्रयासों के बाद भी जो मानव समुदाय या देश, हिंसा को प्रचंड समर्थन देते हैं, उन्हें भयानक दंड देने के लिये प्रावधान का प्रदर्शनी स्थल है– 'समुद्र गर्भ'। समुद्र गर्भ की गहराई साधारण ज़मीन स्तर से पचास किलोमीटर है और वर्गाकार रूप में लंबाई एक किलोमीटर है। अनंत श्वेत मानव, इस समुद्र गर्भ में रहकर पृथ्वीलोक के जिन देशों में जीवहत्या अर्थात् पशुहत्या जैसे निंदनीय और अमान्य दुष्कर्म होते हैं, उस निर्दयी मानव समुदाय से प्रतिशोध लेने के लिये समुद्र गर्भ में उथल–पुथल कर उन देशों में वे जलप्रलय या धरतीकंप लाते हैं। इस मायावी प्रलय में किसी भी निर्दोष पशु–पक्षी या शाकाहारी मनुष्य को कोई क्षति नहीं पहुँचेगी। अहिंसावादी मानवदल और निर्दोष पशु–पक्षियों की नित्य सुरक्षा करना सोमवासियों का नैतिक कर्तव्य है।

''वासना और भोगविलास कारागृह''

वासना और भोगविलास कारागृह में इस विश्व के निर्माणकाल से लेकर अब तक जितने भी प्राणी प्रकट और अदृश्य हुए, उन सब जीवों द्वारा उनके समस्त जीवन काल के दौरान अकारण, विवशता अंतर्गत, प्रतिशोध कर्म और प्रचंड रूप में प्रदर्शित की गयी वासना और भोगविलास से प्रकट हुए अनंत पाप, चरित्र और पुनर्जन्मों के प्रवाह को ध्वस्त करने के लिये इसकी रचना की गयी है।

ईश्वरीय मनुष्य

गंगाजल पत्रिका
वेदान्तशास्त्र
गंग
प
ता

''विद्युतशक्ति मायागृह''

विद्युतशक्ति मायागृह का निर्माण प्रतिवर्ष वर्षाकाल दौरान प्रकट होती विद्युतशक्ति का संचय करने के लिये किया गया है। खुले आकाश के नीचे निर्मित इस भव्य मायागृह में एक हज़ार फुट बड़ा सा गोलाकार पत्थर विद्यमान है जिसके मध्य में अवकाश है और उसके मध्य में वायु रिसावमुक्त छेद कर बड़ा सा धातुई छड़ लगाया गया है। जिसके कारण इस विस्तार के आसपास धरती पर गिरनेवाली बिजली उस लंबे छड़ के माध्यम से उस गोलाकार पत्थर में प्रवेश करेगी। इस तरह हम प्रतिवर्ष विद्युतशक्ति का भरपूर मात्रा में संचय करेंगे। हमारे खगोलशास्त्री मित्रों की सूचना के अनुसार यदि भविष्य में कोई भ्रमित छोटा ग्रह, छोटे तारे या उल्कापिंड जैसे विचित्र आकारयुक्त पत्थर पृथ्वी की ओर आते हैं तब हम पृथ्वीलोक को पूर्णतः सुरक्षित रखते हुए गोलाकार पत्थर में संचित विद्युतशक्ति के प्रचंड प्रयोग से आकाशमार्ग में ही उस अनियंत्रित तत्व को पूर्ण रूप से ध्वस्त कर देंगे।''

''सत्मुक्तिलोक गृह''

सत्मुक्तिलोक गृह का निर्माण, सृष्टि के आरंभ से लेकर अब तक जितने भी प्राणी किसी भी कारणवश दुर्गति को प्राप्त हुए हैं, उन सर्वजीवों की अतृप्त वासनाओं की पूर्ण जानकारी प्राप्त करके उन्हें धर्मदेश देकर, अनासक्त बनाकर, उन्हें भूत या अन्य भटक योनि से मुक्त करने के लिये किया गया है।

''दानव दंड माया गृह''

दानव दंड माया गृह, दानवों और विराट शरीर के पशु–पक्षियों को प्रकृति न्याय पद्धति द्वारा प्राप्त दंड का प्रदर्शन स्थल है। इस सृष्टि के आरंभ से लेकर अब तक जितने भी क्रूर दानव और विराट हिंसक पशु–पक्षी इस पृथ्वीलोक पर अवतरित हुए थे, उन सबको उनकी मृत्यु के बाद प्रकृति न्याय पद्धति द्वारा प्राप्त हुए दंडों का हम दानव दंड माया पुस्तक में वर्णन करेंगे। तत्पश्चात् हम इस पृथ्वीलोक के पापी और अधर्मी मनुष्यों को इस पुस्तक के माध्यम से शीघ्रकाल में सत्कर्मों का आरंभ करने की नम्र अपील करेंगे।

''चरित्र प्रदर्शनी पुस्तकालय''

चरित्र प्रदर्शनी पुस्तकालय इस विश्व के प्रत्येक पात्र के संपूर्ण जीवनकाल का महारसप्रद और रोचक माहिती गृह है। इस गृह में विश्व के प्रत्येक प्राणी के

संपूर्ण जीवनकाल की जन्मकुंडली विद्यमान होगी। इस ब्रह्माण्ड के प्रत्येक प्राणी ने प्रत्यक्ष या परोक्ष रूप में कौन-कौन से सत्कर्म या कुकर्म किये हैं, वह सब यहाँ सूक्ष्मता से वर्णित होंगे। अतः कौन सा चरित्र सत्य में विश्वश्रेष्ठ सम्मान के लायक है, उसका निर्णय बिना किसी पक्षपात के ही हो जायेगा।

''रसातल खंड''

रसातल खंड में भिन्न ऋतुओं में समय-समय पर इस समूचे ब्रह्माण्ड का महारस, कठोर या नरम धातु रूप में और द्रव्य रूप में संग्रहित होता रहता है। ब्रह्माण्ड के आरंभ से अब तक अंतरिक्ष में जितनी भी शुभ और अशुभ घटनायें घटी हैं और जितने भी विभिन्न द्रव्य अवकाश मार्ग से पृथ्वी के भिन्न स्थानों पर या समुद्र में गिरे हैं, उन्हें खोजकर उन पर गहन शोधकार्य कर ब्रह्माण्ड और ब्रह्माण्ड के चरित्रों के रहस्यपूर्ण भाव को सूक्ष्मता से जानेंगे। जिन त्रुटियों के कपटपूर्ण सानिध्य में पृथ्वीलोक के असंख्य चरित्रों ने दुःख, हिंसा, क्रोध, अज्ञान और विनाश का प्रदर्शन किया है, उस त्रुटि का अस्तित्व मिटाने के लिये उस पर विचार विमर्श कर हम ब्रह्मसत्य और सर्वोच्च सुख का प्रदर्शन करेंगे।

''विचारसागर युग''

इस गृह में हम विचारसागर युग का निर्माण करेंगे। अनगिनत वृक्षों की छाया के सानिध्य में निर्मित इस देवालय में हम देश के महातपस्वी मित्रों को और ऋषि-मुनियों को आमंत्रित करेंगे और सबकी प्रचंड योगविद्या और अलौकिक शक्तियों के माध्यम से समूचे ब्रह्माण्ड के प्रत्येक ग्रह, उपग्रह, नक्षत्र, उल्कापिंड, तारासमूह, वायुमंडल सहित सर्व कण तत्वों के महागर्भ में शुभ विचारों और संस्कारों को नित्य रूप में प्रस्थापित करेंगे ताकि इस ब्रह्माण्ड का प्रत्येक कण दूसरी वस्तु का अहित न करे और समस्त ब्रह्माण्ड नित्य रूप में सुख, शांति, धर्म, पशुप्रेम, शाकाहार और परोपकार के विचारसागर में व्यस्त रहे।

यह पारलौकिक घटनायें इस विश्व में दुर्लभ होंगी। संक्षिप्त में कहें तो सोम के कण-कण में हमें ईश्वरीय मायावी शक्ति के साक्षात् दर्शन हो रहे हैं।

सोम और वन के मायावी रूप में रूपांतरित होने के बाद महर्षि ब्रह्मवेद, ऋषि धर्मरामो का धन्यवाद करते हैं और कहते हैं— ''धन्य हैं आप ऋषिवर। आपकी योगशक्ति और महामाया तो अतुलनीय है। आपने अपनी विशेष योगशक्ति के प्रचंड उपयोग से संपूर्ण सोम और वन को अतिसुंदर, मायावी एवं विश्वकल्याणकारक

स्थल बना दिया है। अद्भुत लीला है आपकी। और ब्रह्मा महल के पारलौकिक अस्तित्व से आपने ये सिद्ध कर दिया है कि आप विश्व के सर्वोत्तम विचारप्रदेश और कर्मयोग हैं। सर्व देवताओं को गंभीर आकर्षण से आकर्षित करने वाली आपकी अनंत कल्पनाशक्ति ब्रह्माण्डप्रिय है।''

ऋषि धर्मरामो बोले– ''धन्यवाद ऋषिवर। परंतु ये सब श्री हरि के आशीर्वाद से, माता–पिता से पवित्र रामकृष्णजल और रामकृष्णमिट्टी की प्राप्ति से और आप जैसे असंख्य महातपस्वी ऋषियों की अनंत सहायता से ही संभव हुआ है। यहाँ जो कुछ भी घट रहा है उसमें आप सबका अतिमहत्वपूर्ण और महत्तम योगदान है।''

महर्षि ब्रह्मवेद ने कहा– ''धन्यवाद ऋषिवर।''

उसके बाद अपने शरीर में दैवी आदेश की अनुभूति होते ही, उपस्थित समस्त व्यक्ति 'प्रभु श्री राम की जय' बोलते हुए अपनी आँखें खोलते हैं।

अपने मानसपट पर समूचे सोम गाँव और वन के मायारूपी दर्शन करने के बाद प्रत्यक्ष रूप में इस माया को अपने नेत्रों में धारण करते ही समस्त सोमवासी अतिउत्साहित और अतिप्रसन्न हो जाते हैं। वे अतिप्रसन्न होकर चारों दिशाओं में देखते हैं। इनकी प्रसन्नता और आत्मसम्मान की प्रचंडता, सहजता से विराट समुद्र के अस्तित्व को मात दे रही है।

गोवाल दादा ने सोम को दसों दिशाओं में देखकर कहा– ''अद्भुत माया। हमारा सोम ईश्वरीय सोम बन गया है। मायावी सोम। ऋषि धर्मरामो की लीला अतुलनीय है।''

व्रिक्षी ने वहाँ उपस्थित सारे मनुष्यों और पशु–पक्षियों को देखते हुए मन में कहा– ''प्रत्येक मनुष्य एवं प्रत्येक पशु को शिखरस्थ सौंदर्य और प्रचंड ब्रह्माशक्ति प्राप्त हुई है। सबके शरीर में दिव्य तेज और अदृश्य देवशक्ति का अनुभव हो रहा है।''

उसके बाद, सुखराज ने ऋषि धर्मरामो से कहा– ''ऋषिदेव, आपकी माया और कल्पनाशक्ति सर्वोपरि है। यह माया समस्त विश्व के बड़े–बड़े ज्ञानी पंडितों और विश्लेषकों को अतिसाधारण सिद्ध कर रही है। ब्रह्माण्डश्रेष्ठ प्रदर्शन।''

तब ऋषि धर्मरामो, सुखराज से बोले– ''पुत्र, ये सब श्री हरि की असीम कृपा और माया है। वे अपनी शिखरस्थ माया से पवित्र भक्तों को सदैव प्रसन्न रखते

हैं। चाहे वो भक्त इस ब्रह्माण्ड के किसी भी स्थान पर क्यों न हों। परिशुद्ध चरित्रों पर उनकी अखंड कृपा सदैव बनी रहती है।''

सुखराज ने कहा– ''सत्य वचन मायादेव। निस्संदेह ये परिशुद्ध और प्रचंड आस्था का विश्वफल है।''

उसके बाद ऋषि धर्मरामो सभी से बोले– ''प्रिय सोमवासियों, ये सत्य है कि ईश्वर की अखंड चेतना ब्रह्माण्ड के कण–कण में उपस्थित है। परंतु जिस स्थान पर शुद्धता, धर्मज्ञता, परहितभाव, सर्वदेह के प्रति प्रेमभाव और पवित्रता, सत्य में विराजमान होती है वहाँ ईश्वर की महाकृपा दृष्टि शत–प्रतिशत विराजमान होती है।''

सबने कहा– ''जय श्री राम।''

उसके बाद महर्षि ब्रह्मदेव ने सभी को उद्बोधित किया – ''हे ईश्वरीय मनुष्यों, आज से एवं इसी क्षण से हमारा दूसरा रहस्यमय और रोचक उद्देश्य आरंभ होता है। हमारे अनगिनत प्रयासों के बाद भी न सुधरने वाले दानव देहधारी दुष्ट भारतवासी एवं दुष्ट पृथ्वीवासियों को सच्ची मानवता और सर्वोत्तम मनुष्य जीवन का गंभीरता से वास्तविक अर्थ समझायेंगे। उन्हें स्वर्ग–नर्क, सुख–दुःख, पाप–पुण्य, धर्म–अधर्म का सही भेद, यथार्थ अर्थ और इनकी वास्तविकता से सूक्ष्मता से अवगत करायेंगे। जिसका अनुभव करते ही पापी और मूर्ख मनुष्य अपने पापयुक्त अर्थहीन जीवन को रूपांतरित करके धर्माधीन जीवन बना सकें और पुण्य कर्म करना शीघ्र ही आरंभ करें क्योंकि पुण्य कर्मों के आरंभ से ही पापकर्मों का अंत होगा और शुद्धता भरे एक नये पवित्र युग का शुभारंभ होगा।''

ऋषि धर्मरामो ने सबसे कहा– ''वैसे तो इस ब्रह्माण्ड के प्रत्येक जीव अपने कर्मों के अनुसार इस पृथ्वीलोक पर और अन्य ग्रहों पर जन्म लेते रहते हैं। परंतु कभी–कभार नियति से स्वयं न्याय करने में त्रुटि हो जाती है क्योंकि इस संसार में त्रुटिरहित जीव कोई भी नहीं है। इसलिये हम ईश्वर के आशीर्वाद से उस त्रुटि को सुधारने का सफल प्रयास करेंगे।''

इसके बाद ऋषि धर्मरामो सोमवासियों से बोलते हैं– ''बोलो प्रभु श्री राम की जय। माता सीता की जय। श्री पवनपुत्र हनुमान की जय। जय हो समस्त सृष्टि की। सर्वत्र रामचरितमानस प्रकट हो।''

''प्रत्येक सत्कर्म, सौभाग्य का परिणाम नहीं होता।

और प्रत्येक दुष्कर्म, दुर्भाग्य का परिणाम नहीं होता।

ब्रह्म, सत्य, सत्कर्म, धर्मज्ञता, पवित्रता, चरित्र शुद्धि,

पशुप्रेम और परहित भावना ही सर्वोच्च सत्य है।''

•••

About The Author

Ketu A. Mistry: A Man Of Perfection, Believes In Spirituality, Accuracy, Quality, Transparency, Cleanliness, Kindness, Perfection & Commitment. On The Work Front, A Professional Story Writer & Tour Organizer Of Princely State Of Rajasthan, A Kind Hearted Vegetarian Involved In Running A Worldwide Campaign To Promote Vegetarianism & Veganism With An Aim To Save Kind Animals & Birds On This Earth. His Work & Pious Thoughts Have Been Appreciated By His Excellence's The Kings And The Royal Families Of Rajasthan & Many People And Organizations Across The Globe. An Admirer Of Culture And Spirit Of Rajasthan And Considers Rajasthan Very Close To His Heart. A Perfect Guide For The One Who Wishes To Explore And Experience The Real Charm & Thrill Of The Princely State Called Rajasthan.

This Story Is Fully Created & Written By – Ketu Atulkumar Mistry,
City:- Ahmedabad- 380015, State- Gujarat,
Country:- India (Dev Bhumi Bharat), Pruthvi Lok.
Mobile No's :- +91 98791 40491, +91 9601 100 100.
Email Id:- ketu_besthuman@hotmail.com